지식과 소설의 연대

지은이 구장률(具壯律, Koo Jang-yul)은 연세대학교 문리대학 국어국문학과를 졸업하고 같은 학교 대학원에서 박사학위를 받았다. 현재 연세대학교 인문예술대학 조교수이다. 지식체계의 근대적 재편과정과 이어져 있는 문학의 위상 변화에 관심을 가져왔으며, 문학이 분과학문의 하나로 제도화되는 과정을 다룰 『문학지(文學知)의 성립』을 집필 중이다. 공저로 『근대계몽기 단형서사문학 자료전집』·『근대계몽기 문학의 재인식』·『식민지시기 검열과 한국문화』가 있고, 저서로 『근대 초기 잡지와 분과학문의 형성』 등이 있다. 그 외 다수의 논문을 발표했다.

지식과 소설의 연대

초판 인쇄 2012년 6월 20일 **초판 발행** 2012년 6월 30일
지은이 구장률 **펴낸이** 박성모 **펴낸곳** 소명출판 **출판등록** 제13-522호
주소 서울시 서초구 서초동 1621-18 란빌딩 1층
전화 02-585-7840 **팩스** 02-585-7848 **전자우편** somyong@korea.com **홈페이지** www.somyong.co.kr

값 30,000원
ISBN 978-89-5626-737-1 93810

지식과 소설의 연대

The Association of Knowledge and Novel

구장률

소명출판

● 머리말 ●

공부의 길에 접어든 후 벗어나기 어려웠던 것은 문학을 둘러싼 일종의 위화감이었다. 오래되어 조심스럽게 책장을 넘겨야 했던 한국 근대문학 자료들은 영문학에 바탕을 둔 문예이론에 포획될 수 없는 무엇을 항상 품고 있었다. 나아가 문학에 대해, 혹은 문학을 통해 던지는 질문법 자체가 서양과 다른 듯했다. 식민지시기의 텍스트는 그 시대의 내밀한 역학관계를 반영하면서 표명된 언설과 행간의 침묵 사이에 적지 않은 불일치를 안고 있었고, 나의 해석이 얼마나 당대의 진실이나 실감에 가까운가를 거듭 자문하도록 만들었다. 고전문학과 현대문학으로 대표되는 분할된 연구영역들은 각각 심화된 지식을 제공하지만 문학이라는 지평에서 추구할 수 있을 것이라 믿고 있는 앎의 전체성과 종종 충돌하는 듯이 보였다. 많은 경우 문학에 대한 설명이 과학성을 표방하는 다른 학문들에 기대어왔다는 사실은 과연 학(學)으로서의 문학이란 무엇인지 처음부터 다시 생각하기를 요구했다. 결을 달리하는 이러한 위화감들은 한국문학이 역사적으로 주조되던 시점, 한국이 세계체제에 포섭되던 근대 초기로 나를 이끌었다.

이 책은 2009년 연세대학교 박사논문 「근대 지식의 수용과 소설인식의 재편」을 바탕으로 삼아 보태고 다듬은 것이다. 이 책을 통해 나는 우리 자신과 세계를 보는 투시법이 된 근대 지식의 체계가 한국에서 어떤 경로를 거쳐 형성되었는지 확인해보고 싶었다. 가뜩이나 불민한 연구자가 한 권의 책으로 해결하기 어려운 문제였기에, 대화성과 반규범성을 특징으로 하는 소설이 다른 지식담론과 연대하는 과정을 살핌으로써 지적 시스템의 변동을 일부라도 가시화할 수 있기를 바랐다. 많은 자료들 사이를 여행하면서 스스로 납득할 만한 진실이나 실감에 이르기란 쉽지 않았다. 전통과 근대가 접합되는 양상, 문학과 다른 학문들 사이의 관계성, 한국문학에 고유한 문제틀 등을 논제로 삼아 떨치기 어려웠던 위화감에 대한 답을 찾고자 했다. 이 책에서 다루지 못한 공부의 잉여는 같이 출간할 『근대 초기 잡지와 분과학문의 형성』에 담았다. 하지만 그간의 고민을 정리하여 책을 펴내는 지금도 문학은 여러 가지로 당혹스럽다. 특히 문학 공부를 통해 사람살이에 조그만 깨우침이라도 얻기를 바라는 자로서, 사람들이 '문학적'이라는 형용어로 꿈꾸는 바와 전문가들이 수행하는 '문학연구'의 실재 사이에 놓여 있는 간극은 여전히 무겁다. 문학이 학지(學知)의 하나로 성립하는 과정을 다룰 이후의 연구를 통해 풀어갈 계획이다. 책을 내면서 그나마 내 자신과 근대 초기 이후의 세계상이 이전과 달라 보인다는 사실로부터 조그만 위안을 얻는다.

지금까지 너무 많은 분들에게 과분한 도움을 받았다. 천성이 무디어 마음을 잘 드러내지 못하니 이 자리를 빌어서라도 감사의 말씀을 드려야겠다. 지도 교수이신 김영민 선생님을 만난 것은 행운이었다. 선생님은 학문뿐만 아니라 사람 사는 모든 일에 대해 널리 안목을 열어주셨다. 문학다운 것이 무엇인지, 학자다운 것이 무엇인지를 놓고 부대끼며 내 나름의 길을 진솔하게 걷는 것 외에는 달리 보답할 도리가 없다. 학위논문 심사과정이 의례(儀禮)일 수 있으리라 추측했던 좁은 소견은 임성래, 신형기, 한기형, 이경훈 선생님들에 의해 여지없이 깨어졌다. 선생님들이 보여주신 날카롭고 근본적인 성찰은 내 공부를 돌아보고 세우는 데 소중한 계기가 되었다. 일천한 후학에게 베풀어주신 후의가 없었다면 이 책은 지금보다 훨씬 더 공소할 것이다. 양문규, 정선태, 류준필, 김현주, 차승기, 권보드래 선생님은 앞서가며 배움을 주신 분들이다. 그분들의 따뜻한 마음이 가난한 나에게 큰 힘이 되었다. 학부시절부터 본과 말을 알려주신 정현기, 윤덕진, 김명복 선생님께도 감사드린다. 다 밝히지 못하지만 국내외의 좋은 선생님들, 동학들, 선후배들을 문학이라는 그늘 아래서 만나 담소할 수 있어서 행복했다. 앞으로도 정을 나눌 수 있기를 바란다. 시(詩)처럼 살고자 하는 박성모 사장님, 그리고 소명출판은 학술서 출판의 어려움을 감내하고 있는데, 인문학을 공부하는 이들에게 든든한 버팀목이다.

참으로 힘든 일들을 묵묵히 지혜롭게 견뎌준 가족들이 늘 안쓰럽고 고마울 따름이다. 아내 이유미에게는 살면서 갚아야 할 것들이 참으로 많다. 세상을 뜨시기 전에 학자로 살았으면 좋겠다고 처음이자 마지막 부탁을 하신 아버지께 이 책을 바친다.

2012년의 여름을 맞으며

구장률

● 차례 ●

표차례

제1부

지식, 문학, 소설

1 근대의 자장 안에 머무르면서 근대를 낯설게 재고할 수 있는 길은 무엇일까. 근대성에 관한 논의가 다양한 층위에서 축적되어 왔음에도 불구하고, 반복되는 출발점은 '내가 속해 있으면서 질문을 던지고 답하는 장[立場]'의 성격에 대한 성찰일 것이다. 우리는 인종, 계층, 성별(gender) 등 여러 가지 렌즈를 통해 세상을 본다. 특히 전문화된 교육과정을 거치며 습득한 지식은 다른 투시법들보다 더욱 복잡하고 무의식적인 차원에서 우리의 인식과 판단에 개입한다. 그런 점에서 지식체계에 대한 역사적 거리감을 확보하는 일은 근본적이다. 앎의 국가적 교통과 편제를 거쳐 구축된 근대 지식의 체계는 모더니티를 구현하는 핵심적인 소프트웨어일 뿐만 아니라, 지금도 세계와 인간에 관한 이해

를 통어(通御)하는 장치로 기능하고 있다.

상식적으로 생각할 때, 학문 간의 '통섭(consilience)'을 주장하기에 앞서 자기 학문의 역사와 계보를 먼저 이해하는 것이 타당할 터이다. 그럼에도 불구하고 우리는 근대 이전에 통합적이던 앎의 체계가 어떻게 지금과 같은 분과학문(分科學問) 시스템으로 전환되었는지 잘 알지 못한다. 한국 근대 지식의 역사, 근대학문의 계보가 학술사의 수준에서 충분히 해명되었다고 보기는 어렵다. 문학 역시 마찬가지이다. 이미 1970년대부터 서구의 문학론에 대한 맹목에서 벗어날 필요가 있으며 문학개념의 상대성에 주목할 필요가 있다는 주장이 제기된 바 있다.[1] 하지만 서구적 보편성에 대한 미망으로 인해 휘어진 막대는 다시 자국 문화의 특수성을 강화하는 쪽으로 기울었다. 일국문학의 차원을 넘어서 한국문학의 근대성을 사고하기 시작한 것은 근래의 일이다. 문학이 근대학문의 하나로 성립하는 과정은 지식체계의 변동과 관련하여 재고해야 할 대상이다.

돌아보자면 동아시아는 근대 유럽의 지적 시스템을 수용하는 과정에서 지역과 국가에 따라 독자적인 앎의 체계와 가치관을 창출해왔다.[2] 유럽의 근대 지적 시스템은 과학혁명・르네상스・계몽주의를 거치면서 구축되었고, 과학주의와 인간중심주의를 지향했다. 도서관, 교과과정, 백과사전을 삼각대로 삼는 지식의 지배적 형식은 '과학(science)'이었다.[3] 모든 사물들을 개별적으로 독립된 개체로 보고, 각각의 개체들을 공통된 속성을 가진 것끼리 분류하며, 각 유형에 이름을 붙이는 복잡한

1 김윤식・김현, 『한국문학사』, 민음사, 1973; 김현, 『한국문학의 위상』, 문학과지성사, 1977.
2 鈴木貞美, 『「日本文學」の成立』, 作品社, 2009, 21면.
3 피터 버크, 박광식 역, 『지식―그 탄생과 유통에 관한 모든 지식』, 현실문화연구, 2006; 이언 F. 맥닐리, 리사 울버턴, 채세진 역, 『지식의 재탄생』, 살림, 2009.

사물의 체계와 분석방법을 발전시킨 서구는 과학혁명을 이루었다. 주지하다시피 과학은 '나누다, 분리하다(sceadan, separate)'라는 뜻을 가지고 있다.

분명 지식에서 근대성을 특징짓는 것은 과학이다. 과학의 탄생은 지식들의 성격과 배치 전체에 근본적인 변화를 가져왔다. '자연의 수학화'를 실현한 과학혁명을 진원지로 하여 '근대적 합리성'은 지식 일반의 목표이자 방법론이 되었다. 학문의 영역에서 볼 때, 근대적 합리성은 유사한 것들을 엄격하게 분류하고 사물들 사이에 수학적 질서를 부여하는 것을 본령으로 하는 특정한 종류의 합리성이며, 그 밖의 것들은 배제함으로써 이성의 경계를 새롭게 구획했다.[4] 이에 따라 주체와 객체의 분리가 명확히 전제되었고, 앎과 실천이 구별되었으며, 학문의 영역이 그 대상과 내용에 따라 세분화되었다. 삶의 기술(技術)이었던 인문의 영역은 고등교육기관에서 살아남기 위해서는 과학이 요구하는 기준을 충족시켜야 했으며, 자체의 대상과 방법을 갖는 연구 또는 탐구 행위인 인문학(humanities)으로 새롭게 편제되어야 했다.[5]

서구의 지식체계를 수용한 동아시아의 개인들은 의식적이든 무의식적이든 새로운 담론의 질서에서 통용되는 언술 규약의 영향 아래 놓였다. 그리고 전통적인 앎과 새로운 지식들 사이에 경합과 절합(節合, articulation)이 벌어지면서 개인과 지역마다 차이를 형성했다. 하지만 역사적 근대로 진입한 이후 동아시아의 어떤 개인도 국민국가를 단위로 하는 자본주의 세계체제로부터 자유로울 수 없었던 것처럼, 근대 초기 번역과 전유의 과정에서 발생한 지식의 차이 역시 과학이라는 지평을 벗어나기 어려웠다.

---

4 이진경, 『철학의 외부』, 그린비, 2006 참고.
5 강영안, 「근대 지식의 이념과 인문학」, 『철학』 57집, 한국철학회, 1998 참고.

조선은 조공체제가 붕괴된 후 만국공법의 체제에 진입하면서 서구의 학문을 본격적으로 수용했다. 근대 이전에 '학문(學問)'은 시서육예(詩書六藝)를 배우고 익히는 일을 뜻했다. 그런데 러일전쟁 이후 각종 분과학문들이 활발하게 소개되자 학문의 의미는 점차 '과학'으로 재편된다. 분과학들은 한국이 자본주의 세계체제에 공식적으로 편입되는 개항(1876) 이후부터 점진적으로 수용되었다. 그리고 러일전쟁이 종료되는 1905년 이후에 이르면 전통적인 앎의 체계를 대체하기 시작한다. 30여 종의 미디어가 새로운 학지(學知)들, 즉 국가학, 사회학, 정치학, 법률학, 경제학, 교육학, 심리학, 언어학, 지리학, 물리학, 공학, 동물학, 식물학, 광물학 등을 앞 다투어 소개했다. 일본의 보호국이 되는 시점부터 제국의 지식체계가 급격히 유입, 확산되었던 것이다. 여기서 학지는 학문과 예술에 관한 지식체계인 학술지(學術知), 다시 말해 학(學)의 대상·방법·내용에 따라 분류되고 조직된 지식으로서 분과학의 형식을 취하는 근대의 학술지를 뜻한다.

같은 시기에 문학 또한 학지의 하나로 이해되었다. '역어(譯語)로서의 문학'이 정착할 수 있었던 데는 문학을 지(知)의 한 영역으로 배치하는 언술의 체계, 그리고 이를 재생산하는 교육기구 및 미디어가 핵심적인 역할을 했다. 문학에 대한 규정, 문학범주를 설정하는 기준들, 문학성에 관한 기술적 설명들, 문학의 가치와 지향을 정당화하는 논리, 국가와 민족에 따른 문학의 역사에 관한 모델 확립, 전통과 근대의 경계 설정, 이 모든 것에 활용되는 용어와 개념 등은 주로 학지의 수준에서 생산되었다.

문명화의 동력이 신학문, 즉 근대의 학지들에 있다고 보았던 한국의 지식인들은 그것을 시급히 익히고 알리기를 바랐다. 각종 분과학들은 주체가 세계를 보는 렌즈로 기능하기 시작했고, 교육기구와 미디어를 통해 확산되었다. 그런 점에서 근대 초기부터 '학과(discipline)'는 곧 '훈육(discipline)'이었다. 다양한 학지들은 그것을 익히는 주체들에게 세계와 인간에 관한 이해를 특정한 방향으로 조율하는 보이지 않는 인식의 그물망으로 작동한다.

문제는 과학을 표방하는 근대 지식이 종종 이데올로기적이며 불확실하다는 사실이다. 주지하다시피 자연과학 연구자들조차 수많은 현실적 권력관계 속에서 지식을 생산한다. 또한 과학적 탐구의 과정과 관찰이 행해지는 절차 자체가 탐구 대상을 변화시키기도 한다.[6] 푸코의 지적처럼 지식은 사실세계와 정확히 일치하거나 대응하는 것도 아니며, 역사적으로 변화하는 지식명제들 사이에 분명한 정합성이 있는 것도 아니다.[7] 근대 초기에 수용된 신학문들은 스스로 과학이자 인식의 담지자임을 자처했다. 하지만 태생적으로 사회에 대한 투명한 지배와 확고한 훈육을 실현하려는 서구의 부르주아적 이상을 담고 있었다. 뿐만 아니라 대개의 경우 일본의 국가주의 및 제국주의 이데올로기가 투영된 중역(重譯)의 과정을 거쳐 한국에 수용되었다.

이 책에서 근대 지식은 일차적으로 서구로부터 발원하여 복잡한 전유의 과정을 거친 근대의 학지들을 가리킨다. 또한 분석적이고 분화된 학지들에 비해 종합적이고 실천적인 앎의 체계를 지향하는 '사상(思想)'을 아우르는 용어이다. 서구의 지적시스템을 받아들이는 과정뿐만 아니라 학지들을 재구성하고 재배치하는 언술체계의 복잡성에는 한자문화권의 전통과 '제국-식민지'의 역학관계가 기입되어 있다. 그 자체

6 루이 알튀세르, 『맑스를 위하여』, 백의, 1997; 이매뉴얼 월러스틴, 유희석 역, 『지식의 불확실성』, 창작과비평사, 2004.

7 미셸 푸코, 이광래 역, 『말과 사물』, 민음사, 1986; 미셸 푸코, 이정우 역, 『담론의 질서』, 새길, 1993; 『지식의 고고학』, 민음사, 1992.

가 근대 초기 동아시아와 한국의 지적 시스템이 갖는 특성이다.

2 근대 초기에 벌어진 지식체계의 구조변동과 역사적 의미를 전체적으로 해명하는 작업은 개별 연구로 수행하기 어려운 커다란 아젠다이다. 각각 상이한 수준의 지식들은 주체의 의지나 역사적 정황에 따라 결합 / 분열하면서 근대에 대한 구성력을 행사했는데, 이러한 운동의 전체상을 포착하기란 쉽지 않다.

지식은 특정한 역사적 조건 속에서 언어적 실천을 통해 구성된다. 이때 언어는 개인이 자의적으로 구사하는 언어가 아니라 제도를 통해서 사회적으로 실천되는 언어이다. 구체적 현실에 관하여 제도적으로 실천되는 언어를 우리는 담론이라고 부른다. 따라서 지식담론은 언어체계와 사회체계가 만나 구성된 실천의 산물이다. 담론의 기본 조건은 대화이다. 다양한 담론들은 그것을 형성하는 제도와 사회적 실천의 종류에 의해, 그리고 말하는 사람들과 듣는 사람의 상대적 위치에 따라 변화한다. 또한 한 담론은 다른 담론과 직접 혹은 간접적인 관계를 맺음으로써, 즉 다른 담론과 대화함으로써 효과를 갖는다.[8]

소설이 유효할 수 있는 이유가 여기에 있다. 소설은 다양한 사회적 언어들이 갈등하고 대화하는 장이며, 경계선에 걸쳐 있는 담화공간이다. 그리고 소설은 이질적인 지식들을 포섭하며, 그것을 소설의 언어로 재구성하는 가운데 공식적 담론이 말하는 것보다 훨씬 더 많이 말하기도 하고 혹은 덜 말하기도 한다.[9] 소설의 위상 전환과 소설에 대한

8 다이안 멕도넬, 임상훈 역, 『담론이란 무엇인가』, 한울, 1992; 사라 밀즈, 김부용 역, 『담론』, 인간사랑, 2001.

9 미하일 바흐친, 전승희 외역, 『장편소설과 민중언어』, 창작과비평사, 1988; 루사오펑[魯曉鵬], 조미원 외역, 『역사에서 허구로』, 길, 2001, 82면.

인식의 전변을 고찰하는 일은 소설과 교합하는 다양한 담론들을 살피는 작업, 나아가 소설에 새로운 위치를 부여하는 메타담론인 근대의 지식체계를 재고하는 과정으로 이어질 수 있다.

근대 초기 '문학(文學)'은 역어로 유입되었고 학지의 한 유형으로 인식되었다. 1900년대 말 소수의 일본 유학생들을 중심으로 수용된 문학은 언어횡단의 과정에서 변형되고 확산되었지만, 전통적인 문(文)관념과 진지하게 대결하는 과정을 거쳐 전유되지는 못했다. 식민화가 일방적으로 이루어지는 가운데 한국에서 '문학'은 다른 근대 지식들과 마찬가지로 먼저 번역되고, 사후(事後)에 주체화되는 경로를 거쳤다. 이광수의 말처럼 지금 우리가 생각하는 문학, 다시 말해 영문학에 기초한 문학개론과 민족사의 측면에서 발견된 문학사를 핵심 축으로 삼는 학으로서의 '문학'은 근대 이전에 존재하지 않았다.

'문학'에 비해 소설은 오래 전부터 그 성격과 위상이 규정되어왔다. 또한 과거를 부정하는 근대화 과정 속에서 새로운 가치를 부여받음으로써 오히려 '문학'의 핵심적인 장르가 되었다. 소설의 위상 전환을 보여주는 텍스트들은 지식과 학문의 측면에서 옛것과 새것의 충돌을 보여준다. 근대 초기의 소설은 다양한 지식담론과 활발하게 교섭한 혼종적 담론으로서 다양한 학지가 형성되는 경로와 전유 방식을 입체적으로 살펴볼 수 있는 길을 제공한다. 많은 연구가 축적되었음에도 근대 초기 소설이 여전히 문제적일 수 있다고 생각하는 까닭이 여기에 있다.

앞서 예시한 바와 같이 근대 초기 국내에 유입된 서구의 지식과 학문은 다양하다. 그 가운데 소설과 결합하여 인식의 전환을 추동한 학지는 국가학, 사회학, 정치학, 윤리학, 신문학(新聞學), 교육학, 역사/지리학, 심리학, 수사학, 문학 등이다. 그런데 지식장이라는 시공간축에서 소설의 위상 변화를 추적한다면, 소설의 근대적 성격이나 가치가 전위(transposition)되고 변형(transformation)되는 데 관여한 지식담론을 다음과 같은 몇 가지 유형으로 계열화할 수 있다.

첫째는 국가사회학 계열 담론이다. 소설은 국가학, 사회학, 신문학(新聞學) 등과 결합하여 국가나 사회라는 새로운 공동체를 비동시성의 동시성 속에서 사실적으로 재현하는 표현 형식과 사상적 기반을 확보할 수 있었다. 특히 신문학을 수용하는 과정에서 리얼리즘이 다중번역을 거쳐 독특하게 재구성된다.

둘째는 교육학과 역사학 계열 담론이다. 교육학은 국민 교육을 위해 소설의 효용성을 재고할 계기를 마련해주었으며, 번역된 신사(新史)와 역사학은 실학의 변통론에 입각하여 사(史)를 무엇보다 중요하게 여겼던 개신유학자들에게 역사적 주체의 문제를 새롭게 환기시켰다. 또한 반제국주의 역사담론은 국민과 민족을 구별하고, 역사의 말류로 여겨졌던 소설이 민족성을 구현한다는 가치를 바탕으로 역사로부터 독립하는 데 결정적인 역할을 했다.

셋째는 심리학, 순문학(純文學), 수사학(修辭學), 영문학 등 '근대 지식으로서의 문학'을 구성하는 담론 계열이다. 소설이 문학의 지평에서 사고되는 순간, 문학을 설명하고 정당화하는 지식들이 소설에도 적용되기 시작한다. 그런 점에서 지식과 소설의 연대에 관한 논의는 학지로서의 문학, 즉 문학지(文學知)에 대한 질문으로 이어질 수 있다.

이 책에서는 근대 지식을 수용하면서 형성된 소설의 근대성을 사실성, 민족성, 심미성으로 보았다. 하지만 여기서 강조하고 싶은 것은 이 세 가지 성격이 근대문학과 근대소설의 핵심적인 자질이라는 이미 잘 알려진 사실이 아니다. 이 책의 핵심적인 논점은 지식체계의 변동이 사실성, 민족성, 심미성이 구성되는 과정과 어떻게 연동했는가라는 문제이다. 또한 지식과 소설의 연대가 누구에 의해 어떠한 정황에서 이루어졌으며, 서구나 일본과 다른 어떤 특수한 국면으로 전개되었는가에 관한 질문이다.

근대 초기의 지식인들은 출신, 사상적 배경과 이념, 교육체험 등에 따라 다양한 그룹을 이룬다.[10] 하지만 소설에 대한 인식의 전환을 주도한 인물은 많지 않다. 독립과 자강을 위해 실용적 지식이 어느 때보다 강조되던 시기였던 탓이다. 소설에 관심을 가지고 새로운 상을 모색한 주체는 근대 초기 앎의 변동을 실질적으로 주도했던 인물들이었다. 첫 번째 그룹은 신문기자로서 소설을 연재했던 이인직과 이해조로 사실주의를 번역하고 실험했다. 두 번째 그룹은 박은식・장지연・신채호와 같은 개신유학자들로 소설에 민족적 위상을 부여하고 역사와 소설의 경계를 조정했다. 세 번째 그룹은 일본유학생들로 장응진・최남선・이광수가 대표적이다. 이들은 '문학'이라는 근대 학지의 지평에서 소설의 자율성을 구현했다. 각각의 그룹에 속한 주체들은 상호영향을 주고받았을 뿐만 아니라 현실적인 유대관계를 형성하고 있었다.

근대 초기의 중층결정된 모순은 정황 속에서 특정한 형태로 응고된다. 정황은 여러 가지 모순들이 표면화된 사태가 아니라, 하나의 사건을 둘러싸고 있는 다양한 층위들이 결합되는 역사적 조건이다. 정황을 통해 사고하지 않으면 근대 초기 담론장에서 나타나는 복잡한 사태들의 실상을 포착하기 어렵다. 예컨대 을사늑약 이후 소설이 공론장에서 부상할 수 있었던 이유, 신문소설의 출현과 사실성에 대한 지향이 확산되는 과정, 개신유학자들이 소설에 주목하고 국민과 민족을 구별하

10 근대 초기 지식인들의 유형에 관해서는 다음의 연구를 참고할 수 있다. 김영모, 『한말 지배층 연구』, 한국문화연구소, 1972; 박찬승, 『한국근대정치사상사연구』, 역사비평사, 1991; 최기영, 『한국 근대계몽운동 연구』, 일조각, 1997; 신용하, 『한국 근대지성사 연구』, 서울대 출판부, 2004 등.

게 된 경위, 유학생들의 도일 계기와 활동의 경향성 등은 정황을 고려할 때 보다 실제에 근접할 수 있다. 그래서 고전적인 방법이지만 인물들의 삶에 관한 이야기를 책의 곳곳에 기록했다. 동시대를 살아간 그들의 이야기를 유비한다면 자료를 통한 실증이나 담론 분석으로는 포착하기 어려운 진실에 다다를 수 있다는 믿음 때문이었다.

지식체계의 변동은 정황을 넘어서 식민지와 제국을 하나의 체제로 조망하는 가운데 다루어질 필요가 있다. '식민지-제국'은 모든 면에서 상호의존적 관계이자 처음부터 억압과 차별을 구조화한 체제이다.[11] 이러한 관계는 앎의 차원에서도 성립한다. 일찍이 갑오개혁을 계기로 유길준이 서양 학문의 내력과 분류를 소개한 바가 있지만, 한국에서 근대 학지가 유입·확산되는 시기와 방식이 식민화의 과정과 겹쳐있음은 분명한 사실이다. 식민지에 제국의 지식체계가 유입되고 전유되는 일련의 과정은 '식민지-제국 체제'가 구축되는 프로세스의 일부이다. 물론 식민지 지식인이라는 발화위치는 근대 학지의 균열상을 포착하고 학지 내에 각인된 현실의 지배관계를 비판적으로 언표할 수 있는 가능성을 내포할 것이다. 그러나 저항의 언술들에도 제국의 언어가 어떠한 방식으로든 작동하고 있다는 사실을 간과해서는 안 된다.

한편 지식담론을 연구의 대상으로 삼는다면 지식의 생산과 재생산의 기제들을 고려하지 않을 수 없다. 근대 초기 지식의 (재)생산양식은 한정적이었는데, 근대 교육기구와 미디어가 여기에 해당한다. 교육기구는 지식의 생산과 재생산에 핵심적인 토대이다.[12] 국내의 경우 19세

11 제국과 식민지를 하나의 체제로 볼 필요성, '식민지-제국 체제'의 실정성이 갖는 특성에 대해서는 차승기의 「문학이라는 장치」(『현대문학의 연구』 44, 한국문학연구학회, 2011) 참고.

12 루이 알튀세르, 이진수 역, 「이데올로기와 이데올로기적 국가기구」, 『레닌과 철학』, 백의, 1991; 레오뽈디나 포르뚜나띠, 윤수종 역, 『재생산의 비밀』, 박종철출판사, 1997 참고.

기 말부터 설립되기 시작한 근대식 교육기관들이 고등교육을 실질적으로 담당했다고 보기는 어렵지만, 1900년대 후반 다양한 지식인 그룹의 등장을 예비했다. 유학생들의 경우 교육기구의 문제는 특히 중요하다. 이들이 학습한 지식은 미디어를 통해 활발히 번역되면서 근대적 앎이 일상화되는 데 일조했다. 또한 문학과 소설에 새로운 가치를 부여하는 핵심적인 논리들이 유학을 통해 접한 학문과 지식을 전유하는 과정에서 만들어졌다.

강제병합 이후 간이(簡易)와 실용(實用)을 위주로 하는 식민지 교육정책은 '문학'처럼 고등교육의 분과에 해당하는 지식을 관학의 영역에 편성하지 않았다. 그래서 '식민지―제국 체제'라는 관점에서 볼 때, 지식체계의 변화와 소설의 위상 이동을 살피기 위해서는 조선뿐만 아니라 일본의 고등교육기구를 아울러 염두에 두어야 한다. 불균등하지만 하나의 체제를 이룬 조선과 일본에서 실질적으로 조선인 고등교육의 상당부분을 담당한 것은 내지의 교육기구였다. 경성제국대학은 일본의 여섯 번째 제국대학이었으며, 그마저 총독부가 조선인 재학생 비율을 1/3로 제한하고 있었다.[13] 사립전문학교는 「사립학교규칙」과 「전문학교규칙」에 의해 통제되고 있었으므로 조선 내에서 고등교육의 기회는 상당히 제한되어 있었던 셈이다. 일본 유학은 피식민인이 고등교육을 받기 위해 주변에서 중심으로 옮겨가는 체제 내의 이동이라는 의미를 갖는다.

미디어는 재삼 논의할 필요가 없을 정도로 그 중요성이 많이 부각되

---

13 식민지 고등교육의 역사와 경성제국대학의 학제에 대해서는 다음의 연구를 참고. 윤종혁, 『근대 이후 한국과 일본의 학제 변천과정 비교 연구』, 한국학술정보, 2008; 정선이, 『경성제국대학 연구』, 문음사, 2002; 연세대 국학연구원 편, 『근대학문의 형성과 연희전문』, 연세대 출판부, 2005.

었다. 신문과 잡지, 학회지 등은 공론을 주도하고 글쓰기의 변화를 초래했다. 「대한제국령」(1899) 선포 이후 관료층이 보수화되자 새로운 지식담론을 주도한 것은 민간(民間)의 신문, 잡지, 학회지였다. 1910년 이후에도 각종 매체는 조선 내의 교육기구들이 충족시키지 못했던 다양한 지식담론의 생산과 유통을 담당했다. 따라서 지식체계의 변동과 소설의 위상 전위를 살피려면 항상 조선과 일본의 교육기구를 함께 시야에 두어야 할 뿐만 아니라, 매체를 통해 구현된 지식담론을 식민지 민간학(民間學)의 차원에서 연구 대상으로 삼아야 한다.

근대 지식의 수용, 소설의 위상 전위는 동아시아 차원의 문화교차를 통해 구현되었다. 이때 소통의 형식이 된 것은 당연히 번역, 즉 언어횡단적 실천이다. 번역은 단순히 언어의 등가성을 실현하는 기술적 수단이 아니다. 모든 주체는 타자를 이해하고 동시에 자기 정체성을 확립하기 위해 넓은 의미의 번역을 거쳐야만 한다.[14] 근대 이전에도 번역은 소설이 발달하는 데 중요한 역할을 했다. 조선의 소설론은 명·청시기의 소설론을 번역하는 과정에서 독자적인 성취를 이룰 수 있었다. 한문소설과 국문소설 사이에 이루어진 문화 내 번역은 계층과 성별의 차이를 넘어 소통의 통로를 마련했다.

근대 초기의 경우 서구의 지식담론은 일본과 중국을 통해 유입되었으므로 중역(重譯)을 거쳤고, 다중번역의 과정에서 독특한 변용 또는 '되받아 쓰기'[15]가 이루어졌다. 여기서는 지식의 번역과정에 주목하되, 특히 번역의 선택성과 방향성을 중요하게 다루고자 했다.[16] 번역할 대

14 마루야마 마사오·가토 슈이치, 임성모 역, 『번역과 일본의 근대』, 이산, 2002; 사카이 나오키, 후지이 다케시 역, 『번역과 주체』, 이산, 2005; 리디아 리우, 민정기 역, 『언어횡단적 실천』, 소명출판, 2005 등 참고.

15 가야트리 스피박, 『포스트 식민이성 비판』, 갈무리, 2005 참고.

16 번역의 선택성과 방향성에 대해서는 더글러스 로빈슨, 『번역과 제국』(동문선, 2002) 참고.

상과 방법을 선택하는 일 자체가 주체의 판단을 반영하며, 번역의 방향성은 세계질서 속에서 지식이 이동하는 방식을 보여준다. 번역의 과정에도 '제국－식민지'의 역학관계가 지식담론 수준에서 투영됨을 항상 유념할 필요가 있다.

③ 이 책에서는 근대 초기를 주로 다루었다. 여기서 '근대 초기'는 개항 이후부터 1910년 강제병합까지를 가리키는 용어로 사용했다. '근대 초기'라는 말을 사용한 이유는 역사적 분절점 또한 '근대성'이라는 지평에서 사고할 필요가 있음을 강조하기 위해서이다.[17] 미완의 근대가 시작되고 지속된다는 점에서 '개화기'나 '애국계몽기', '근대계몽기' 등 시대적 특성을 규정하는 용어보다 '근대 초기'라는 용어가 더 적합하다고 판단했다.

개항 이후 조선이 자본주의 세계체제로 편입되면서 독립국 혹은 근대적 국체(國體)를 갖추는 일이 최종적인 목표가 되었고, 강제병합 이후 근대국가에 대한 지향은 식민지라는 새로운 조건 속에서 전개될 수밖에 없었다. 물론 정치·경제·문화사적 측면에서 볼 때 조선 후기에서도 '근대적인 것'을 발견할 수 있다. 하지만 '자본주의 세계체제'로 포섭되는 시점에서 과거로는 결코 회귀할 수 없는 분기점을 지나 '역사적 근대'로 이행하게 된다.[18] 개항 이후 세계체제에 포섭되는 단계가 근대

---

17 '개화기'·'계몽기'·'애국계몽기'·'근대전환기'·'근대계몽기' 등의 명칭과 관련된 시기 설정에 대한 논의로는 다음의 연구들을 참고할 수 있다. 김교봉·설성경, 『근대전환기 소설연구』, 국학자료원, 1991; 임형택, 「20세기 초 신구학의 교체와 실학」, 『민족문학사연구』 9호, 민족문학사연구소, 1996; 최원식, 「1910년대 친일문학과 근대성」, 『민족문학사연구』 14호, 민족문학사연구소, 1999; 고미숙, 「근대계몽기, 그 생성과 변이의 공간에 대한 몇 가지 단상」, 『민족문학사연구』 14호, 민족문학사연구소, 1999; 권보드래, 『한국 근대소설의 기원』, 소명출판, 2000.

18 이매뉴얼 월러스틴, 나종일·백영경 역, 『역사적 자본주의, 자본주의 문명』, 창작과비

화 과정의 첫 번째 층위를 이룬다면, 러일전쟁을 계기로 '식민－피식민 근대성'이 형성되는 단계가 근대화의 두 번째 층위를 이룬다.[19]

근대 초기에도 역사의 결절점은 존재한다. 개항 이후부터 1896년까지는 관(官) 주도의 근대화가 중심이 된 시기이다. 1896년에서 「대한국 국제」가 반포되는 1899년까지는 개화관료뿐만 아니라 민(民)이 중심이 되어 근대적 정체(政體)를 모색했다. 갑오개혁이 실패하자 독립협회 및 만민공동회 활동을 통해 공적 영역에 민간의 참여가 활발하게 이루어진다. 1899년부터 1905년까지는 황제권 강화의 시대였다. 광무정권은 국가의 보존과 지배권의 유지를 위해 근대화와 관련된 민간의 논의를 통제했다. 러일전쟁이 종료되면서 조선을 둘러싼 열강의 각축이 일본의 승리로 마감되는 1905년부터는 19세기 말부터 나타나기 시작한 지식체계의 구조적 변동이 보다 광범위하게 진행되었고, 소설에 대한 새로운 구상이 나타나기 시작했다.

유의할 점은 모든 심급들이 균등하게 변화하거나 발전하는 것은 아니라는 사실이다. 국가와 정체(政體)의 역사에서 강제병합이 이루어진 1910년은 결정적인 분기점일 것이다. 그런데 지식, 문학, 소설의 역사에서 1910년이 명확한 단절의 선을 그을 수 있는 기점이 되느냐고 묻는다면 선명하게 답하기 어렵다. 분명 1910년 이후 조선인들의 언로는 극도로 제약되었고, 교육과 지식생산에서 식민지 문화전략이 적극적으로 관철되기 시작했다는 점에서 전과 확연히 다른 양상이 전개된다. 하지만 국외로 이산된 이들과 해외 유학생들의 활동을 시야에 두고, 무엇보다 지식과 소설의 패러다임 전환을 고려해 본다면 1900년대의 흐름이 삼일운동 이전까지 이어지는 측면 또한 적지 않다. 19세기 후

평사, 1993.

19 김상준, 「중층근대성」, 『한국사회학』 41집, 한국사회학회, 2007 참고.

반부터 인식 일반의 틀이 된 문명론과 진화론에 균열이 일어나는 1910년대 후반이 오히려 지식, 문학, 소설의 역사에서는 중요한 전환점이 될 수 있다. 그래서 근대 초기를 주로 다루되, 1900년대와 1910년대의 상관성 역시 살펴보고자 했다.

근대 지식의 수용과 소설의 위상 변환 사이의 상관성을 본격적으로 다룬 선행연구는 없다. 하지만 이 책은 다음의 연구성과들에 기댄 바가 크다. 먼저 고전소설론에 관한 선행연구는 소설에 대한 인식의 변화를 통시적으로 이해하는 데 도움을 주었다. 오춘택, 김경미, 정대림, 간호윤 등의 연구는 실록(實錄)·소설의 서발(序跋)·문집의 잡기(雜記)와 잡록(雜錄)·평점본(評點本)의 평점·소설작품 내의 소설논의 등을 정리, 해석하여 전통시기 문장관과 소설의 위상을 파악할 수 있는 바탕을 제공했다.[20]

근대 초기 소설론에 관해서는 이선영·김복순·권영민·송현호·홍신선·문성숙의 연구가 대표적이다. 이선영은 근대 초기 문학론을 크게 전통적 소설론과 서구적 소설론의 변증법으로 기술했으며, 김복순은 서발비평을 중심으로 한 실증적인 정리를 시도했다. 권영민은 이광수에서 완성되는 소설론의 발전사를 보여주었고, 송현호는 기왕의 연구가 다루지 않았던 다양한 자료들을 발굴하여 소설론의 내재적 발전사를 구상했다. 홍신선은 근대 초기 소설론의 특성을 문학이론의 형성이라는 지평에서 밝혔으며, 문성숙은 1차 자료에 충실하여 당대인들의 소설관에 입각한 소설론의 양상을 서술함으로써 서구이론의 잣대로부터 벗어나고자 했다. 어렵게 관련 자료를 정리하여 당대 소설에

20 오춘택, 「한국고소설비평사연구」, 고려대 박사논문, 1990; 김경미, 「조선 후기 소설론 연구」, 이화여대 박사논문, 1994; 정대림, 『한국고전비평사』, 태학사, 2001; 간호윤, 「조선시대 소설비평 연구」, 인하대 박사논문, 2001 참고.

대한 인식의 지형을 그려준 준 연구들이다.[21]

소설과 문학의 근대성에 대한 새로운 시각을 열어준 연구들도 중요하다.[22] 김영민과 정선태의 연구는 텍스트의 지평을 넓혀 확정된 문학성의 틀을 내부에서 해체할 수 있는 실증적인 근거를 마련했다. 특히 김영민은 소설에 관한 학습된 선이해로부터 벗어나 '소설이란 무엇이었는가?'를 묻기 시작했으며, 생산양식으로서의 매체에 주목하여 근대 초기 '소설'의 다양한 편차를 구체적으로 보여주었다. 권보드래의 연구는 섬세한 실증을 통해 당시 소설을 둘러싼 인식 일반의 틀을 재구성하고, 소설 범주가 구획되는 역사적 과정을 밝힘으로써 선행 연구 가운데 소설에 대한 인식 변화를 가장 상세하게 다루었다. 황종연과 김동식의 연구는 한국에서 근대의 문학개념이 역어로서 성립되는 과정을 재구성하고, 문학개념의 역사에 대한 계보학적 탐색을 시도했다. 이들의 연구는 서구의 문학개념을 상대화하는 동시에 소설과 문학에 대한 민족주의 이데올로기를 탈신비화하는 데 중요한 기여를 했다.

1990년대 후반부터 시작된 문제틀의 전환을 바탕으로 근대 초기에 관한 문학연구는 언어·매체·제도·번역(번안)·지식개념 등에 관한 연구로 확산되어왔다.[23] '문학이 독자적인 그 무엇이라는 관념은 문학

---

21 이선영, 『한국근대문학비평사연구』, 세계, 1989; 김복순, 「1890~1910년대 문학비평연구」, 연세대 석사논문, 1981; 권영민, 「한국근대소설론연구」, 서울대 박사논문, 1984; 송현호, 「한국근대소설론연구」, 서울대 박사논문, 1987; 홍신선, 「한국 근대문학이론 형성과정에 관한 연구」, 동국대 박사논문, 1987; 문성숙, 「한국 근대소설론 연구」, 동국대 박사논문, 1992.

22 김영민, 『한국근대소설사』, 솔출판사, 1997; 황종연, 「문학이라는 역어」, 『한국어문학연구』 32, 한국어문학연구학회, 1997; 정선태, 『개화기 신문 논설의 서사 수용 양상』, 소명출판, 1999; 김동식, 「한국에서 근대적 문학 개념의 형성과정 연구」, 서울대 박사논문, 1999; 권보드래, 『한국 근대소설의 기원』, 소명출판, 2000 등.

23 황호덕, 『근대 네이션과 그 표상들』, 소명출판, 2005; 근대한국학연구소 기초학문연구팀, 『한국 근대 서사양식의 발생 및 전개와 매체의 역할』, 소명출판, 2005; 김영민, 『한국근대소설의 형성과정』, 소명출판, 2005; 한기형 외, 『근대어, 근대매체, 근대문학』, 성균

이론의 역사와 학문제도의 오래된 권위에 의해 강화된 것이라는 인식을 공유하는 가운데, 문학의 역사적 의미를 그것이 존재했던 당대의 시공간 속으로 해방'[24]시키는 작업을 진행해 온 것이다. 이 가운데 근대 초기의 주요 지식개념들이 형성된 과정을 밝힌 일련의 성과들은 지식체계의 변화를 살필 때 기초가 되는 개념사 연구의 출발로서 의미가 크다.[25] 특히 한기형과 김현주의 연구는 근대 지식과 문학의 상관성을 분석한 선구적인 사례로, 이 책에 중요한 방법론적 시사점을 제공했다.[26] 여기서 모두 언급하지 못했지만 이 책의 연구대상이 포괄적인 만큼 다양한 선행연구에 빚졌음을 밝혀 둔다.

이 책의 목적은 근대 지식을 수용하는 과정에서 소설의 위상 전위가 이루어지는 과정을 살피는 것이다. 지식체계의 변화는 세계인식과 인간관의 변화를 함축한다. 또한 지식의 (재)생산을 담당하는 제도의 성격과 정치경제적 권력이동의 양상을 포괄한다. 근대 초기 지식장(知識場)에서 소설의 좌표 변화를 살핌으로써, 지식체계의 근대적 재편이 이루어진 양상과 특성을 포착하고자 한다. 또한 근대 지(知)의 하나로 제도화된 문학의 실체를 가시화할 수 있기를 기대한다.

지식과 소설의 연대를 고찰하는 일은 지적 시스템의 근대적 전환과정, 소설의 범주와 의미를 규정하는 데 근간이 되는 지식계열의 성격,

---

관대 출판부, 2006; 임형택 외, 『흔들리는 언어들』, 성균관대 대동문화연구원, 2008; 박헌호 외, 『작가의 탄생과 근대문학의 재생산 제도』, 소명출판, 2008; 박진영, 『번역과 번안의 시대』, 소명출판, 2011 등.

24 한기형 외, 앞의 책, 16면.

25 이화여대 한국문화연구원, 『근대계몽기 지식개념의 수용과 그 변용』, 소명출판, 2004; 『근대계몽기 지식의 발견과 사유지평의 확대』, 소명출판, 2006; 『근대계몽기 지식의 굴절과 현실적 심화』, 소명출판, 2007.

26 한기형, 「근대잡지와 근대문학 형성의 제도적 연관」, 『대동문화연구』 48, 성균관대 대동문화연구원, 2004 등; 김현주, 『한국 근대산문의 계보학』, 소명출판, 2004; 김현주, 『이광수와 문화의 기획』, 태학사, 2005.

소설의 근대적 가치와 전범을 구성하려는 담론적 실천의 양상, 비평적 언설과 작품을 통해 구현되는 소설의 근대성, 담론 공간에서 일어나는 소설의 위상 전위를 포괄한다. 따라서 소설에 대한 전통적 인식과 근대적 인식의 절합점, 세계체제로 편입되는 과정에서 나타난 지식체계의 변동, 근대 지식과 연대하는 소설의 위상 변화 과정, 그 결과 '제국―식민지'의 관계 속에서 형성된 한국소설의 특성을 주요 논제로 삼아 논의를 전개하고자 한다.

제2부
전통시기 소설의 위상과 지식장의 근대적 재편

제1장
유가적 사유와 전통시기 소설의 위상

1. 전통과 근대의 절합

1 1907년 최영년은 이인직의 부탁을 받고 「鬼의聲 序」[1]를 쓴다. 지식체계의 구조변동과 관련하여 소설의 위상전환을 살펴보고자 할 때 좀 더 상세하게 따져볼 문제는, 이 글의 문면에 나타난 글쓰기 주체의 욕망이라기보다 텍스트를 구성하는 이론적 언술의 의미와 평어(評語)의 특성이다. 서문은 '소설의 범주' · '작품 평가 기준' · '조선의 소설 전통'에 대한 1900년대 지식인의 인식 일단을 보여주며, 소설을 포함한

1 최영년, 「귀의성 서」, 이인직, 『귀의성』, 광학서포, 1907.

근대 초기 지식담론의 일반적 특성을 이해하는 데 몇 가지 시사점을 제공한다.

최영년은 『국민신보』 창간을 계획할 때부터 국초(菊初)와 인연을 맺었고 신소설 「금세계」를 『국민신보』에 연재하기도 했는데, 이 글에서 동국(東國) 사천년 역사 이래 처음 김성탄(金聖歎)을 뛰어넘은 재자(才子)로 이인직을 치켜세우고 있다. 러일전쟁 이후 조선의 보호국화에 일익을 담당했던 두 인물의 정치적 행보와 문필활동을 생각하면, 최영년이 취하고 있는 포즈에서 1900년대 후반 '소설 혁명'[2]을 주도했던 주체가 현실적 이해관계를 함께한 특정 지식인 그룹들이었다는 사실을 발견할 수 있다는 점에서 흥미롭다.

최영년은 소설의 범주를 넓게는 패관서(稗官書)로, 좁게는 재자서(才子書)로 규정하고 있다. 중국의 경우 반고(班固, AD 32~39) 이래로 소설의 기원을 정사(正史)와 상대되는 패사(稗史)로부터 찾는 것이 일반적이었고,[3] 조선의 유자(儒者)들 또한 규범화된 경사(經史)의 체계 바깥에 위치하며 소도(小道)를 담는 가담항설(街談巷說)이라는 의미에서 '小說'을 '패사' 혹은 '패설(稗說)'이라는 명칭과 혼용했다.[4] 이러한 관점은 서사(敍事)의 근본이 역사서술[史]에 있다는 유가적 사유에 기대는 한편, 소

---

2 김태준, 『증보조선소설사』, 한길사, 1990, 223면.

3 '小說家者流 蓋出於稗官 街談巷語道聽塗說者之所造也' 반고(班固), 『漢書 · 藝文志』, 경인문화사, 1975, 744면. 중국의 소설론에 대해서는 방정요(方正耀), 홍상훈 역, 『중국소설비평사략』(을유문화사, 1994) 참고.

4 패관들에 의해 채록된 가담항설은 패설(패관소설), 패승(패관야승), 패사(패관야사), 전기(傳奇) 등 다양한 이름으로 불리웠다. 조선 후기에 이르러 점차 소설의 하위 장르들이 정착하고 그에 따른 소설 개념이 확립되어 가던 것은 사실이지만 '소설', '패설', '전기' 등의 용어는 대체로 혼용되고 있었다. 당시의 논자들은 이 용어들을 각각 다른 맥락에서 사용하기도 했다. "소위 패관소설이라고 일컬어져 온 전통적 소설의 역사적 관습 속에는 소설 장르의 선행적 형태 내지 시원적 소설이라고 부를 수 있는 형태들이 포함되어 있고, 나아가 소설로서 장르적 조건이 완비된 형태들까지 포함되어 있다." 조태영, 「조선 전기 문학관의 역동과 소설비평의 진전」, 『고전문학연구』 26집, 한국고전문학회, 2004, 224면.

설이 '자질구레하고 하찮은 이야기'라는 가치판단을 전제하고 있다. 따라서 소설을 패관서와 동일시하는 것은 소설의 성격을 경사(經史)와의 관계 속에서 이해하는 원리적 범주화라 할 수 있다.

그럼에도 광의의 소설 내에는 역사적 갈래들이 실재하는 바, 그 가운데 최영년이 모범으로 삼고 있는 것은 '재자서(才子書)'요, 특히 「서상기(西廂記)」이다. 「귀의성 서」에서 '재자서'는 말 그대로 재자인(才子人)이 나타나 지은 전에 없던 새로운 글을 뜻하며, 구체적으로는 '육재자서(六才子書)' 가운데 김성탄이 비평한 「서상기」를 의미한다. 이처럼 소설 범주를 광의와 협의로 나누어 이해하는 방식은 소설의 하위 갈래들이 체계를 잡게 되는 조선 후기에 뚜렷하게 나타났다. 19세기 후반의 인물로 추정되는 탕옹 역시 「옥선몽」의 '패설론'에서 광의의 패설과 협의의 패설을 구분한다. 광의의 패설은 실기(實記)와 구별되는 문장 일반으로 연의(演義)나 별전(別傳)과 같은 이야기형식뿐만 아니라 잡기(雜記)와 유설(類說)처럼 잡다한 이야기나 정보를 정리하여 수록한 글까지 포함한다. 그럼에도 구체적인 패설의 사례를 논할 때는 「삼국지」, 「수호전」, 「금병매」, 「서유기」처럼 형식과 내용에서 완숙한 정도에 올라선 중국의 대표적인 소설들을 들고 있다.[5] 즉 넓은 범위에서 소설은 재도지문(載道之文)의 바깥에 있는 글들을 포괄하나, 논자가 속해 있던 시대적 특성 혹은 개인적 지향에 따라 특정 양식 및 작품들을 협의의 소설로 상정하고 있다.

「수호전」이 아니라 「서상기」만이 '속된 투의 고루[俗臼塵磊]'를 초월했다고 평가한 대목은, 『서상기』에 이르러 소설이 역사서술의 형식에서 벗어나 그 자체의 특성을 갖추었다는 판단을 내포한다.[6] 각종 패관

5 탕옹(宕翁), 「옥선몽」, 장효현 외 편주, 『교감본 한국한문소설 영웅소설』 1, 고려대 민족문화연구소, 2007, 506~507면.

서가 대부분 역사적 성질을 함의하고 있기 때문에 '썩은 붓에 찌꺼기 묵[腐毫殘墨]'에 지나지 않는다고 서술한 이유도 소설의 가치가 운사(運事)가 아닌 생사(生事), 즉 '사실의 기록'이 아니라 '허구화의 과정'에 있음을 강조하고자 했기 때문이다. 다시 말해 「귀의 성」 서문은 소설에 대한 이중의 규정을 하고 있다. 즉 유가적 사유의 관습에 기대어 소설을 넓게 패사의 부류로 범주화하는 동시에, 재자가인 소설이라는 양식 혹은 「서상기」라는 작품을 통해 소설의 표준을 구체화하는 방식을 교차시키면서 소설이 가진 '문제성'과 '가치'를 동시에 진술하고 있다.

전통시기의 소설관은 일차적으로 작품의 도덕성을 따지는 데 중점을 두었지만, 조선 후기로 갈수록 내용뿐만 아니라 기법의 문제에도 관심을 가지게 된다. 기법에 대한 논의는 홍만종(洪萬宗, 1643~1725) 이나 이의현(李宜顯, 1669~1745) 등에 의해서 먼저 중국 소설을 대상으로 이루어졌는데, 김소행(金紹行, 1765~1859)에 이르러 조선의 소설에도 적용되면서 일정한 기준을 마련하게 된다.[7] 최영년이 작품 평가의 기준으로 제시한 것은 ① 표현의 핍진함, ② 인정의 감발, ③ 세도의 경계, 세 가지이다. 이 세 가지 요소는 유자들의 부정론에 맞서 소설의 가치

---

6 김성탄은 「사기열전(史記列傳)」에 근거를 두고 「수호전」을 인물 전기의 형식으로 파악했다. 김성탄의 「讀第五才子書法」에 나타난 장르인식에 대해서는 다음의 글을 참고할 수 있다. 이승수, 「「수호전」 武松 評에 나타난 김성탄의 비평의식」, 『고소설연구』 제24집, 2007.

7 홍만종은 「수호전」이 묘사가 곡진하고 108인의 인물을 적절히 배치한 점에서 좌구명이나 사마천보다 낫다는 옛사람들의 말에 동의를 표시하고 있으며, 이의현 역시 「수호전」과 「서유기」가 용의(用意)가 교묘하며 문장이 기이하여 새로운 차원에 이르렀다고 평가한다. 김소행은 소설을 쓰거나 평할 때의 기준으로 기문(記聞), 변론(辯論), 신채(神彩), 지의(旨意), 사화(辭華), 채재(體裁), 용사(用事), 필력(筆力)을 들고 있다. 이 가운데 사화, 체재, 용사, 필력이 기법과 관련된 평어들이다. 홍만종, 『순오지(旬五志)』, 『국어국문학총림』 29, 대제각, 384면; 이의현, 「잡저(雜著)」, 『도곡집(陶谷集)』 27권, 경인문화사, 1985, 612면; 김소행, 「三韓拾遺」, 김기동 편, 『필사본고전소설전집』 1, 아세아문화사, 1980, 273면. 번역은 최창록 역해, 『삼한습유』(태학사, 1998) 참고.

를 옹호하는 가운데 도달한 결과였다.

19세기의 소설론은 문체 · 배치 · 인물 · 사건 등 다양한 기법의 문제를 다루고 있으며, 묘사의 핍진함에 관해서는 「광한루기」의 평비가 대표적이다. 특히 '살아있는 이야기(活話)', '그린 듯한 이야기(畵話)'와 같은 평어들은, 소설 속에 묘사된 인물과 사건이 생동감 있고 사실에 가깝도록 재현된 상세함이 있어야 한다는 형상화의 문제를 이론화하고 있다.[8] 소설 기법에 대한 긍정은 육예(六藝)의 문장과 오경(五經)의 말이 콩과 조로 지은 밥처럼 질박하다면 패관의 이야기는 화려하고 섬세하여 진수성찬과 같아 자주 먹을 수는 없으나 그 또한 필요하다는 생각에 바탕을 둔 것이다.[9]

인정을 감발하거나 세도의 경계가 된다는 진술 또한 19세기 소설담론의 연장에서 이해할 대목이다. 보통 사실적인 묘사에 관한 논의는 인정물태(人情物態)를 그리는 문제로 이어졌고, 유만주(兪晩柱, 1755~1788)와 같은 이는 인정세태를 그리기 때문에 소설을 읽지 않을 수 없다고 했다.[10] 소설에 대해 부정적인 입장을 견지했던 이덕무(李德懋, 1741~1793)조차 「수호전」을 평하면서 '인정물태를 그렸기 때문에 소설의 으뜸'[11]이라 할 정도였으니, 소설의 부정하기 어려운 존재 의미가 인정물태론을 통해 마련되었다고 해도 과언이 아니다. 이를 통해 세도(世道)

---

8 「광한루기」가 지향하는 묘사의 방향은 다음과 같이 크게 세 가지로 나눌 수 있다. 첫째, 그림을 그린 듯한 생생하고 정밀한 묘사. 둘째, 상세하되 노골적이거나 저속하지 않은 묘사. 셋째, 인정과 문리(文理)에 맞는 묘사. 성현경 역, 『광한루기』, 박이정, 2001. 광한루기에 나타나는 기법론에 대해서는 김풍기, 「수산광한루기의 평비에 나타난 비평의식」(『어문논집』 31집, 민족어문학회, 1992)와 김경미, 『소설의 매혹』(월인, 2003, 239~242면) 참고.

9 탕옹, 앞의 책, 105면.

10 유만주, 『흠영(欽英)』 6, 규장각, 1997, 130면.

11 이덕무, 「嬰處雜稿」, 『국역 청천관전서』 2, 솔출판사, 1978, 5면.

와 풍교(風敎)를 어지럽힌다는 비판을 넘어서 소설의 문장이 간절하고 정리(情理)가 있기 때문에 능히 사람으로 하여금 감발케 하고 오히려 세도의 경계가 될 수 있다는 논리가 성립할 수 있었다.[12] 이와 같이 19세기 작가나 평자들은 소설의 문제점과 의미에 대해 어느 정도 공통된 이해를 형성하고 있었고, 최영년 역시 그 자장 안에서 「귀의 성」을 평가하고 있다.

[2] 「귀의성」 서문은 여타의 지식담론과 마찬가지로 소설관의 형성과 심화에 타자와 교통하는 것이 불가결한 조건이었음을 드러낸다. 조선 소설의 역사를 중국과의 관계 속에서 사고하고 있으며, 특히 김성탄의 평비(評批)를 여전히 소설비평의 전범으로 삼고 있는 점이 그러하다. 이덕무·정약용·김정희 등 18세기 이후의 대표적인 문장가들이 표면적으로는 부정적인 입장을 표명하면서도 김성탄과 대화적 관계에 있었음은 분명하다. 「절화기담(折花奇談)」·「한당유사(漢唐遺事)」·「광한루기(廣寒樓記)」 같은 조선 후기 평점본(評點本) 또한 김성탄의 소설 비평을 수용하고 있다.[13] 김성탄과 공안파(公安派) 문인들의 영향은 대표적인 사례일 따름이다. 16세기 중엽 이후 오대기서(五大奇書)를 중심으로 유입된 중국 패관서는 그 종류와 분량이 상당했을 뿐만 아니라 '문체반정'에서 첨예하게 드러난 것처럼 유가적 글쓰기 규범과 지배이데올로기에 균열을 가져올 정도였다.[14] 조선의 비판적 지식인들은 중국과 활발한 언어횡

12 유만주, 『흠영』 5, 규장각, 1997, 152면.

13 김성탄이 조선 후기 문단이 미친 영향에 대해서는 다음의 연구를 참고할 수 있다. 강명관, 「한 지식인의 독서체험과 조선 후기문학」, 『대동한문학』 13집, 대동한문학회, 2000; 한매, 「조선 후기 김성탄 문학비평의 수용양상 연구」, 성균관대 박사논문, 2002; 정선희, 「조선 후기 문인들의 김성탄 평비본에 대한 독서 담화 연구」, 『동방학지』 129집, 연세대 국학연구원, 2005 등.

14 『흠영』에서 살펴볼 수 있듯이 당시 지식인들이 가장 많이 읽은 소설은 중국 백화소설

단적 실천을 거쳐 독자적인 사상체계와 미학관을 구축할 수 있었다.

1900년대 후반 최영년은 스스로 '신소설'이라 칭한 「귀의 성」에 대해 해석과 평가를 시도했다. 하지만 앞서 살펴보았듯이 그가 비평적 언술을 수행할 때, 전통은 대상에 대한 인식을 통어하는 조건으로 작용한다. 이러한 사실은 근대 초기 소설에 대한 새로운 지식을 구성하는 일이 19세기의 소설담론과 텍스트들이 만들어낸 문화적 규약으로부터 출발했다는 사실을 보여준다. 또한 소설을 둘러싼 전통적 담론의 그물망 속에서 기능하는 용어들을 사용하지 않고서 새로운 대상을 설명할 언어를 아직 찾지 못하고 있다는 사실도 보여준다. '문학'이라는 새로운 지식을 알지 못한 상황에서 동아시아 고유의 '문(文)'관념이 글쓰기에 관한 사유 일반에 에피스테메로 기능하고 있었고, 소설에 대한 논의 또한 자연스럽게 전통적 문장관과 평어(評語)의 체계에 기댈 수밖에 없었던 것이다.

그렇다고 19세기의 소설담론이 「귀의성」 서문을 완전히 지배하고 있는 것은 아니다. 추상적이나마 19세기로 결코 환원될 수 없는 변화가 먼저 소설론의 외부에서 유입되고 있다. '대명성화연간(大明成化年間)을 책머리 제일의(第一義)로 표방한 것은 마당의 개 짖는 소리에 불과하며, 대한에서 재자인과 재자서를 보지 못함이 평생의 한'이라 토로한 대목에서 알 수 있듯이 '재자서'라는 소설의 상(像) 너머에는 독립국으로서의 대한제국이 이념적 지향점으로 존재한다. 조공체제가 붕

(주로 사대기서(四大奇書)를 위시한 재자가인소설과 단편소설)과 연희본(演戲本) 등이었다. 조선에 유입된 중국작품들의 구체적인 사례와 영향 및 문체반정의 의미에 대해서는 다음을 참고. 이상익, 『한중소설의 비교문학적 연구』, 삼영사, 1983; 大谷森繁, 『조선 후기 소설독자연구』, 고려대 민족문화연구소 출판부, 1985; 신양선, 『조선 후기 서지사 연구』, 혜안, 1997; 민관동, 『중국고전소설사료총고-한국편』, 아세아문화사, 2001; 강명관, 「문체와 국가장치」, 『문학과 경계』 가을, 2001; 장효현, 『한국고전소설사연구』, 고려대 출판부, 2004 등.

괴되고 만국공법의 세계체제로 편입되기 시작한 시점을 전후하여 형성된 내셔널리즘은 다양한 스펙트럼을 형성하였고, 최영년과 같이 일본의 식민화에 적극적으로 협력한 이들까지 문화적 자국중심주의를 주장하는 불균등한 모습으로 나타났다.

이와 같이 『귀의성』 서문에는 전통과 근대가 절합되어 있다. 정도의 차이는 있지만 이러한 절합의 흔적, 절합으로 인한 균열은 근대 초기 소설 담론에서 공통적으로 나타난다.[15] 최영년의 경우 근대 네이션에 대한 지향이 새로운 지식체계와 연동하면서 문장에 대한 인식의 전환을 가져올 정도는 아니었다. 그는 1856년생으로 어려서부터 백가(百家)를 두루 섭렵했으며 이소(離騷)와 당시(唐詩)를 즐겼고 패관벽이 있어 밤늦도록 소설을 읽었던 인물로 신학문을 수학한 경험이 없었다.[16] 1917년 『조선문예』를 창간할 때에도 근세(近世)의 새로운 문예를 창도하기 위한 방법으로 '수시변역(隋時變易)'을 내걸었던 최영년에게, 근대 초기 지식담론의 최종심급이었던 국민(민족)국가에 대한 지향은 이데올로기의 문제였던 것이다.[17] 그 결과 '신소설'이라는 용어는 「귀의성」 서문에서 구체적인 의미를 부여받지 못하고 있다. 이 글에서 '신소설'은 직접적으로는 재자서와 같은 선상에 걸쳐 있고, 다른 한편으로는 '자국의 역사나 현실을 다룬 소설' 정도의 추상적 의미를 갖는다.

3 박은식은 1859년생으로 최영년과 비슷한 연배이지만 다른 모습

15 '빙공착영(憑空捉影)', '허탄무거(虛誕無據)'와 같은 평어를 통해 소설의 허구성을 비판하는 한편, 이러한 문제점으로부터 벗어나기 위해 '소설은 사회의 거울'이라는 반영론적 테제를 확립해 가는 과정을 대표적인 사례로 들 수 있다.

16 송순기, 「海東竹枝紀言」, 『海東竹枝』, 장학사, 1925. 최영년의 생애와 문학론에 대해서는 박영미, 「최영년 문학론 고찰」(『한문학논집』 제22집, 2004) 참고.

17 최영년, 「『조선문예』의 창간」, 『조선문예』 1호, 1917.

을 보여준다. 박은식 또한 소설이 사람을 쉽게 감발하게 하여 풍속을 교화하는 데 뛰어나다는 유학자(儒學者)들의 소설 긍정론을 지지한다. 동시에 여항에 성행하는 중국소설과 국문소설이 황탄무계(荒誕無稽)하고 음란불경(淫亂不經)하여 세도에 해가 된다고 비판함으로써 소설 부정론을 잇고 있기도 하다. 역시 전통적 규약과 평어에 기대어 소설론을 전개하고 있는 것이다.[18] 하지만 박은식은 중국 및 일본을 경유한 신지식을 비판적으로 수용했고, 이를 통해 소설의 근대성을 최영년에 비해 훨씬 구체적으로 구상한다.

주자학의 테두리를 벗어나지 않았던 박은식은 만민공동회를 목도하면서 사상적 전환을 감행했다. 박은식은 엄복이나 양계초의 변법사상, 이노우에 테츠지로[井上哲次郎]의 양명학 등을 접하고 있었으며 신학문 수용의 필요성을 강조한 바 있다. 박은식은 전통학문을 체현했지만 신지식을 받아들이고 태서의 교육제도와 명치유신의 사례를 참조하여 소설을 국성(國性)과 민지(民智)에 도움이 되는 교과서로 규정하게 된다. 또한 신채호 등과 더불어 민족사의 복원을 위해 역사서술에 허구를 도입할 수 있다는 인식의 전환을 이루어냈고, 역사서술과 소설의 경계를 새롭게 조정할 수 있었다.

상술한 사례는 다음과 같은 문제에 주목할 필요가 있음을 보여준다. 먼저 민족사의 연속성을 강화하려는 입장에서 벗어나 살펴보더라도, 소설에 대한 인식에서 19세기와 근대 초기가 실제로 밀접하게 맞닿아 있다는 점이다. 새로운 지식체계가 전통적 사유와 분절점을 형성하면서도 결합되어 있고, 전통시기와 근대 초기의 소설관은 일면 서로 대립하는 것처럼 보이지만 대화적 관계에 놓여있다. 전통적 지식담론은

18 박은식, 「서사건국지 서」, 『서사건국지』, 대한매일신보사, 1907.

새로운 지식을 구성하기 위한 인식의 틀과 언어적 규약을 제공하며, 지식생산의 주체들은 이를 바탕으로 근대 지식을 전유하는 가운데 전통적 지식담론의 특정한 부분을 절취하여 전과 다른 배치 속에서 다양한 방식으로 코드화하고 있는 것이다.

이러한 과정은 옛것과 새것을 변별하고자 하는 의지, 과거와 결별하고자 하는 자세, 새로운 것에 대한 불안과 기대라는 일종의 '태도' 속에서 이루어졌다.[19] 근대 초기 과거를 부정하는 의식은 근본적으로 국체(國體)의 문제, 즉 당대 지식담론의 최종심급이었던 국민국가와 결부된 것이었다. 하지만 그것만으로 모든 사건과 텍스트의 생성에 관여한 힘을 단일하게 설명할 수는 없다. 박은식의 사례는 지식담론의 전환에 여러 가지 요인들이 복합적으로 작용하고 있음을 보여준다. 진화론에 바탕한 진보의 역사관은 1900년대 지식인들에게 인식 일반의 틀이었음은 분명하다. 하지만 개별 지식담론의 형성과 변환을 가능하게 한 조건들은 복수적이며 중층적이다. 또한 문학 혹은 소설에 대한 인식의 변화는 인접한 지식체계의 패러다임 전환, 이와 연동한 미디어 및 교육기구와 같은 재생산제도의 확립과 더불어 이루어졌다. 따라서 소설론의 재편과정을 이해하기 위해서는 우선 무엇이 유제(遺制)로 남아 있으며, 결별의 대상으로 발견된 '옛것'이 무엇인지를 이해할 필요가 있다.

---

19 근대를 하나의 태도로 보는 시각에 대해서는 미셸 푸코, 장은수 역, 「계몽이란 무엇인가」(김성기 외, 『모더니티란 무엇인가』, 민음사, 1994) 참고.

2. 관계론적 세계관과 반(反)규범적 글쓰기로서의 소설

1 '소설'이라는 용어가 근대 초기에 다양한 용법의 편차를 보인다는 사실은 이미 선행 연구에서 여러 번 지적된 바가 있다.[20] 실제 1900년대 후반 신문과 잡지에서 '소설'이라는 표제 하에 게재된 글들은, 특정한 개념을 귀납하기 불가능할 정도로 서로 이질적이다. 고전국문소설의 변형과 백화체 공안소설 , 야담과 한문단편, 문답체와 몽유록, 우화(寓話)와 잡록(雜錄)류, 번역(번안)된 역사서 뿐만 아니라 신소설이나 단편소설과 같은 새로운 형식에 이르기까지 이 시기 '소설'은 서사 양식 일반을 포괄하는 말처럼 보인다.

지금의 시각으로 보아 특히 문제적인 경우는 역사와 소설의 구별이 불명확한 경우들, 그리고 잡록류의 짧은 글에 소설이라는 명칭을 사용한 사례일 터이다. 예를 들어 『대한매일신보』 국문판은 '쇼셜'란에 사서(史書)에 해당하는 「미국독립사」(1909.9.11~1910.3.5)를 연재했다. 또한 국한문판에서는 「위인유적(偉人遺跡)」 난(欄)에서 게재한 「水軍第一偉人 李舜臣」(1908.5.2~8.18)과 「東國巨傑 崔都統」(1909.12.5~1910.5.27)을 국문판에서는 소설란으로 바꾸어 각각 「슈군의 뎨일 거록훈 인물 리슌신전」(1908.6.11~10.24)과 「동국에 뎨일 영걸 최도통젼」이라는 제목으로 연재했다. 한편 『대한자강회월보』·『야뢰』·『조양보』 등은 소설이라는 표제 하에 「외교담」과 같은 짧은 글이나 「비스마룩구 청화」와 같은 실록(實錄)을 싣고 있는데, 소설이라면 응당 갖추어야 할 속성이

20 대표적인 사례로는 김영민, 『한국근대소설사』, 솔출판사, 1997; 김영민, 『한국 근대소설의 형성과정』, 소명출판, 2005; 권보드래, 『한국 근대소설의 기원』 소명출판, 2000.

라고 여겨지는 서사성과 허구성을 거의 찾아볼 수 없다.

이런 상황과 마주하여 '소설이란 무엇이었는가?'를 규정하려는 질문을 던진다면 생산적인 사유를 전개하기 어려울 것이다. 서구적 근대성을 상대화하기 위해서 근대 이전과 이후 어느 쪽에도 명확히 연결되지 않는 특이성을 강조하더라도 마찬가지이다. 문학이나 소설에 관한 정의와 분류를 시도하는 질문법 자체가 근대 초기를 대상으로 할 때 그리 유효하지 않기 때문이다.

1900년대에는 일본유학생을 중심으로 문학이 분과학문의 하나이자 예술의 하위범주라는 근대적 인식이 유입되기 시작했다. 동시에 문장을 나누고 소설과 소설이 아닌 것을 변별하는 태도에는 여전히 '문체(文體) 분류'[21]라는 전통적 장르인식이 공존하던 시기이다. 이러한 관습하에서 이루어지는 소설에 대한 범주 설정은 개별 장르를 개념적으로 규정하는 방법과 거리가 멀다. 따라서 질문이 소설에 대한 개념화의 형식을 취하는 한, 전환기의 조선에서 소설이라는 용어는 제 나름의 정의를 낳을 만한 것이 아니었다는 결론에 도달하기 쉽다.

소설에 대한 개념적 정의를 시도하는 일은 소설로 명명한 다양한 텍스트들 사이에 존재하는 내적인 유사성 혹은 동일성을 추출하고, 이를 바탕으로 소설이 다른 글쓰기와 변별되는 준거를 마련하는 과정을 포함한다. 분명 소설에 대한 특정한 인식이 성립하기 위해서는 '소설'의

---

21 여기서 말하는 문체(文體)는 표기수단에 따른 문장의 형식(국한문체, 국문체 등)이나 스타일로서의 문채(文采)와는 다른 개념이다. 동아시아의 전통에서 문체는 문류(文類)나 풍격(風格)과 같은 의미로 이해되었다. 문류(文類)는 서양의 '장르'와 유사한 개념이다. 풍격(風格)은 간단히 말해 작품의 조화와 통일의 정도를 뜻하기도 하고 작품에서 드러나는 고유한 특성을 의미하기도 한다. 여기서는 한문문체론의 전통에 따라 문체를 보편적 장르와 역사적 장르를 아우르는 용어로 사용한다. 서복관(徐復觀), 윤호진 역, 『한문문체론 연구』, 태학사, 2000, 9~35면; 김원중, 『중국문학이론의 세계』, 을유문화사, 2000, 264~300면 참고.

범주를 설정하는 일이 일차적으로 요구된다. 설령 그것이 현실에 존재하지 않는 모델을 대상으로 삼는다 하더라도, 특정한 글쓰기를 '소설'로 범주화하는 의식이 선행해야 이론적 언술이 가능하기 때문이다. 그런 맥락에서 질문의 방식을 바꿀 필요가 있다. 즉 동일화할 수 없는 텍스트들의 차이를 마주하여 분류와 정의를 시도하기보다 특정 텍스트를 소설로 명명하는 호명방식에 자체에 대해 주목할 수 있는 것이다.

근대소설의 출발은 전통적 장르 관습에서 벗어난 새로운 텍스트의 등장을 의미하는 동시에, 새로운 텍스트를 소설로 호명하고자 하는 인식의 전환을 동반한다. '소설을 범주화하는 인식의 회로' 혹은 '소설에 대한 명명 체계'에는 소설에 관한 사유뿐만 아니라 인간과 세계를 이해하고 설명하는 방법, 지식체계의 변화가 연동한다.

[2] '문(文)' 관념을 근대적인 문학 개념과 제도가 대체하기 이전에 한자문화권에서 문체론은 글쓰기 일반에 대한 이론이자 특정 양식들에 대한 장르론이기도 했다. 동아시아의 문체론은 관계론적 세계관에 바탕을 둔 것으로, '중국 고대의 대표적인 문학이론서'[22]라 여겨지는 『문심조룡』에서 잘 드러난다. 유협(劉勰, 465~521)은 『문심조룡』의 체제나 구성뿐만 아니라 내용에서도 『주역(周易)』을 모범으로 삼았다. 인류의 문장은 그 기원이 태극에 있으며, 태극은 음양의 조화요 도(道)의 표상이니, 모든 문장은 도의 근간인 오경(五經)으로부터 나온다고 보았다. 『문심조룡』에서 다루는 35종의 문체는 모두 오경에 근원을 둔다.[23]

『문심조룡』은 『시학』과 대비할 때 그 특성이 더욱 분명해진다. 아리스토텔레스의 『시학』으로 대표되는 서구의 전통적 장르론은 개별 장

22 진필상, 『한문문체론』, 이회, 1995, 42면.
23 유협, 최동호 역, 『문심조룡』, 민음사, 1994.

르의 고유한 특성과 실체를 특정한 기준에 의해 분류하여 설명할 수 있으며, 이를 통해 대상의 본질에 도달할 수 있다는 전제로부터 출발한다. 아리스토텔레스에 의하면 시의 하위장르인 서사시·비극·희극·뒤튀람보스(dityrambos) 등은 '모방'이라는 일반적 본질을 공유한다. 하지만 각각의 장르들은 모방의 수단과 종류, 모방 대상, 모방 양식에서 차이가 있다. 따라서 그 차이를 각각 분석하고 분류하는 일이 개별 장르뿐만 아니라 시학 전체의 일반적 원리를 도출할 수 있는 방법론이 된다. 즉 개별 실체를 구성하는 구체적 성분들을 분석하고 분류함으로써 대상을 설명하는 방식이다.[24]

이에 반해 유협은 특정한 기준을 통해 개별 문체들의 성격을 규정하는 방법을 사용하지 않는다. 20종의 문류(文類)와 각각의 문류에 내속(內屬)된 문체들은 서로의 관계망 속에서 유사점과 차이에 따라 해당 문체의 특성이 부각된다. 유사점과 차이는 명칭에 대한 설명, 기원, 각 문체의 변천사, 창작방법, 풍격 등 어디에서도 도출될 수 있는 것이며 각 문체들을 나누는 변별적 자질은 하나 혹은 그 이상이어도 좋은 것이다. 이는 '마치 바둑판 위의 돌이 주위의 돌들과의 관계 속에서 생사의 형세를 드러내듯 각각의 문체들이 차이 혹은 유사로 연결된 관계망 속에서 자신의 특질을 드러내는 양상'[25]으로 비유할 수 있다. 조선의 문

24 아리스토텔레스, 천병희 역, 『시학』, 문예출판사, 2002.

25 조강석, 「관계론적 사유의 문학적 전개」, 『현대문학의 연구』 20집, 한국문학연구학회, 2003, 410면. 관계론적 세계관에 대해서는 최유찬, 『한국문학의 관계론적 이해』(실천문학사, 1998) 참고. 조강석은 송(頌)·찬(讚)·시(詩)를 분류하는 방식에서 『문심조룡』에 나타나는 관계론적 장르인식의 예를 들고 있다. 송(頌)은 덕행을 찬양하기 위한 춤과 노래의 모습을 빌려오는 데서 출발했다. 상송(商頌) 이래 송의 양식은 언어와 형식을 완전히 갖추었으며, 정아하고 훌륭함을 추구하는 가운데 언어가 맑고 광채가 있어야 한다. 이와 같은 송의 특성은 찬(讚)을 설명할 때도 유사하게 적용된다. 단 송의 기원이 덕행을 찬양하기 위함에서 출발했다면, 찬은 의식(儀式)의 시작을 알리는 데 사용되었다는 점에서 차이가 있다. 운의 유무나 풍격, 언어의 사용방식은 동일하지만 기원에 차이가

인들 역시 같은 한자문화권에 속하여 유학을 체현했던 이들로서, 관계론적 사유의 틀로 삶의 이치를 논했다. 모든 존재는 그것을 형성해주는 다른 실재들과의 관계를 통해 파악되었고, 소설 역시 마찬가지였다.

소설이라는 말이 최초로 등장한 문헌은 이규보(李奎報, 1168~1241)의 『백운소설(白雲小說)』이다. 시화(詩話)와 잡록(雜錄)을 두루 모으고 이를 소설이라 명명한 것으로 보아 소설은 특정한 서사 양식을 지칭하는 말이 아니었음을 알 수 있다.[26] 가담항설 정도를 뜻하던 소설이 점차 시화·일화(逸話)·수필·잡기 등을 포괄하면서 대개 경사(經史)의 체계 밖에 있는 잡다한 문장들을 뜻하는 용어로 굳어져 간 것을 문헌상으로 확인할 수 있는 시기는 조선 이후이다. 15세기를 대표하는 문인 서거정(徐居正, 1420~1488)의 『太平閑話滑稽傳』(1477)에 붙인 글(東國滑稽傳序)에서 양성지(梁誠之)는 소설의 성격에 대해 다음과 같이 말했다.

> 이른바 경(經)이니 사(史)니 하는 것은 본래 성스러운 임금과 어진 재상이 천하를 태평하게 하는 도(道)이다. 심지어 패관소설 또한 유자(儒者)들이 문장으로써 우스개 소리를 하여 혹은 견문을 넓히는 자료로 삼거나 혹은 한가함을 깨뜨리는 것이니 모두 없어서는 안 될 것이다. 옛날의 역사책에 「골계전(滑稽傳)」이 있었던 것이나, 송나라 태종이 이방(李昉)에게 명해서 「태평광기(太平廣記)」를 지어 올리게 한 것도 곧 이러한 뜻이다.[27]

있으므로 다른 문체로 간주하는 것이다. 이에 비해 시(詩)는 생각을 바르게 함으로써 인간의 성정을 바르게 하는 것이다. 따라서 같은 형식으로 씌어졌다 하더라도 풍격(風格)이 다르므로 시를 송이나 찬과 같은 것으로 취급할 수 없다.

26 "우리 문학사상 소설의 두 글자가 여기에서 처음 나타났으나, 이는 역시 잡록 시화 등에 지나지 않는다." 이가원, 『韓文學硏究』, 탐구당, 1969, 463면.

27 서거정, 박경신 역주, 『태평한화골계전』, 국학자료원, 1998, 48~49면.

이 글은 조선 지식인들이 가졌던 소설에 대한 통상적인 인식을 집약하고 있다. 주목할 부분은 문장으로서 소설이 가진 고유한 특성을 분석하기보다 경사와의 대비를 통해서 소설의 성격을 드러내고 있다는 점이다. 도가 드러나는 것이 문(文)이라면, 문의 근원은 오경에 있고 정사(正史)는 도가 현실에서 구현되는 실제를 보여준다. 즉, 음과 양의 모순 대립이 상보적 관계 속에서 조화를 이루어 그 자체로 도를 표상하는 것처럼 소설 또한 경사와의 관계 속에서 문장으로서의 가치를 부여받는다.

대도(大道)를 드러내는 문(文)인 경사(經史)가 없다면 소도(小道)를 담는 소설에 대한 경계 설정 또한 불가능하다. 소설이 한담(閑談)이나 희작(戱作)의 성격을 가진 문장이기는 하지만, 이 또한 치도(治道)나 세교(世教)에 도움이 되는 경사에 비하여 그러하다. 소설은 분명 하찮을 것 없는 것이지만 긴장을 완화해주고 박문(博聞)에 도움을 줌으로써 경전과 사서가 갖지 못한 효용이 있다.[28] 그런 맥락에서 조선 초기 『태평광기』가 군왕이 즐겨 읽는 이야기가 되었으며, 성종은 『유양잡조』와 같은 책에 대해 비록 불경하지만 치도를 위한 앎의 영역이 경사에만 국한되어서는 안 된다고 전교할 수 있었다.[29]

[3] 경사가 지식담론의 장(場)에서 헤게모니를 상실할 때까지 소설은 항상 경사와 상대적인 관계 속에서 인식되었다. 그리고 경사의 체계 바

28 이를 두고 조선 전기에는 소설에 대해 주류 지식인들도 비교적 관대했다고 판단할 수 있다. 시대의 변화에 따라 유학의 이론과 이념 또한 달라졌으며, 그에 따라 소설에 대한 평가가 변한 것은 사실이다. 하지만 좀 더 본질적인 문제는 유자들이 소설의 존재 자체를 부정하지는 않았다는 것이다. 성종(成宗)이 치도를 위한 앎의 영역이 경사의 세계에만 국한되어서는 안 되며 자잘한 세속적 인간사 역시 중요하게 보아야 한다는 입장에서 패설을 긍정했듯이, 조선 후기의 지식인들도 소설에 대한 긍정과 부정의 입장을 전개할 때는 항상 소설의 특정한 경향을 문제 삼았다는 사실을 기억할 필요가 있다.

29 무악고소설자료연구회, 『한국고소설관련자료집』 1, 태학사, 2001, 41~54면 참고.

곁에 있는 다양한 반규범적 산문 문장들을 포괄하는 의미가 일차적이었다. 16세기 문인 어숙권(魚叔權)이 『파한집』과 『보한집』 등의 시화집을 비롯하여 소화집인 『태평한화골계전』, 최초의 소설로 평가받는 『금오신화』, 기행록인 『표해기』 등 허구성을 갖춘 서사적 문장뿐만 아니라 잡기와 잡록류를 포괄하여 소설로 분류했던 이유가 여기에 있다.[30]

유만주는 육경(六經)과 정사(正史)의 도(道)가 만세의 교훈으로 가장 중한데 주나라 말에 도덕과 학술이 제자백가로 나뉘면서 사부[經史子集]의 편목으로는 담을 수 없는 글들이 생겨났고 패관지서(稗官之書)가 성행했다고 한다. 패관지서는 소설을 잡다하게 기록하고 비속한 말을 갖추어 기록한 것으로, 위진 시대에 점점 성행하다가 당송에 더욱 많아져서 소설가가 드디어 하나의 자리를 차지하게 되었다는 것이다.[31] 정리하자면 소설류(小說類)라 할 수 있는 '문류(광의의 문체)'가 경사와의 관계 속에서 원리적으로 성립하고, 다시 그 아래 다양한 협의의 소설 문체들이 병립하는 관계망을 형성하는 셈이다.[32]

그런 가운데 조선 후기에 이르면 특정한 소설양식들이 성행함으로

30 어숙권, 「동국소설(東國小說)」, 『패관잡기(稗官雜記)』, 무악고소설자료연구회, 『한국고소설관련자료집』 1, 태학사, 2001, 180면. 성현경은 다음과 같이 말한다. "조선조 사람들은 소설을 오늘날 우리가 소설이라고 인식하고 있는 갈래는 물론 시화와 야사(野史), 음담(淫談), 한담(閑談), 재담(才談), 일사기문(逸事奇文) 따위의 일화(逸話)나 야담 또는 설화, 일기, 지리지(地理誌), 잡기와 잡록, 수필 등속까지도 모두 포괄하는 광범위한 개념으로 인식 사용해 온 것이 분명하다." 성현경, 『한국옛소설론』, 새문사, 1995, 12면.

31 유만주, 『흠영』 1책, 1775.3.3, 재인용 : 서울대 규장각, 1997, 25~26면.

32 중국 역시 명말(明末) 청초(淸初) 이전에는 소설이라는 용어가 특정한 양식이나 장르를 의미하는 말로 사용되지 않았다. 최초 소설이라는 말은 '자잘한 학파에 의해 제시된 사소한 도리(小道)'라는 뜻으로 사용되다가 반고(班固) 이후에 목록학의 분류 기준 가운데 하나로 등장하기 시작하여 송대의 특수한 공연 양식인 '설화' 가운데 하나로서 '소설'이라는 양식이 있었던 것을 제외하면 적어도 18세기까지 대부분의 정통 문인들의 관념 속에서 '소설'이라는 것은 본질적으로 문헌 분류의 한 항목으로서 반고의 개념이 거의 그대로 계승되고 있었다. 홍상훈, 『전통시기 중국의 서사론』, 소명출판, 2004, 27~28면.

써 협의의 소설 범주에 대한 공통감각이 형성된다. 김태준에 의하면 넓은 의미에서 사고전서(四庫全書)를 분류할 때 소설을 잡사(雜事)를 서술한 것, 이문(異聞)을 기록한 것, 쇄설(瑣說)을 철집(綴輯)한 것으로 넓은 범위를 설정했다. 그러다 문예의 중심이 사람의 점점 사람의 생활을 묘사하는 데로 옮겨오고 작가도 의식적으로 그와 같은 소설을 쓸 시점에 이르러 연의(演義)와 전기류(傳記類)가 소설이라는 개념이 중추가 되어간 것이다.[33]

홍만종(洪萬宗,1643~1725)은 옛이야기[古說] 가운데 뚜렷하게 일컬을 만한 것으로 「서유기」와 「수호전」 외에 열국(列國) 이후 시대마다 각각 연의가 있다고 하여 지식인들에게 중국 연의소설이 중심 장르로 부상하고 있음을 보여준다.[34] 이이명(李頤命, 1658~1722)은 명말(明末) 소설의 성행이 「삼국지연의」·「서유기」·「수호전」과 같은 사대기서에 의한 것이라 지적했고, 김만중은 「삼국지연의」와 「앵앵전」을 두고 세태를 논했다.[35] 조선 소설로는 「구운몽」과 「홍길동전」이 자주 거론되었고, 「남정기」·「숙향전」·「소대성전」·「심청전」과 같은 국문소설도 지식

33 김태준, 앞의 책, 17면. 청대 건륭황제 때 만들어진 『사고전서(四庫全書)』(1772~1782)에서 '소설가류(小說家類)'는 자부(子部)의 말단에 놓여 있다. 자부의 구성은 공맹(孔孟)의 저술을 제외한 유가류(儒家類), 병가류(兵家類), 법가류(法家類), 농가류(農家類), 의가류(醫家類), 천문산법류(天文算法類), 술수류(術數類), 예술류(藝術類), 보록류(譜錄類), 잡가류(雜家類), 유서류(類書類), 소설가류(小說家類), 석가류(釋迦類), 도가류(道家類)이다. 이와 같은 배치는 일종의 문화적 위계질서를 표방한다. 소설가류에 대해서 『사고전서』는 다음과 같이 풀이한다. '자질구레한 이야기들을 수집하는 패관들이 기술한 것은 모두 하찮은 것들이다. 그러나 그러한 것을 통해서라도 견문을 넓힌다면, 노름이나 바둑을 두는 것보다 나을 것이다. 그렇기 때문에 그 다음에 소설가를 놓는다.' 『사고전서』에서 소설은 현실을 완전히 벗어난 석가나 도가보다는 낫지만 무용하고 저속한 것으로 평가되고 있다. 인용부분은 이장우(李章佑)·노진시(魯辰時), 『중국문화통론』(중문출판사, 1993, 135~136면)의 번역을 참고.

34 홍만종, 「순오지」, 『홍만종전집』 상권, 태학사, 1980, 90~91면.

35 김만중, 『서포집·서포만필』, 통문관, 1971, 649~656면.

인들의 시야에 포착되고 있다.[36]

한편 연의나 전기와 같은 소설 문체들이 완숙한 경지에 도달하고 항간에서 성행하자 소설의 범주도 세분화되는 경향을 보인다. 이덕무(李德懋, 1741~1793)는 소설을 패설, 전기(傳奇), 지괴(志怪) 등과 구분했다. 이덕무가 소설로 여긴 것은 「삼국지」같은 연의소설이다. 이덕무에 의하면 소설은 원나라에서 시작하여 명나라 때 유행했고 지금 더욱 성행하고 있는 난잡한 글의 대표이다. 옛날에는 패관을 두어 야담을 수집했는데 비록 자질구레한 것들이 많았지만 군자가 취할 것이 있었고, 전기와 지괴는 박람(博覽)하는 자들이 취하곤 했다고 한다. 하지만 소설은 패관과 야담, 전기와 지괴에 미치지 못한다고 보았다.[37] 노신(魯迅, 周樹人)의 『중국소설사략』[38]에 의거한 이가원의 『조선문학사』[39] '소설류'에 대한 설명과 유사할 정도로 이덕무는 소설 범주를 역사적 양식으로서의 연의소설로 한정한다.[40] 탕옹은 성인이 사라짐에 미언(微言)

---

36 보고사, 2008 등. 전성운, 『조선 후기 장편국문소설의 전망』, 보고사, 2002; 정병설, 「조선 후기 한글소설의 성장과 유통」, 『진단학보』 100집, 진단학회, 2005; 임성래, 『조선 후기의 대중소설』,

37 이덕무, 「세정석담(歲精惜譚), 『국역 청장관전서』 2, 민족문화추진회, 1978, 23면.

38 노신, 조관희 역주, 『중국소설사략』, 살림, 1998.

39 이가원, 『조선문학사』 하, 태학사, 1997.

40 이가원은 노신(魯迅, 周樹人)의 『중국소설사략』이 소설에 대한 이해가 가장 체계적이고 상세하다고 보았고, 그 사례를 참고하여 소설류(小說類)를 귀신지괴(鬼神志怪), 전기(傳奇), 화본(話本), 신마(神魔), 인정(人情), 풍자(諷刺), 재학(才學), 협사(俠邪), 협의 · 공안(俠義 · 公安), 유책(遺責) 10가지 문체로 분류했다. 서구 문학사 서술의 형식을 수용한 노신의 사례를 참고했기 때문에 조대별(朝代別)로 유행했던 소설문체들을 나열하고 있지만, 이가원의 소설 분류에서도 관계론적 문체 분류의 방법이 나타난다. 예를 들어 지괴와 신마, 인정과 풍자가 그러하다. 지괴와 신마는 공통적으로 도가의 영향을 받아 현실에 존재하지 않는 일을 쓴 것이다. 하지만 지괴는 주로 귀신(鬼神)과 영이(靈異)에 관한 이야기로 진(晉) · 수(隨)대에 유행했고 「수신기(搜神記)」가 대표적이다. 신마는 주로 도술에 관한 것으로 「서유기」를 사례로 들고 있다. 한편 명(明)에 신마소설이 유행할 때 인사(人事)와 세정(世情)을 묘사한 「홍루몽」 같은 인정소설이 등장한다. 패사(稗史)에 기탄(譏彈)을 붙인 것의 역사는 오래되었지만 명나라 때 인정소설에 특히 성행했는데, 그 가운데 한 인

이 끊겼고 처사(處士)가 횡행함에 패설이 나왔다고 하여 소설의 발생을 경사와의 관계 속에서 논하는데, 그 하위에 연의(演義), 잡기(雜記), 사론(傪論), 쇄록(瑣錄), 별전(別傳), 신어(新語), 유설(類說), 고사(故事)와 같은 문체들이 있음을 열거하고 있어 조선 후기로 갈수록 소설의 하위범주에 대한 분류가 세분화되고 있음을 보여준다.[41]

19세기에 이르면 '허구성'이나 '인정물태의 묘사'와 같은 성격을 소설 범주 설정의 내적인 변별점으로 삼고자 하는 비평적 언술이 빈번하게 나타났다. 이우준(李遇駿, 1801~1867)은 '소설이란 곧 작가가 빈 데다 시렁을 얽어매고 허공을 꿰뚫어 생각을 쌓고 뜻을 포개어 하나의 기이한 이야기를 꾸며 놓은 것'이라 했다.[42] 만와옹(晩窩翁)은 「일락정기(一樂亭記)」 서문에서 '소설이라 불리는 것들은 문장이 비속하고 기록한 사건 역시 황탄하다'[43] 하였고, 서유영(徐有英, 1801~1874?)은 「육미당기(六美堂記)」 서문에서 '소설이 가허착공(架虛鑿空)하고 지리번쇄(至離煩瑣)하여 진실로 족히 취할 것이 없으나 인정세태(人情世態)의 묘사가 잘 되면 무릇 비환득실(悲歡得失)에 현우선악(賢愚善惡)의 구분이 있어 종종 사람으로 하여금 보고 느끼게 하는 데가 있다'[44]고 썼다. 소설에 대한 긍정과 부정의 교차 속에서 그 특성에 대한 인식의 공유점이 어느

물을 아주 추하고 열등하게 그리면서 이후 재능 있는 인물을 등장시켜 대비하는 것을 풍자라 한다. 「호질」과 같은 작품이 풍자에 해당한다. 위의 책, 1794~1796면.

41 탕옹, 「옥선몽」, 장효현 외 편주, 『교감본 한국한문소설 영웅소설』 1, 고려대 민족문화연구소, 2007, 506면.

42 이우준, 「小說章」, 『몽유야담(夢遊野談)』, 재인용 : 성현경, 「19세기 조선인의 소설관—『몽유야담』 저자의 경우」, 『관학어문연구』 3집, 1979, 245면.

43 만와옹, 「일락정기서」, 장효현 외 교감, 『교감본 한국한문소설 가정가문소설』, 고려대 민족문화연구소, 2007, 15면. 만와옹이 누구인가에 대해서는 몇 가지 가설이 있으나 확실치는 않다. 『일락정기』의 창작 년대는 19세기인 것으로 추정된다.

44 서유영, 「육미당기 소서(小序)」, 장효현 외 교감, 『교감본 한국 한문소설 영웅소설』 1, 고려대 민족문화연구소, 2007, 235면.

정도 마련되고 있었다.

4 조선 후기 소설의 범주와 성격에 대한 논의가 구체화되었다고 해서 관계론적 장르 인식이 사라진 것은 결코 아니다. 이덕무 · 유만주 · 탕옹 등의 사례에서 드러나듯이 경사에 상대되는 포괄적인 문체로 소설을 이해하는 것이 중심이었고, 이를 바탕으로 다양한 산문 문체들을 '소설'의 범주 안에서 사고하되 역사적인 시각을 갖추게 되었다고 보는 것이 옳다. 다만 소설은 공인된 문체상의 규범이 없었는데, 조선 후기에 들어서 특정 양식이나 작품을 대표적 사례로 여기거나 소설의 특성을 구체적으로 규정하는 협의의 소설관이 형성되었다.

이와 같은 장르 인식은 유학과 한학을 수학했던 근대 초기 지식인들에게까지 이어졌다. 근대 초기 한문문체의 전통은 자국어의 발견과 근대 미디어의 탄생에 의해 재구성될 운명이었으나 오랜 기간 뿌리 깊은 영향력을 행사했다.[45] 그 결과 신문이나 잡지에서 잡록류나 문답체, 박문에 도움이 될 역사적 지식들, 전통적인 역사서술방식에서 벗어난 사서(史書), 양계초의 「동물담」 등 이질적인 산문들을 소설로 통칭할 수 있었다.

당시의 소설 분류는 지금으로 보아 낯선 것일 뿐, 시비나 정오를 가릴 사안이 아니다. 보르헤스나 푸코가 서로 공명하며 영향을 주고받는 것을 같은 범주로 묶은 동양의 분류법으로부터 서구문명에 대한 비판적 상상력을 가동하는 장면을 기억한다면, 1900년대의 소설 분류는 근대의 문학론이 제한적이고 분열된 지식임을 환기하는 듯하다.[46] 뛰어

45 이에 관해서는 다음의 연구를 참고할 수 있다. 김찬기, 『한국 근대소설의 형성과 전(傳)』, 소명출판, 2004; 임상석, 『20세기 국한문체의 형성과정』, 솔벗, 2008; 배수찬, 『근대적 글쓰기의 형성과정 연구』, 소명출판, 2008 등.

난 작품들은 모두 장르의 규범이나 질서에 의문을 제기하며, 장르 자체를 새롭게 사고하도록 유도한다. 주목할 문제는 이와 같은 관계론적 세계관과 문장 분류의 방법이 언제부터 어떤 과정을 거쳐서 낯선 것이 되었으며, 그런 가운데 소설의 토폴로지(topology)가 어떻게 변화했느냐는 것이다.[47]

자본주의, 입헌정체와 함께 서구 모더니티의 삼각대를 이루는 과학이 조선에 급격히 유입되기 시작한 것은 러일전쟁 직후이다. 1905년 이후의 정세는 완만할 수 있었던 글쓰기장의 변화를 시간적으로 압축시켰다. 문체 분류에 입각한 소설 호명 방식과 더불어 소설에 대한 새로운 규정들이 비동시성의 동시성 속에서 서로 다른 모습으로 출현했다. 경사의 권위가 해체되고 그 자리를 근대 지식이 대신하면서 나타난 소설의 위상학적 재배치는 과거에 대한 부정의 의식으로부터 시작되었다. '완고당한 자들이 여전히 골몰하는 것은 김성탄의 「삼국지」'[48]라든가, '예로부터 내려오는 여러 소설들은 모두 시렁에 묶어두어야 한다'[49]든가, '허언낭설(虛言浪說)은 한 구절도 기록치 아니하겠다'[50]든

46 호르헤 루이스 보르헤스, 황병하 역, 『불한당들의 세계사』 1, 민음사, 1994; 미셸 푸코, 이광래 역, 『말과 사물』, 민음사, 1980.

47 관계를 중시하는 동양의 사유방식은 지금도 여전히 남아있다. 리처드 니스벳의 연구를 통해 밝혀졌듯이 지금도 전체의 관계를 중시하는 동양인과 독립된 개체를 중시하는 서양인의 사고체계 차이는 의식, 무의식의 차원에서 여전히 남아 있다. 동양인들은 세계를 전체가 하나로 연결된 거대한 장과 같은 공간으로 보며, 서양인들은 각각의 개체가 모여 집합을 이루는 공간으로 보는 경향이 강하다. 리처드 니스벳, 최인철 역, 『생각의 지도』, 김영사, 2004; EBS '동과서' 제작팀 · 김명진, 『동과 서』, 예담, 2008 참고.

48 신채호, 「몽견제갈량 서」, 유원표, 『몽견제갈량』, 광학서포, 1908.

49 "우리 대한은 예로부터 소설의 선본이 없어서 우리나라 사람이 지은 것으로는 「구운몽」과 「남정기」 등 수종에 불과하고, 중국으로부터 들어온 것으로는 「서상기」와 「옥린몽」과 「전등신화」와 「수호지」 등이요, 국문소설은 이른바 「소대성전」이니 「소학사전」이니 하는 따위가 여항의 사이에 성행하여, 필부필부의 일상에 읽을거리가 되고 있으니, 이것은 모두 황탄무계하고 음란불경하여 족히 인심을 방탕하게 하고 풍속을 무너뜨리어 정교와 세도에 관하여 해됨이 적지 않다." 박은식, 앞의 글.

가, '예전의 소설이 단지 오락적 문자에 불과하나 금일의 소설은 인생과 우주의 진리를 열어 알리니 혼동하지 말라'[51]는 식의 진술들이 대표적인 결별의 선언이다. 이러한 부정의 태도는 관계론적 세계관과의 결별을 의미하기도 했다. 그러나 경사의 경계에 끊임없이 균열을 일으키는 반규범적 글쓰기로서 소설이 형성한 전통적 가치를 쉽게 떨칠 수는 없었다.

3. 전통과 근대를 매개하는 소설의 가치—'허구(虛構)'와 '인정(人情)'

1 소설에 대한 비평적 가치판단의 추이를 살피는 것도 근대를 기점으로 한 위상 변화를 이해하기 위해 필요하다. 근대 이전 소설의 가치에 관한 논의는 부정과 긍정의 입장이 대결하거나, 혹은 같은 논자의 글에서도 부정과 긍정의 입장이 공존하면서 진행되는 양상을 보인다. 소설을 경사와의 관계를 통해 배치하려 한 이상, 대종을 이룬 것은 부정적 시각일 수밖에 없었다. 조선 전기 왕실과 지식인들이 광의의 소설에 대해 비교적 너그러운 태도를 취할 수 있었던 것은, 소설의 문제점이 아직 진지하게 거론되지 않은 상황에서 한담(閑談)이나 박문(博聞)에 도움이 된다는 가치를 부여할 수 있었기 때문이다.

그러나 소설이 성행하고 문풍(文風)에 영향을 미칠 정도가 되자 사정

50 이해조, 「화의혈 서언」, 『화의혈』, 보급서관, 1912.
51 이광수, 「문학의 가치」, 『대한흥학보』 제11호, 1910.3.

은 달라졌다. 특히 주자학적 사유체계가 교조화되어 일상을 규율하기에 이르면서 소설은 이단(異端)으로까지 취급받았다. 문장을 배우는 자는 마땅히 육경으로 종주(宗主)를 삼고 자사(子史)를 날개로 삼아 상하(上下)를 포괄하고 고금(古今)을 두루 통하여 마침내 주자서(朱子書)에서 궁극적으로 만나야 하므로, 소설이 사람의 마음을 해치는 것은 이단과 다를 바가 없다는 것이 군왕이 내세운 공식적인 문장관이었다.[52]

소설을 배격하는 논의가 공적으로 이루어졌다는 사실은 역설적으로 소설이 당대에 얼마나 성행했는지를 보여주는 지표가 될 수 있을 것이다. 개인에 의해 산발적으로 제기되던 소설 부정론이 공적이고 체계적으로 전개된 것은 정조 연간이다. 정조가 문체를 순정하게 하여 고문과 경학을 바로세우고자 했을 때 핵심적인 사안은 서학(西學)의 유입과 관련된 당시의 정국에 대한 대응일 터이지만, 무의식중에 정교와 세도를 위협하는 문체의 동요를 경계하지 않을 수 없었던 사정도 있었다.

조선 후기 소설을 배격하거나 옹호하는 가운데 쟁점으로 떠오른 것은 '허구'와 '인정(人情)'의 문제였다. 북학파 가운데 의리지학[道學]에 상대적으로 더 경도되었던 이덕무의 글이 대표적이다.

> 소설에는 세 가지 미혹한 점이 있다. 없는 것을 꾸며내어(架虛鑿空) 귀신과 꿈을 이야기하니 짓는 것이 첫 번째 미혹함이요, 허황된 것을 도와 비천한 것을 고취하니 비평하는 것이 두 번째 미혹함이요, 땀과 시간을 허비하여 경전을 등한시하니 보는 것이 세 번째 미혹함이다. 짓는 것도 옳지 않은데 무슨 마음으로 비평을 하였단 말인가? 비평하는 것도 옳지 않은데 또한 「삼국지」와 「수호전」의 속편까지 만든 자가 있으니 비루하고 비루하여 더 말할 가치도 없다.[53]

52 박소동 외역, 『국역 홍제전서』 16권, 민족문화추진위원회, 2000, 214면.
53 이덕무, 앞의 책, 22면.

소설의 저자・평자・독자 모두를 비판 대상으로 삼고 있는 이 글에서, 미혹함의 근본 원인은 없는 것을 지어낸다는 데 있다. 유가의 전통에서 경전과 사서의 큰 원칙은 '술이부작(述而不作)'이라는 말로 집약할 수 있다. 술이부작은 경사를 진리의 근원으로 삼는 문화에서 서사(敍事)의 요체이자 주체의 해석학적 입장을 드러내는 말이기도 하다. '述'은 옛것을 전술(傳述)하는 것이고 '作'은 새로운 것을 만들어내는 것으로, 술이부작은 유가에서 허구를 탄압하는 근거가 되곤 했다. 하지만 공자의 텍스트에서도 '述'과 '作'의 경계를 뚜렷이 하기는 어렵다.[54] 다만 공자가 스스로 '作'은 '요・순・우・탕'과 같은 성인의 영역에 해당하고 '述'은 현인도 할 수 있는 것이라는 경계를 세웠으니, 이후로 누군가가 스스로 새로운 것을 지어내었다고 말한다면 공자의 권위에 도전하는 것과 다르지 않았다.

이덕무는 어려서 10여 종의 소설을 보고 즐긴 적이 있으나 소설 속에서 일어난 일이 실제로는 없었다는 사실을 알고 난 후에 증오심이 커졌다고 한다. 설사 괴력난신(怪力亂神)이나 꿈 이야기처럼 황탄하지 않다 하더라도, 연의나 전기는 실사(實事)의 기록이 아니므로 정도(正道)를 벗어났다고 여겼다. 더구나 그 내용과 표현마저 음란하고 속되어 경학과 세도를 어지럽게 하니 옛 소설은 불사르고 새 소설은 엄금해야 한다고 주장했다.[55] 도(道)가 드러나는 것이 문(文)이며, 치도(治道)를 위해 문은 곧 정(政)일 수 있고 공(公)적인 것이었다.[56] 그런 맥락에

---

54 "술(述)은 옛것을 전술하는 것일 뿐이요, 작(作)은 처음으로 창작하는 것이다. 그러므로 作은 성인이 아니면 불가능하지만 述은 현인으로서도 미칠 수 있는 것이다." 이어 주자는 공자가 『시경』, 『서경』, 『주역』, 『춘추』를 편수할 때 모두 선왕의 옛것을 전술했지만 이는 공자의 겸손함을 표현하는 것일 뿐, 공자의 저술 또한 作의 영역에 해당한다고 보았다. 성백효 역주, 『논어집주』 '述而', 전통문화연구회, 1990, 126면.

55 유사한 경우로는 정약용의 「文體策」이나 홍석주의 『학강산필』에 나타나는 비판이 대표적이다.

서 정조를 위시하여 정약용, 이덕무, 홍석주, 남공철 등이 소설을 배척한 것은 당시의 정황을 콘텍스트로 삼아 이해해야 할 것이다. 또한 이들이 사적으로는 소설을 향유하는 이중적인 모습을 보였다는 사실도 염두에 둘 필요가 있다.[57]

그럼에도 불구하고 허구성에 대한 부정적인 인식은 좀 더 근본적이다. 직접 소설을 쓰거나 긍정적인 논의를 전개한 이들조차 소설을 정사의 보완물[正史之補], 일종의 곁여태로 보기 때문이다. 소설론이 상당한 수준으로 전개되었던 명말 청초의 중국에서도 그러했듯이 진리의 객관적 실재가 기록의 사실성에 의해 성립된다고 여겨지는 한, 허구의 가치가 공식적으로 인정받기는 어려웠다.[58] 그런 가운데 근대 초기에도 빈번하게 등장하는 '가허착공(架虛鑿空)', '착공구허(鑿空構虛)', '황탄

56 원래 道는 사람이 다니는 길이라는 의미가 일차적이다. 이로부터 모든 사람이 당연히 지켜야 할 도리, 도덕, 만물의 운동 변화가 따르는 법칙 혹은 우주 만물의 근원 등 다양한 의미가 파생되었다. 송대 성리학자들은 道를 형상적인 관점에서 천(天)이라 했고, '당연히 그러해야 할 바[所當然]'를 중심에 둘 때는 리(理)라고 불렀다. 유가의 이상인 실천이나 무수한 별, 해와 달, 사계절의 항구적이며 규칙적인 움직임 등은 모두 도를 따르는 행위이며 운동인 셈이다. 문(文)은 바탕을 꾸미는 무늬라는 뜻이 일차적으로, 천문(天文)은 하늘의 무늬인 일월성신을 가리킨다. 여기서 문의 두 번째 의미, 즉 인간이 이룩한 모든 문화와 문명을 뜻하는 인문(人文)의 의미가 형성된다. 문(文)은 후대에 인문보다 좁은 의미로 기록된 것 일체[文章]를 의미했으며, 더 좁혀져 시와 구별되는 산문의 의미로 쓰였다. 안병학, 「도문—문학의 본질, 효용, 글쓰기」, 한국사상연구회 편, 『조선유학의 개념들』, 예문서원, 2002,참고.

57 "소설을 표면적으로 배척하면서 뒤로는 탐독했던 이중성이야말로 소설에 대한 당시 사대부들의 실제적인 모습이었다. 따라서 공식적인 입장이 아닌 개인적인 독자 또는 작가의 입장일 때 소설에 대한 긍정적 태도 표명이 나타날 수밖에 없다." 이상택, 『한국고전소설의 이론』 1, 새문사, 2003, 18~19면.

58 명(明) 말에서 청대 중엽까지 소설을 옹호하거나 배척했던 논자들 모두 허구의 문제에 대해서는 부정적인 입장을 고수하고 있었다. 홍상훈은 이에 대해 다음과 같이 서술한다. "청대중엽 이전의 대부분의 지식인들은 이른바 '허구'라는 것은 그들이 학문과 문학을 통해 추구하고자 했던 세계의 객관적 진리로서의 실제에 위배되는, 따라서 어떤 고아한 가치를 부여할 수 없을 뿐만 아니라 나아가 사회의 질서를 해치기도 하는 해로운 것이라고 생각하고 있었던 것이다." 홍상훈, 「중국문학에서 허구에 대한 인식론적 전환」, 『중국소설논총』 2집, 한국중국소설학회, 1993, 22~23면.

지설(荒誕之說)', '빙공착영(憑空捉影)'과 같은 평어들이 소설의 허구적 속성을 지목하는 동시에 비판하는 용어가 되었다.

[2] 허구의 가치, 나아가 소설의 가치가 공식적으로 인준되려면 먼저 진리의 언어와 신성한 정전(正典)이 해체되는 과정을 거쳐야 할 것이다.[59] 물론 이것은 민족어의 탄생, 경사를 대신할 새로운 지식체계의 등장을 의미한다. 그 이전, 다시 말해 조공체제로부터 벗어나 만국공법의 세계체제로 편입되기 전까지, 전통적 지식인들은 경사의 규범을 전복하지 않는 범위 내에서 허구의 가치를 두 가지 방향으로 정당화했다. 하나는 소설이 경사에 미치지 못하는 저급한 것임을 인정하면서도 허구 속에서 권계의 효능을 찾는 경우이고, 다른 하나는 경전과 사서에 대한 성리학적 해석으로는 포착하기 어려운 세계를 허구가 드러낼 수 있다고 적극적으로 의미를 부여하는 경우이다.

남아있는 자료에 근거하면 허구성을 긍정하는 논의는 대개 18세기 후반에서 19세기에 주로 나타난다.[60] 만화옹(晩窩翁)은 소설이 비속한 말과 황탄하고 근거 없는 내용으로 모두 기이한 이야기와 거짓말(奇談詭虛)에 귀착되지만, 가공구허지설(架空構虛之說)에서 나온 것이라 하더라도 복선화음(福善禍淫)의 이치를 담고 있다면 도(道)를 가르침에 도움

59 베네딕트 앤더슨, 윤형숙 역, 『상상의 공동체』, 나남출판, 2002 참고.

60 기존의 연구들은 소설이 이 시기에 접어들어 긍정되고 성행할 수 있었던 이유에 대해 다음과 같이 다양한 분석을 시도한 바 있다. ①심성론과 예학 위주의 성리학에 비판적 거리를 두는 상대주의적 인식의 대두, ② 고증학풍의 수용과 박람(博覽)에 대한 지향, ③ 일탈적 지식인의 증가와 상호교류, ④ 정의 긍정과 아속-고금의 경계 붕괴, ⑤ 김성탄 및 공안파 문인의 영향, ⑥ 전기수 세책가 방각본의 등장 등. 금동현, 「18세기 후반~19세기 전반기 문학이론 연구」, 고려대 박사논문, 2001; 이병직, 「19세기 한문장편소설 연구」, 부산대 박사논문, 2001; 서경희, 「「옥선몽」 연구」, 이화여대 박사논문, 2004; 그 밖의 성현경, 장효현, 임성래, 오춘택, 김경미의 앞의 책 등을 참고.

이 된다는 논리를 전개한다.[61] 목태림(睦台林, 1782~1840)은 와룡산 암자에서 독서를 하고 있을 때 어떤 나그네가 들려준 종옥의 이야기가 허탄하여 기록할 만한 것이 못되지만 감계지도(鑑戒之道)에는 혹 도움이 될까 하여 글로 남긴다고 창작 동기를 밝힌 바 있다.[62] 이러한 논법은 상기한 사례 외에도 여러 문헌에 나타나는데, 유자들이 소설을 긍정할 때 가장 흔하게 사용한 논리였으며 때로는 소설을 지은 이들이 자신의 글을 옹호하기 위한 형식적 수사(修辭)이기도 했다.[63] 유가의 도를 담고 있다면 소설의 허구성이 그리 무해하지는 않다는 식으로 부정과 긍정을 교차시켜, 경사의 규범 내에서 허구 내지 소설의 가치를 인정하는 전략이다.

이에 비해 「옥선몽」에서 전개되는 '패설론'과 '문무계지언(問無稽之言)'은 유가적 사유의 틀 내에서 허구를 의미화하는 보다 적극적인 양상을 보여준다. '패설론'에 의하면 소설이 비록 황탄하다 하여도 결국 그 내용은 모두 구경(九經)에서 나왔기 때문에 창선징악(彰善懲惡)으로 돌아갈 수밖에 없고, 읽는 이로 하여금 마음과 행동을 깨끗하게 하므로 패관(稗官)의 공이 적지 않다.[64] 그런 맥락에서 탕옹은 허구의 가치를 인정하되, 과거의 소설에서 볼 수 있는 신(神)・꿈[夢]・전쟁[兵]・도

61 만화옹, 「일락정기 서」, 장효현 외 교감, 『가정가문소설』, 고려대 민족문화연구원, 2007, 15면.

62 목태림, 「종옥전」, 장효현 외 교감, 『애정세태소설』, 고려대 민족문화연구원, 2007, 841면; 만화옹, 「일락정기(一樂亭記)」, 장효연 외, 『가정가문소설』, 고려대 민족문화연구소, 2007, 15면.

63 상기한 사례 외에도 이우준의 『몽유야담』, 남영로의 「옥련몽」, 서유영의 「육미당기」 서문, 이양오(李養吾)의 『磻溪先生文集』, 이원명(李源命)의 「東野彙輯 序」 등에서 허구를 합리화하는 유사한 논리를 찾아볼 수 있다. 소설의 저자가 자신의 글을 옹호하는 방식은 대개 두 가지였다. 하나는 권계(勸誡)의 교훈적 효과가 있다는 것이고, 다른 하나는 소설의 내용이 사실에 바탕한 것임을 강조하는 것이었다.

64 탕옹(宕翁), 앞의 글, 506~507면.

적[盜]에 관한 이야기들은 비판받아 마땅하다고 여긴다. 이치에 맞고[當於理] 뜻에 부합하며[合於義] 본성을 따름에 거스름이 없어야[莫不順其性而導之] 비록 지어낸 이야기라 하더라도 의미가 있기 때문이다.[65] 따라서 성인을 모범으로 삼아 마음을 바르게 하면[正心] 말이 실재성[實]을 가지게 되고 믿음[信]을 얻을 수 있다는 것이다. 소설이 '근거 없는 이야기[無稽之言]'에서 '실다운 이야기[有稽之言]'로 전환할 수 있는 고리를 유가적 사유의 틀 내부에서 마련한 셈이다. 이러한 전개는 넓게 보아 문이재도(文以載道)의 관점에서 소설을 새롭게 배치하는 방식일 터인데, 허구도 진실과 믿음에 닿을 수 있는 길을 원리적으로 열어놓았다는 점이 전과 다르다.

한편 조선 후기에 이르면 성리학적 도문론(道文論)을 상대화하는 지점에서 허구가 그 자체로 인정받는 모습을 발견할 수 있다. 주지하다시피 조선 후기는 성리학에 대한 회의와 반성이 여러 경로로 나타났던 시기이다. 임병양란 이후 격변하는 시대적 변화에 적절하게 대응하지 못한 채, 지나치게 심성론(心性論)과 예학(禮學)에 치중하면서 도학(道學)은 점차 현실과 거리가 멀어졌다. 더구나 도통(道通)을 세우는 일이 정치권력과 연관됨으로써 주자학 자체가 교조화되는 경향마저 보였다. 그 폐단을 위와 아래에서 공감하는 가운데 청으로부터 유입된 새로운 학문(서학, 양명학, 고증학)은 성리학의 관념성과 배타성에 비판적으로

65 "이치를 어그러뜨린 말과 뜻이 없는 이야기는 성인이 믿지 않으니, 무릇 성인의 말은 어느 쪽에도 치우치지 않아서 이치에 합당하고 뜻에 맞은 연후에 이에 걸리고 귀에 들어간다. 그러므로 높은 것을 말하면 반드시 일러 하늘이라 하고 낮은 것을 말하면 반드시 일러 땅이라 하니, 아비와 아들에게는 효를 논하고 임금과 신하에게는 충을 논한다. 귀로는 듣고 눈으로 보며 손으로는 잡고 다리로는 걷는다. 실로는 짜서 옷을 만들고, 쌀을 익혀 밥을 만들며 소금은 장을 만들고 누룩은 술을 만드니 그 본성에 따라 인도하지 않음이 없다. 그러므로 그 말에 어찌 일찍이 터무니없다는 탄식이 있었겠는가?" 탕옹(宕翁), 앞의 글, 511면.

접근할 수 있는 중요한 계기가 되었고, 실사구시(實事求是)와 이용후생(利用厚生)을 경사의 해석과 실천 방략으로 내건 일군의 비판적 지식인들이 등장한다. 이른바 상대주의적이고 다원화된 세계관이 나타나기 시작한 것이다.

이와 같은 변화는 도(道)와 문(文)의 관계에 대한 새로운 인식으로 이어졌다. 퇴계와 율곡 이후 도학가(道學家)들은 문이 도를 전하는 수단이라 보았다. 도와 문은 본말의 관계로 서로 별개이며 문에 몰두하면 도를 해치거나 도와 유리되는 결과에 이른다고 보아 경술(經術)과 사장(詞章)을 구분했다. 성리학은 천하만물의 다채로운 모습을 그 자체로 인정하기보다는 그것들의 성질・작용・의미를 관찰하여 현상의 개별성을 넘어서는 '근원적인 이해(理)'로 나아가고자 한다. 따라서 텍스트에 드러나는 인정(人情)은 천리(天理) 혹은 도심(道心)이라 일컫는 보편적 가치로 귀일(歸一)해야 하고, 사물이 제각각 드러나는 양태인 '물태(物態)'보다 그것을 주관하는 이치인 '물리(物理)'가 중요하다고 본다.

반면 북학파와 고문가(古文家)들은 문의 상대적 자율성을 인정하는 경향을 보인다.[66] 논자마다 차이가 있지만 문을 통하지 않고는 도가 드러날 수 없고 문이 아니고서는 도를 전달할 수 없다는 체용(體用)・상보(相補)의 관계로 이해하는 것이다. 당대를 대표하는 문사이자 고문가였던 김매순(金邁淳, 1776~1840)은 체용론(體用論)의 관점에서 김소행(金紹行, 1765~1859)의 소설 「삼한습유」를 옹호했다.[67] 체(體)가 문장을 기

66 조선 후기 고문론에 대해서는 정민, 「조선 후기 고문론 연구」(한양대 박사논문, 1989) 참고.
67 "문장의 체(體)를 이루는 것은 세 가지니 첫째는 간략함이요, 둘째는 진실됨이요, 셋째는 정확함이다. 하늘을 말하자면 하늘일 뿐이고, 땅을 말하자면 땅일 뿐이니 이것을 간략함이라 한다. 나르는 것은 잠수할 수 없고 검은 것은 희게 될 수 없으니 이것을 진실된 것이라 한다. 옳은 것을 옳다 하고 그른 것을 그르다고 하는 것을 정확함이라고 한다. 그러나 마음의 미묘함은 글을 기다렸다가 나타내는 것이니 글이란 자기 생각을 나타내는 것이요 남을 밝히는 것이다. 그러므로 간략히 말하는 것이 부족하면 번잡한 말로 생

술하는 원리로서 글의 격식이나 형식이라면, 용(用)은 작자의 마음이 미묘하게 드러나는 양상을 말한다. 문(文)의 중심은 체(體)이지만 마음의 미묘함을 펼치지 못할 때는 용(用)을 활용할 수 있다는 견해이다.[68] 그러므로 객관사실을 질박한 언어로 간략하게 서술하는 경사(經史)의 방법만이 아니라, 소설과 같이 잡박하고 번잡하며 허구적인 문장도 도를 드러내거나 세인을 경계하는 하나의 방편이 될 수 있다고 판단한다. 문의 상대적 자율성을 강조하는 가운데 소설이 문의 반열에 오르고, 허구적 서사도 다양한 문의 활용 중 하나로 인정받는 모습이다.

김정희(金正喜, 1786~1856) 역시 도와 문이 서로를 필수로 여기는 도문상수(道文相須)의 관계여야 함을 주장했다. 그런데 김정희가 생각하는 도는 성리학의 천리(天理)가 아니라 천기(天機)와 연관된다.[69] 성리학에서 천리는 주로 도덕의 문제로, 인간이 그 본성 속에 생래적으로 지녔다고 인정하는 사단(四端)이나 오륜(五輪)으로 표상된다. 하지만 천기(天機)는 도덕적 분별과 무관하게 하늘이 부여한 생명력, 혹은 그것을 드러내는 생명체로서의 자연스러움을 의미한다. '성리학이 무엇보다 리(理)라고 하는 초월적 기표를 상정한 위에서 우주・인간・글쓰기

각을 펼치게 되고, 진실된 말이 부족하게 되면 사물에 의탁하여 비유를 하게 되며, 정확한 말이 부족하면 생각과 반대로 그것을 깨닫게 한다. 번잡함으로 생각을 펼치는 것은 그 속됨을 꺼리지 않는 것이고, 가탁하여 비유하는 것은 그 기괴함을 싫어하지 않는 것이며, 생각과 반대로 깨닫는 것은 그 막힘을 병으로 여기지 않는 것이다. 이 세 가지가 아니면 용(用)이 원만치 못하고 체(體)가 독립할 수 없다." 김매순, 최창록 역해, 「삼한의 열녀전서(三韓義烈女傳序)」, 『삼한습유』, 태학사, 1998, 313~315면.

68 간호윤, 『한국고소설비평연구』, 경인문화사, 2002, 155면 참고.

69 천기(天機)는 하늘이 부여한 사람의 영성(靈性) 혹은 우주를 움직이는 일종의 기관(機關)이라는 의미다. 김창협(金昌協, 1651~1708)을 위시한 농암(農巖) 일문은 다양하게 해석될 수 있는 천기를 인식론적 담론으로 발전시켰다. 이후 박지원, 박제가, 이옥 등에 의해 문과 천기의 관계는 더욱 정밀해져서 주자학적 세계관을 상대화하는 중요한 화두 가운데 하나가 되었다. 김정희의 고문론에 대해서는 정혜린, 「김정희 예술론의 연구」(서울대 박사논문, 2005) 참고.

에 대한 규범을 정초한다면, 천기론에서 우주만물은 구체적으로 생성하고 변이하면서 쉼 없이 차이를 만들어낼 뿐 그것을 총괄하는 주재자 내지 단일자로 환원되지 않는다.'[70] 그렇기 때문에 성리학적 교화론으로는 포착할 수 없었던 개별 사물의 실재성과 가치가 드러나기 시작한다.

> 무릇 저 하늘에는 일월과 풍우가 있고 땅에는 오곡과 초목이 있고 사람에게는 공경(公卿)과 농공(農工)이 있으며 글에는 경사자집(經史子集)이 있으니 이들은 실로 민생일용에 빠뜨릴 수 없는 것이다. 그러나 저 하늘의 기이한 구름이나 환상적인 안개, 땅의 이름난 꽃이나 이상한 풀, 사람 중의 일사(逸士)나 만객(漫客), 글에서는 기사(綺詞)나 염곡(艶曲)은 비록 일용에는 도움이 되지 않지만 천지 사이에 이 한 가지라도 없애서는 안 된다. 나는 이 「서상기」 한 책을 한편으로는 기이한 구름이나 환상적인 안개로 보고 또 한편으로는 이름난 꽃이나 이상한 풀로 삼으려 하니 이 또한 옳지 않은가.[71]

천지만물에는 각각 그에 해당하는 성(性)과 상(像)이 있으니 만물은 그 자체로 의미가 있다. 공경대부(公卿大夫)가 귀하다고 농공(農工)의 존재가치를 부정할 수 없는 것처럼, 비록 일용에는 도움이 되지 않지만 기이함이나 환상도 세계의 일부이다. 천기론은 성(性)보다 정(情)을, 물리(物理)보다 물태(物態)를 천기의 다채로운 발현양태로 주목한다. 그런 가운데 '천지만물에 대한 관찰은 사람을 관찰하는 것이 가장 중요하고 사람에 대한 관찰은 정(情)을 살피는 것이 가장 묘하며, 정은 남녀의 정

70 고미숙, 「천기론의 수사학적 배치와 그 담론적 특이성」, 『민족문학사연구』 19호, 민족문학사연구소, 2001, 165면.

71 김정희, '阮堂 김정희 언해본서(諺解本序)', 「서상기 역주」, 『이가원전집』 22, 정음사, 1986, 6~8면.

이 가장 진실하다'[72]라는 획기적인 선언이 가능했다. 천기론적 관점에서 인정물태를 중요하게 여기는 입장은 주로 사장의 중심장르인 시(詩)에 관한 논의로 전개되었으나, 점차 소설을 긍정하는 중요한 요인이 되어갔다.[73]

3 '허구성'과 '인정물태(세태)'는 소설의 자질을 설명하는 핵심어였다. 그리고 근대 이전의 지식인들은 도(道)와 문(文)의 상관관계 속에서 이 문제를 사고했다. 성리학적 교화론의 관점이든, 천기론의 관점이든 정도의 차이는 있지만 도가 본(本)이고 문이 도를 드러낸다는 관념으로부터는 자유롭지 못했던 것이다. 그런 점에서 천기론은 인식론의 차원에서 근대를 선취한 대목이 없지 않다. 하지만 근대 초기 지식인들에게 이어질 수는 없었다. 세계체제에 편입된 이후 자기보존을 위해 실용주의의 입장을 취하게 되었을 때, 성리(性理)나 도문(道文)에 관한 논의는 무용한 형이상학으로 치부되었기 때문이다.

그렇다고 오랜 시간 인식 일반의 틀이 되었던 유가적 사유가 간단히 일소될 리 없었다. 문이재도(文以載道)의 도문관은 단순히 '도(道)를 실어야 한다'는 당위만이 아니라, '도(道)를 싣고 있어야 문(文)이다'라는 존재론적 당위까지 함께 포함한다. 왕이 왕다울 때 비로소 왕으로 불릴 수 있듯이, 전통적 도문론의 언어관에서는 '언어 규정[名]'과 '실천 방

---

72 이옥, 실시학사고전문학연구회 역, 「俚言, 一難」, 『역주 이옥전집』 2, 소명출판, 2001.

73 소설이 인정과 물태(세태)를 재현하기 때문에 볼만 하다는 진술은 여러 곳에서 발견된다. 여기서는 대표적인 유만주의 사례를 예시하는 것으로 그치고자 한다. "소설은 읽지 않을 수 없다. 이것은 인정세태의 책이기 때문이다. 인정세태에 대해서는 三教(유교, 불교, 도교)의 성인들이 말씀하신 것이 참으로 상세하지만, 문자가 고원하고 예스러워 쉽게 통할 수가 없다. 이에 만약 후세의 전기(傳奇), 방언(方言)과 이어(俚語)를 모두 가리지 않고 받아들인다면 음란한 것을 가르치고 도둑질을 가르치는 '패륜의 책(悖書)'만 없애버린다면 소설도 또한 도움이 된다." 유만주, 『흠영』 6, 규장각, 130면.

향[正]', '존재론적 가치'와 '윤리적 당위'가 상보적 관계를 형성한다.[74] 상술한 바에서 알 수 있듯이 조선조의 지식인들에게 중요한 것은 '소설이 무엇인가?'가 아니었다. '소설은 무엇을 담아야 하는가?' 혹은 '무엇을 갖출 때 소설 혹은 허구의 존재 가치가 있는가?'라는 질문이 핵심이다.[75]

'관계론적 세계관'과 '정명론'으로 대별할 수 있는 문제틀, 소설에 대한 가치판단을 기술하는 논리와 용어 등은 은 1900년대 국내에서 소설의 위상을 재고하려 했던 이들에게 여전히 영향을 미치고 있다. 이에 비해 어린 시절부터 신학문을 익히고 문학을 근대 지식의 하나로 수용한 유학생들의 경우는 전통의 영향에서 비교적 자유로웠다.

앞서 언급했듯이 소설에서 '근대'는 과거의 소설 일체를 부정하는 지점에서 출발했다. 이는 과거와 현재를 변별하려는 '태도'의 문제이기도 하며, 동시에 과거의 소설에 존재론적 가치를 부여할 만한 '무엇'이 결여되어 있다고 보았기 때문이기도 하다. 근대 초기 소설에 대한 새로운 구상을 시도했던 이들은 조선에 소설이라 할 만한 것이 없다고 본다. 소설이라는 이름을 부여려면 이름에 걸맞는 실천적 효과와 윤리적 당위를 갖추어야 하는데, 과거의 소설은 그렇지 못하다는 판단을 내포한다. 그들이 정명의 조건을 충족시킬 수 있는 '무엇'으로 내건 것은 우선 '국민국가'와 '민족'이었다. 그리고 새로운 지식을 전유하면서 국가사상을 고취하거나 국민(민족)정신을 감발할 소설을 새로운 소설, 즉 '신소설'이라 명명했다.[76]

---

74 정명론에 대해서는 조현우, 『고전서사의 허구성과 유가적 사유』(보고사, 2007) 참고.

75 지금으로 보아 같은 소설의 범주에 속하는데도 연의류는 배척하고 「사씨남정기」나 「창선감의록」은 긍정했던 이유가 여기에 있다. 전쟁과 도적의 이야기는 문(文)답지 못하고, 유가적 교훈을 담은 이야기는 비록 허구일지라도 문(文)다울 수 있기 때문이다.

76 여기서 신소설이라는 용어는 1900년대 후반 당대인들의 용법을 따랐다. 김태준 이후 구소설과 대비되는 말로 사용된 '신소설'은 문학사에서 소설의 역사적 양식을 가리키는 말이 되었다. 하지만 1900년대 후반에는 「혈의누」와 같은 작품뿐만 아니라 「월남망국

허구와 정(情)은 주자학적 세계관과 규범화된 문체관습에 균열을 일으키는 소설의 가치였다. 기억해야 할 사실은 개항 이후 지적 시스템 자체가 급격하게 변하면서 허구와 정을 해석하는 틀 역시 변한다는 점이다. 진화론과 국민국가론, 근대의 학지들이 소설을 둘러싼 메타담론이 되면서 '허구성'과 '인정물태'는 새롭게 배치된다. 술이부작을 견지하던 유자들에게 비판이 대상이 되었던 허구성은 국민국가와 민족사(民族史)를 상상하게 하는 유효한 전략이 되었다. 한편 사단칠정(四端七情)과는 달리 인간정신을 새롭게 설명하는 학지들, 예컨대 심리학과 교육학 등을 받아들이면서 '인정'을 포착하고 드러내는 방식이 달라진다. 정(情)과 인정(人情)을 탐색하고 드러내는 문장이 독자적인 의미를 부여받게 되고, 물태(物態)와 세태(世態)를 그리는 문제는 현실에 대한 객관적 재현에 대한 관심으로 이어졌다.

사」·「서사건국지」와 같은 역사전기물에도 신소설이라는 말을 사용했다. 용어가 만들어진 최초의 기억으로 돌아가자면, 신소설은 19세기까지 유행하던 협의의 소설과는 다른 새로운 소설을 의식적으로 지향하는 가운데 만들어졌으며, 중국 및 일본에서 이미 사용하고 있던 이 용어를 러일전쟁 이후 사용하기 시작했다. '신소설'이라는 말은 모더니티가 가진 딜레마, 즉 끊임없는 자기부정과 혁신을 처음부터 약속한 용어였다. 그러나 1910년 이후 역사전기물을 새로운 소설로 구상한 신채호와 박은식 등이 중국으로 망명하고, 국내에서 발간된 신소설은 새로운 지식과 더 이상 연대하지 않는 가운데 '신(新)'의 의미는 퇴색한다. 김태준 이후 신소설의 용법에 대해서는 다음의 연구를 참고할 수 있다. 김영민, 「근대계몽기 문학연구의 성과와 과제—신소설에 대한 논의를 중심으로」, 『인문연구』 50집, 영남대 인문과학연구소, 2006.

제2장
지식장의 근대적 재편의 배경

1. 지식 근대화 – 유가적 문장관의 임계(臨界)

[1] 개항 이후 유교적 세계관에 기초한 지식체계의 설명력이 현저히 약화되었고, 지식체계의 변동은 '과학'으로서의 학문을 지향했다. 그 결과 우주의 보편질서를 인간 삶에서 실천적으로 구현하고자 했던 유학(儒學)은 근대적 합리성과 자본주의 세계질서에 맞서 더 이상 헤게모니를 유지할 수 없었다. 자연히 유가적 사유에 바탕한 문(文)이라는 관념도 급격히 해체되었다. 이는 소설을 사고하던 근본 틀이 바뀌었음을 의미한다. 또한 근대 분과학문의 지식들이 소설과 삼투하면서 소설을 규정하는 방식과 소설 자체의 성격이 새로운 단계로 진입할 것임을 뜻했다.

근대 초기 지식체계의 변화는 다음과 같이 세 가지 수준의 상호작용 속에서 논의될 수 있을 것이다. 첫째는 지식 자체의 성격과 내용 변화, 둘째는 지식의 생산과 재생산을 담당하는 사회적 제도들(교육기구 · 미디어 · 학회 등), 셋째는 국가와 문화 사이에 지식의 교통과 흐름을 강제하는 현실적 역학관계이다.

개항 이후부터 아관파천에 의해 김홍집 내각이 붕괴되는 1896년까지 지식의 근대화는 관료집단이 주도했다.[1] 이들의 지향은 개인마다 차이가 있지만 기본적으로 실용주의적 관점에서 서양의 기술문명을 도입하는 데 초점을 두었다. 수학 · 물리 · 화학과 같은 자연과학 중심의 신학문을 가르쳐야 한다는 입장이 공적으로 제기되었고, 개화관료들이 설립한 근대식 학교에서 실제 그러한 학문들을 교수한 바 있다. 그러나 관료집단이 추진한 지식 근대화는 국체의 보존과 문명국 진입을 위해 실제 생활에 유용한 지식을 받아들이고 교육해야 한다는 현실적 필요성에 주안점을 두고 있었다. '동문학(同文學, 1883)', '육영공원(育英公院, 1886)', '경학원(經學院, 1887)'의 교육과정은 동도(東道)를 근간으로 삼아 서기(西器)를 부수적으로 첨가하는 방식이었다.[2]

청일전쟁은 19세기말 동아시아의 특수한 정황 속에서 점진적인 중체서용의 전유화 전략에 비해 일본의 전면적 서구화가 우세할 수 있음을 체감케 한 사건이다. 갑오개혁을 거치면서 신지식의 수용과 변용은 관

1 신교육의 수혜를 받은 새로운 세대는 『독립신문』 발간 이후 형성된 공론장을 통해 발화할 수 있었고, 개신유학자들 또한 독립협회의 아고라를 목도하면서 신지식을 본격적으로 전유하기 시작했다. 이 외에도 서학의 흐름을 이어간 선교사들의 활동이 중요하겠지만, 시기를 1896년 이전으로 한정했을 때 근대 지식의 확산과 제도화 과정에서 중심주체는 개신관료들이었다고 볼 수 있다.

2 『한성순보』(1884.6.4 등) 및 각 학교의 교육목표와 교과과정 참고. 이에 비해 선교사들이 설립한 '배제', '경신', '이화' 등의 경우 기독교적 전인교육의 맥락에서 수학 물리 화학 음악 미술 등의 과목을 적절히 결합시키고 있었다는 점이 특징이다.

과 민간의 차원으로 다변화된다. 갑오개혁을 기점으로 한 지식체계의 변동과 관련하여 우리는 특히 두 가지 측면을 주목할 수 있다. 첫째는 과거제도(科擧制度) 폐지이고, 둘째는 국가 차원의 교육제도 개편이다.

유교 윤리의 핵심은 지식인의 도덕적 자기수양을 통한 덕치(德治)를 실현하는 것이며, 과거제도를 통해 덕치의 실질적 주체인 지식인 관료들을 선발한다.[3] 또한 과거는 경학(經學)과 사장(辭章)을 중심으로 논(論)·부(賦)·송(頌)·책(策)·기(記)·표(表)·명(銘) 등의 문체를 시험함으로써 유학의 지식과 문장관의 지배구조를 보장하는 핵심 제도이기도 하다.[4] 그러나 그 폐해는 고종 연간까지도 끊이지 않았다.[5] 신분·지역·문벌·당파에 따른 차별, 3년에 한 번 치루는 식년시(式年試) 외에도 빈번한 부정기 시험으로 인한 폐단, 시행상의 부정행위 등의 문제에 대해 유생과 관료들이 다 같이 제도의 개선을 상소했다. 고종 역시 '과거의 폐단이 고질적이며 선비와 관리들이 이렇게 만들어 놓았다'라는 판단을 하고 있었다.[6]

제1차 갑오개혁에서 군국기무처는 '과문(科文)으로 취사(取士)하는 것은 조가(朝家)에서 정한 일이지만 공허한 문예(文藝)로 치러지므로 참된 인재를 얻기 어렵다'[7]는 취지로 국왕의 재가를 받아 1894년 7월 과

3 이성무, 『한국 과거제도사』, 민음사, 1997, 564면.

4 조좌호, 『한국과거제도사연구』, 범우사, 1996 참고.

5 일찍이 주자는 과거공부의 폐해를 생각해 한 달에 열흘 이상 허비하지 말라고 한 바 있으며, 정약용 역시 과거제도의 폐단을 지적하며 일본은 과거의 누(累)가 없어 학문이 조선을 능가하게 되었다고 비판했다. 특히 「요로원야화기」나 「허생전」, 「옥선몽」과 같은 많은 소설에서 과거제도는 비판과 풍자의 대상이었다. 소설을 쓴 이들이 보통 입신에 실패하여 뜻을 펼치지 못한 불우한 지식인인 경우가 많았기 때문이다.

6 『고종시대사』 2·3권, 국사편찬위원회, 1971 참고. 구체적인 실록의 날짜는 다음과 같다. 『고종실록』 19권, 고종19년 8월 30일, 9월 1일, 10월 15일; 21권 고종 21년 7월 17일, 8월 17일, 11월 26일; 24권, 24년 8월 4일, 28권, 28년 5월 21일 등.

7 『고종시대사』 3권, 국사편찬위원회, 1971, 512~513면.

거제를 폐지한다. 새로운 관리임용제도로는 보통시험과 특별시험을 두고, 각종 신식학교를 설립하여 인재를 양성하기 전에 잠정적으로 천거제(薦擧制)를 활용하는 방안을 택했다. 보통시험은 국문, 한문, 사자(寫子), 산술(算術), 내국정(內國政), 외국사정(外國事情), 내정외사(內政外事)로 고시하고, 보통시험 후 특별시험에 응시할 수 있도록 했다.[8] 과거를 폐지함으로써 국가 차원에서 지식의 내용과 문체의 혁신을 주도한 셈이다. 이는 공문서에 국문과 국한문을 사용하도록 한 어문정책과 함께 전통적 문관념이 임계(臨界)에 도달했음을 공인한 사건이었다.

과거 폐지가 위로부터 지식체계의 변화를 직접 촉발했다면, 교육제도 개편은 근대 지식의 재생산구조를 안착시키기 위한 시도였다. 고종은 「교육입국조서(敎育立國詔書)」(1895.2)[9]에서 세계의 시세를 이해하는 신민(臣民)의 양성을 위해 허명(虛名)을 버리고 실용을 위주로 한 덕양(德養)·체양(體樣)·지양(智養)의 교육을 실시할 것을 선포했다. 로크와 스펜서로부터 유래한 '지덕체론'이 일본을 거쳐 새로운 교육지침으로 선택되었고, 무엇보다 실용을 학제개편의 목표로 삼았다는 점이 중요하다. 「교육입국조서」 선언은 「한성사범학교관제(漢城師範學校官制)」(1895.4)를 필두로 새로운 교육시스템을 확립하기 위한 노력이 이어졌다. 외국어학교관제(1895.5), 성균관관제(1895.7), 소학교령(1895.7), 의학교관제(1899.6) 등이 뒤를 이어 보통교육과 고등 및 전문교육에서 학지의 변화를 견인했다.[10] 이와 같은 일련의 조치들은 기존의 실용주의 노선을 유지하되 좀 더 적극적으로 서구의 근대 지식을 수용하면서 전통적 학문체계를 개편하기 위한 시도였다.[11]

---

8 위의 책, 521~526면.

9 官報, 開國五百四年二月初二日(1895.2.2).

10 소학교의 경우 심상과(尋常科) 3년, 고등과 3년으로 편성되었다.

학부는 외국어학교・한성사범학교・성균관을 관할하는 가운데 교과서 출판과 해외유학생 파견을 본격적으로 시행한다. 1890년대 후반 관비유학생들이 거친 일반적인 교육과정은 먼저 일본어와 기초교양을 학습하는 보통과를 마치고 고등과나 실무교육을 이수하는 것이었다.[12] 고등과를 수료하고 전문학교(專文學校) 혹은 대학 본과에 진학하는 경우는 전체 관비유학생 가운데 일부에 해당했다. 시급히 국운을 개척해야 하는 상황에서 유학생들이 가능하면 실용적 지식을 익히기를 정부가 권장했기 때문이다.[13] 전문교육과정을 이수하는 유학생의 비율이 늘어난 것은 1900년대에 접어든 이후였다. 관비유학제도를 주관하던 개화파 관료들이 힘을 잃고 관비유학생이 크게 줄어듦에 따라 보통과를 이수할 유학생이 급감했다. 1890년대에 도일(渡日)해서 공부하던 이들은 가운데 일부는 급변한 시국으로 인해 귀국할 때를 늦추고 고등과에 진학하는 경우가 많았다.[14]

한편 김홍집 내각이 붕괴되고 독립협회가 결성되는 1896년부터는 근대 미디어를 통한 민간의 활동이 지식생산의 다른 큰 축을 형성했다. 1895년 『서유견문』을 기점으로 언론출판을 통한 지식의 보급은 민권의식의 신장 및 미디어의 발달과 더불어 확산되었다. 『친목회회보』(1895.2)와 『독립신문』(1896.4)이 창간되면서 공론장이 형성되고, 새로운

11 근대 초기 교육정책과 교과과정에 대한 상세한 논의로는 다음을 참고할 수 있다. 이원호, 「개화기 교육정책의 사적 연구」, 동아대 박사논문, 1982; 이해명, 『개화기 교육개혁 연구』, 을유문화사, 1991; 김성학, 「서구 교육학 도입과정 연구」, 연세대 박사논문, 1995; 함종규, 『한국교육과정개혁사』, 교육과학사, 2003; 구희진, 「한국 근대개혁기의 교육론과 교육개편」, 서울대 박사논문, 2004.

12 보통과를 마친 후 연소자는 경응의숙의 고등학과를, 나머지 학생 가운데 재주가 뛰어난 경우는 다른 학교에 입학시켜 전공학업을 이수했다. 성적이 저조한 경우 주로 관청이나 기업체 등에서 실무를 익히도록 했다.

13 차배근, 『개화기 일본 유학생들의 언론출판활동 연구』 1, 서울대 출판부, 2000 참고.

14 연도별 유학생 수의 추이 및 전공에 관해서는 김성학의 앞의 책을 참고.

국가의 상(像)과 개인-사회의 관계에 대한 모색이 활발하게 나타났다. 정체에 관한 논의가 개방되자 관이 주도한 교육개편에서는 볼 수 없었던 다양한 지식담론이 출현했다.[15] 『대조선독립협회보』(1896.11), 『조선그리스도인회보』(1897.2), 『그리스도신문』(1897.4), 『협성회회보』(1898.1), 『제국신문』(1898.8), 『황성신문』(1898.9) 등은 입헌군주제나 공화제 및 민권에 대한 지식을 전파하고, 자연과학 및 실용학문을 소개한 매체였다.

민간의 학교 설립도 활발해져서 갑오개혁부터 을사늑약 이전까지 200개 가까운 사립학교가 설립되었다.[16] 서울의 명문 사립은 주로 외래 문물을 일찍 접한 전현직 고위관료들이 설립했다. 흥화학교(興化學校), 우산학교(牛山學校), 광흥학교(光興學校), 시무학교(時務學校), 한성의숙(漢城義塾), 보성학교(普成學校) 등이 대표적이다. 각 학교들은 영어, 일어, 산술, 지리, 역사 등 보통교육에 해당하는 기초지식과 법률, 경제, 행정 등 전문학교 수준의 교과를 편성하기도 했다. 지방의 사립학교는 대부분 지방관과 유생에 의해 설립되었고, 원산학사(元山學舍)처럼 서당이 발전한 형태가 대부분이었다. 재(齋)나 향교(鄕校)같은 전통적 교육기관의 토지와 재정을 활용했으며, 서울과 달리 지방관이나 고을 유생들이 유학적 소양이 있는 인물을 천거하는 방식으로 교사를 채용하였다.[17]

15 19세기 말 창간된 미디어에 나타난 지식담론의 지형에 대해서는 이화여대 한국문화연구원이 펴낸 다음의 책들을 참고할 수 있다. 『근대계몽기 지식개념의 수용과 그 변용』, 소명출판, 2004; 『근대계몽기 지식의 발견과 사유지평의 확대』, 소명출판, 2006; 『근대계몽기 지식의 굴절과 현실적 심화』, 소명출판, 2007.

16 김영자는 『독립신문』, 『황성신문』, 『제국신문』의 기사를 참고하여 184개의 사립학교가 설립되었음을 밝혔다. 김영자, 「한말의 사립학교에 관한 연구(1)」, 『교육연구』 11, 공주대 교육연구소, 1984.

17 상기한 서울 주요 사립학교의 경우 근대 사상을 수용한 개신유학자나 유학생들이 교사로 임명되었다. 류방란, 「한국 근대교육의 등장과 발달」, 서울대 박사논문, 1994, 121~130면.

② 갑오개혁 이후부터 「대한국국제」가 반포되는 1899년에 이르는 시기는 학문의 구조변동이 본격적으로 일어난 단계는 아니었다고 판단한다. 먼저 관립 신학교가 신지식의 창출에 얼마나 현실적인 효과를 산출했는지가 의문이다. 관립학교의 수와 수용인원이 미미했고 주로 실용을 위한 기술적 학문을 신학문으로 이해하고 학습하던 상황이었기 때문이다. 관립보통학교의 취학률은 1904년 당시 1%도 되지 않았고 예산도 부족했다.[18] 최고 고등기관이었던 성균관은 시의에 따라 본국지지나 만국사, 산술 등을 가르친다고 했으나 사서삼경 및 언해와 강목(綱目－宋元明史)이 기본 과목이었다.[19]

과거제도는 폐지되었지만 관립학교들은 동도서기(東道西器)를 위하여 『소학(小學)』으로 대표되는 수신과목을 필수로 삼았다. 소학교 교사를 양성하는 고등교육기관이었던 한성사범학교의 경우, 입학시험은 경서에 관한 한문 시험이었다. 그나마 권세가 자제들의 사청(私請)이 심하여 일반인들에게는 입학의 문턱이 극히 높았다. 얼마 되지 않는 생도의 연령도 20대에서 50대에 이르기까지 다양하여 나이 많은 이들은 지동설과 같은 신학설을 조소하는 이들도 있었고, 교관들마저 신학문을 이단시할 정도였다. 수학 물리 화학 등에 대한 학습이 신선한 충격을 주었으나 여전히 경서 공부가 가장 많은 시간을 차지했고, 입신을 위해 입학한 이들이 많은 것 또한 문제였다.[20] 하지만 각종 관립학교가 신학문을 접한 젊은 생도들이 현실의 모순에 대한 이해를 심화시키는 공간이었다는 점에서는 분명 미래를 예비하는 측면이 있었다.

---

18 노인화, 「대한제국 시기 관립학교 교육의 성격 연구」, 이화여대 박사논문, 1989, 59~62면.

19 「성균관 경학과규칙」, 학부령 제2호, 1895.9.27, 재인용 : 유미코시 토오루, 한용진 역, 『한국 근대 대학의 성립과 전개』, 교육과학사, 1997, 46면, 원문.

20 김창제, 「나의 모교와 은사」, 『삼천리』 4권 1호, 1932.1.

민간의 지식생산이 근대 국민국가와 관련된 새로운 개념과 표상을 유포한 점은 분명 혁신적이었다. 하지만 태서(泰西)의 새로운 세계와 문물을 문명론의 시각에서 소개하는 것이 중심이었고, 그러한 에너지가 학문의 구조변화로 이어지기에는 시간이 필요했다. 『서유견문』의 경우 분명 천문학이나 지리학과 같은 근대 학지의 방법론과 언술체계가 글쓰기 차원에도 영향을 미치고 있다.[21] 이러한 사례는 『친목회회보』나 『대조선독립협회보』와 같은 잡지의 글 일부에서 찾아 볼 수 있는데, 전체적인 변화를 초래할 정도로 일반적이었다고 하기에는 무리가 있다.[22]

신문과 잡지에서는 시국에 대한 정론(政論)과 국내외의 소식이 대부분을 차지했다. 독립과 부강을 위해 '학문'의 필요성이 끊임없이 강조되었지만 신구학이 복잡하게 공존하면서 정작 조선에 적합한 구체적인 실체로 가시화되지는 못하던 상황이었다.[23] 전현직 관리, 유생, 유지인사들이 설립한 사립학교도 유교적 전통과 배치되지 않는 선에서 '개명(開明)에 유익한 학문을 교습하고 신진계도(新進開導)에 주의한다'[24]는 추상적 원칙을 공유하는 정도였다.

무엇보다 새로운 학문관이나 방법론을 둘러싸고 심도 있는 논의를

21 근대의 문화교차상황을 직접 체험한 유길준조차 학문에 대해 여전히 『서경(書經)』에서 연원한 '이용(利用)' '후생(厚生)' '정덕(正德)'의 맥락에서 그 가치를 부여하고 있다는 사실은 이 시기의 지식담론이 전통적 학문과 근대 학문의 가교(架橋)로서 위치하고 있음을 보여준다. 유길준, 허경진 역, 『서유견문』, 서해문집, 2004, 371면. 계몽기 知의 장에 대한 의미 있는 지적과 『서유견문』이 갖는 특이성에 대한 분석은 다음의 연구를 참고할 수 있다. 김현주, 『한국 근대산문의 계보학』, 소명출판, 2004; 『이광수와 문화의 기획』, 태학사, 2005.

22 이 외에도 『독립신문』이 '학문이라는 것이 다른 것이 아니라 각색 물건과 생물과 자연의 이치를 자세히 아는 것'이라 하면서 생물학을 논설란에 꽤 긴 기간 동안 게재한 예외적인 경우가 있다. 『독립신문』, 1897.6.17~7.24.

23 「논설」, 『독립신문』, 1896.10.10.

24 「有崔有趙」, 『황성신문』, 1899.5.5; 「大邱學校」, 『황성신문』, 1899.12.14.

벌이기에는 너무 급박하게 변화하고 있던 국내외의 정세가 문제였다. 을미사변에 이은 아관파천으로 일본과 연계된 개화관료들은 권력의 중심에서 배척당했다. 그 결과 대한제국 수립 이후 국가권력을 둘러싸고 고종과 개화관료 사이에 돌이킬 수 없는 정치적 균열이 발생하게 되는데,[25] 이는 개혁 주체 사이에 표면화되지 않고 있던 정체(政體)에 대한 이견(異見)이 표출된 것이기도 했다. 사태는 민권 개념의 확산과 더불어 독립협회와 만민공동회의 반정부활동으로 이어지지만, 1899년 만민공동회가 강제 해산되고 「대한국국제(大韓國國制)」가 반포됨으로써 일단락된다.

열강들로부터 자주권을 지키기 위해 보수적 근대화 노선을 택할 수밖에 없었다는 점을 감안하더라도 대한제국기의 황제권 강화는 그 정도가 심했다. 근대국가체제에 대한 논의가 활성화될 수 없었고 새로운 지식담론의 생산과 수용 또한 소강상태에 접어든다.[26] 국제반포로부터 러일전쟁에 이르는 기간 동안 근대 지식의 수용과 생산이 전혀 없었던 것은 아니나 그것은 극히 미약한 수준이었다. 학부 발간 교과서 수종과 각종 서포에서 출판한 10여 종의 서적이 단행본으로 출간된 전부였다.[27] 『황성신문』은 민(民)보다 사(士)를, 문명(文明)보다는 변통(變通)을 중시했다. 경학을 체(體)로 삼으며 신학은 용(用)으로 취하는 가운

---

25 왕과 관료의 대립이 조선을 유지하던 지배연합의 붕괴로 이어졌다는 시각에 대해서는 김동택, 「19세기 말 근대국가 건설과정에서 나타난 정치적 균열」, 『한국정치학회보』 34집 4호, 한국정치학회, 2000,12.

26 계속되는 쿠데타와 암살모의를 겪는 가운데 특별 경찰 기구를 설치하여 준계엄 상태에서 통치하는 등 황제권에 대한 도전을 허용하지 않았던 상황에 대해서는 다음의 연구를 참고할 수 있다. 차선혜, 「대한제국기 경찰제도의 변화와 성격」, 『역사와 현실』 16, 한국역사연구회, 1996; 서영희, 「광무정권의 형성과 개혁정책 추진」, 『역사와 현실』 26, 한국역사연구회, 1997 등.

27 당시의 서적 발간에 대해서는 김봉희, 『한국 개화기 서적 문화 연구』, 이화여대 출판부, 1999 참고.

데 서구문명을 수용할 수밖에 없음을 강조하는 선에서 유생들을 설득하고자 했다.[28] 『제국신문』은 실학을 재조명하여 신지식을 받아들이는 기틀을 마련하고자 했으나 점차 개혁의 가능성에 대해 회의적이 되어갔다. 민간의 사립학교 설립은 상당히 늘었지만 공적인 발언을 소통할 수 있는 공간이 광무정권에 의해 제한되어 있었다. 결국 근대 지식의 본격적인 확산은 1905년을 지나면서 본격적으로 나타나는데, 여기에는 '제국-식민지'라는 새로운 국면이 놓여 있다.

2. 러일전쟁 이후 지식장의 변화

1 1900년대 후반은 '지식혁명'이라 부를 만한 학문 전반의 급격한 재편이 이루어진 시기이다. 러일전쟁은 다양한 근대적 지향들이 정형화되는 조건을 제공했다. 독립협회가 해산된 이후 위축되었던 담론 생산이 각종 신문사와 학회의 설립과 더불어 폭발적으로 늘어났고, 국민·민족과 같은 개념들이 현실의 요구에 따라 구체적인 의미를 획득하기 시작했다. 통감정치가 시작되는 1906년에 이르면 근대적 삶의 형식들이 시정개선사업 등을 통해 제도와 일상의 차원에서 내밀하게 자리잡는다. 요컨대 독립협회와 만민공동회에서 빛을 발한 후 가능성의

28 「論教育發達之策」, 『황성신문』, 1902.12.21; 「警世之拘儒及新進」, 『황성신문』, 1904.4.29 논설 등. 1899년에서 1904년에 이르는 『황성신문』의 논조에 대해서는 길진숙, 「문명의 재구성 그리고 동양 전통 담론의 재해석」(『근대계몽기 지식의 발견과 사유지평의 확대』, 소명출판, 2006) 참고.

영역에 잠복해 있던 근대성 논의가 러일전쟁과 연동하여 벌어진 일련의 사태들과 더불어 특정한 방향으로 응고되기 시작했던 것이다.

전과 비교할 때 을사늑약 이후의 지식은 그 성격・수용경로・제도화의 방식 등에서 큰 차이를 보인다. 역설적이게도 독립협회 해산 이후 광무정권의 통제 하에 놓였던 근대화 담론은 을사늑약으로 인해 반(半)자율적인 조건에 놓였다. 통감부는 1907년 체결된 '한일신협정'에 따라 다와라 마고이찌[俵孫一]가 학부 차관으로 부임한 이후 '사립학교를 대폭 줄여 조선인들의 보통교육 기회를 차단하고 중등교육 및 실업・기술교육을 실시하지 않음'[29]으로써 지적 저열화를 기도하는 우민화정책을 실시했다. 동시에 '한일관계 및 양국의 친교를 저해하거나 우국심 혹은 배일사상을 고취'[30]하지 않는다면 언론출판활동에 대해 용인하는 전략을 취했다. 이러한 불균형은 오히려 식민지 민간학(民間學)이 활성화되는 요인 가운데 하나가 되었다.

을사늑약으로부터 강제병합에 이르는 약 5년 사이에 구축된 지식담론은 일단 그 양과 다양함에서 이전을 압도한다. 국내에서 한국인에 의해 창간된 미디어만 해도 신문이 13종, 학회지와 잡지가 40여 종이고 성격 또한 다양하다. 단행본의 경우 1906년 단 한 해 동안 출간된 수가 1900~1904년 사이에 출판된 서적의 3배를 넘는다.[31] 담론생산주체도 다양해져서 사상적 배경・이념적 편차・출신지역・수학(修學)경험 등에 따라 세분화되는 경향을 보이며, 특히 만민공동회 해산 이후 조선에 발을 붙일 수 없었던 유학생들이 전면에 등장하기 시작했다.

---

29 재인용 : 문정창, 『군국일본조선강점30년사』 상, 백문당, 1969, 197면.

30 「잡보」, 『대한매일신보』, 1909.3.13.

31 함동주, 「1900년대 초반 단행본과 교과서 텍스트에 나타난 사회담론의 형성」, 『근대계몽기 지식의 발견과 사유지평의 확대』, 소명출판, 2006, 140~142면, [표1] 참고.

〈1900년대에 발간된 학술지 및 잡지〉

『수리학잡지』(1905.12)

『가뎡잡지』(1906.6)

『조양보』(1906.6)

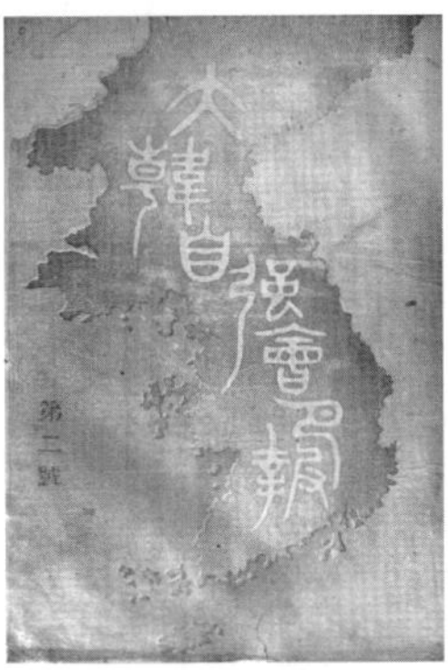

『대한자강회월보』(1906.7)

『태극학보』(1906.8)

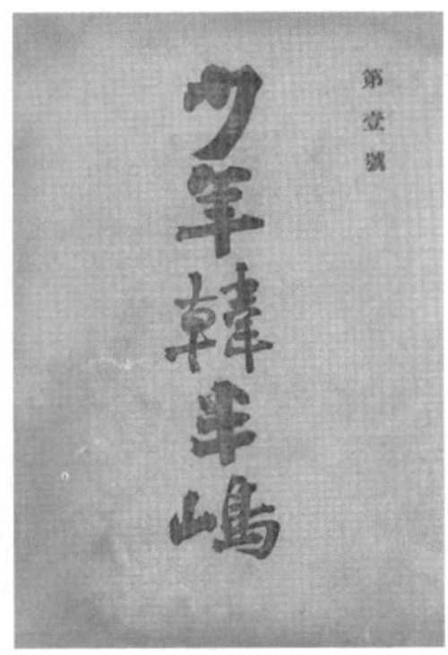

『소년한반도』(1906.11)

『서우』(1906.12)

『공수학보』(1907.1)

『야뢰』(1907.2)

『동인학보』(1907.7)

『대한유학생회학보』(1907.3)

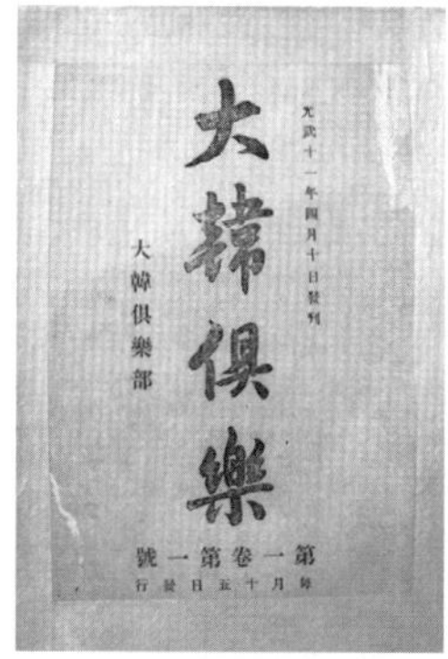
『대한구락』(1907.4)

『법정학계』(1907.5)

『대동보』(1907.5)

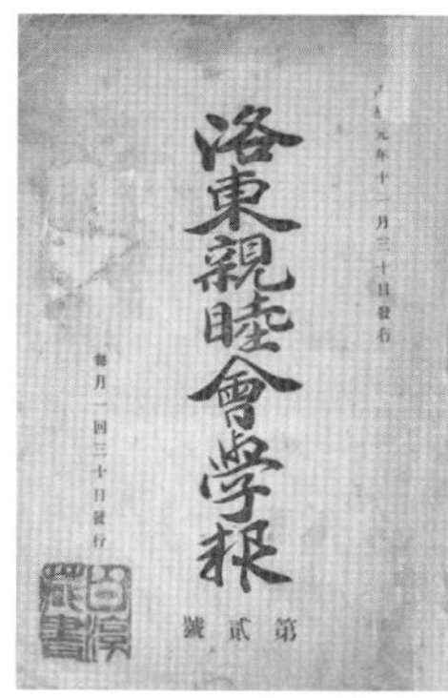
『낙동친목회회보』(1907.10)

『장학보』(1908.1)

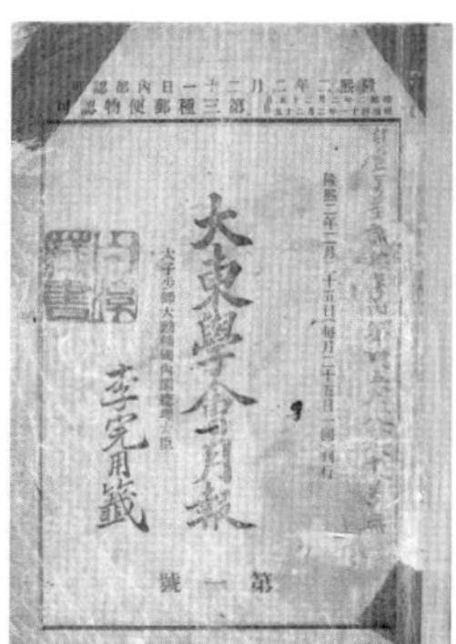
『대동학회월보』(1908.2)

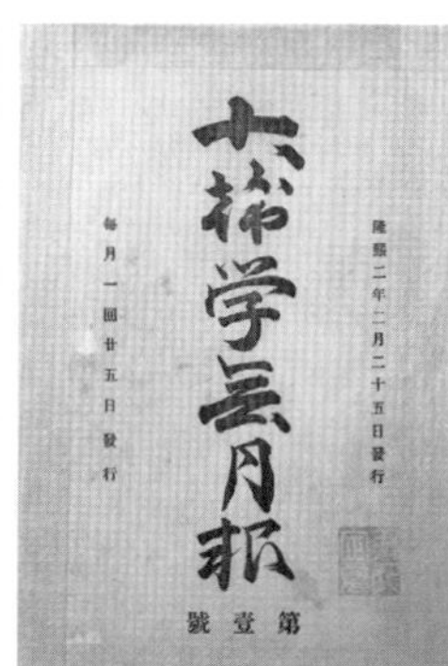
『대한학회월보』(1908.2)

『대한협회회보』(1908.4)

『녀ᄌᆞ지남』(1908.5)

『서북학회월보』(1908.6)

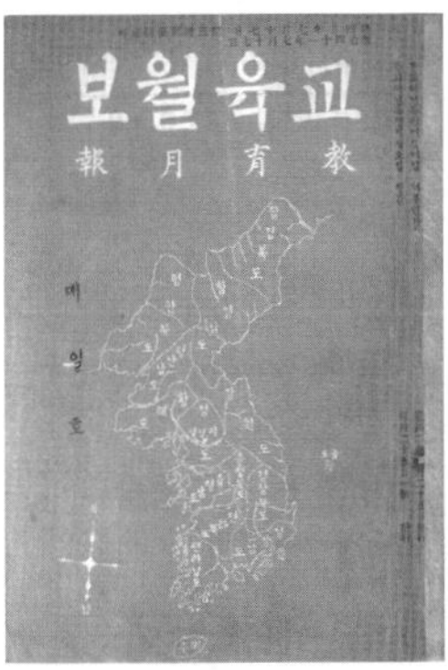

『교육월보』(1908.6)

『호남학보』(1908.6)

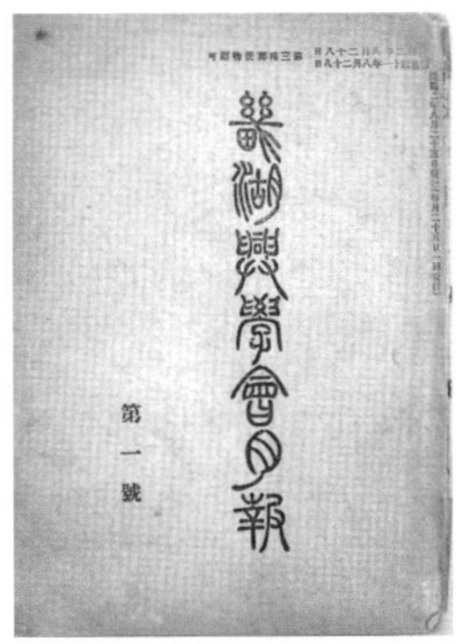

『기호흥학회월보』(1908.8)

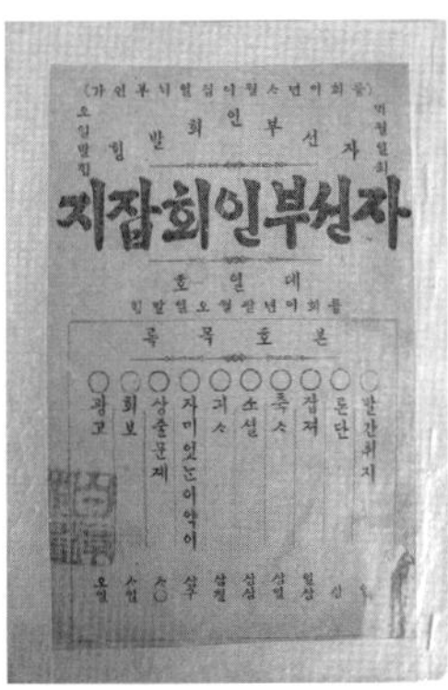

『자선부인회잡지』(1908.8)

『소년』(1908.11)

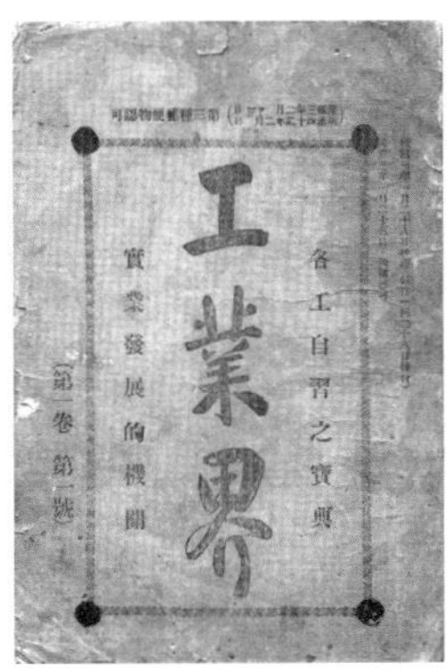

『공업계』(1909.1)

『대한흥학보』(1909.3)

『교남교육회잡지』(1909.4)

지식의 내용도 전통적 성리론(性理論)에 대한 재구성으로부터 몽테스키외·쇼펜하우어·스펜서·루소에 대한 소개까지, 국가학이나 사회학으로부터 생리학 물리학 교육학 심리학에 이르기까지 실로 다층적이면서도 불균등해 보인다. 그런데 전과 비교할 때 뚜렷한 차이점은 『서유견문』과 『친목회회보』에서 징후적으로 볼 수 있었던 학문에 대한 인식의 전환과 서구 근대 분과학문의 내면화가 뚜렷한 흐름을 형성하며 광범위하게 나타난다는 사실이다. 한반도를 둘러싼 열강들의 각축에서 일본이 승리함과 동시에 '과학'을 지향하는 서구 분과학문이 본격적으로 확산되었던 것이다.

지식에서 근대성을 특징짓는 것은 과학이라 할 수 있다. '자연의 수학화'를 실현한 과학혁명은 지식들의 관계와 배치 전체에 근본적인 변화를 가져왔다. '근대적인 앎은 인식과 도덕을 구분하고 순수이성에 입각한 인식 범주의 자립화를 전제'[32]한다. 이로 인해 유사한 것들을 엄격하게 분류하여 사물과 사건들 사이에 인과적 질서를 부여하는 '근

32 천정환, 『대중지성의 시대』, 푸른역사, 2008, 213면.

대적 합리성'이 지식 일반의 목표이자 방법론이 된다. 1906년을 지나면서 '이성을 가진 인간이 자연현상의 일정한 법칙을 연구하는 것을 자연과학이라 하고, 사회생활에 필요한 규칙을 정신상으로 판단하는 학문을 규범적 과학이라 하니, 어떤 학문이든 관찰·분류·설명의 방법론을 갖추어야 비로소 과학이 될 수 있다'[33]는 학문관이 점차 일반화되어 갔다.[34] 구학(舊學)과 대비되는 신학(新學)이란 '경제, 정치, 농학, 공학, 화학, 이학'과 같은 분과학문을 뜻했으며, '지식 경쟁하는 시대'에 처한 '현대의 청년들이 신학에 진보'할 것을 당부했다.[35]

[2] 매체의 성격상 신문보다는 학회지와 잡지가 지식담론 (재)생산의 중심이 되었던 바, 대개 창간 목적을 교육과 식산의 진흥에 두면서 자연과학을 중심으로 재편된 서구의 분과학문을 개론적으로 소개했다.[36] 물론 매체마다 차이가 있다. 정치단체의 기관지라 할 수 있는 『대한자강회월보』나 『대한협회보』는 자연과학과 관련된 내용보다는 국가학·정치학·법률학·정당론·자치제와 같이 근대국민국가의 정치체제와 관련된 지식을 보급하는 데 주력했다. 또한 교육학·경제학·농업·어업 등 교육과 식산에 관련된 내용을 주로 게재했다. 출신지를 연고로 한 학회의 발간지 가운데 『서우』는 국가·단체·민권과 관련된 지식을 논구하는 한편 교육부와 위생부를 두어 교육학·가정학 및 위생과 관련된 지식을 전달했다. 『호남학보』는 「各學 要領」을 두

33 장응진, 「과학론」, 『태극학보』 5호, 1906.12.
34 전통학문에 익숙한 지식인들은 과학을 도학(道學)에 치중하는 허학(虛學)이 아닌 실사구시를 추구하는 실학(實學)으로 이해하는 경우가 많았고, 유학생 가운데도 그러한 사례를 드물게 찾아볼 수 있다. 예를 들어 김영재, 「과학의 급무」, 『태극학보』 제20호, 1908.5.
35 究新子, 「구학과 신학의 구별」, 『서우』 1권 8호, 1909.1.
36 『만세보』가 「국가학」(1906.9.19~11.22)을 연재했던 것처럼 신문도 특정 분과학문을 중역하거나 요약하여 소개한 경우가 더러 있다.

어 국가학·정치학·법률학·가정학·농학·식산학에 관한 지식을 연재했다. 『기호흥학회월보』는 학지들의 분류가 좀 더 다채로워 「學海集成」에서 윤리학·생리학·응용화학·식물학·동물학·광물학을 추가하고 있다.

문화교차의 중심에 있던 유학생들의 학회지 『태극학보』·『대한유학생학보』·『대한흥학보』는 신지식을 소개하는 차원을 넘어 근대 분과학문이 사유와 감각의 회로로 내면화되는 과정을 보여준다. 일본의 근대학제를 경험한 유학생들의 경우, 각 분과학문에 대해 개론적으로 소개하기보다는 신지식을 활용하여 다양한 논제를 구체적으로 다루는 글쓰기를 시도한다. 『소년한반도』·『소년』과 같은 종합잡지는 각종 학지를 박물학적으로 소개하는 동시에 더 쉽고 흥미롭게 전달하는 채널을 발견해가던 중이었다. 따라서 실학을 재발견하기 위해 박지원과 정약용의 텍스트를 번역하여 게재·발간한 경우와 『대동학회월보』의 경전강연 등을 제외한다면 실상 전통 학문은 근대 분과학문에 주도권을 거의 내어준 상황이라고 볼 수 있다. 1906년부터 폭발적으로 늘어난 학회지와 잡지에서 소개한 학지들을 매체별로 정리하면 [표1]과 같다.[37]

표1. 주요 학회지/잡지별에 소개된 학지(學知)

학회지/잡지명	창간 연월	분과학
『대한자강회월보』	1906.7	교육학, 국가학, 정치학, 법률학, 지리학, 경제학, 농학
『태극학보』	1906.8	국가학, 정치학, 법률학, 교육학, 종교학, 심리학, 철학, 경제학, 천문학, 화학, 물리학, 생리학

37 [표1]은 분과학을 활발하게 소개한 대표적인 매체들을 대상으로 했다. 제목을 달리하여 소개한 경우는 내용상 해당하는 분과학의 이름을 적시했다.

『소년한반도』	1906.11	교육학, 국가학, 사회학, 경제학, 농학, 지리학, 심리학, 물리학, 생리학, 동물학, 식물학, 광물학, 수학, 공학
『서우』	1906.12	교육학, 가정학, 국가학. 법률학, 수학
『야뢰』	1907.2	법학, 경제학, 화학, 생리학, 물리학, 천문학, 광물학, 동물학, 농학
『대한유학생회학보』	1907.3	법률학, 정치학, 지리학, 교육학, 경제학, 화학
『대한학회월보』	1908.2	경제학, 윤리학, 철학, 물리학, 심리학, 생리학
『대동학회월보』	1908.2	법률학, 국가학, 지리학, 사회학, 경제학, 화학, 식물학, 위생학, 생리학, 물리학
『대한협회회보』	1908.4	교육학, 정치학, 법률학, 지리학, 역사학, 경제학, 어학, 농학
『호남학보』	1908.6	교육학, 가정학, 국가학, 정치학, 법학, 농학, 식물학
『서북학회월보』	1908.6	국가학, 교육학, 경제학, 화학, 물리학, 생리학, 식물학, 농학, 공학
『기호흥학회월보』	1908.8	교육학, 정치학, 경제학, 법률학, 윤리학, 지리학, 생리학, 응용화학, 광물학, 동물학, 식물학
『대한흥학보』	1909.3	경제학, 지문학, 국가학, 윤리학, 교육학, 정치학, 문학, 음악, 물리학, 산림학
『교남교육회잡지』	1909.4	교육학, 경제학, 법률학, 지리학, 역사학, 농학, 물리학, 생리학

후술하겠지만 문장(文章)과 박학(博學)의 의미로 학문 일반을 지칭하던 '문학(文學)'이 다른 학문들과의 관계 속에서 범주가 변별되기 시작한 것은 바로 이 때이다. 사용빈도에서 문학이 문장 혹은 학술 일반의 의미를 갖는 경우가 가장 많다고 할 수 있으나, 전통적 '문(文)' 관념으로부터 벗어나 '문학'을 근대 과학의 위계 속에서 이해하려는 시도가 유학생들을 중심으로 나타난다. 유학생 가운데 일부는 문학을 근대 학지로서 이해했고, 일본의 근대적 학제와 문단제도를 체험했다.[38]

1900년대 후반은 한국 근현대사를 통틀어 지식담론에서 '비동시성

38 시 소설 희곡을 포괄하는 언어예술형식으로서의 문학을 근대적 문학개념으로 상정하고, 1910년대 이전에는 근대적 문학개념을 찾아볼 수 없다는 시각도 있다(김동식, 「한국의 근대적 문학개념 연구」, 서울대 박사논문, 1999). 하지만 지식의 분류체계에서 문학의 위치를 상정하고 설명하는 일련의 시도들 또한 '학으로서의 문학'에 대한 근대적 규정이라 할 수 있다. 문학은 작품뿐만 아니라 그에 관한 비평적, 이론적 언술이라는 요소를 모두 포괄하는 용어이기 때문이다.

의 동시성'[39]을 가장 선명하게 확인할 수 있는 시기다. 19세기 후반부터 축적된 에너지가 일본을 경유한 서구의 분과학문과 격렬하게 화학 반응하면서 그 어느 때보다 다채롭고 불균등한 스펙트럼을 그리기 때문이다. 이러한 지적 시스템의 전환은 결국 전통 학문을 근대학지가 대체하는 형국으로 전개되었고, '제국-식민지'의 정치적 역학관계를 반영할 수밖에 없었다는 점에서 그 방향성이 어느 정도 노정된 것이었다. 그런 가운데 문장의 말류(末流)였던 소설이 근대의 학지와 어깨를 나란히 하며 공적 영역에서 논의되기 시작한다.

3. 공론장으로 이동하는 소설

[1] 러일전쟁 이후의 변화 가운데 '소설의 출현'은 의미심장하다. 자국어로 상상의 공동체를 재현한다는 윤리적 책임을 맡음으로써 소설이 근대사회를 대표하는 서사양식이 되었다는 사실은 이제 상식에 해당한다. 하지만 19세기 말 '국민-국가'가 독립의 파토스를 산출하며 만민공동회라는 아고라를 형성할 때, 소설은 관심 밖에 있었다는 사실을 기억할 필요가 있다.

「국제(國制)」 반포 이후 정국이 보수화의 길을 걸을 때도 소설은 주목받지 못했다. 필사본으로는 「창선감의록」과 「사씨남정기」, 방각본으로는 「구운몽」과 「조웅전」 등이 많이 읽혔으며, 「정씨복선록」·「만하몽

39 '비동시성의 동시성'에 대해서는 라인하르트 코젤렉, 『지나간 미래』(문학동네, 1998) 참고.

유록」·「홍무왕연의」 등 새로운 소설도 쓰였다.[40] 뿐만 아니라 일본인 발간신문 『한성신보』가 소설을 연재했고, 조선인 발간신문에서도 넓은 의미에서 소설로 분류할 수 있는 우언의 글쓰기가 논설란을 중심으로 행해졌다. 하지만 공론장에서 주목받거나 논의의 대상이 되었다고 보기 어렵다.

국내에서 발간된 신문 가운데 최초로 소설을 연재하기 시작한 것은 『한성신보(漢城申報)』이다. 1895년 2월 17일 창간된 『한성신보』는 청일전쟁 이후 조선에서 '신문조종(新聞操縱)'이 필요함을 깨달은 외무성과 아다치 겐조[安達謙藏]를 위시한 구마모토 국권당 관계자들이 중심이 되어 발간한 신문이다.[41] 『한성신보』가 소설을 연재한 이유는 명확했다. 소설을 활용하여 한인(韓人)들을 부지불식간에 계도하기 위한 것이었다. 상기한 목적에 부합하는 선에서 『한성신보』는 전기, 문답, 설화와 같은 전통적 서사양식뿐만 아니라 「경국미담(經國美談)」[42]과 같은 정치소설(政治小說)을 연재했다.

'신문사 간친회를 한성신보사에서 열고 서로 신문사무를 강론하는데 다과례를 행할 때 화기가 융융'[43]했다고 전하고 있지만 민족지와 『한성신보』는 결코 좋은 관계가 아니었다. 『독립신문』·『황성신문』·『제

40 모리스 꾸랑, 김수경 역, 『조선문화사 서설』, 범장각, 1946; 『한국서지』, 일조각, 1994; 김동협, 「홍무왕연의에 대하여」, 『국어교육연구』 25권, 경북대 국어교육연구회, 1993; 장효현, 「애국계몽기 고전장편소설의 역사현실대응」, 『어문논집』 33집, 민족어문학회, 1994.

41 신문조종은 일본 외무성이 명치 이래 세론(世論)을 조작하기 위해 신문사와 신문기자를 동원하거나 신문사에 투자 및 보조금을 교부하는 행위 등을 뜻한다(이유미, 「근대초기 신문소설의 여성인물 재현 양상 연구-일본인 발행신문 『한성신보』를 중심으로」, 『한국근대문학연구』 16집, 태학사, 2007, 76~78면). 『한성신보』 발간의 배경과 수록된 소설의 내용에 대한 분석은 다음의 연구가 상세하다. 김영민, 『한국의 근대신문과 근대소설-한성신보』 2, 소명출판, 2008.

42 『한성신보』, 1904.10.4~11.2.

43 「잡보」, 『독립신문』, 1899.6.21.

국신문』 등이 『한성신보』를 거론하는 경우는 보통 두 가지였다. 하나는 『한성신보』의 기사를 참조하여 국내외의 소식을 전하는 때이고, 다른 경우는 그 논조나 기사의 내용을 비판할 때였다. 예컨대 '신문이라는 것이 인민의 안목을 개명코자 하는 것인데 실제 있지도 않은 일을 써서 조선에 대단히 실례를 범하고 있다'거나, '신문이라는 것이 반드시 춘추의리(春秋義理)를 알아야 하고 공정한 마음으로 직필'을 해야 하는데 『한성신보』의 기사나 논조가 그렇지 못함을 비판하는 경우였다.[44] 일찍부터 『한성신보』가 오랜 기간 소설을 연재했음에도 조선인 독자와 지식인들이 그에 대해 관심을 보인 적이 없다.

양식사의 측면에서 살펴본다면 1890년대 후반 발행된 각종 신문 논설란에 넓게 보아 소설이라 할 수 있는 우언(寓言)의 글쓰기를 빈번하게 나타난다. 소설의 기원을 장자의 우언과 사마천의 열전(列傳)에서 찾는다면, 우언의 형식을 취한 논설 역시 소설로 볼 수 있다.[45] "論說論說ᄒᆞ니 論說이란 무엇인고 직진기사(直陳其事)도 ᄒᆞ고 위곡풍유(委曲風諭)도 ᄒᆞ고 견경생정(見景生情)도 ᄒᆞ야 그 세계풍화(世界風化)를 패익(捭益)도록 홈이라"[46]고 했을 때, 『황성신보』의 논설 필진들은 시세(時勢)를 효과적으로 알리기 위해 우언에서 유래한 서사적 글쓰기를 논설에 활용할 것을 염두에 두고 있었다.[47] 조선인이 발간한 신문과 회보의 목

44 「논설 : 辨漢城新報寄書之說」, 『황성신보』, 1902.6.16. 이 외에도 「논설 : 駁漢城新報宮中閉鎖」(『황성신문』, 1903.8.4), 「논설 : 辨漢城新報趦趄逡巡之」(『황성신문』, 1903.10.24) 등이 같은 사례다. 『한성신보』를 비판하는 사례는 『제국신문』에서도 찾아볼 수 있으며 이후 『대한매일신보』에서도 여러 번 나타난다.

45 대표적인 경우로 다음과 같은 진술을 사례로 들 수 있다. "사람들은 소설이 당나라 때부터 비롯된 줄은 알지만 장자와 사마천에게서 비롯된 것인 줄은 모른다. 『장자』라는 책은 우언(寓言)이 열에 아홉이다. 큰 것으로는 곤(鯤)과 붕새(鵬)에 이르고 작은 것으로는 비둘기와 뱁새의 무리에 이른다." 유만주, 『흠영』 2, 서울대 규장각, 287면.

46 「논설」, 『황성신문』, 1899.2.24.

47 한문단편, 소품문, 문답체, 전 등의 역사적 전개에 대해서는 이강엽, 『토의문학의 전통

적은 무엇보다 민(民)에게 시세와 학문을 깨우치는 데 있었던 바, 편집 체제도 그에 맞게 논설과 기사를 중심으로 삼았다.[48] 논설란에 실린 이야기들 역시 그에 상응하는 기능을 수행했다.

문체 분류의 전통을 고려할 때, 러일전쟁 이전의 신문 논설란에 실려 있는 다양한 우언의 형식들 역시 넓은 의미의 소설로서 서사양식의 분화와 전개라는 측면에서 중요한 의미를 부여할 수 있다.[49] 문제는 당대의 논설 필진들이 이러한 글들을 의식적으로 '소설'이라 명명하지 않았다는 사실이다. 초기 신문과 회보의 발간주체는 민권사상을 바탕으로 국문을 전용하는 데까지는 이르렀으나, 하위문화를 정론지에 정기적으로 게재할 만한 인식지평으로 나아간 것은 아니었다. '소설'이라는 이름을 붙이지 않더라도 논설을 통해 입언(立言)하는 가운데도 완곡하고 미묘하게 전할 우언의 전통이 있으니 굳이 속됨을 추구할 필요가 없었다.[50] 신문은 개혁의 핵심 장치로서, 소설 연재는 고려사항이 아니었다. 신문 발간 초창기에 개인문집을 만들 때에도 제외되었던 소설을 끌어들인다는 것은 특별한 계기가 없는 이상 검토할 여지가 없었던 것으로 보인다. 소설이 공론장으로 이동하기 위해서는 적어도 소설의 가치를 새롭게 구상하려는 시도, 그리고 이를 인준할 수 있는 조건이 마

과 우리소설』(태학사, 1997), 정명기 편, 『야담문학연구의 현단계』 1~3(보고사, 2001), 안대회 편, 『조선 후기 소품문의 실체』(태학사, 2003), 김찬기, 『한국 근대소설의 형성과 전』(소명출판, 2004)을 참고.

48 『친목회회보』(1896.2); 『독립신문』(1896.4.7 창간, 이하 창간일); 『대죠션독립협회보』(1896.11); 『죠션/대한크리스도인회보』(1897.2.2); 『그리스도신문』(1897.4.1); 『협성회회보』(1898.1.1); 『매일신문』(1898.4.9); 『뎨국신문』(1898.8.10); 『황성신문』(1898.9.5); 『신학월보』(1900.12).

49 김영민, 『한국근대소설사』, 솔출판사, 1997; 정선태, 『개화기 신문 논설의 서사 수용 양상』, 소명출판, 1999; 김영민·구장률·이유미 공편, 『근대계몽기 단형 서사문학 자료전집』, 소명출판, 2003 참고.

50 당시 소설에 대한 인식을 살펴볼 수 있는 자료를 바탕으로 논한다면 좋겠지만 1890년대 말에서 1900년대 초의 근대 미디어뿐만 아니라 대표적인 지식인들의 문집에서도 소설을 거론한 경우는 찾아볼 수 없었다.

련되어야 할 것이다.

[2] 1906년 이후 소설란을 독립시키기 시작한 조선인 발간신문으로는 『황성신문』·『제국신문』·『대한매일신보』·『대한신문』·『국민신보』·『만세보』·『경향신문』·『대한민보』·『경남일보』가 있다. 학회지와 잡지에서 '소설'을 표제로 하여 게재한 경우로는 『조양보』·『대한자강회월보』·『태극학보』·『가정잡지』·『소년한반도』·『야뢰』·『장학월보』·『대한학회월보』·『자선부인회잡지』·『기호흥학회월보』·『소년』·『대한흥학보』를 들 수 있다. 이 외에도 50여 권의 단행본이 소설이라는 표제를 달고 출판되었다. 공적 영역에서 가치를 인정받지 못하던 소설이 을사조약 이후 한국인이 발간한 신문과 학회지 등 당대 공론을 주도하던 미디어에서 부각되기 시작한 것은 가히 새로운 현상이었다.

'소설'이라는 용어가 공론장에 등장하는 시기를 따지는 일을 지엽적인 문제로 생각할 수도 있다. 하지만 이는 문학사에 국한된 문제가 아니다. 문학은 생산양식의 변화와 더불어서 자신을 둘러싼 지식체계의 변동 속에서 새롭게 해석되거나 스스로를 갱신하는 시도를 통해 지식체계의 변동을 초래하는 운동과정 속에서 발전했다. 핵심은 1906년의 문제성과 소설의 지위 상승이 근대 지식의 구축과정, 바꾸어 말해 조선에서 근대적 앎이 제도화되는 기원적 양상과 연동한다는 사실이다. 1906년 이후 소설이 공론장에서 부각될 수 있었던 데에는 특수한 지정학적 상황이 놓여있다.

첫째, 지적 시스템의 전환이다. 유가적 세계관과 전통적 문관념이 해체되었다는 사실은 곧 소설을 둘러싼 담론의 규칙이 바뀌었음을 뜻한다. 근대 지식은 앎의 민주화를 지향하며 분화와 전문성을 속성으로 한다. 국민의 자질과 시민적 교양을 기르기 위해 전에 없이 다양한 앎의 체계들이 소개·동원되었고, 그런 가운데 소설 또한 새로운 의미를 부여받았다. 지식의 분화는 미디어의 분화를 추동했으며, 이는 다시 언어와 글쓰기의 재구성을 초래했다. 소설은 근대적 앎이 자리 잡는 시공간에서, 그리고 그것이 좀 더 정치하게 일상화되는 단계에서 자신의 과거를 부정하고 새로운 가치를 생산할 논리를 발견할 수 있었다.

둘째, 지식인그룹과 미디어의 다양성 확보이다. 러일전쟁 직후로부터 1910년에 이르는 기간, 담론장은 반자율적인 상황에 놓인다. 권력 이동의 과정에서 대한제국정부는 통제력을 상실하고, 통감부 역시 조선을 완전히 장악하지 못했기 때문이다. 보호국 상황은 일시적이나마 다양한 주체들의 입장표명을 가능하게 했고, 그만큼 다양한 매체들이 등장했다. 경쟁하는 미디어들은 좀 더 다채롭게 지면을 구성해서 독자들과 소통하고자 했다. 한편 신문과 잡지를 메우고 있는 국내와 국외의 기사, 새로운 지식들은 국제적 교환관계 속에서 교통한다. 신문, 잡지 및 학회지 발간에 참여했던 이들은 지속적으로 국내외의 사례들을 참조했다. 그 과정에서 매체는 언어분할, 지식의 재배치, 새로운 주체의 구현, 서사에 대한 대중적 요구의 수렴 등 다양한 이유로 소설을 필요로 하게 되었다.[51]

셋째, 지식장 외부의 요인이다. 상술한 변화들은 대한제국이 일본의 보호국으로 전락하는 과정에서 일어났다. 식민화의 과정은 근대를 향한 다층적인 지향들을 시간적으로 압축하며 특정한 방향으로 유도한

51 근대 초기 매체가 소설 혹은 문학과 결합하게 되는 이유는 중요하지만 이미 많은 연구가 이루어져 있으므로 길게 논의하지 않는다. 김영민, 『한국 근대소설의 형성 과정』, 소명출판, 2005; 연세대 근대한국학연구소 기초학문연구팀, 『한국 근대 서사양식의 발생 및 전개와 매체의 역할』, 소명출판, 2005; 한기형 외, 『근대어 근대매체 근대문학』, 성균관대 대동문화연구원, 2006; 임형택 외, 『흔들리는 언어들』, 성균관대 대동문화연구원, 2008 등.

결정적 요인이다. 전제왕권의 붕괴, 지식장의 구조변동과 지식의 성격 변화, 이중 번역된 서구 근대학문의 본격적인 유입, 언론출판 및 교육 활동을 통한 계몽운동의 급격한 확산, 반제국주의와 민족주의의 출현, 소설의 가치 갱신 등 모든 국면에 '제국—식민지'의 관계가 구조적으로 각인되어 있다. 강제병합 이후만이 아니라 애국계몽의 열기가 뜨거웠던 1906~1910년을 사고할 때도 식민지 근대성(colonial-modernity)의 문제를 고려할 필요가 있다.

앞서 언급했듯이 1900년대 후반 신문과 잡지, 단행본에서 소설에 대한 개념적 상을 추출하기는 어렵다. 그럼에도 소설은 여러 서사양식의 경쟁 속에서 주도권을 확보해갔다. 이 과정에서 의식적으로 소설의 새로운 상을 창출한 인물은 생각보다 많지 않은데 이인직을 중심으로 한 신문소설기자, 신채호를 중심으로 한 개신유학자, 이광수를 중심으로 한 일본유학생 세 그룹으로 나눌 수 있다. 이들은 당대를 대표하는 지식인 그룹이자, 같은 시대를 살아가면서 서로 영향을 주고받는 가운데 사실성·민족성·심미성이라는 근대소설의 세 가지 성격을 주조했다. 또한 소설이 근대 지식과 연대하며 위상 전환을 이루는 과정은 분과학이자 예술의 하나로 '문학'이 제도화되는 기반을 마련했다.

제3부
국가사회학 계열 지식담론과 소설의 사실성

제1장
국가학(國家學)과 사회학(社會學)

사실주의의 사상적 기반

1. 동경정치학교와 이인직

1 근대 이전 소설 부정론의 핵심을 이룬 것은 허구성과 세속성에 대한 비판이었다. 소설의 저자들은 종종 실제 겪었던 일을 바탕으로 소설을 쓰기도 했으며, 황탄(荒誕)하다는 비판을 피하기 위해서 허구임에도 불구하고 실제 있었던 일을 바탕으로 한 것이라 부언하기도 했다.[1] 동아시아에서 소설이 역사의 지류(支流)로서 출발한 이상, 실존 인

1 대표적으로 「절화기담」의 서문을 들 수 있다. 석천주인(石泉主人)은 다음과 같이 말한다. "「절화기담」은 내가 스무 살 때 겪었던 일이다. 그때 일을 펼쳐 그 사실을 기록한 것이니 한가할 때 심심풀이로 볼 만한 책에 지나지 않아, 문장은 맥락이 잘 이어지지 않고

물이나 사건을 소재로 삼아 이야기를 꾸민 것은 자연스러운 일이었다. 근대 초기에도 소설이 '실사(實事)'를 다루었기 때문에 가치가 있다는 주장을 만날 수 있는데, 그 의미는 전과 전혀 달랐다. 사실주의를 변용한 신문소설의 이론을 익히고, 지금의 사회과학에 해당하는 지식을 소설과 접속시키는 가운데 나타난 테제이기 때문이다.

근대 초기 소설에 나타난 사실성의 특성은 당대를 배경으로 한 인물과 사건을 재현하되 핍진한 묘사를 비롯한 재현방식의 혁신 및 그것을 가능케 한 지식과 소설의 연대에 있었던 바, 사실성에 대한 의식적인 지향을 다루기에 앞서 당대성을 구현하는 이야기양식들이 신문에서 나타나기 시작했다는 점을 기억해 둘 필요가 있다. 러일전쟁 이전의 신문에서 찾아볼 수 있는 서사양식들은 근대 미디어에 의해 촉발된 사실주의의 자생적 양상을 보여준다.[2] 1906년 이전 신문 의 이야기들은 논설란과 기사(잡보)란에 산포되어 있으며, 주로 문답과 일화식 구성을 취했다.[3] 문답식 구성은 시의성 있는 주제를 의논하는 형식을 취하기 때문에 공시적인 시간축을 중심으로 이야기가 전개되는 경향이 강하다. 한편 일화는 인물이나 사건을 중심에 두기 때문에 통시적 시간축

사건은 허술한 테가 많았다. 내 친구인 남화자에게 물었더니 남화자가 이야기의 순서를 고쳐 쓰고, 또 문장을 윤색해 주었다. 비록 내가 직접 겪은 일이지만, 마음 졸이며 그리워하고, 애가 끊어지도록 잊지 못하던 감정이 구절마다 살아 움직이고 글자마다 맺혀 있다." 남화산인(南華山人) 역시 서문에서 이 소설이 친구 이모가 실제 겪었던 일이라 다시 확인하면서 「서상기」와 짝을 이룰만한 소설이라 평한다. 김경미 · 조혜란 역주, 『절화기담, 포의교집』, 여이연, 2003. 31~37면 서문.

2 『독립신문』, 『죠션/대한크리스도인회보』, 『그리스도인회보』, 『매일신문』, 『제국신문』, 『황성신문』, 『대한매일신보』 등에 실린 짧은 이야기들을 가리킨다. 다음의 책에 실린 서사물들이 해당 사례가 될 수 있다. 정선태의 『개화기 신문 논설의 서사수용양상』(소명출판, 1999) 부록; 김영민 · 구장률 · 이유미 편, 『근대계몽기 단형 서사문학 자료집』 상 · 하, 소명출판, 2003.

3 근대 초기 논설과 기사란에 실린 서사양식에 대해서는 다음의 연구가 상세하다. 김영민, 『한국근대소설사』, 솔출판사, 1997; 정선태, 앞의 책.

을 서사의 중심에 둔다. 물론 무게중심의 차이가 있을 뿐, 두 가지 시간축은 이야기 속에서 항상 교차한다.

이야기의 주체도 유지(有知)한 선비, 신진학(新進學)이라는 청년, 유명한 대신(大臣), 학문이 유지한 모모인들, 북촌에 사는 완고당한 사람, 동방의 한 오괴한 선비, 어떤 서양 친구, 청국의 강유위, 어떤 시골 친구와 벽항궁촌의 학자, 어린 아이와 부인 등으로 당대인들이다. 소설의 위상 전위가 이루어지기 전에 짧은 이야기들은 동서와 고금을 넘나들며 다양한 주체를 호출함으로써 논설과 기사만으로는 충분히 재현하기 어려운 시공간과 실감(實感)을 구현했다.

신문에 실린 짧은 이야기들은 분량이 길어지고 정기적으로 연재되기도 하면서 러일전쟁 이후까지도 신문의 유효한 서사 언어로 활용되었다. 예를 들어 『대한매일신보』는 「잡보」란에 「향객담화」나 「거부오해(車夫誤解)」와 같은 장형화된 문답체, 일화체를 지속해서 연재하다가 소설란을 독립시켰다. 『제국신문』 역시 「이어기담(俚語奇談)」[4]과 같은 연재물을 두다가 곧 「소설」란으로 대체하는 변화를 보여주며, 「소설」란에 실린 이야기들은 대부분 서술시점과 거의 시간적 차이를 두지 않고 벌어진 사건 혹은 인물을 다루어 신문기사와 소설의 교섭양상을 확인할 수 있다.[5]

'시간은 그것이 서술적으로 활성화되는 한에서 인간의 시간이 되며, 이야기는 그것이 시간 경험의 특성들을 받아들이는 한에서 의미 있는 것이 된다'[6]고 할 때, 주체가 당대성을 전유하기 위해서는 필연적으로

---

4 1906년 7월 12일에서 1906년 8월 7일까지 연재.

5 『제국신문』이 연재물을 게재하게 되는 경위와 '소설'란으로 전환해간 과정에 대해서는 구장률, 「근대계몽기 소설과 검열의 상관성」, 『한국 근대 서사양식의 발생 및 전개와 매체의 역할』, 소명출판, 2005.

6 폴 리쾨르, 김한식 · 이경래 역, 『시간과 이야기』 1, 문학과지성사, 1999, 참고. 리쾨르에

수평적 시간뿐만 아니라 수직적 시간을 요구하게 된다. 국내외에서 발생하는 비동시적 사건들을 지면에 동시적으로 모자이크하여 만들어지는 수평적 시간, 물리적인 시간의 흐름을 붙잡아 과거와 미래 속에서 현재를 언어화함으로써 발생하는 수직적 시간이 교차하지 않는다면 미디어가 당대성을 온전하게 구현하는 것은 불가능하다. 바꾸어 말해 당대성을 전유할 주체의 생산 역시 불가능해지는 것이다.[7] 그런 점에서 신문은 이야기를 요구할 수밖에 없었고, 신문의 이야기 양식들은 미디어가 추구한 당대성을 구현할 필요가 있었다.

이러한 자생적 경향과는 달리 사실성을 의식적으로 추구함으로써 소설의 위상 전위를 이루려는 시도 또한 나타났다. 최초로 공론장에 소설을 끌어들일 구상을 한 인물은 이인직이다. 한국에 돌아가 신문을 발간하되, 보통교육을 실현하기 위해 윤리・위생・식산 등에 대한 지식을 미디어를 통해 소개하는 일과 더불어 소설을 연재겠다는 포부를 밝힌 때가 1903년이었다.[8] 이인직은 신문학(新聞學)을 통해 중역(重譯)된 리얼리즘을 받아들여 새로운 소설을 구상했고, 사실적 재현의 정당성을 국가학(國家學)이나 사회학(社會學)과 같은 학지들로부터 확보함으로써 소설을 여타의 근대 지식들과 같은 반열에서 올려놓고자 했다. 여기에 이해조가 동조하면서 실사(實事)를 재료로 삼아 국가와 사회,

---

따르면 시간성은 이야기 안에서 언어화되는 실존의 구조며, 이야기는 시간의 특질과 관계 맺는 언어의 구조이다.

7 근대 미디어가 서사언어를 포섭하게 되는 경위에 대해서는 다음의 연구가 상세하다. 한기형, 「매체의 언어분할과 근대문학」, 『흔들리는 언어들』, 성균관대 대동문화연구원, 2008년. 신문이 근대적인 시간성이 작동하는 실질적인 장을 형성하는 과정에 대한 분석은 다음 논문을 참고할 수 있다. 박태호, 「『독립신문』에서 근대적 시간-기계의 작동양상」, 『근대계몽기 지식개념의 수용과 그 변용』, 소명출판, 2004.

8 이인직, 「韓國新聞創立趣旨書」, 『都新聞』, 1903.5.5. 원문은 다지리 히로유키(田尻浩幸)의 논문 「이인직 연구」(고려대 박사논문, 2000년)의 부록 참고.

인정과 세태를 사실적으로 재현한다는 소설의 가치가 하나의 경향을 형성하게 된다. 이로써 소설은 '착공구허지설(鑿空構虛之說)'이라는 전통적 비판을 넘어설 수 있는 기반을 마련했고, 다른 근대 지식처럼 세계를 이해하며 국민정신을 감발하는 글쓰기가 될 수 있었다.

일찍이 임화는 이인직과 이해조의 소설이 초보적이나마 "우리가 리얼리즘이라고 하는 것, 바꿔 말하면 소설의 사실성"[9]을 보여준다고 지적한 바 있다. 잘 알려져 있듯이 근대소설의 중요한 지표인 "첫째 문장의 언문일치, 둘째 소재와 제재의 현대성(혹은 신시대성), 셋째 인물과 사건의 실재성(혹은 사실성)"의 기원을 찾아볼 수 있기 때문이다.[10] 그런데 임화를 비롯하여 문학사나 비평사에서 이인직이나 이해조가 추구했던 사실성을 '사실주의'로 평가하지는 않는다. 여기에는 근대 초기 문학에 나타난 사실성을 의식적인 소산으로 이해하기보다 우연한 문학사적 산물로 보는 판단이 전제되어 있다. 하지만 이러한 시각은 재고될 필요가 있다. 문학적 진실이 역사적 사실보다 더 진실에 가까울 수 있다는 인식이 등장하기 한 단계 전으로 거슬러 올라가면, 소설이 '실제 사실[實事]'을 있는 그대로 그렸기 때문에 진실과 통한다는 1900년대의 사실주의를 만나게 되기 때문이다.[11]

[2] 이인직이 보여준 선취(先取)는 일본 유학을 통해 얻은 지식과 언어횡단적 실천에 의해 가능했다. 유학시절 익힌 근대 분과학문에 대한

---

9 임화, 「개설신문학사」, 『임화 신문학사』, 한길사, 1993, 162면.

10 위의 책, 160면.

11 현철이 1920년에 쓴 「소설개요」는 소설의 허구가 역사의 사실보다 더 인생의 진실에 가까울 수 있다는 인식을 비교적 명징하게 이론적 언술의 형식으로 드러낸 사례이다. 일본유학생들이 쓴 개론 형식의 글들이 대개 그렇듯이 이 글 또한 현철이 동경 예술좌(藝術座) 연극학교에서 들은 강좌내용의 필기를 바탕으로 한 것이다. 효종(曉鍾), 「소설개요」, 『개벽』 2호, 1920.7.

지식과 신문사 견습 경험을 바탕으로 사실성에 기초한 새로운 소설을 기획할 수 있었다. 이인직이 유학을 떠나 다시 조선으로 돌아오게 되는 과정은 근대 초기 지식장의 변동을 초래한 정황을 집약하고 있으므로, 유학시절 습득한 지식체계와 도일(渡日)의 경위 등을 살펴볼 필요가 있다.

이인직(1862~1916)이 일본으로 건너간 시점은 1900년 이전이다. 『황성신문』 1900년 3월 13일자 잡보 「사비이관(私費移官)」은 이미 사비유학생으로 일본에 가서 어려움을 겪고 있는 홍재기(洪在祺)와 이인직 등 12명을 관비생으로 대체한다는 학부 훈령을 보도하고 있다. 이인직은 관비유학생이 되기 전에 이미 도일했는데, 고마쓰 미도리[小松綠]의 기억에 의하면 1896년경 조중응(趙重應)과 함께 망명했다고 한다. 여러 가지 사료를 종합해 볼 때 틀린 진술이 아님을 확인할 수 있다.[12]

'박영효반역음모사건'에서 이미 명성황후 시해의 징후는 나타나기 시작했다. 1895년 7월 6일 박영효는 일본 병사의 호위를 받으며 남대문을 나와 인천에서 일본 행 배에 몸을 맡겼다. 이준용을 귀양 보내어 대원군의 분노를 사는 한편, 개혁세력 내의 다툼에서도 고립된 상황에서 왕비를 시해하려고 했다는 반역음모가 누설되었기 때문이었다.[13] 기록에 의하면 이때 박영효와 함께 참령 신응희(申應熙), 경무관 이규완(李圭完) 등도 도일했다고 하는데, 황현은 그 외에도 조중응을 꼽고 있

12 이인직의 가계(家系), 러일전쟁 이전의 행적, 도일 배경과 시기 등에 대해서는 다음의 연구를 참고할 수 있다. 다지리 히로유키, 앞의 글; 구장률, 「신소설 출현의 배경」, 『동방학지』 135집, 연세대 국학연구원, 2006; 함태영, 「이인직의 현실인식과 그 모순」, 『현대소설연구』 30집, 한국현대소설학회, 2006.

13 황현, 『매천야록』, 문학과지성사, 2005 ; 정교, 『대한계년사』 2, 소명출판, 2004; 『대한제국관원이력서』, 국사편찬위원회, 1972. 이 사건은 일본이 박영효를 제물로 삼아 조선 내부에서 왕비를 시해하고자 하는 움직임이 있음을 선전함으로써 명성황후 시해의 분위기를 조성하고자 한 혐의가 짙은 사건이다.

다. 황현의 기억은 사실과 조금 다른데, 다른 사료와 비교하여 바로잡는다면 조중응이 일본으로 망명을 떠난 시기는 아관파천 이후였다.

1895년 10월 8일 을미사변으로 인해 학부대신 이완용과 군부대신 안경수, 경무사 이윤용 등이 해임되면서 친러파는 일시적으로 몰락하고 일본인 고문과 일본공사가 실권을 장악하게 된다. 그런데 왕비가 살해된 지 네 달 만인 1896년 2월 11일 왕이 러시아 공사관으로 피신하는 전대미문의 일이 다시 벌어짐으로써 정세는 급변한다. 을미사변과 관련된 친일 정객들에 대한 고종의 분노는 뿌리 깊은 것이었다. 아관파천 이후 고종은 "경관에게 김홍집, 정병하를 체포토록 하고 경무관 안환에게 빨리 가서 베어 죽이도록 했다."[14] 유길준은 아관파천의 소식을 듣고 체포되어 광화문으로 가는 길에 삼군부(三軍府)에 주둔한 일본 병사의 도움으로 도망칠 수 있었다. 친일 개화파 세력이 심하게는 참형을 당하고 망명하는 등, 광범위하게 배척당한 것이다.

이 와중에 법부 형사국장으로 을미사변과 관련된 이들을 조사하던 조중응도 급히 일본으로 망명했다.[15] 이인직이 조중응처럼 정치적인

---

14 정교, 앞의 책, 2권, 157~158면 참고.

15 고마쓰 미도리는 조중응이 '이인직과 둘도 없는 친우(親友)'라고 반복해서 강조한다(小松綠, 『朝鮮併合の裏面』, 中外新論社, 1920, 124~125면; 小松綠, 『明治外交秘話』, 千倉書房, 1936, 441~442면). 1900년 이전 이인직의 행적에 관한 기록이 없기 때문에 조중응을 살펴보는 것도 이인직을 이해하는 하나의 우회로가 될 수 있을 것이다. 조중응은 조택희(趙宅熙)의 아들로 1860년생이며 본명은 중협(重協)이다. 황현의 묘사에 따르면 "경박하며 일하기를 좋아해 약관에 바다를 건너 일본에 갔다 돌아와서는 시국에 대해 거침없이 이야기하며 종적도 괴상하였다"고 한다. 1883년 서북변계조사위원(西北邊界調査委員)으로 만주를 돌아본 뒤 성균관으로 돌아와 러시아에 대비하고 일본과 친교해야 한다는 북방남개론(北方南開論)을 주장했다. 그 일로 탄핵 받아 1885년 보성으로 유배되어 1890년 사면되었다. 정부특파원으로 1894년 일본에 다녀온 뒤 을미년(1895)에 인천관찰사가 되었다. 1896년 2월 24일 조중응은 법부형사국장(法部刑事局長)직을 파면당한다. 1896년 6월 27일 전 교리(校理) 이승구(李承九)는 '박영효, 김홍집, 유길준, 조의연 등을 갑신정변과 을미사변의 역괴(逆魁)라 칭하고, 박영효가 미국에서 돌아와 일본에서 유길준, 조의연 등과 접촉하며 국내의 기회를 기다리고 있으니 이들과 이들의 당파인

사건에 직접 연루되어 있던 것인지, 아니면 국내에서 입신할 수 없었기 때문에 일본에 건너갈 계획을 가지고 있다가 이때 조중응과 함께 도일을 택한 것인지는 실증할 수 없다. 단 을미사변과 아관파천으로 인한 정국의 변화가 이인직이 일본으로 건너간 배경이 된 것으로 판단된다. 이인직은 러일전쟁 이후 조중응과 함께 『소년한반도』를 창간했으며, 1910년대까지 인연을 이어갔다.

이인직이 1900년 2월 서른아홉의 늦은 나이로 관비유학생이 된 경위뿐만 아니라 1900년 8월 동경정치학교(東京政治學校)에 입학할 수 있었던 과정에는 누군가의 도움이 있었던 것으로 보인다.[16] 당시 관비유학생 모두가 처음부터 자격을 얻고 난 후에 일본으로 건너간 것은 아니다. 정치적 사건에 관련되어 일단 일본에 도피한 뒤 관비유학생이 된 경우도 더러 있었기 때문이다. 예를 들어 이인직과 같은 시기에 정치를 전공한 인물로는 김상연(金祥演)과 한규복(韓圭復)이 있다.[17] 한규복은 관립영어학교를 졸업하고 '동지들의 권유로 일본에서 공부하게 되었으며 누구(誰某)의 주선인지는 모르나 관비학생으로서 와세다대학교(早大)를 졸업하게 되었다'고 술회하고 있다.[18] 장응진도 한규복과 마찬가지로 만민공동회에 참여했다가 일본으로 피신했는데 처음에는

조중응 등을 토멸할 것'을 상소했다. 황현, 앞의 책, 상권, 277~278면; 황현, 위의 책, 하권 390~391면; 『고종시대사』 4집, 1896.2.24·1896.6.27; 『대한제국관원이력서』, 국사편찬위원회, 1972, 754면; 『윤치호일기』, 1895.12.13.

16 이인직이 관비유학생이 될 수 있었던 데에는 친일정객의 후원을 받았기 때문이었을 것이라는 추정은 전부터 제기된 바 있다. 김영민, 「이인직과 안국선의 생애와 문학」, 『동방학지』 70, 연세대 국학연구원, 1991 참고.

17 「주일공사가 보내온 일본유학생 현황에 대한 조회」, 『조회』 제11호, 1902.6.20; 「學部派遣留學生學況一覽表」, 『駐日去來案』, 51~52면. 김상연은 러일전쟁 발발 이후 귀국하여 『제국신문』 기자로 일하면서 사장 이종일과 함께 1904년 3월 25일 경무청에 구금당한 이력이 있고, 1906년 나진(羅瑨)과 함께 『국가학』을 번역했다. 「잡보」, 『황성신문』, 1904.3.25; 「광고」, 『황성신문』, 1906.6.21 등 참고.

18 「피의자신문조서－한규복」, 『반민특위조사기록』, 1949.8.14.

사비로 순천중학(順天中學)에서 공부하다가 이후 '이런 저런 교섭'을 통해 관비유학생이 될 수 있었다고 당시를 회고했다.[19] 이인직도 이와 유사한 경우로 보인다.

동경정치학교에 입학한 점도 특이하다. 게이오의숙[慶應義塾], 동경전문학교(東京專門學校), 동경제국대학(東京帝國大學), 동경법학원(東京法學院) 등에는 이미 유학생들이 진학한 바 있다. 그런데 동경정치학교에 진학한 유학생은 이인직이 유일하다. 1900년 8월 학부문서는 '학생 이인직'이 식대를 지급하지 못하고 피소를 당해서 학부가 20원을 지급한 것으로 기록하고 있다. 다른 학생들은 돈을 지급받은 시기가 명시되어 있고, 그 사유도 각기 학업이나 귀국을 보조하기 위해서였다. 이에 반해 이인직은 보조금을 수령한 날짜도 나와 있지 않고 '부득이'라는 표현까지 써가며 보조가 아닌 '구조(救助)'를 했던 것이다.[20] 그런 상황에서 누군가의 도움 없이 정기적인 수업료를 내야 하는 동경정치학교에 입학하기란 쉽지 않았을 것이다. '누군가'를 정확히 지목하는 것은 불가능하지만 이인직이 조중응, 오세창 등 망명객들과 밀접한 관계를 맺었다는 사실은 확인할 수 있다.[21]

③ 도일을 전후한 행적이 그러했듯이, 이인직의 지적 기반이나 현실 이해 또한 망명개화파 지식인들과 친연성이 크다. 이인직은 진화론적 문명관을 바탕으로 대한제국의 미래를 그리고 있으며, 혁신의 과정에서 벌어질 신구의 대립을 역사의 필연으로 보았다. 서양의 사례를 보

---

19 장응진, 「20년 전 한국학계 이약이」, 『별건곤』 5호, 1927.3, 17면.

20 '二十元 學生 李人稙 以食債被訴 不得已救助條', 「조회(照會) 제27호」, 광무4년 8월 기안. 『學部來法文』 9.

21 小松綠, 앞의 책; 허경진, 『조선의 르네상스인 중인』, 랜덤하우스, 2008; 김영민, 「『만세보』와 부속국문체 연구」, 『대동문화연구』 64집, 성균관대 대동문화연구원, 2008 등.

아도 새로운 문명을 창도하려는 자는 완고한 인물과 충돌하지 않을 수 없는 바, 그 대결의 승리로부터 쟁취해야 할 문명사회의 모습은 명치 유신 후의 일본과 같은 입헌군주제라는 것이 그의 판단이었다.[22] 이인직은 망명자들이야말로 역사의 변혁에 앞장 선 전위(前衛)라고 생각했다. 지식이 미개하고 학문이 고루한 자들은 망명자들을 국사범으로 여기지만, 실상 그들은 '국가정치의 혁신적 주의(主義)'를 실현하고자 했을 따름이다.[23] 그러므로 망명객들을 속히 국내로 소환하기를 강경하게 주장하는 대목은 이인직이 누구를 개혁의 진정한 주체로 생각하고 있는지를 잘 보여준다.

이인직이 동경정치학교에 재학 중이던 1900년대 초반 광무정권이 망명자로 규정한 인물은 점차 증가하여 서른 명을 넘고 있었다. 왕실의 일원이지만 정치적으로 거세된 대원군의 장손 이준용과 고종의 둘째아들 의화군 이강을 제외한다면, 주로 갑오개혁을 주도했거나 을미사변에 관련된 인물들이었고 핵심은 박영효와 유길준이었다.[24] 정부는 망명객과 유학생의 접촉을 엄금했지만 이들의 교류를 막을 실질적인 방법이 없었다.[25] 박영효와 유길준은 조선 내에서 정치적 입장이 달

---

22 「논설 : 解紛議」, 『만세보』, 1906.7.3; 「논설 : 淸國憲法」, 『만세보』, 1906.9.4 등. 『만세보』의 논설 대다수를 이인직이 썼다는 사실에 대해서는 구장률, 앞의 글, 249~253면을 참고할 수 있다.

23 「논설 : 國事犯」, 『만세보』, 1906.11.8.

24 당시 망명객들은 크게 박영효, 유길준, 이준용, 조희연파로 나뉘어졌는데, 박영효파가 가장 세력이 컸고 조희연파는 세력이 미약했다. 조중응 또한 망명객 가운데 한 사람으로 기록되어 있지만, 당시로서는 그리 비중 있는 인물이 아님을 확인할 수 있다. 현광호, 「대한제국기 망명자문제의 정치 외교적 성격」, 『사학연구』 58 · 59호, 한국사학회, 1999; 『주한일본공사관기록』 17, 기밀 제2호, 1902.1.4, 107~110면 참고.

25 다음과 같은 기록에서 당시의 상황을 짐작할 수 있다. "나는 남몰래 유길준 씨의 문을 두들겼다. (…중략…) 내가 반복해서 노력하여 명사(名士) 선배를 방문하는 것은 생동하는 학문을 하기 위해서였으며, 또 실제 대단히 유익한 바도 많았다. 때문에 세계의 대세가 통하고, 일본의 국정 정보도 알 수 있었을 뿐만 아니라 본국에 대한 제가(諸家)의 감상

랐던 까닭에 망명시절 서로 연합하지는 않았지만 서구 문물을 수용하는 방식은 유사했다.

정체(政體)에 관한 논의로 한정한다면 개혁 초기부터 그들은 변통론(變通論)에 입각한 '군민공치(君民共治)'의 국가를 구상했다. 조선 후기 이래 논의되어 온 개혁론인 '군신공치(君臣共治)'의 연장에서 서구의 입헌군주제에 대한 번역을 시도했던 것이다. 이미 존재하던 개념을 변용하여 새로운 정치체제를 이해하고 '변통(變通)의 대도(大道)'에 따라 시의(時宜)에 맞게 재구성하는 것이 그들이 택한 신문물 수용의 자세이자 근대를 번역하는 방법이었다.[26] 외국 문물이면 모두 진선(盡善)한 것으로 여겨 받아들이자는 개화당이나 무조건적인 배척을 일삼는 수구당 모두 개화의 적이라는 비판은, 우승열패의 시세 속에서 살아남기 위해 약소국 국민이 가져야 할 주체로서의 태도에 대한 성찰을 보여준다.[27] 그런 고민의 연장에서 "비록 만국공법이 세력의 균형을 공의로 하고 있지만 국가가 자립 자존의 능력이 없으면 반드시 강국에 찢겨져서 유지할 수 없으니 공법의 공의도 본디 믿을 만한 것이 못 된다"[28]는 판단이 가능했을 터였다. 양절론과 같은 전략적 선택이나 만국공법의 제국주의적 성격에 대한 비판적 인식은 모두 조선이 독립을 보존할 수 있

을 묻고, 금후 만약에 우리들이 처해야 할 방침 등에 대해서 크게 가르침을 받은 바 있다." 조택현, 『魚潭小將回顧錄』, 1930, 11면.

26 "구규(舊規)를 변경홀디라도 선왕의 묘사(廟社)를 보안홀딘딘, 차는 즉 선왕의 제도를 고수홈과 동(同)ᄒ거니와 구규를 솔유(率由)혼다 ᄒ야 변통ᄒᆫ는 대도를 부지(不知)ᄒ고 국가의 위급홈이 불구(不救)ᄒᆫ는 경(境)에 지ᄒ면 차는 즉 선왕(先王)의 죄인(罪人)이라" 유길준, 「세계대세론」·「국가의 시초」, 『유길준전서』, 일조각, 1971.

27 「상인의 대도」, 「개화의 등급」, 위의 책, 『서유견문』이 후쿠자와의 『서양사정』과 체제가 유사하다는 점을 들어 거의 동일한 것으로 간주하기도 하지만 실제 두 사람의 관심사는 다른 부분이 많았다.

28 "雖有萬國公法 均勢公義 然國無自立自存之力 則必致削裂 不得維持 公法公義 素不足以爲恃也." 「朴泳孝建白書」, 『日本外交文書』 21, 東京 : 日本國際聯合協會, 1949, 296면.

는 근대국가가 되기 위한 방략을 모색하는 가운데 도달한 것이었다.

이인직은 비록 재일망명객들과 정치적 입장을 공유했으나 새로운 담론을 수용하는 방식, 즉 '번역의 방향성'의 측면에서 차이를 보여준다.[29] 조선에서 학식이 있다 하는 이들이 중국의 고유부론(古儒腐論)에 빠져 신선한 공기를 두뇌에 받아들이지 못하며, 중국의 경전과 역사를 연구하여 나라를 다스리는 방식으로는 감히 사회경쟁의 대열에 나설 수조차 없다는 도저한 부정의 정신으로부터 이인직은 문화 교차의 상황을 분석한다.[30] 이인직은 '구미문명의 풍운이 뒤덮고 있는 세상에서 생업과 인문의 진보를 이루기 위해서는 마땅히 그 문명에 욕화(浴化)' 되라고 말한다.[31] 허나 그가 정작 체현했던 것은 동양평화론의 이데올로기를 거쳐 재번역된 구미문명이었다.

4 동경정치학교는 1898년 경 이타가키 다이스케[板垣退助]를 고문으로 하고 마쓰모토 쿤페이[松本君平]가 교장을 맡아 간다[神田]에 설립한 학교다. 이타가키는 1871년 정한논쟁(征韓論爭) 당시 사이고 다카모리[西鄉隆盛] 등과 더불어 정한론을 강경하게 주장했으나 받아들여지지 않자 참의를 사직하고 자유민권운동에 나섰던 인물이다. 1881년 일본 최초의 정당인 자유당을 조직하여 총리가 되었고 이토 히로부미 내각과 헌정당 내각 하에서 내무대신을 지낸 바 있다. 이인직의 소설에도

---

29 연배가 비슷하며 망명객과 관계를 맺었다는 점에서 이인직을 직접 박영효나 유길준과 견주는 것은 적절하지 않을 수도 있다. 박영효와 유길준은 명문세가의 자손으로 어려서부터 수준 높은 한학교육을 받았고 정계에 진출한 이후 줄곧 권력의 중심에 있었고, 어떤 식으로든 직접 서구를 체험했다는 점 등에서 이인직과 큰 차이가 있기 때문이다. 하지만 오히려 그러한 신분과 체험의 차이가 새로운 담론을 수용하는 방식이나 대외인식에 영향을 미칠 수도 있다는 점에 주목할 수 있을 것이다.

30 「논설 : 義兵」, 『만세보』, 19066.28; 「논설 : 本報一面」, 『만세보』, 1906.9.18.

31 「行世軍」, 『만세보』, 1906.7.7.

등장하는 김옥균에게 우상과 같은 존재였다고 한다.

1898년 6월 22일 자유당과 진보당(進步黨)의 결합으로 헌정당(憲政黨)이 결성되는데 동경정치학교는 헌정당과 긴밀한 관계를 맺고 있었다. 헌정당은 1900년 9월 해산한 이후 이토 히로부미[伊藤博文]의 입헌정우회로 이어졌고, 동경정치학교는 정우회 본부의 지하실로 교사(校舍)를 옮기기도 했다.[32] 당시 일본의 학교를 망라하여 소개하고 있는 책자에서 찾아볼 수 없는 것으로 보아 일반에게 잘 알려지지 않은 특수한 전문학교였다고 볼 수 있다.[33]

헌정당의 이념과 마쓰모토의 신문사업에 대한 신념이 관철된 동경정치학교는 고등교육기관인 동시에 정치조직으로서의 성격 또한 강하게 지니고 있었다. 강령에서 명시하고 있듯이 정치학교는 정부 관료와 정당 의원·외교관·신문기자 등 정계에서 활약할 이들을 길러내는 것이 목표였다. 이를 위해 교과 과정을 편성함과 더불어 교우회(校友會)와 정치학회(政治學會) 활동을 통해 유대감 형성과 인맥 구축을 꾀했다.[34] 특히 국내외의 신문 사업에 종사할 것을 희망하는 청년을 위해서 신문학(新聞學)의 학리를 가르치고 신문기자에게 필요한 제반지식을 익히게 한다는 점을 강령에서 강조하고 있는데, 이는 당시 일본의 다른 고등교육기관과 명확히 구분되는 특성이었다.[35]

프랑스의 유명한 정치학교들과 미국 비부(費府)대학, 재정경제학교

---

32 升味準之輔, 『日本政党史論』 2, 東京大學出版會, 1994; 湯本豪一, 연구공간 수유+너머 역, 『일본 근대의 풍경』, 그린비, 2004; 피터 두으스, 김용덕 역, 『일본근대사』, 지식산업사, 1983, 170~172; 한상일, 『아시아연대와 일본제국주의』, 오름, 2002 등 참고.

33 崇文書局編輯所 編纂, 『日本留學指掌』, 崇文書局, 1905.

34 정치학회는 월 1회 회식을 갖는 것을 원칙으로 하며 정치학교 소속원 및 찬조원, 졸업생, 저명인사들을 회원으로 삼았다.

35 이하 동경정치학교 설립취지 및 교과과정 등에 대해서는 다음의 자료를 참고했다. 松本君平, 「附錄－東京政治學校 設立趣旨, 學制一覽」, 『新聞學』, 博文館, 1899.

의 제도를 모방해서 설립한 동경정치학교는 게이오나 동경전문학교처럼 전공이 나뉜 분과체제를 갖추지는 못했지만 꽤 체계적이고 실용적인 교과과정을 마련하고 있었다. 3년 과정으로 편성된 교과내용은 크게 보아 정치와 관련된 제반학문 및 신문학의 이론 학습, 응용 및 현실 모델에 대한 분석, 기타(한문학, 문장수련, 외국어학, 도서연구)로 나누어진다. 경제학, 법률학, 국가학, 사회학, 정치사, 신문학 등이 핵심과목이었다. 또한 학년이 올라갈수록 같은 강좌라도 좀 더 심화된 내용을 배치했다. 예를 들어 공통으로 개설된 국가학의 경우 1학년 때는 국가의 개념이나 구성 요소 등 기본 이론을 다루는 '순정국가학(純正國家學)의 원리'를 가르쳤고, 2학년에서는 '응용 국가의 원리'를 가르쳤다. 3학년 때는 '국가학제가(國家學諸家)'에 대한 특별연구를 했다.

정치학교는 학습한 이론을 현실에 적용할 수 있는 능력을 배양하는 데에도 역점을 두고 있었다. 1~2학년 때는 현실에서 벌어지는 '정치·경제·법률·사회상의 문제'를 분석하는 실지문제연구(實地問題硏究)라는 과목을 두었다. 보통 1~2학년 과정에서 이론과 그 응용 방법을 익히고 3학년 때는 실습을 하거나 직접 지식 생산을 할 수 있도록 요구하는 방식이었다. 매 학년마다 '정치학교의회(政治學校議會)' 시간이 있어서 '입법원의 방법 및 토의법'을 다루었는데, 토론과 연설 등을 통해 직접 의회활동의 정치적 형식을 체험하기도 했다.

표2. 동경정치학교 교과과정

학년	교과과정
1학년	경제학, 국가학, 법률학, 농정학(農政學), 일본정치역사, 지나정치역사, 미국정치역사, 근세외교사, 세계상업사, 열국정치제도, 군정학(軍政學), 정치지리학, 웅사학(雄辭學), 미국신문사업, 사회정책사, 문학사(文學史), 실지문제연구(實地問題硏究), 정치학교회의(政治學教 會議), 한문학, 문장수련, 외국어학, 도서연구(圖書硏究)
2학년	경제학, 법률학, 국가학, 외교사, 사회학, 재정학(財政學), 통계학, 헌법학, 국제공법, 신문학(新聞學), 웅변학(雄辯學), 실지문제의 연구, 정치학교회의, 한문학, 문장수련, 외국어학, 도서연구.

3학년	경제학 제가(諸家)의 특별연구, 국가학 제가의 특별연구, 법률학, 행정학, 국제사법(國際私法), 재정학, 영국헌법치혁사, 구미정당의 조직 및 치혁, 자치제도, 신문학, 웅변학, 정치학교회의, 한문학, 문장수련, 외국어학, 도서연구.

[표2]를 보면 동경정치학교 교과과정에서 문학 관련 강좌가 있었음을 확인할 수 있다. 문학사에서 가르친 내용은 각국문학의 특성, 근세문학, 정치와 문학의 관계라고 기록되어있다. 1학년만 문학사를 가르쳤고, 한문학을 전 학년에 걸쳐 공통으로 교수했다. 당시 동경제대, 와세다, 게이오 등에 비하면 동경정치학교 문학 강의는 전문적이지 않다. 다른 학교들과 비교할 때 문학의 제영역들이 특화되어 분과를 이루는 것이 아니며, 문학사와 한문학은 정치학교의 교양강좌 성격이 강하다. 졸업생의 회고에 따르면 그나마 온전히 개설되지 않았다.

이후 상세히 다루겠지만 이인직은 문학을 근대 분과학의 하나이자 예술의 한 형식으로 언급한 적이 없다. 문학을 이학(理學)이나 공학(工學)과 대비되는 광의의 학문으로 이해하고, 유학자들을 한문학자라 칭하는 정도였다.[36] 문학을 근대 학지의 하나로 이해하기 시작한 1910년대 지식인들에 비해 이인직은 30년 이상 연배 차이가 났다. 철학이나 역사학과 다른 순문학(純文學)에 관심을 가지기보다는 급변하는 정국에서 언론을 통해 정치활동을 전개할 때 활용할 수 있는 소설이 중요했다. 소설과 관련하여 중요했던 학지는 교장 마쓰모토 쿤페이가 강의했던 신문학이었다.

신문학은 2~3학년 교과과정에 편성되어 있었다. 2학년 과정에서는 이론 및 각국의 치혁(治革)을 가르쳤고, 3학년의 교과내용은 '실천(實踐)'으로 되어 있다. 이인직이 마흔의 나이로 1901년 11월 도신문(『都新聞』)사에서 견습생을 시작했던 것은 신문학 강좌가 요구한 실습과 연관이

---

36 「博士」, 『만세보』, 1906.10.30; 「漢文研究會」, 『만세보』, 1907.6.12.

있는 한편, 이 시절부터 신문 창간에 대한 의지가 확고했기 때문이다.[37] 동경정치학교에서 수학한 지식은 사실주의와 연관하여 크게 두 가지 차원에서 의미가 있다. 하나는 국가학과 사회학 등을 통해 당대를 재현할 사상을 확보할 수 있었다는 점이고, 다른 하나는 신문학 강좌 및 도신문사 견습 생활이 '사실주의 신문소설'[38]을 구상하게 되는 직접적인 계기를 제공했다는 사실이다.

2. 재현의 사상적 기초—국가학과 사회학

[1] 동경정치학교는 폭넓은 교육내용을 담보하기 위해 40인 이상의 명사가 강사진으로 이름을 올리고 있다. 그러나 시작과는 달리 학교 운영은 순조롭지 못했던 것으로 보인다. 개교 직후 동경정치학교에 입학했던 야마카와 히토시[山川均]는 당시 강사들의 결석이 두드러졌으

37 「입사설」, 원문은 다지리 히로유키의 앞의 글, 135면 참고.

38 이 책에서는 이인직과 이해조의 신문연재소설을 '신소설'이라 명명하지 않고 '사실주의 신문소설'이라고 불렀다. 신소설은 하나의 동일한 양식이라 부르기 어려울 정도로 그 내부의 편차가 다양하다. 1900년대 후반에는 「혈의루」와 같은 작품뿐만 아니라 「월남망국사」·「서사건국지」와 같은 역사전기물도 과거의 소설과 다르다는 의미에서 저자들과 출판사가 '신소설'이라는 이름을 붙였다. 또한 「금수회의록」이나 「자유종」과 같은 토론체 소설도 신소설로 명명했다. 이인직과 이해조의 경우 '신소설'이라는 용어에 대한 구체적인 기준이 있었다. 이후 상세히 논하겠지만 요약하자면, 신문소설기자로서 '실사에 바탕해서 현실을 번역한다'는 가치를 지향한 서사 중심의 소설을 신소설이라고 생각했다. 일반적으로 사용되는 '신소설'이라는 용어는 이인직과 이해조가 추구했던 신문연재소설의 특성을 집약하기에는 너무 포괄적인 문학사적 용어이므로, 여기서는 '사실주의 신문소설'이라는 용어를 사용하고자 한다. '신소설'의 용법에 대한 역사적 고찰에 대해서는 다음의 연구를 참고할 수 있다. 김영민, 『한국 근대소설의 형성과정』, 소명출판, 2005, 147~150면.

며, 온전한 수업은 우키다 가즈타미[浮田和民]와 교장 마쓰모토 쿤페이의 강의 정도였다고 회고하고 있다. 이인직이 입학하기 이전의 상황에 관한 진술이어서 전적으로 신용할 수 있는 것은 아니지만, 동경정치학교가 이후 살펴볼 1900년대 후반 유학생들이 진학했던 학교에 비하면 불안정하게 운영되었던 것으로 보인다.[39] 이인직이 교과과정에 나오는 모든 수업을 제대로 소화했는지는 확인할 수 없으나 적어도 핵심강좌였던 국가학, 사회학, 신문학을 충실하게 학습한 것은 분명하다.

이인직이 영향을 많이 받은 인물은 당시 정치학교 강사였던 우키다 가즈타미[浮田和民]와 아리가 나가오[有賀長雄]였던 것으로 보인다. 이들은 와세다대학과 동경제국대학뿐만 아니라 동경정치학교의 사회학, 국가학 강의를 각각 맡고 있었다. 이인직이 『소년한반도』에 연재한 「사회학」[40]은 우키다의 가즈타미의 『사회학강의』 가운데 「사회의 의의」·「사회학의 정의 및 연구법」·「사회학과 사회에 관한 제학문간의 관계」·「사회조직의 종류」·「사회진화」 등을 요약·변용한 것이다.[41] 『만세보』에 연재된 「국가학」[42]은 아리가 나가오의 『국가학』[43]을 원본의 체제를 그대로 따라 한문으로 번역하여 연재하고 있다. 이인직은 우키다 가즈타미처럼 사회를 넓게는 '다소 항구한 관계로 공동 생활하는 사람들의 단체'[44]로, 좁게는 '일정한 목적을 위하여 결합한 여러 사람들의 작은 단체'[45]로 규정한다. 『만세보』 논설에 흔히 등장하는 정치사회,

---

39 土屋禮子, 「帝國日本の新聞學」, 『帝國日本の學知』 5, 岩波書店, 2006 참고.

40 이인직, 「사회학」, 『소년한반도』 1~5호, 1906.11~1907.3. 1회에 「사회」라는 제목으로 시작했으나 2회부터 「사회학」으로 변경한다. 총 5회 연재되었고 미완으로 끝났다.

41 浮田和民, 『社會學講義』, 東京 : 開發社, 1901.

42 「국가학」, 『만세보』, 1906.9.19~11.22.

43 有賀長雄, 『國家學』, 東京 ; 牧野書房, 1889.

44 이인직, 「사회」, 『소년한반도』 1호, 1906.11, 11면.

45 이인직, 「사회학」, 『소년한반도』 2호, 1906.12, 11면.

인민사회, 노동사회, 여자사회 등이 사회학 연구의 실제 대상이 된다.

System der Staatswissenschaft,
文學士有賀長雄編述
國家學
東京 牧野書房刊行

有賀長雄, 『國家學』(1889)

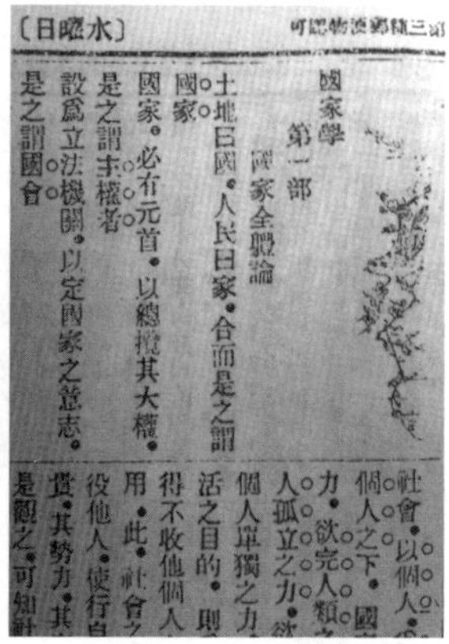
〔水曜日〕

國家學
第一部
國家全體論
土地曰國。人民曰家。合而是之謂國家。
國家。必有元首。以總攬其大權。是之謂主權者。
設爲立法機關。以定國家之意志。是之謂國會。

社會。以個人。
個人之下。國
力。欲完人類之
人孤立之力。欲
個人單獨之力
活之目的。則
得不收他個人
用。此。社會之
役他人。使行自
貫。其勢力。其
是觀之。可知社

「국가학」, 『만세보』(1906)

浮田和民講述
帝國敎育會編纂
社會學講義
東京 開發社

浮田和民, 『社會學講義』(1901)

◎社會學 續

社會學이라ᄒᆞᄂᆞᆫ거슨社會에關ᄒᆞᆫ吾人의智識을抱含ᄒᆞᆫ것인ᄃᆡ渾沌ᄒᆞᆫ諸材料의團塊에附ᄒᆞᆫ名稱이라經濟學은社會學의一部門이오神學은社會改善의新宗教로붓터說教ᄒᆞᆷ이라然而對新科學第十九世紀末葉에當ᄒᆞ야法律及道德은社會의眞正ᄒᆞᆫ基礎를有ᄒᆞ고國家ᄂᆞᆫ眞正ᄒᆞᆫ職能을解ᄒᆞ고家族은眞正ᄒᆞᆫ意義를曉ᄒᆞᆷ에至ᄒᆞᆫ지라然ᄒᆞ나其形式은오히려變轉不定ᄒᆞ야아즉純粹ᄒᆞᆫ一科學됨

「사회학」, 『소년한반도』 2호(1906)

이인직에 의하면 개인은 사회의 일분자(一分子)로 사회의 영향을 받을 뿐만 아니라 사회의 변화를 추동한다. 지금과 같은 개인주의 시대에는 사회를 구성하는 개인이 가장 중요하다는 논법도 아리가 나가오

와 동일하다. 아리가 나가오는 개인의 독립이 사회나 국가에 우선해야 함을 주장했다. 개인이 스스로 독립의 가치를 인식해야 타자를 인정하게 되고 상호조력하는 과정에서 사회와 국가가 성립할 수 있다고 생각했기 때문이다.[46] 각각의 사회는 경쟁의 단위로서 진화의 과정에 필수적이며, 국가는 사회적 단체들이 결합한 제도이다. 국가의 주된 기능은 외부의 침략과 내부의 분열로부터 신민을 보호하는 데 있다.[47] 『만세보』 논설은 전체적으로 사회활동의 중요성 및 각종 사회를 구성하는 다양한 주체들의 권익에 대해 많은 관심을 보이고 있지만, 점차 개인과 사회를 최종적으로 보호할 '국가'의 중요성을 더욱 강조한다.[48] 이인직에 의하면 국가학은 '신학문 중에 제일 긴요한 지식'인 바, 국가학에 대한 지식이 있는 자들이 비로소 '인민(人民)'의 단계를 벗어나 '국민'이 될 수 있다.[49]

'당대성의 재현'은 시간과 공간에 대한 새로운 의식이 없이는 불가능하다. 역으로 시공간에 대한 새로운 감각은 재현된 당대성을 추체험하는 가운데 일상화된다. 유학의 순환적 시간관을 대체한 것은 진화론에 기초한 진보의 시간관이었다. '역사철학이야말로 근대 초기를 과거로부터 단절시키면서 새로운 미래와 더불어 근대를 열었던 장본인'[50]이

---

46 이인직, 「사회학」, 『소년한반도』 4호, 1907.2, 10면. 『독립신문』의 경우 사회는 상업을 교통하는 과정에서 발생하며 사사로운 이욕을 경쟁하는 장소로, 전체의 이익을 위해 교류하는 협의의 공간인 회(會)와 구별되는 용법을 보인다. 『독립신문』에 나타나는 개인-사회의 용법에 대해서는 박주원, 「『독립신문』과 근대적 '개인', '사회' 개념의 탄생」, 『근대계몽기 지식개념의 수용과 그 변용』, 소명출판, 2004,; 『독립신문』, 1898.2.19 · 1899.8.12 · 1899.9.5 논설 등 참고.

47 이인직, 「사회학」, 『소년한반도』 3호, 1907.1, 8면.

48 사례가 너무 다양하므로 대표적인 경우만 제시하고자 한다. 「논설 : 愛國心」, 『만세보』, 1906.7.26.

49 「본보일면」, 『만세보』, 1906.9.18.

50 라인하르트 코젤렉, 한철 역, 『지나간 미래』, 문학동네, 1998, 37면.

라는 주장은 조선에서도 유효하다. 그런데 시간은 달력이나 시계와 같은 공간적 표상을 통해 인지될 수 있듯이 진화라는 시간의식 또한 공간적 실현의 경로가 설명되지 않는다면 구체성을 확보할 수 없다. 사회진화론은 개인들의 경쟁과 경합이 사회나 국가와 같은 공간 속에서 벌어지고 있음을, 그리고 사회와 국가는 다시 세계체제 속에서 경쟁하고 있음을 표현함으로써 인간 삶 속에서 현실성을 획득한다. 또한 진보의 시간관은 국가학・사회학・정치학과 같은 근대 초기의 학지들에 내재된 역사철학이기도 했다.

문제는 우키다 가즈타미와 아리가 나가오 모두 서구의 근대 지식을 동양평화론의 이데올로기로 번역했다는 점, 다시 말해 합리적 이성의 영역으로 공포한 '과학'을 도구적으로 활용하여 일본의 제국주의를 정당화했다는 사실이다.

② 우키다 가즈타미는 1897년부터 동경전문학교(와세다대학의 전신)의 교수로 정치학, 사회학, 서양사 등을 담당하고 있었는데 동경정치학교의 강사로도 활동했다.[51] 그는 1901년 출판한 『제국주의와 교육』[52]에서 제국주의를 '대개 일국의 독립을 온전케 할 수 있을 뿐만 아니라 나아가 세계의 문명 및 정치에 참여하려는 주의'로 정의한다. 이를 위해 일본이 취해야 할 제국주의의 내용을 제시하고, 그 방침에 따라 일본 국민을 훌륭한 제국주의 국민으로 교육하는 것이 『제국주의와 교육』의 취지였다. 제국주의는 생존경쟁의 자연적 결과로서 '일본이 오늘날 창도할 수 있는 유일한 제국주의는 국제헌법상의 합의에 기초하여 구미제국을 향해 충분히 자국 인민의 권리를 확장하는 것이다.

51 1909년부터 당시의 대표적인 종합잡지인 『태양』의 주간으로 활동한다.
52 浮田和民, 『帝國主義と教育』, 民友社, 1901.

한편 아시아 제국의 독립을 부식(扶植)하며, 그 독립을 부식하기 위해 아시아 제국의 개혁을 유도 촉진하는 데 제국주의의 목표가 있다.'[53] 이러한 제국주의를 우키다 가즈타미는 이후 '윤리적 제국주의'[54]라고 불렀다.[55]

아리가 나가오 역시 제국주의를 정당화했으며, 그의 텍스트가 『황성신문』이나 『조양보』와 같은 매체를 통해 국내에도 번역된 바 있다.[56] 아리가 나가오는 초기에 스펜서의 개인주의 사회학에 관심을 가지고 1883년 『사회진화론』을 저술한 이후, 굼플로비츠(Ludwig Gumplowicz) 등 오스트리아의 사회진화론에 기반한 국가론을 접하여 큰 영향을 받아 1889년에는 『국가학(國家學)』을, 1901년에는 『국법학(國法學)』 2권을 각각 출간했다. 러일전쟁의 승기가 일본으로 기울어갈 무렵 아리가 나가오는 『보호국론(保護國論)』를 써서 국제법에 대한 제국주의적 해석을 통해 조선의 보호국화를 정당화하는 논리를 마련했다.

아리가 나가오는 『보호국론』에서 보호국의 종류를 네 가지로 나누어 설명한다. 제1종 보호국은 완전한 자주권을 가지고 문화의 발달 정도가 열국에 뒤지지 않지만 국력이 약해 독립을 보존할 힘이 없을 때 다른 강국이 병합하여 독립을 보존해 주며 내정과 외교에 간섭하지 않

---

53 위의 책, 36면.

54 浮田和民, 『倫理的帝國主義』, 隆文館, 1909.

55 조선문제연구회에도 참여한 바 있는 입헌주의적 제국주의자 우키다 가즈타미는 한일합방을 전후하여 군사·정치·경제적 지배 대신 윤리적 영향력 행사가 필요함을 『윤리적 제국주의(倫理的 帝國主義)』에서 피력한 바 있다. 우키다의 사상은 30여 년이 지난 후 교토학파의 젊은 학자들에 의해 대동아공영론을 지탱하는 '모럴에너지론'으로 되살아난다.

56 有賀長雄, 『國法學』 上·下, 東京 ; 東京專門學校出版部, 1901~1903; 『保護國論』, 東京 ; 早稻田大學出版部, 1906. 『보호국론』은 『외교시보(外交時報)』에 연재되다가 1906년 9월 와세다대 출판부에서 출간되는데, 『황성신문』 등에 일부 번역 소개된 바 있다. 「保護國研究論」, 『황성신문』, 1906.3.13; 「論保護國問題」, 『황성신문』, 1906.3.15 ; 「保護國論」, 『조양보』 제9~11호, 1906.11~12; 「保護國論」, 『태극학보』 제21호, 1908.

는 경우로, 구미학자들이 호위적(護衛的) 보호국이라 칭하는 경우다. 제2종 보호국은 후견적(後見的) 보호국 혹은 진정(眞正) 보호국이라 불린다. 어떤 나라가 문명제국의 교역과 통상에 긴요한 지리적 위치를 점하고 있지만 구미 열강과 문화가 달라 개방이 어렵고 자위력을 갖추지 못할 때, 강국이 주권의 일부를 대리하여 세계질서에 편입할 수 있도록 도와주는 경우다. 제3종 보호국은 강국이 약소국의 이권을 침탈하고자 병합하는 경우인데, 주권을 강국이 취하고 약소국 군주에게는 형식적인 정치권력을 부여하므로 행정상 보호국이라 칭한다. 제4종 보호국은 강국이 해외의 미개한 나라를 식민지로 삼아 개척하는 경우이며, 식민적 보호국이라 부른다. 『보호국론』 보호국법리편(保護國法理編) 3장 '일한보호조약(日韓保護條約)'은 조선이 제2종 보호국일 수밖에 없는 논리를 이와 같은 분류로부터 마련하고 있다.

아리가 나가오는 보호국이 '세계 인류의 국제생활상에 자연필요로 인하여 나타났다'고 하는 구미학자의 설을 논의의 출발점으로 삼고 있다. 제국과 식민지가 맺고 있는 몇 가지 관계 모델을 유형화하여 이것이 하나의 자연적 현상임을 전제하면서 『보호국론』이 성립하는 것이다. '여러 보호국들을 비교해서 그 사이에 존재하는 사실을 귀납한 후 보호국의 본연한 성질로 삼아 장래 보호관계의 표준을 정하는 것', 이를 바탕으로 '보호국에 적합한 법적 근거를 탐구하여 일본이 공정확실(公正確實)한 이유로 한국을 보호국으로 삼았음을 알리고 일한(日韓)보호관계의 현재 및 장래에 참조할 수 있는 지침을 만드는 것'이 『보호국론』의 목적이었다. 서구의 이론에 대한 번역을 논의의 출발점으로 삼고, 정치적 현실을 '자연' 그 자체로 인정하는 경험주의를 방법론으로 하여, 경험으로부터 귀납한 내용을 법리(法理)의 형태로 일반화함으로써 일본의 조선 지배를 정당화한다. 그것이 바로 아리가 나가오와 우키다 가즈타미가 서구의 지식을 번역, 재배치하는 메커니즘이었다.

이인직은 졸업을 앞두고 "한국의 땅이 작다고 하더라도 동양의 추기(樞機)에 위치해 있으며 그 위급존망의 이해(利害)가 바로 동양의 전국(全局)에 미치는 점이 적지 않을 것이다. (…중략…) 그러므로 양(佯)을 따지지 말고 우방에게 호소하고 그 감응(感應)의 동정(同情)을 구하는 것이 실로 목하(目下)의 급무(急務)일 것이다. 지금 사처(四處)를 돌아봐도 이를 얻을 수 있는 곳은 동양의 문명국 일본 밖에 없다"[57]고 선언했다. 일찍이 '서세동점(西勢東漸)하여 아시아가 사분오열(四分五裂)에 이른 처지에 오직 일본만이 국가의 기초를 튼튼히 하여 동양의 맹주가 되어 보차순치(輔車脣齒)의 마땅함으로 주변국을 아우르고 백년의 장책(長策)을 세웠다'[58]고 할 수 있었던 것은, 앞서 언급한 메커니즘으로 구현된 사회학·국가학과 같은 분과 학문을 충실하게 체현하는 가운데 가능했던 것이다. 「혈의누」[59]를 쓰기 오래 전부터 그의 머릿속에는 재현할 근대적 시공간의 구도가 선명하게 서 있었다.

귀국한 후 이인직은 '국가정신이 부재하여 망상만 일삼는 대한의 국민들'[60]을 위해 "국민의 신면목과 국민의 신정신을 계도환발(界導喚發)홀 보감(寶鑑)"[61]이 될 아리가 나가오의 「국가학」을 『만세보』에 연재한다. 재번역의 과정을 통해 이인직은 '신학문 중 제일 긴요한 「국가학」'이 '영원히 유전할 만한 제일교과서'가 될 것임을 확신하고 있다. 동양평화론의 이념은 이러한 다중번역의 과정을 거치면서 중성화되고, 과

57 이인직, 「韓國新聞創設趣旨書」, 『都新聞』, 1903.5.5, 재인용 : 다지리 히로유키, 「이인직 연구」, 148면. 이후 『미야코신문』에 실린 이인직의 글은 모두 다지리 히로유키의 논문에 부록으로 정리된 글을 재인용한 것이다.

58 이인직, 「夢中放語」, 『都新聞』, 1901.12.18.

59 이 책에서 「혈의누」는 『만세보』에 연재한 상권을 가리킨다.

60 「논설 : 妄想」, 『만세보』, 1906.8.15.

61 「논설」, 『만세보』, 1906.9.18. 「국가학」은 9월 19일부터 11월 22일까지 장기간 연재된다.

학적 지식의 외양을 취하면서 유입되었다. 제국 일본의 담론이 비판적 지성의 간섭을 거의 받지 않은 상태에서 번역되는 사례를 이인직을 통해 확인할 수 있는 것이다. 국가학과 사회학 등 근대 학지의 체계로부터 정당성과 자명성을 보증 받는 것처럼 보이는 이인직의 '사상'은, 기본적으로 동양평화론의 이데올로기적 구조를 취하고 있다. 이는 러시아와 일본이 전쟁을 벌일 경우 대한은 존속할 수가 없으며, 피치 못할 경우 백인종인 러시아보다 일본을 택해야 한다는 유길준의 현실적인 선택과는 근본적으로 성격이 다른 것이었다.

제2장 신문학(新聞學)과 리얼리즘의 이중번역

1. 신문학과 사실주의 신문소설

1 정치학교의 교과과정 가운데 이인직 개인에게 특히 큰 영향을 미친 것은 신문학(新聞學)이었다. 마쓰모토 쿤페이는 일본 언론학의 시초로 여겨지는 『신문학(新聞學)』을 저술했으며, 신문이 근대사회를 조직하는 가장 핵심적인 기계라고 확신했다. 그는 신문이 서양에서 프랑스혁명과 시민계급의 출현을 가능하게 했고, 작금의 일본에서는 태서문명의 이기를 번역하는 복음이라고 생각했다.

국민의 지식과 도덕을 양육하는 학교일뿐만 아니라 문예와 미술을 보급하여 원만한 인간의 도리를 발달케 한다는 것, 그리하여 황금의 힘과 종교의 마력, 제왕의 권능도 이에 미치지 못한다고 할 정도로 마쓰모토의 신문에 대한 애정은 지나친 바가 있었다. 미국 브라운 대학 등에서 철학사, 문학박사학위를 받았으며 뉴욕 트리뷴 기자를 지낸 바 있었던 마쓰모토는 다음과 같이 신문기자를 근대사회의 새로운 계급으로 특권화하고 있다.[1]

松本君平, 『新聞學』(1899)

> 예언자와 같이 국민의 운명을 알려주고 재판관처럼 국민의 의옥(疑獄)을 판가름하며, 대헌법가(大憲法家)와 같이 법령을 제정하고, 대철학자와 같이 국민을 교육하며, 대성인(大聖人)과 같이 국민의 죄악을 탄핵하고 구세주처럼 국민의 무고한 고통을 듣고 구제의 길을 함께하며…….[2]

명치 32년 12월에 낸 정치학교 강의록 『신문학』 첫 장에서 마쓰모토는 영국인 볼크[3]의 말을 빌어 국가를 구성하는 국민의 삼대종족(三大種族)이 귀족, 승려, 평민이라면 이들 세 계급을 지도할 운명을 지닌 위대한 제4종족이 바로 신문기자임을 강조한다. 마쓰모토는 신문사업이 이상과 신념을 가진 재인(才人)으로서 기자가 하는 가난한 장사이며, 기자가 되는 것이 정치가가 되는 가장 빠른 길이므로 정치와 신문사업은 결코 분리할 수 없다고 생각했다.

사회학과 국가학 등이 근대국가의 상을 구체화하고 당대의 세계질서를 이해하는 방식에 결정적인 영향을 미쳤다면, 마쓰모토의 신문학

1 마쓰모토는 필라델피아대학을 졸업하고 브라운대학에서 문학박사학위를 취득했다.
2 松本君平, 앞의 책, 1~12면.
3 Edmund Burk(1729~1797).

은 이인직이라는 한 개인에게 사회적 실존의 정당성을 마련해주었다. 이인직에게 대한제국은 '비바람과 밤낮을 가리지 않고 권문세가의 집에 드나드는 자'[4]에게나 입신의 가능성이 열려있는 곳이었다. 세상이 뒤집히지 않는 이상 명문세가의 자손이 아니었던 그가 이미 마흔이 넘은 나이로 귀국하여 뜻을 펼칠 수 있는 기회를 찾는다는 것은 상상하기 어려웠을 것이다. 이인직은 문명(文名)이 쟁쟁하던 다른 인물들을 제쳐 두고 굳이 윤치호를 '학문이 고명하여 후진들에게 가장 표준이 될 만한 개명인'으로 꼽았다. 향반가의 서출로 일찍이 서구문명을 받아들이는 데 망설임이 없었던 윤치호에 대한 개인적 공감이 크게 작용했을 터였다.[5]

그런 이인직에게 제4종족 신문기자와 신문사업에 관한 논의는 어떤 신학문보다 매력적이었다. '종문(宗門)의 능력도 신문을 업신여길 수 없고 제왕의 위력으로도 압제할 수 없다'[6]고 마쓰모토와 같은 논리를 전개하면서 '만기활동(萬機活動)의 원천'인 신문으로 "세계문명을 그대로 옮기는 사진기계(寫眞機械)가 되고 새로운 소식을 말로 전하는 기계가 되겠다"[7]고 선언했을 때, 이인직이 몽매한 한인을 계도하겠다는 의도만 품었던 것은 아니다. 조선으로 돌아가 입신할 수 있는 가능성을 신문사업과 신문기자를 특권화하는 마쓰모토의 논의에서 발견할 수 있었기 때문이다.

신문학은 신문사 운영과 신문편집방법 등을 체계적으로 학습할 수

---

4 「논설 : 行勢軍」, 『만세보』, 1906.7.7.

5 「논설 : 郵書」, 『만세보』, 1906.7.14.

6 「新聞權利」, 『만세보』, 1906.11.17. "文明의 世에 一大勢力이 有혼 者는 新聞이니 其勢力은 天下에 抵抗할 者ㅣ 無ᄒᆞ도다. (…중략…) 故로 宗門의 能力도 新聞을 社交的으로 相敬홀뿐이라 一毫라도 敢히 侮視치 못ᄒᆞ며 帝王의 能力으로도 新聞을 一法人 資格과 文明機關으로 認홀 뿐이오 壓制의 手段을 莫施ᄒᆞ는지라."

7 이인직, 「入社說」, 『都新聞』, 1901.11.29.

있도록 도와준 실용적 학문이었던 한편, 이인직에게 소설에 대한 새로운 안목을 열어주었다. 마쓰모토가 저술한 『신문학』은 크게 신문사의 조직 및 운영, 편집방법과 기자의 역할, 해외신문사업의 역사를 소개하는 세 부분으로 이루어져 있다. 마쓰모토는 서두에서 기자의 역할을 강조한 데 이어 '구미 문명제국에서 그러하듯이 당대 문단의 제왕이 신문문학임'을 환기한다. 『레미제라블』을 정치소설로 번역한 바 있었던 그는, 소설이 신문을 구성하는 중요한 글쓰기 가운데 하나라고 여겼다. 마쓰모토는 신문기사의 유형과 작성법을 논하는 과정에서 특별기사 다음으로 21장 「잡지 및 신문문학자의 주의(雜誌及新聞文學者の注意)」에서 신문문학을 자세하게 다룬다.[8] 『신문학』의 내용을 곳곳에서 활용하고 있는 이인직이 신문소설에 관한 마쓰모토의 논의를 지나쳤을 리가 없다.[9] 이인직과 연관하여 주목할 대목은 마쓰모토가 신문소설의 가치를 갱신하기 위해 서구 소설이론을 전유하는 방식이다.

[2] 마쓰모토는 강의록에서 '문학(文學)'이라는 말을 미술과 대비하여 언어 예술(Art)을 지칭하는 용법으로 사용한다. 일본의 경우 쓰보우치 소요[坪內逍遙]의 『소설신수』(1885~1886) 이후 역어로서의 '문학(literature)' 개념이 확산되었고, 1880년대 후반에서 1890년대까지 구화주의(歐化主義)를 바탕으로 한 '제국대학령'에 의해 전문학교들이 서구식 대학 편

8 「雜誌及新聞文學者の注意」은 ① 잡지와 신문이 서로 다른 점, ② 잡지기사의 성격, ② 단편소화(短篇小話), ④ 아렌 씨의 단편소화작법, ⑤ 베상트 씨의 문가요칙(文家要則), ⑥ 인정(人情)의 사생화(寫生畫), ⑦ 소설가는 사회활동의 정태를 그려야 한다, ⑧ 문학자가 선택해야 할 범위, ⑨ 대가의 명문걸작을 숙독해야 한다, ⑩ 인물의 성격을 자연적으로 묘사하라, ⑪ 소설작가가 망각하지 말아야 할 요칙과 같은 내용으로 나뉘어 있다. 다지리 히로유키는 이 가운데 주로 아렌씨의 소설작법에 주목하여 이인직 작품과 연관성을 따진 바 있다. 다지리 히로유키, 앞의 글, 30~33면.

9 『都新聞』, 1901.11.29 · 1903.5.5; 「논설」, 『만세보』, 1906.7.15 · 1906.11.2 · 1906.11.17 등.

제를 갖추면서 문학과를 두었던 것을 생각하면 마쓰모토의 논의는 별반 특기할 만한 일은 아니다. 하지만 마쓰모토가 「잡지 및 신문문학자의 주의」에서 새로운 가치를 부여하고자 한 것은, '미적 가치를 근거로 독립된 자율성을 갖는 문학의 하위 갈래인 소설'이 아니라 '신문의 가치를 실현하는 허구적 글쓰기로서의 소설'이었다는 점이 중요하다.

마쓰모토는 신문이 사회의 거울이 되어야 하다는 규정으로부터 사회를 반영하는 신문의 글쓰기 가운데 하나로 소설을 배치한다.[10] 마쓰모토는 잡지나 신문에 실리는 글을 두 가지로 분류한다. 실사(實事)와 관련된 묘사적・전기적(傳記的)・논설적인 기사와 논문 등이 사실적인 글이라면, 이와 달리 상상하여 쓴 기사(記事)・패사(稗史)・소설(小說)은 허구적인 성격의 글이다. 그런 가운데 사실과 관련된 기사를 작성하는 방법과 원칙을 세세하게 밝혔던 것처럼 신문 게재물의 한 형식인 소설에 대한 작성법을 「잡지 및 신문문학자의 주의」에서 강술하고 있다.

마쓰모토의 신문문학에 대한 논의 또한 서구 이론에 대한 번역으로부터 출발한다. 인용된 여러 명의 소설가와 문필가들 중에 소설작법에 대한 핵심적인 논리를 제공하는 인물은 미국의 단편소화작가(短篇小話作家) 아렌[11]과 신문기자 올타 베상트[12]이다. 마쓰모토는 먼저 단편과 장편 소설이 그 정신과 작법에서 차이가 있음을 언급한 후, 아렌의 글을 번역하여 단편소설의 작법으로 삼고 베상트로부터 연재물의 작법을 끌어낸다. 이 글이 명증하게 단편과 장편소설의 작법을 나누어 서

10 松本君平, 앞의 책, 11~12면.

11 Edga Allen Poe. 마쓰모토의 단편소설작법 핵심 내용이 포우의 글('Review of Twice-Told Tales', 1842; 'The Philosophy of composition', 1846)과 합치함에 대해서는 다음의 논문을 참고할 수 있다. 이유미, 「근대 단편소설의 전개양상과 제도화과정 연구」, 연세대 박사논문, 2010, 63~65면.

12 올타 베상트가 누구인지는 명확하지 않다.

술하고 있지는 않지만, '베상트씨의 문가요칙'부터 이어지는 서술이 대부분 연재물과 연관됨으로써 글의 구도가 크게 단편과 장편의 작법에 관한 내용으로 구별된다고 볼 수 있다.

'아렌씨의 단편소화작법'은 거의 직역에 가까운데, 단편소설의 미덕과 그것을 갖추기 위해 작가가 힘써야 할 사항들을 소개한다. 삶의 순간으로부터 전체를 포착하는 것, 하나의 장면으로부터 인물 전체와 삶의 본질을 포착하는 것이 단편소설이며, 이를 위해 작가는 그 사회의 특수한 측면과 인물의 성격을 묘사하는 방법을 연구해야 한다는 것이 요지다. 하지만 단편이 가진 함축성과 암시성 같은 미적 특질은 신문기사의 성질과 상반된 것이었다. '소설적 감상(roman sentiment)과 미(美)'를 추구해야 하는 단편소설가의 자질 역시 신문기자의 지향점과는 거리가 멀었다. 번역한 단편소설이론에 의하면 문학은 그 자체로 독립된 존재가치를 가지게 된다. 하지만 이는 신문에 관한 학문적 체계화를 시도하는 과정에서 문학을 신문 글쓰기의 틀 내에서 설명하고 싶었던 마쓰모토의 문제틀과 충돌하는 것이었다. 마쓰모토는 사실주의(寫實主義)를 독특하게 변용으로써 이러한 균열을 봉합한다.

마쓰모토는 단편소화작법을 소개한 다음 신문문학이 무엇을 어떻게 다룰 것인지에 관한 문제로 논점을 옮겨간다. 문필가가 되기를 희망하는 이들은 누구나 염두에 두어야 할 규칙 11가지를 소개한 후, 인간사회야말로 문학의 오래된 재료임을 말하는 부분까지는 베상트를 번역하는 연장에서 이루어진 진술이다. 하지만 그 이후는 기존 일본 신문연재물의 가치를 갱신하기 위한 마쓰모토의 주장이 전개된다.

마쓰모토는 사실주의가 발생한 이유를 현실적이고 세속적으로 변한 독자들의 기호, 넓게는 인류의 성정으로부터 찾는다. 마쓰모토에 의하면 현대인들은 숭고함이나 장엄함을 전하는 이야기보다 살인과 강도, 정사(情死) 등 비근(卑近)한 인정화(人情話)를 더 좋아하기 때문에 소신문(小新聞)의 3면 기사가 인기가 많다. 이러한 판단의 이면에는 '인류가 군집동물로서의 의식은 없어도 항상 동류 인민이 어떤 일을 하는지 알고 싶어 한다'는 기묘한 인간본성론이 깔려있다. 마쓰모토는 사람들이 원하는 것이 '부세화(浮世話)나 세간인정(世間人情)의 사진담(寫眞談)'이기 때문에 게사쿠[戱作]나 모노가타리[物語]의 시대는 이제 끝났다고 말한다.

> 낡은 우언희작(寓言戱作), 미숙한 괴신이야기(鬼神物語)를 환영하는 시대는 이미 지나갔고, 현 시대의 인민의 사상은 오히려 치밀하게 현실적이고 세속적이 되었으므로 옛날 사람이 듣기 즐겼던 신대화(神代話)나 괴수담(怪獸談)이나 유령 이야기(幽靈物語)는 남겨진 독자에게 감동을 줄 수 없는 것이다. 세속의 대다수가 경청하는 것은 오히려 부세화(浮世話)나 세간인정(世間人情)의 사진담(寫眞談)이다. 어떤 문학자는 이상적으로 인정을 그리는 것을 즐긴다. 또 어떤 문학자는 추악하고 수준 낮은 인정(人情)을 실재적으로 묘사하지 않기를 바라기도 한다. 이것들은 문학자의 기호에 속하는 것으로서, 사실문학파에 속하는 것이라 할 수 있다. 사실주의는 현재 시대의 일반 세속이 환영하는 것으로서, 또 문학계의 풍조이다.[13]

허버트 스펜서 풍의 책을 좋아하는 독자들도 있겠지만, 대다수의 사람들은 에밀 졸라의 인정소설을 찾고 있다는 사실. 그것이 바로 마쓰모토가 말하는 '현재 시대의 일반 세속이 환영하는 것이자 문학계의 풍조'인 사실주의였다. 또한 사실주의의 가치를 실현한다면 기존 신문연

13 마쓰모토 쿤페이, 앞의 책, 166면.

재물의 가치가 새로워질 수 있다는 가능성을 열어놓는다. 패사소설(稗史小說)은 '활동사회의 정태'를 그려내는 한 새로운 시대적 가치를 가지게 되는 것이었다.[14] 그런 맥락에서 마쓰모토는 소설을 "현실의 생활을 번역하는 산문"으로 정의한다.

> 패사소설은 광활한 인류세계의 현상을 미묘한 언어로서 그려내고 있다. 결작소설은 논문과 같은 단조로운 건조무미한 산문으로서 쓰인 것이 아니다. 사진은 만상(萬象)의 형체를 그려낼 수 있다. 그런데도 끝내 그 정신에 이를 수 없는 것으로, 이는 사진이 죽은 그림에 불과한 까닭이다. 위대한 미술은 그렇지 않다. 소설도 또한 이와 같다. 소설은 담화, 주위의 광경, 역사적 서사, 이론적 비평, 극적 정태를 그려낸다. 언어로서 역설서술(譯說敍述)하는 하나의 산문이다. 다시 말하면 소설은 현실의 생활을 번역하는 산문이다. 문학적 기술의 수양을 가진 풍부한 상상력이 있다는 것은 기교로 이 실재의 생활을 살려내도록 역술(譯述)해야 하는 것이다.[15]

마쓰모토는 다음과 같은 사례를 든다. 어떤 처자가 미친 듯이 난리를 치며 시중(市中)을 달리다가 강에 빠져 죽었는데 품속에서 유서 한 통이 나왔다. 이는 세간에서 흔히 있을 수 있는 사건이며, 신문 잡보란에서 종종 마주칠법한 사건이다. 신문문학가는 이 사건을 소재로 상상력을 활용하여 광녀의 20년 생애를 역사적으로 그려 소설로 만들 수 있다는 것이다. 이와 같은 방식으로 마쓰모토는 서구의 사실주의와 자

---

14 일본의 패사소설에 관해서는 노구치 다케히코[野口武彦], 『小說』(東京 : 三省堂, 1996, 22 ~ 27면) 참고. 권선징악의 패사소설을 비판하고 새로운 소설이론을 전개한 이가 쓰보우치 쇼요였다. 『소설신수』에 대해서는 다음의 책을 참고할 수 있다. 가메이 히데오, 신인섭 역, 『『소설신수』와 근대』, 건국대 출판부, 2006.

15 마쓰모토 쿤페이, 앞의 책, 167면.

신이 구상한 신문소설론 사이에 유기적인 연관성을 만들어낸다. 동시에 소설이 실사(實事)에서 재료를 취해서 현실을 번역하는 산문이라고 규정함으로써 마쓰모토는 사실주의의 맥락에서 실록소설(實錄小說)과 같은 기존의 신문연재물의 가치를 조정하고 있다. 마쓰모토에게 상상력은 문학적 진실을 만들어내는 능력이 아니라, 현실을 사실적으로 사생(寫生)할 수 있는 기교였다.

마쓰모토는 새로운 시대의 소설을 쓰기 위해 소설가가 다음과 같은 미덕을 갖출 것을 요구한다. 첫째, 걸작을 많이 읽고 참신한 문체(style)를 스스로 연마할 것. 둘째, 현실을 그릴 때 아치한 아름다움(雅致美, artistic beauty)과 사무적 간명(事務的 簡明, business simplicity)을 적절하게 배합할 것. 셋째, 소설 속의 이야기에 개선진보(改善進步)를 넣어 서술할 것. 넷째, 소설은 수신서(修身書)가 아니므로 권선징악의 표준을 정하지 말 것. 다섯째, 인물의 성격을 그릴 때 서술자가 의인인지 악인인지 말할 필요가 없으며 이야기의 전개를 통해 인물의 성격을 알도록 할 것. 여섯째, 작가 스스로가 사건과 인물로부터 거리감을 유지할 것. 일곱째, 이 모든 것을 건축가가 재료를 적절히 배치하여 아름다운 누각을 만들 듯이 구성할 수 있는 '사상'을 갖출 것. 주지하다시피 이와 같은 미덕은 안자산, 김태준, 최서해, 이기영, 임화 등 이인직 소설의 독자들이 발견한 새로움이자 근대소설의 자질로 풀이된 요소들이다. 이인직 소설의 새로움은 학습한 이론의 수준에서 이미 예비되고 있었던 셈이다.

3 이인직이 '소설'에 관한 이론은 충실히 이해했지만 그것을 '문학'의 차원에서 논의하지 않았다는 사실에 유의할 필요가 있다. 이인직이 쓴 글 가운데 '문학'이라는 말을 찾아볼 수 있는 경우는 두 가지이다. 하나는 '한문학(漢文學)'을 논할 때이고, 다른 하나는 '문학사(文學士)'라

는 학위를 지칭할 때이다. 국내에서 발간된 각종 신문과 잡지, 학회지 등에서 전통적 문(文) 관념을 바탕으로 문학을 학문 일반이나 박학 혹은 학제의 한 과정으로 이해했던 것과 유사하다. 1860년대에 태어난 이인직은 어려서 한학수업을 받았었다. '완고당한 선생'이라는 표현을 써가며 회고한 것으로 보아 소년기의 수업을 그리 좋게 기억하고 있지 않음을 알 수 있지만, 설사 정치적인 목적이었다 할지라도 공자교에 몸담고 유림(儒林)들을 상대할 정도로 한학의 근간을 익히고 있었다.[16]

예외적으로 '문학'이라는 용어를 직접 언급한 글은 「한국신문창설취지서」[17]이다. 이 글에서 이인직은 신문을 통해 '윤리, 수신, 위생, 공덕(公德), 근업(勤業), 식산(殖産), 문학(文學) 등 일반인생의 일용의 긴요한 것을 가지고 신구(新舊) 간에 있어서 서로 참조하여 보통교육의 방침을 베푸는 것에 노력'할 것을 예고했다. 그러나 이때 문학도 글 전체의 맥락에서 보자면 예술로서의 문학이 아니라 고문(古文), 작문, 외국어에 관한 지식 등을 포괄하는 의미로 해석하는 편이 옳다. 동경정치학교에서는 한문학(漢文學), 웅변학(雄辯學), 문장수련(文章手鍊), 도서연구(圖書硏究), 외국어학(外國語學)을 3년 공통과정으로 개설했다.

근대 초기 다른 학문들에 비해 문학이 늦게 소개되었던 데는 실용을 우선으로 하던 당대의 분위기로 인해 유학생 가운데 문학을 전공하는 이가 없었기 때문이라는 이유도 있었지만, 한국이 중국이나 일본과 비교할 때 지식인 사회에서 정학(正學)과 문의 전통적 가치를 존숭하던 관습이 가장 강하게 지속된 탓도 있다.[18] 마쓰모토가 서구의 리얼리즘

---

16 「吾人 少年時에 頑固선생님께 漢文 教授를 들 따름이라」, 『경학원잡지』 5호, 1914.9, 59면.

17 『都新聞』, 1903.5.5, 재인용 : 다지리 히로유키, 「이인직 연구」, 고려대 박사논문, 2000, 150면.

18 중국의 경우 1860년대부터 조계지를 중심으로 서양 학술서적과 소설이 활발하게 유입, 번역된다. 문정진, 「청말 신소설 연구」, 고려대 박사논문, 1999 참고.

론을 신문소설론으로 뒤틀었던 것처럼, 이인직도 마쓰모토의 논의 가운데 신문소설의 이론을 선택적으로 전유했다. 소설가가 아닌 제4종족 '기자'로서 황탄한 이야기를 벗어나 인정세태를 있는 그대로 그려야 한다는 논리가 소설에 대한 비판을 청산할 수 있는 좋은 발판이 되었음은 물론이다.[19]

④ 이인직은 신문소설에 관한 이론뿐만 아니라 인정세태를 반영한다는 가치를 실현한 소설들을 직접 접할 수 있었다. 청일전쟁 이후 일본 신문들은 사회면을 부각했고 대부분의 신문이 소설을 연재하기 시작했는데, 이인직이 견습생활을 한 『미야코신문[都新聞]』은 일찍부터 연재물을 발전시켜 온 대표적인 신문 가운데 하나였다. 이인직은 1901년 11월 말부터 미야코신문사에서 실습을 시작한다.

『미야코신문』의 전신은 1884년 창간한 석간지 『곤니치신문[今日新聞]』이다. 1888년 11월 16일 석간에서 조간으로 전환하고 제호도 『미야코신문[みやこ新聞]』으로 바꾸었다. 1889년 2월 1일 『미야코신문[都新聞]』으로 이름을 다시 바꾼 후 소설과 연극에 중점을 두는 한편 화류계 광고를 신는 등의 독특한 편집방침을 택함으로써 서민들에게 큰 인기를 얻는다. 사장 와타나배[渡辺治]가 『오사카마이니치신문[大阪毎日新

19 이인직은 유학시절 「별주부전」을 일본어로 번역하여 「水宮の使者」로 출판한 적이 있다. 또한 국문소설의 서사문법 및 표현형식을 계승하고 있는 점으로 보아 이전의 소설 전통에 관해 일정한 이해가 있었던 것으로 판단된다. 「水宮の使者」는 大江小波이 편찬한 '세계 옛이야기 제64편 조선의 부(部)(1904.11.27. 博文館)'에 실려 있다(河東鎬教授再庚午紀念論叢刊行委員會, 『河東鎬 教授 再庚午 紀捻 論叢』, 1990, 109~ 127면 부록자료). 이인직이 조선 후기 국문소설의 전통을 계승한다는 주장에 대해서 양문규, 「신소설에 나타난 전대소설의 계승 양상」(『현대문학의 연구』 20집, 한국문학연구학회, 2003); 「1900년대 신문 잡지 미디어와 근대소설의 탄생」(『한국 근대 서사양식의 발생 및 전개와 매체의 역할』, 소명출판, 2005) 참고.

聞』으로 자리를 옮기고 1892년 5월 구스모토 마사타카[楠本正隆]의 소유가 되면서 개진당(改進黨)의 기관지로 변모했다. 자유당과 개진당이 연합하여 결성한 것이 헌정당이었고, 동경정치학교는 헌정당과 깊은 관계를 맺고 있었다. 동경정치학교의 학생이었던 이인직이 미야코 신문사로 파견을 간 것은 언론사와 정당, 정치학교가 맺고 있던 관계 때문이었다.[20] 그런데 『미야코신문』의 역사에서 일본 및 한국의 근대소설사와 연관하여 흥미로운 이름을 발견할 수 있다. 가나가키 로분[仮名垣魯文]과 구로이와 루이코[黑岩涙香]가 바로 그들이다.

주지하다시피 『곤니치신문[今日新聞]』의 주필 가나가키 로분은 게사쿠의 전통으로부터 일본 신문소설을 개척했던 인물이다. 가나가키가 현실에서 일어난 사건을 바탕으로 쓴 실록소설(實錄小說)은 확실히 에도시대의 이야기 양식인 게사쿠와는 다른 크로노토프(chronotope)를 선보였다.[21] 흥미로운 읽을거리를 중시하는 경향은 『미야코신문』으로 바뀐 뒤에도 구로이와 루이코에게 이어졌다. 정치논객이기도 했던 구로이와는 번안소설을 활발하게 연재하여 서양소설 양식이 가진 미감과 재미를 번역했다. 특히 그의 번안작들은 정교한 플롯(plot)을 요구하는 탐정소설이 대부분을 차지함으로써 이야기(story)로서의 성격을 점진적으로 탈각해 가던 기존 신문 연재물의 전통을 갱신하여 독자들의 호응을 얻는다.

구로이와는 1889년 『미야코신문』의 주필을 맡아 1892년까지 사설(社說)과 탐정소설을 썼다. 이인직이 견습을 받던 시절 구로이와가 미

20 유모토 고이치, 앞의 책, 629면; 야마모토 후미오 외, 김재홍 역, 『일본 매스커뮤니케이션사』, 커뮤니케이션북스, 2000, 69~122면.

21 예컨대 「다카하시 오덴 야샤 모노가타리」와 같은 실록소설의 새로움에 대한 자세한 분석은 龜井秀雄, 『明治文學史』(岩波書店, 2000, 17~34면) 참고.

야코신문사에 있었던 것은 아니다. 하지만 강의록『獨占及ツラスト, 國家學史』를 보면 이인직이 재학하던 당시 구로이와가 정치학교의 강사였음을 확인할 수 있다.[22] 만약 구로이와가 직접 강의를 했다면, 다른 사람과 구별되는 이력으로 보아 문장수련이나 외국어문학을 강의했을 것으로 추정된다. 이해조 소설의 뒤를 이은『매일신보』의 번안소설 상당수가 구로이와 루이코 번안소설의 재번안이었다는 점만 놓고 보더라도, 이들 인연의 무게가 결코 가벼운 것이 아니었음을 알 수 있다.[23]

신문소설에 관한 이론을 습득하고 여러 가지 유형의 소설을 접한 이인직은「과부의 꿈」[24]과 같은 단편소설을 발표하기도 한다. 이때 이인직은 충실하게『신문학』의 단편소설작법을 활용하고 있다. 난간에 기대어 풍경을 바라보는 부인의 모습으로부터 한 인물의 역사와 속내 깊은 곳을 그려내고 있는 것이다. 대사가 지문으로부터 독립해 있으며, 서술자 자신의 직접적인 목소리를 소거한 상태에서 꿈의 내용과 등장인물의 대사만을 통해 중심인물의 성격과 인생을 보여준다. 습작이라고도 볼 수 있지만『만세보』에 연재된「소설 단편」처럼 짧은 분량 내에서 단일하고 통일된 정서와 이미지를 구축하는 단편의 미학을 성취하고 있다.[25]

---

22 石川源三郎 講述,『獨占及ツラスト, 國家學史』, 東京政治學校出版部, 1902, 부록.

23 구로이와와 1910년대 번안소설의 관계에 대해서는 박진영,「1910년대 번안소설과 '정탐소설'의 매혹」(『대동문화연구』 52, 성균관대 대동문화연구원, 2005) 참고.

24 이인직,「과부의 꿈(寡婦の夢)」,『미야코신문』, 1902.1.18~19.

25 이 작품은 이인직의 실제 개인사와 연관이 있을 가능성이 높다.「과부의 꿈」에서 부인의 남편이 죽자 경성의 서쪽 십리 남짓한 데 있는 강상촌(江上村)인 용산 근처의 선산에서 장래를 치렀다. 족보에 의하면 이인직의 친부 이윤기의 묘가 있는 장소가 바로 서강 성산리(西江 城山里) 정(丁) 방향, 즉 지금의 마포구 법정동에 해당한다. 또 부인은 남편을 여읜지 13년째로 그 슬픔이 건강을 해칠 정도인 것으로 묘사되고 있다. 친부 이윤기는 1866년에 세상을 떴고, 친모 전주 이씨는 그로부터 13년이 지난 1879년 사망했다. 이후 백부 이은기의 양자가 될 수밖에 없었던 이인직은 어머니가 항상 사무쳤을 것이다. 한산이씨 문열공파 세보편찬위원회,『한산이씨문열공파세보(韓山李氏 文烈公派

홍명희조차 단편소설이 무엇인지도 모르고 읽던 1900년대 후반, 이인직이 '단편'이라는 장르 명칭을 사용할 수 있었던 까닭은 이 양식에 대한 나름의 이해가 분명했기 때문이었다.[26] 하지만 연재소설을 쓴다는 것은 단편소설을 쓰는 것과는 다른 일이었다. 마쓰모토의 말처럼 연재소설을 쓰기 위해서는 현실로부터 취한 재료를 적절히 엮어갈 수 있는 '사상'이 필요하고, 무엇보다 그러한 실험을 지속할 수 있는 안정적인 지면(紙面)이 요구되기 때문이다.

이인직은 연재소설을 쓸 수 있는 준비가 되어있었다. 국가학과 사회학을 통해 인정세태를 조직할 수 있는 사상도 갖추었고, 신문학을 통해 신문소설의 작법 또한 숙지했다. 문제는 스스로가 "유래(由來) 한국의 법령이 언론의 자유를 허가하지 않고 시사득실(時事得失)에 있어서 의논하는 기회를 얻지 못한 것은 모두 아는 사실"[27]이라고 밝혔듯이, 당시 대한제국에 이인직이 설 자리는 없었다는 사실이다. 「혈의누」의 연재, 좀더 확장해서 말하자면 소설에 대한 새로운 구상이 나타날 수 있었던 사정의 핵심에는, 이인직과 같은 인물들이 공적 담론의 장에서 자유롭게 발화할 수 있는 정세의 변화가 자리하고 있다.

世譜)』, 회상사, 2002; 이석원(李錫遠), 『한산이씨 정익공파세보(韓山李氏 貞翼公派世譜)』, 회상사, 1999 참고. 지명에 관해서는 역주 『이옥전집』 2권(소명출판, 2004), 손성우, 『한국지명사전』(경인문화사, 1986, 345 · 371면) 참고.

26 "단편소설-그때는 그것을 단편소설이라고 하는 줄도 몰랐지만 몇 편 보았는데 이때까지 보던 한문소설과 달라서 머리와 끝이 없는 것이 조금 맘에 서운하였지만 짧은 이야기로 상당히 재미있었다." 홍명희, 「자서전」, 『삼천리』 2호, 1929.9.27.

27 이인직, 「한국신문창설취지서」, 『都新聞』, 1903.5.5.

2. 동양평화론의 미망(迷妄)과 소설의 사실성

1 이인직이 동경정치학교에서 수학하는 동안 대한제국은 황제권 강화의 길을 걷고 있었다. 경성의정서와 모스크바의정서의 체결로 대외적인 위기가 일단 수면 아래로 잠복하자, 집권세력은 왕권강화를 위한 제도 정비를 시도한다. 이미 을미사변과 아관파천을 거치면서 개화파의 핵심인사들이 축출된 가운데, 고종을 황제로 추대하고 연호를 새로 재정하자는 움직임이 민간과 조정에서 나타나 1897년 10월 12일 황제 즉위식을 거행한다.

독립협회는 안경수, 이완용 등 정동파 출신 전현직 관료들이 중심이 되어 사교모임의 성격으로 출발했는데, 윤치호가 가세하고 매주 독립문에서 토론회를 개최하면서 계몽운동단체로 변모해 갔다. 1898년 2월에 이르러 독립협회는 러시아 세력의 진출에 관한 문제를 토론회 주제로 삼아 조직적으로 정치적 입장을 표명하기 시작했다.[28] 이후 노륙법(孥戮法)과 연좌법(緣坐法)을 부활시키려는 정부에 대해 상소문을 올리고 인화문 앞에서 철야농성을 전개하기 시작한 10월 7일부터 강제해산되는 12월 23일까지, 만민공동회의 열기는 "빅여년 젼에 불란셔에 낫던 민변이 대한에 날가 염녀"[29]할 정도로 뜨거웠다. 망명객들도 황실측근파를 제거하고 강력한 내각을 구성하여 국정을 개혁하기 위해

28 당시 이완용은 집회는 열되 윤치호에게 불참하자고 종용하였다. 신변의 위협을 느낀 이완용은 전북 관찰사 임명을 받아들여 이탈한 반면, 안경수는 지방관으로의 전출을 거부하고 한성에 머물면서 쿠데타를 준비했다. 윤치호도 31개조의 새 회칙의 수정 및 통과에 시간을 보냈다. 이완용이 초대 독립협회 회장에 선출되었으나 이후 퇴출된 까닭은 외부대신 시절 열강에게 이권을 넘겼기 때문만은 아니었다. 『윤치호일기』, 1898.3.13 참고.

29 『독립신문』, 1898.7.9.

독립협회 및 개혁적 성향의 국내 세력과 제휴를 추진했으나 오히려 고종의 경계심을 자극하는 계기가 되었다. 만민공동회와 중추원에서 제기된 박영효 등용론을 독립협회세력을 숙청하는 명분으로 삼음과 동시에 개혁적 성향의 대신들까지 정계에서 축출했다. 광무정권은 독립협회와 망명개화파 등 황제권에 도전하는 세력들을 제압한 후 안정기에 접어들 수 있었다.[30]

독립협회와 만민공동회가 강제 해산된 이후, 1899년 8월 「대한국 국제」가 선포됨으로써 광무황제는 500년간 전래된 전제군주권을 근대적 법어(法語)로 보장받았다. 광무정권은 식산흥업정책과 같은 개혁을 추진하기도 했지만 황제권 강화가 모든 정책 수립의 필요조건이었다. 개혁정책은 의정부를 압도할 정도로 확대된 황실 산하의 궁내부가 주관하였으며, 황제 친위군의 성격을 띤 원수부가 창설되었고, 권력기구를 확실히 장악하기 위해 궁내 경무부를 황실 직속의 경위원으로 독립시켰다. 대외적 자위력을 갖추지 못한 까닭에 열강 사이에서 중립을 실현할 만한 힘이 없었던 반면, 대내적 권력의 구심점은 더욱 확고해져갔다.

그 결과 입헌제를 바탕으로 하는 근대국가에 대한 모색 및 새로운 지식담론의 생산은 소강상태에 빠지게 된다. 황제권을 부정하는 어떤 정치적 논의도 허용되지 않았기 때문에 "정치 체제에 대한 개혁 논의는 물론이고 근대 문명에 대한 논의 전체가 위축되었다"[31]는 분석은

30 윤병희, 「일보명명시절 유길준의 쿠데타음모사건」, 『한국근현대사연구』 3집, 한국근현대사연구, 1995; 김현철, 「제1차 일본망명시기 박영효의 활동과 갑신정변 가담 개화파」, 『한국정치외교사논총』 21, 2000; 현광호, 『대한제국의 대외정책』, 신서원, 2002; 현광호, 「대한제국기 망명자문제의 정치 외교적 성격」, 『史學研究』 59집, 1999 등 참고.

31 김동택, 「『국민수지』를 통해 본 근대 '국민'」, 『근대계몽기 지식 개념의 수용과 그 변용』, 소명출판, 2004, 199면. 왕현종, 「대한제국기 입헌논의와 근대국가론」, 『한국 근대사회와 문화』 1, 서울대 출판부, 2003 등 참고.

1900년대 초반의 상황을 적절히 표현하고 있다. 보안검열법 제정의 움직임이 일어나고 참형이 부활하는 등 대한제국의 시간은 역행하고 있었다. 하지만 러일전쟁을 진원(震源)으로 하여 벌어진 일련의 사건들은 이 모든 것을 바꾸어 놓았다. 주권체로 여겨졌던 황제권은 러일전쟁 발발 이후부터 약화되기 시작하여, 보호국으로 전락하는 과정에서 그 의미를 상실한다.

1903년 7월 16일 정치학교를 졸업했지만 이인직은 귀국을 미루다가 러일전쟁이 일어나자 1904년 2월 22일 일본 육군성 한어통역부 제1군 사령부에 소속되어 조선으로 돌아온다. 개전 전부터 일본 내에서는 정우회를 중심으로 조선 보호론과 합병론 등이 제기되고 있었다. 시세의 변화에 민감할 수밖에 없었던 유학생들이 다양한 경로로 귀국하기 시작한 것은 이러한 정세 변화 탓이었다. 이인직 역시 '오백년 압제(壓制)의 악풍이 아직도 이어져 정부가 내정과 외교를 독단적으로 처리하고 인민은 입이 있어도 말을 하지 못하던'[32] 대한제국에 어떤 식으로든 변동이 생길 수밖에 없음을 예견했을 것이다. 국사범이라는 낙인이 찍힌 망명객들은 을사조약이 체결된 이후에나 귀국할 수 있는 처지였지만, 무명(無名)의 이인직은 운신에 제약이 없었다.

자의인지 타의인지 알 수 없으나 통역으로 임명된 지 3개월이 못되어 해임된 후, 이인직은 진작부터 계획했던 신문사업을 추진한다. 1904년 9월 이인직은 서병길(徐丙吉), 이윤종(李胤鍾)과 함께 국민신보사(國民新報社)를 설립하기 위해 자본금 3만원에 일고금을 50원으로 하여 주식을 공채했다. 음력 10월부터 『국민신보』를 발간하기 위함이었다. 이인직은 유학 당시 기획했던 신문사업을 『국민신보』 발간으로 실

32 「논설 : 이시이비」, 『만세보』, 1906.7.17.

현하고자 했다. 국민의 개명진보를 위해 지면을 넓힐 계획이었으며, 국한문을 교작으로 기재한다는 것으로 보아 이때부터 부속국문체를 사용할 의도가 있었음을 알 수 있다. 또한 문명한 만 가지 사상 외에도 위생부·교육부·농업부·상공업부·경제부의 체제로 신문을 편집하고자 했다고 했다.[33] 당국자에게 기염을 토했다가 입막음을 당하느니 정치외교를 논함을 버리고 식산흥업과 문학 등 인생에 일용할 수 있는 지식을 전하겠다고 밝혔던 것처럼, 이인직이 알리고자 했던 것은 일본의 선진 문명이었다.[34]

러일전쟁으로 인해 전제군주권이 흔들리기 시작했지만 이인직의 이러한 시도가 쉽게 성사될 수 있을 정도는 아니었다. 오히려 평소 우려하던 위기가 현실화되자 광무정권은 친일 정치범들의 처형을 서두르는 등 지배권력을 유지하기 위한 공권력 행사를 시도한다. 1904년 3월 반역을 음모한 대역죄인은 주모자, 추종자 구분 없이 참형에 처한다는 『대전회통(大典會通)』의 규정에 따라 장호익, 조택현, 김홍진 등이 참형을 선고받았다.[35] 『제국신문』은 동년 3월 『한성신보』의 기사 「사형실황(死刑實況)」을 번역 게재했다가 사장 이종일이 4개월 간 경무청에 구속되었다.[36] 이런 상황에 베델과 같은 구미열강의 외국인도 아닌

33 「잡보」, 『대한매일신보』, 1904.9.8; 「광고」, 『국민신보』, 1904.9.6; 『황성신문』, 1904.9.6.

34 "우리나라 국민이 구미인에 대해서는 사랑도 없고 증오심도 없다고 하더라도 일본인에 대해서는 무서운 전쟁의 역사에 대한 관념을 갖지 않은 자가 없다. 또한 근래 정부의 소충돌(小衝突)로 더욱 민간의 감정이 상했기 때문에 일의대수(一衣帶水) 밖에 떨어져 있지 않은 인국(隣國)의 문명이 금일까지 우리나라에 수입되지 않고 있다. (…중략…) 혼자 생각건대 그 존숭(尊崇)하는 문명국인에게 향해서 악감정을 품는 것은 예의에 어긋나는 것은 물론 불이익도 비할 바가 없다. (…중략…) 그러므로 초연하게 정치론 외에 나아가 인류사회에 인도상애(人道相愛)의 적심(赤心)을 가지고 우리나라 남녀교육 및 실업의 기관인 신문을 설립하려고 하는 것이다." 이인직, 「한국신문창립취지서」, 『미야코신문』, 1903.5.5.

35 『고종실록』, 광무 9년 5월 9일자.

36 「잡보 : 警務廳問答」, 『황성신문』, 1904.3.23; 「잡보 : 社員被因」, 『황성신문』, 1904.3.25.

일본유학파 이인직이 신문을 발간하고자 했고, 더구나 주식공모의 방법을 취했으니 상당한 권력층이 도와주지 않는 이상 애초부터 신문발행은 불가능했다고 할 수 있다. 신문발간이 좌절되자 이인직은 조중응과 함께 동아청년회에 가입하는 등 서울과 동경을 오가며 정치적 인맥을 쌓는 데 힘을 쏟았다.[37]

2 전세(戰勢)가 일본으로 기울어가면서 광무정권은 국가권력으로서의 통제력을 상실하기 시작했는데, 이는 곧 그동안 침묵해야 했던 근대국가와 근대문명에 관한 논의가 다시 가능해짐을 의미했다. 1904년 8월에 그리스도신문사에 임시 사무소를 둔 국민교육회가 발족된 이후, 기독교계 외국인들이 참여하면서 국민교육회는 본격적으로 출판, 교육운동을 벌이기 시작한다. 회원 대부분은 독립협회와 만민공동회 등 1890년대 후반 결성된 민간단체의 구성원이었다. 이들은 외국에서 유학을 하거나 국내에서 근대적 교육을 받은 인물들로 1906년 이후에 활발하게 일어나는 학회운동을 주도하게 된다. 1905년 5월 중순에 결성된 헌정연구회는 독립협회 해산 이후 국내에서 자취를 감추었던 입헌군주제에 관한 논의를 다시 부활시킨다. 헌정연구회의 구성원은 주로 독립협회 관계자들과 개신유학자들이었다.[38]

1905년 일본이 한반도에 대한 국제적 우위를 승인 받고 을사조약을 통해 대한제국을 보호국으로 삼자 다시 한 번 거세게 일어났던 정체개혁 및 계몽운동은, 먼저 담론생산주체의 측면에서 1890년대 후반과 구

---

37 다지리 히로유키, 「李人直과 浮田和民의 『倫理的 帝國主義』」, 『어문연구』 제32권 1호, 2004.

38 헌정연구회의 입헌논의에 관해서는 최기영의 「헌정연구회에 관한 일고찰」(『1900년대의 애국계몽운동연구』, 아세아문화사, 1993) 및 김동택의 앞의 글 등을 참고할 수 있다.

별된다. 19세기 말 근대국가를 기획하고 열강의 문명을 번역했던 이들은 서구와 일본에 유학한 신진관료들이었다. 개명관료들은 기본적으로 관주도의 근대화를 모색했고, 대부분의 관심이 근대국가 수립에 집중되어 있었다. 하지만 1905년 이후 계몽운동의 주체는 다양한 지식인 그룹으로 바뀐다. 이들 또한 국민국가의 문제를 가장 큰 화두로 삼았지만, 당시 학회지의 체제에서 볼 수 있듯이 이들이 추구한 지식의 다양성은 개화관료들과 비교할 바가 아니었다.

러일전쟁 이후 공론장에 등장한 여러 그룹 가운데 빼놓을 수 없는 것은 동학세력이다. 손병희는 정부의 탄압을 넘어설 방법을 찾지 못하고 1901년 일본으로 일종의 정치적 망명을 시도한다. 일본에 머무는 동안 손병희는 박영효, 조의연, 권동진, 오세창 등 망명객과 교류하면서 동학의 변화를 모색했다.[39] 19세기 말 서로 적대적이던 동학 교주와 망명개화파가 대한제국기 일본에서 조우하는 모습은, 이념의 차이나 정치적 은원관계만으로는 설명하기 어려운 당시의 복잡한 판도를 상징적으로 보여준다.

손병희로서는 시세가 변하면 망명객들의 힘이 필요할 것이라 생각했고, 박영효 등은 동학의 자금력과 민회(民會) 세력을 활용할 의도가 있었을 것이다.[40] 잘 알려져 있다시피 손병희는 러일전쟁이 시작되자 황인종을 도와 백인종을 배척하는 뜻을 표하기 위해 일본정부에 1만 원을 기부했다. 또한 망명객들과 협의하여 국내 동학세력의 관리를 맡

---

39 『천도교회월보』, 1915.2, 16~17면. 조의연, 권동진, 오세창 등은 손병희가 일본에 체류하는 동안 동학에 입교하기도 했다.

40 "선생이 일본으로 망명한 의사는 다시 한국정계의 망명객이 다수히 일본에 잇슴으로 어느 쌔던지 한국정치상 변혁도 일본 망명객이 이르킬 것이오 만약 그럿케 된다하면 그들과 미리 교제하여 두어야 일후에 텬도교도 자유로 포교할 수 잇겟다는 생각이엇고." 『천도교회월보』 6~7, 1922, 26면.

고 있던 이용구에게 진보회(進步會)를 조직할 것을 지시하는 등, 러일전쟁의 파장을 틈타 동학이 공인될 수 있는 길을 여러 가지로 타진하고 있었다.[41]

광무정권이 전복되지 않는 이상 동학이 살아남을 수 없다는 손병희의 판단은 결국 진보회와 일진회의 결합을 낳았다. 동학은 일진회와 공조함으로써 공인된 형식은 아니었으나 정부의 탄압에서 벗어날 수 있었다. 물론 이런 조짐을 국내의 여론이 좋게 여길 리가 없었다. 『황성신문』은 동학의 민회활동뿐만 아니라 동학 자체에 대해 부정적인 여론을 조성했고, 유림의 시선은 더욱 곱지 않았다.[42] 특히 을사조약을 앞두고 일진회가 보호청원선언을 발표하자 손병희는 난처한 처지에 몰린다. 사정이 이러했으니 대중을 떠나 존립할 수 없는 동학으로서는 일진회와 결별하는 한편, 정교분리를 단행하여 근대적 종교로 전환하기 위해서 천도교로 개편을 단행한다. 손병희가 국내에 없는 동안 이용구의 세력이 너무 비대해진 것도 문제였다. 손병희 등은 이용구와 송병준의 세력을 무력화하고 교권을 장악할 필요가 있었다.[43] 이런 의도로 창간된 신문이 바로 『만세보』였다.

손병희는 『만세보』를 통해 천도교가 종교적 자유와 신앙에 기초한 근대의 '종교'임을 알리며, 동시에 일진회와의 거리 두기를 분명히 하고자 했다. 이인직이 일진회 기관지 『국민신보(國民新報)』의 주필을 지내다가 『만세보』 주필로 자리를 옮긴 까닭은 그와 같은 흐름에 동참하고 있었기 때문이었다.[44] 이인직은 『만세보』에서 자신이 맡은 정치적

41 『천도교회월보』 2, 1915, 19면; 『천도교회월보』 3, 1915, 21~22면.

42 「논설」, 『황성신문』, 1904.7.28; 「논설」, 『황성신문』, 1904.9.19.

43 최기영, 『대한제국기 신문연구』, 일조각, 1991; 황선희, 『한국근대사상과 민족운동』 1, 혜안, 1995, 123~180면; 장원석, 「夜雷 이돈환의 유신론과 진화론의 융합체로서의 천도교 해석」, 『종교연구』 38호, 한국종교학회, 2005 등 참고.

역할을 적절히 수행하면서 한번 좌절한 신문사업에 대한 구상을 실현했다.[45] 이렇게 안정적인 지면이 확보된 가운데 비로소 「혈의누」가 연재될 수 있었다. 이인직은 일본에서 학습한 소설의 새로운 미덕과 당대 지식담론의 최종심급이었던 국민국가의 문제를 접목한다. 즉 「혈의누」에서 조선의 운명을 서사화하는 가운데 마쓰모토가 말했던 '현실의 생활을 번역한다'는 사실주의 신문소설의 가치를 실현한다.

③ 지금까지 「혈의누」는 무엇보다 당대를 반영한다는 측면에서 높은 평가를 받아왔다. 예컨대 '갑오경장 당시의 조선사회를 여실히 보여준다'[46]는 식의 진술이 그 시초일 것이다. 1930년대에 이런 언급을 했던 김태준은 서구의 근대소설(novel)을 기준으로 「혈의누」의 가치와 결핍을 보고 있다. 임화를 비롯한 초기의 연구자들도 마찬가지다. 하지만 정작 이인직 자신이 강조하고자 했던 「혈의누」의 새로움은 달랐다. 1907년 3월 29일 『만세보』는 「혈의누」의 광고를 처음으로 게재한다.

> 「小說廣告」"血의淚는 昨年 秋에 萬世報上에 連載ᄒᆞ던 小說이온ᄃᆡ 愛讀ᄒᆞ시는 諸氏는 此를 玉蓮傳이라 稱ᄒᆞ고 其下 篇續載됨을 萬世報 分傳手에게 督促ᄒᆞ던 小說이온ᄃᆡ 本館에셔 此를 發刊ᄒᆞ이 昨日븟터 發賣ᄒᆞ오니 購覽코자ᄒᆞ시는 諸氏는 陸續來購ᄒᆞ심을 望홈.[47]

44 허경진에 의하면 망명객 오세창은 이인직과 신문 창간에 대한 논의를 자주 했다고 하며, 김영민은 이인직 오세창 손병희 사이의 연결고리를 설득력 있게 제시하고 있다. 허경진, 앞의 책, 222면; 김영민, 「『만세보』와 부속국문체 연구」, 『대동문화연구』 64집, 성균관대 대동문화연구원, 2008, 418~423면 참고.

45 일진회를 비판한 글은 다음과 같다. 「논설 : 일진회」, 『만세보』, 1906.8.26; 「논설 : 송병준」, 『만세보』, 1906.8.30; 「논설 : 이용구」, 『만세보』, 1906.9.2; 「논설 : 천도교와 일진회」, 『만세보』, 1906.9.52 등.

46 김태준, 박희병 교주, 『증보조선소설사』, 한길사, 1990, 227면.

「소설광고」라는 제목이 달려있는 이 광고문은 많은 사람들이 「혈의누」를 옥련전이라 칭하면서 분전수에게 단행본으로 출간할 것을 독촉하던 소설이라고 소개하고 있다. 실제로 『만세보』 독자 가운데 김승지라는 이가 '소설기자족하 옥련의 소식을 왜 다시 전하지 아니하시오'라는 투서를 보낸 적이 있을 정도로 「혈의누」는 나름의 독자층을 형성하고 있었다.[48] 그런데 김승지는 「혈의누」를 고소설의 연장에서 이해하고 있고, 광고문을 작성한 사람 역시 같은 지평에서 「혈의누」를 소개했다. 이런 점으로 보아 29일자 광고는 광학서포에서 자체적으로 만들었을 것으로 생각된다. 고전국문소설을 판매하기도 했던 김상만서포가 광학서포의 전신이었으니, 서포의 운영자들이 고소설을 접하던 감각으로 「혈의누」의 광고를 제작한 것은 무리가 아니다.[49] 소설 외에도 교과서와 각종 역사서를 출판했다는 점을 들어 의미를 확대한다면 「혈의누」를 통해 고소설의 독자층을 끌어들일 계획이었을 것이라는 정도로 해석할 수 있다. 그런데 3월 29일 광고가 나간 바로 다음날 광고내용이 완전히 바뀐다.

> 此小說은 純國文으로 昨年秋에 萬世報上에 續載ᄒᆞ얏던 거시온ᄃᆡ 事實은 日淸戰爭時에 平壤以北人民이오 鬪에 鯨背가 坼ᄒᆞᆷ과 如히 兵火를 經ᄒᆞᄂᆞᆫ 中에 平壤城中에 玉蓮이라ᄂᆞᆫ 金氏女兒가 無限ᄒᆞᆫ 困難을 經ᄒᆞ고 外國에 流離ᄒᆞ며 留學ᄒᆞᆫ 實事가 有ᄒᆞ니 此小說은 讀ᄒᆞ면 國民의 精神을 感發ᄒᆞ야 無論男女ᄒᆞ고 血淚ᄅᆞᆯ 可히 灑ᄒᆞᆯ 新思想이 有ᄒᆞᆯ지니 此ᄂᆞᆫ 西洋小說套ᄅᆞᆯ 模範ᄒᆞᆫ 거시오니 購賢君子ᄂᆞᆫ 細讀ᄒᆞ심을 望ᄒᆞᆷ.[50]

47 「광고」, 『만세보』, 1907.3.29.
48 「소춘영월」, 『만세보』, 1906.12.8.
49 김봉희, 앞의 책, 65~94면.

새로 고친 광고에서 먼저 눈에 띄는 것은 「혈의누」에 대한 호명을 소설에서 신소설로 바꾼 점과 작가 이름 옆에 책의 가격을 기재했다는 점이다. 이는 저자의 이름과 책의 가격을 같이 병기함으로써 지적 산물에 대한 사적소유를 명확히 설정하는 구도이다. 문안을 작성한 사람은 무엇보다 「혈의누」가 '평양성 중에 살던 옥련이라는 김씨 여아'가 겪은 실사(實事)로부터 출발했다는 점을 강조한다. 이는 앞서 살펴보았듯이 마쓰모토가 예로 든 광녀의 죽음에 관한 이야기와 같은 것으로, 김태준이나 임화가 염두에 둔 리얼리즘과는 근본적인 차이가 있다.

예술의 현실 반영은 허구화의 원리에 의해 현실을 재구성함으로써 현실과는 다른 가치를 지닌 독자적인 세계를 만드는 일이고, 상상력에 의해 그러한 세계의 창출이 가능하다. 하지만 「신문문학자의 주의」에서 교묘하게 말하고 있듯이 실사로부터 재료를 취하여 '현실을 번역하는 신문소설'에서 상상력은 역술(譯述)의 기교일 따름이다. 인정과 세태를 사실적으로 재현하여 사람을 울리고 분노하게 할 수는 있지만, 현실로부터 독립된 가치를 가진 허구의 세계를 만들어 내거나 현실을 넘어설 수 있게 하는 힘은 아니다. 이것이 바로 광고에서 「혈의누」를 명명한 호칭 '신소설'의 특성이자 '소설(novel)'과 구분되는 점이었다. 또한 전통소설의 가치를 일신하는 한편 문명적 글쓰기로서 현실을 다루어야 하는 이중의 요구에 봉착한 상황에서 일본과 교통하는 가운데 만들어진 독특한 소설 구상이기도 했다.[51]

현실로부터 재료를 취하는 것으로부터 「혈의누」가 출발한다면 다음의 문제는 그러한 재료들을 배치하는 원리로서의 '사상'일 터인데,

---

50 「광고」, 『만세보』, 1907.3.30.

51 「혈의누」에 나타나는 신문소설의 특성에 대해서는 다음의 연구를 참고할 수 있다. 임성래, 「신문소설의 입장에서 본 「혈의누」」, 『신문소설이란 무엇인가』, 국학자료원, 1996.

이는 소설 내에서 시공간을 어떻게 조직할 것인가와 직결된 사안이기도 하다. 이인직이 현실을 인식하는 방식의 기저에는 동양평화론의 이데올로기로 번역된 근대적 지식체계가 놓여 있었고, 이는 앞서 살펴본 바와 같이 이인직이 조선의 위기를 사유하기 위해 자발적으로 수용한 제국의 학지였다. 국제공법, 국가학, 사회학 등은 독립된 주권을 가진 국가 수립이 어떻게 가능하며, 개인과 국가 및 국가와 국가가 서로 어떻게 관계할 수 있는가에 관한 학문이다. 이러한 학지들은 개인의 위치를 사회와 국가 내에서 파악하도록 하며, 다시 세계체제 속에서 교통하는 타자와의 관계로 파악할 것을 요청한다. 이인직은 대한제국이 처한 현실을 국가학이나 사회학과 같은 학지들을 통해 사고함으로써 마쓰모토의 논의에서는 찾아볼 수 없는 국가와 사회의 문제를 직접 다룰 뿐만 아니라 소설의 시공간형식에도 구조화하게 된다.

『만세보』 논설에서 이인직은 언제나 세계지도를 펼쳐놓고 그 위에서 벌어지고 있는 역학관계를 독자들에게 설명한다. 이를 테면 대륙국가 가운데 러시아가 가장 강국이지만 일본은 단합된 국민정신으로 러시아와 대등해졌다. 미국과 일본 사이에 전쟁이 벌어질 것이라는 정보도 있지만 서로 혜안이 있어 대결하지 않으니 이런 때 일본과 대한이 순차보치의 관계를 맺어 서로의 이익을 도모해야 한다는 식이다.[52] 이와 같은 진술에는 물리적으로 같은 시간대에 공존하는 국가들이 개선진보를 향해가는 하나의 시간 축 위에서 상이한 발전 단계에 처해 있다는 진보의 시간관이 작동하고 있다. 진보의 시간관은 국가만이 아니라 같은 사회에서 살아가는 개인들에게도 적용된다. 이인직에게 신학문을 익힌 개명인과 유학의 고루함을 버리지 못한 완고당은 같은 사

52 「논설 : 의산의운」, 『만세보』, 1906.12.15 · 18.

회에 존재하지만 전혀 다른 삶을 살고 있는 사람들이다.

「혈의누」가 전대소설뿐만 아니라 1906년 당시의 다른 소설들과도 확연히 구분되는 점은 시공간을 직조하는 방식이다. 「혈의누」는 청일전쟁으로 뿔뿔이 흩어진 옥련 가족의 이합집산을 그린 이야기다. 「혈의누」에서 인물의 이합집산은 국제적인 경로를 그리면서 이루어지며, 문명선진국 미국을 향해 이동하는 시공간성을 구현하고 있다. 이인직의 머릿속에 있는 세계지도 위에서 이야기가 전개되고 있는 것이다. 「혈의누」의 시공간성은 물리적으로 같은 시간대를 살고 있는 인물들이지만 머무는 공간에 따라 발전의 정도뿐만 아니라 삶의 질조차 달라지도록 짜여 있다. 옥련은 일본인 군의관의 양녀가 되어 일본으로 갔다가 구완서를 만나 미국으로 이동하면서 더욱 진선한 문명인으로 발전한다. 반면 같은 시간 조선에 머무르고 있는 모친 최춘애를 기다리는 것은 고난의 연속이자 정체된 시간이다. 성적 수난을 겪기도 하고 자살을 기도했다가 겨우 구조되어 남편과 자식만을 기리면서 희망 없이 살아가는 옥련의 모친에게 시간은 진보를 향해 흘러가지 않는다.

「혈의누」에서 김관일과 구완서는 '개선진보'를 외치며 끊임없이 자신의 위치를 사회 속에서, 국가 속에서, 국제관계 속에서 포착하려 한다. 구완서는 이미 서양의 문명한 풍습에 젖어 결혼에 대한 입장을 옥련과 직접 영어로 말하기를 제안하며, 혁신의 기운이 유입되지 않는 이상 조선에서 희망을 발견한다는 것은 불가능하다고 말한다. 김관일과 구완서의 발언은 『만세보』의 논설과 일치한다. 이인직이 생각한 조선의 유일한 희망은, 섬나라에 불과한 일본이 국가학과 같은 학문을 국시로 삼아 국민의 뇌수에 주입함으로써 러시아를 이길 수 있었듯이 신학문을 익힌 이들이 조선으로 돌아와 국민정신을 창출하는 것이었다.[53]

「혈의누」는 조선 바깥을 여행하는 옥련의 성장과정을 통해 국가의 성장을 그려내는 방식으로 국민국가에 대한 지향을 서사화한다. 「혈의누」가 보여준 새로움은 특히 실사로부터 출발한다는 점과 동양평화론에 의해 직조된 시공간성이라 할 수 있으며, 그럼으로써 길지 않은 분량에도 불구하고 전대 소설과 차별화되는 신문소설의 미덕을 실현했다. 새 광고 문안을 작성한 사람은 독자들이 실존 인물인 옥련의 운명을 따라가면서 '국민정신의 감발'에 이르기를 원했고, 그런 까닭에 '세독(細讀)'하라는 독법까지 요구할 수 있었다. 이는 「혈의누」를 흥미로운 읽을거리나 상상의 산물로 볼 것이 아니라 '풍부한 사상에 의해 현실을 번역한 기록'으로 읽어달라는 부탁이었다. 정치학교에서 배운 학문을 구미의 '신지식'이라고 생각했던 것처럼 이인직은 '신문문학자의 주의'를 구미 소설이론의 번역이라 여겼고, 서양소설을 모범으로 삼은 「혈의누」를 '신소설'이라 칭한 것은 정한 수순이었다. 이런 점들로 미루어보아 바뀐 광고문의 내용을 기안한 인물로 이인직 외에 다른 사람을 생각하기는 어렵다.

4 「혈의누」 이후로도 이인직은 실제 사실을 바탕으로 한 작품들을 이어갔다. 『만세보』에 연재가 끝날 무렵인 1907년 5월에 실린 「귀의성」 광고는 "본 소설에서 작자가 소설 주인공의 이름을 숨기고 가탁해서 김승지라고 붙임은 공개해서 밝히기를 차마 할 수 없는 까닭이라"[54] 라는 진술로 시작한다. 살인사건과 관련된 소설이므로 「혈의누」의 '옥

53 「논설 : 國是」, 『만세보』, 1906.7.12; 「논설 : 國民精神」, 『만세보』, 1907.3.19.

54 "本小說은 著者가 小說主人公의 名을 匿ᄒᆞ고 假托하야 金承旨라 題홈은 聲明키 不忍ᄒᆞᆫ 故이라", 「신소설 귀의성 광고」, 『만세보』, 1907.5.29. 이 광고는 「귀의성」을 '신소설'로 소개하고 있는데, 4일 뒤인 6월 2일부터 바뀐 광고에서는 '가정소설'로 수정했다. 또한 수정한 광고에서는 앞서 인용한 문구를 '김승지 부인을 가탁'했다고 짧게 바꾸고, 「귀의성」의 의의를 밝히는 데 중점을 두었다.

련이라는 김씨 여아'처럼 이름을 직접 밝힐 수는 없지만 역시 사실을 바탕으로 썼음을 강조했다. 「은세계」가 최병두 타령과 연관성이 있다는 지적[55]은 오래 전에 제기된 바 있으며, 최병도나 정감사가 실존인물인지 유무를 떠나서 당시 실제로 있었던 사건을 근거로 했음은 분명하다. 「치악산」(상)의 경우 광고 등 다른 자료를 통해 확인할 수 없지만 강원도 원주 단구역말에 살고 있는 홍참의 집안이라는 구체적인 인물과 배경을 설정하고 있다는 점에서 사실에 근거했을 가능성이 크다.[56]

주목해야 할 점은 이인직이 실사를 바탕으로 한다는 신문소설의 가치는 여전히 유지하되, 「혈의누」 이후로 '국민정신'을 감발하며 남녀를 불문하고 피눈물을 흘릴 '신사상'을 담은 소설은 더 이상 쓰지 않았다는 사실이다. 「귀의성」은 저자가 '우리 대한(大韓) 가정사회(家庭社會)의 풍화부패(風化腐敗)함을 통계(痛戒)'하여 잘못된 가정의 풍속을 감계(鑑戒)하기 위해 쓴 '풍속적 소설(諷俗的小說)'이었다.[57] 「치악산」은 '개화사조의 신구대립'[58]을 그린 것처럼 보이지만 서사의 근간은 「귀의성」처럼 가정 내의 악풍(惡風)을 중심으로 전개된다. 「은세계」가 재기한 탐관오리의 학정, 민중의 항거, 신교육과 정치개혁의 필요성 등의 문제들은 반봉건의식의 소산으로 해석되기도 했다. 하지만 구체적으로 분석해 보면 근대사회를 추구하는 이러한 화소들이 보호국 체제를 승인하는 '필연적 망국론'[59]의 차원에서 배치되어있다.

이인직은 「혈의누」에서 동양평화론의 시각에서 세계사의 전개를 읽는 시각을 보여주지만, 적어도 조선이 독립국으로서 근대국민국가

55 최원식, 「「은세계」 연구」, 『창작과비평』 여름호, 1978.
56 「치악산」과 「은세계」는 지금 남아있지 않은 『대한신문』에 연재되었을 가능성이 높다.
57 「가정소설 귀의성 광고」, 『만세보』, 1907.6.2.
58 전광용, 『신소설연구』, 새문사, 1990, 147면.
59 김영민, 『한국근대소설사』, 솔출판사, 1997, 263면.

를 지향해야 한다는 목표를 포기하지 않았다. 그런데 「귀의성」 이후 조선 인민들을 대한제국의 국민으로 주체화하려는 시도는 사라지고, 보호국이 된 원인을 조선 내부에서 찾는 내러티브가 소설을 지배한다. 즉 조선인에게 깃든 나쁜 성정(性情), 풍속의 문란, 결핍된 신지식, 봉건 지배계급의 부패, 정치제도의 후진성이 전경화된다. 그런 가운데 '국민정신을 감발할 신사상'은 부인사회, 가정사회, 인민사회, 정치사회의 '풍속개량'과 '시정개선'으로 대체되었다. 독립국을 지향해야 할 정당성을 설파하기 위한 지식과의 연대 또한 소설 내의 담화에서 찾아볼 수 없다. 이인직 작품 가운데 「혈의누」만이 1911년 6월 2일 총독부 경무부(警務部)에 의해 불허가출판물로 지정당한 까닭이 여기에 있다.[60]

소설의 변화는 『만세보』 논조의 변화와 연동한다. 주필 이인직이 담당하던 『만세보』 논설은 「혈의누」 연재가 끝나고 1907년으로 넘어가면서 대한제국의 독립 가능성을 포기하는 쪽으로 방향을 선회했다. 국가정신과 애국심을 강조하던 논설들, 통감부의 정책에 대한 비판적 거리감은 점차 사라지고 보호국체제를 옹호하는 정세 분석이 빈번하게 나타난다. 그러다 『만세보』를 종간하는 시점에 이르면 이완용 내각의 출범을 개화당이 수구파에게 승리한 것으로 기술하고, 조중응이 법상에 오른 일이 국민의 행복임을 선전하는 데 이른다.[61] 「귀의성」을 연재할 무렵 이인직의 생각은 합병을 공식적으로 찬성하는 입장을 취했던 것이다. 이후 이인직은 『제국신문』을 인수하는 과정에 참여했다가 『대한신문』의 사장에 취임했다.

이인직이 구상했던 사실주의 신문소설은 이해조에 의해 공유된다.

60 총독부경무총감부, 『경무월보』 13호, 1911.7, 213면.

61 「신내각」, 『만세보』, 1907.5.29; 「희망」, 『만세보』, 1907.6.1; 「법률계의 희망」, 『만세보』, 1907.6.2; 「통역」, 『만세보』, 1907.6.22.

그리고 강제병합을 거치면서 사실성의 성격과 기능은 변조된다. 문학사에서는 이 사태를 흔히 '신소설의 통속화'로 기술했고, 선행 연구는 그 원인에 대해서 ① 문명개화에 대한 전망 상실에 따라 개인적 욕망이 전경화되었다는 점, ② 합방 이후 출판자본이 이윤창출의 경쟁구도에 놓인 상황, ③ 국권상실이 가져온 오락물의 급증과 취향의 다변화, ④ 관념과 현실이 괴리된 1900년대 계몽이념 자체의 근본적인 취약성 등을 주요한 요인으로 지적한 바 있다.[62] 이러한 분석들은 1910년을 전후한 소설사를 이해하는 데 중요한 시사점을 제공한다. 그럼에도 '신소설의 통속화'라 불리는 사태가 넓게 보아 식민정책의 입안자들에 의해 강행된 글쓰기 장의 전체주의적 균질화와 연동하고 있음을 좀 더 강조할 필요가 있으며, 비가시적인 식민지 문화전략을 유념하는 가운데 소설의 사실성이 동력을 상실하는 과정과 고소설이 유행하게 되는 경위를 함께 사고할 필요 또한 있다.

62 권영민, 『서사양식과 담론의 근대성』, 서울대 출판부, 1999, 165면; 오종호, 「개화기 소설의 대중화과정 연구」, 대구효성카톨릭대 박사논문, 1999, 56~78면; 한기형, 『한국 근대소설사의 시각』, 소명출판, 1999, 238면; 박혜경, 「신소설에 나타난 계몽성과 통속성의 관계에 대한 고찰」, 『한국문학이론과 비평』 28집, 2005.9, 339면.

제3장
지식의 소거와 복고의 식민성

1. 사실성에 대한 지향의 공유

1 '실사를 바탕으로 상상력을 통해 현실을 사실적으로 번역한다'는 신문소설의 테제는 이해조에 의해 더욱 확산된다. 이인직과 이해조는 서로 대조되는 인물로 부각되기도 했다. 이해조에 비해 이인직이 한미한 가문의 출신이라거나, 이해조가 강제병합 이전 애국적 자세를 견지했다면 이인직은 친일적 성격이 강하다는 주장이 대표적인 사례이다.[1] 친일과 반일의 이분법을 놓고 보더라도 분명 두 사람 사이에는 차이가

1 최원식, 「이해조문학연구」, 서울대 박사논문, 1986.

있다. 이인직은 일본유학을 통해 세계를 경험했고, 이때 익힌 근대 분과학문의 지식과 독서경험을 활용하여 소설가이기보다 정치가에 버금가는 역할을 욕망했다. 반면 이해조는 교육활동과 자강운동에 참여한 바 있으나 주로 전통시기 소설에 대한 풍부한 이해를 바탕으로 많은 작품을 양산한 전업소설가로서 자기정체성을 구축했다. 그런데 이들의 행적과 소설관을 상세히 살펴보면 친연성 또한 크다. 두 사람의 관계와 저널리즘은 합방 이전부터 미디어를 통한 식민화가 암암리에 진행되고 있었음을 보여주며, 여기서 이인직과 이해조의 관계 및 식민지 문화전략에 따른 소설의 변화를 재조명할 수 있는 실마리를 찾아볼 수 있다.

이인직의 집안도 양반가였다. 거슬러 올라가면 고조부 이사관(李思觀)은 1737년 별시 문과에 급제하여 요직을 두루 거치고 우상(右相)과 좌상(左相)에 올라 효정공(孝靖公)의 시호를 하사받은 바 있다. 하지만 이인직의 대에 이르러 크게 입신한 인물은 없었다. 당쟁으로 인해 집안이 기울었기 때문이다.[2] 1851년생으로 이인직과 열 살이 넘게 터울이 있는 형 이운직(李耘稙)이 관 주사(主事)를 지냈으나 좋지 못한 무리와 패행을 저질렀다는 죄목으로 1876년 전라도(全羅道) 진도부(珍島府)

---

2 한산이씨 문열공파 세보편찬위원회, 『한산이씨문열공파세보(韓山李氏 文烈公派世譜)』, 회상사, 2002; 이석원(李錫遠), 『한산이씨 정익공파세보(韓山李氏 貞翼公派世譜)』, 회상사, 1999. 여러 가지로 납득하기 어려운 점들이 많지만 문헌으로는 더 이상 알아볼 수가 없어 한산이씨(韓山李氏) 문열공파(文烈公派) 후손 이태원, 이용복, 이성준, 이한석을 만나보았다. 이분들은 한산이씨의 족보편찬과 사료 정리를 위해 정기적인 모임을 가지고 있었다. 이태원에 의하면 한산이씨 내에서도 정치적 입장이 달라 서로 핍박하는 일이 있었을 뿐만 아니라, 이사관이 세상을 떠난 후 당쟁으로 인해 후손들이 벼슬길에 오를 생각을 못했다고 한다. 이인직의 직계인 정익공파(貞翼公派)의 후손도 있었으나 이인직에 대해서 자세히 기억하는 바가 없었다. 다만 집안의 역사를 정리하고 있는 이용복이 선대로부터 들은 이야기에 의하면, 러일전쟁 당시 이인직이 일본군을 도와 통역을 했다 하여 마을 사람들이 이인직의 집에 불을 질렀고 식솔들이 모두 뿔뿔이 흩어졌다고 한다.

금갑도(金甲島)에 유배되었다는 기록이 남아있을 뿐이다.[3]

이해조는 인평대군의 10대손이다. 그러나 9대조인 복평군에 와서 삼복(三福)의 변(變)을 당해 몰락했다가 대원군 집정기에 종친들이 동원되는 가운데 이해조의 조부 이재만(李載晩)이 홍문관 수찬(修撰)에 올랐다. 하지만 대원군이 실각한 후 임오군란의 죄를 묻는 과정에서 이재만은 1883년 처형당한다.[4] 부친 이철용이 운양 김윤식과 교류가 있었던 것을 확인할 수 있지만 아관파천 이후 김윤식이 실각했으므로 이해조도 관계(官界)의 중심에 진출할 만한 여건은 아니었다.[5] 1901년 양지아문의 양무위원을 1년간 맡았으며, 1903년 1월 22일 중추원 의관(議官)으로 임명되었으나 이틀 뒤 의원면직(依願免職) 처분을 받았다. 일본어를 가르칠 목적으로 설립된 낙연의숙(洛淵義塾)에서 박정동 등과 교육활동을 했다. 이인직과 이해조 모두 격변의 시기에 청장년기를 보냈음에도 1906년 이전까지 특기할 만한 이력이 없다는 사실은 이들의 사회적 지위를 반증한다.

이해조는 이인직과 함께 활동하면서 공론장에 이름을 알리기 시작했다. 이해조가 처음 글을 발표한 매체는 『소년한반도』이다. 『소년한반도』는 1906년 10월 23일 내부(內部)의 인가를 받아 11월 1일부터 간행되는데, '대한제국의 독립기초와 자유정신과 평등주의로써 국민적(國民的)의 뇌수(腦髓)를 자양(滋養)하는 신경원소(神經元素)요, 교육계의 학리를 밝히는 해상등대(海上燈臺)'[6]가 될 것을 목표로 삼았다. 이인직

3 『고종시대사』, 1876.8.25.

4 최원식, 앞의 글, 8~12면.

5 을사조약 이전 이해조의 활동에 대해서는 다음의 연구를 참고할 수 있다. 최원식, 앞의 글; 송민호, 「열재 이해조의 사상적 배경–대한제국 관직활동과 국민교육회 활동을 중심으로」, 『국어국문학』 156, 2010.

6 「광고」, 『소년한반도』 1호, 1906.11.

과 조중응을 비롯해 일본 유학을 마치고 돌아온 이들이 창간의 중심이 되었으며, 낙연의숙의 후신인 보광학교(普光學校)에서 학교 운영을 담당했던 이해조·박정동·이응종 등이 찬술원으로 참여했다.[7] 『소년한반도』는 다른 학회지들과 달리 시국에 대해 발언하는 논설을 거의 게재하지 않았다. 대신 전문학교 수준의 근대 학지를 전체적이고 균질하게 배치해서 지(知)를 통한 식민화의 의도가 엿보이는 잡지이다.[8] 이해조는 『소년한반도』 창간호부터 찬술원(撰述員)으로 참여했고, 백화체 소설 「잠상태(岑上苔)」를 6개월간 연재한다.[9]

『소년한반도』가 1907년 4월호로 폐간된 이후 이인직과 이해조는 『제국신문』의 필진으로 참여한다. 『소년한반도』의 폐간은 이인직이 주필이었던 『만세보』 종간과 맞물려 있다. 1906년까지 이인직은 대한제국의 독립 가능성을 『만세보』 논설에서 타진하고 있었지만 「혈의 누」 연재가 끝나고 1907년으로 넘어가면서 통감부 체제를 승인하는 쪽으로 선회한다. 이완용 내각의 출범을 개화당이 수구파에게 승리한 것으로 기술하고 조중응이 법상에 오른 일이 국민의 행복임을 선전하는 1907년 6월, 『만세보』는 아무런 사유를 밝히지 않고 종간되었다. 이인직은 정운복이 민족지였던 『제국신문』을 인수하는 단계에서만 이인직이 개입하고, 이완용의 후원을 얻어 『만세보』를 『대한신문』으로 전환한 후 사장에 취임하면서 『제국신문』 사원을 그만둔다.

7 『황성신문』 1906년 11월 27일자 기사에 의하면 소년한반도사의 임시사무소는 보광학교 내에 있었다. 일본에서 농학(農學)을 공부했던 조중응은 「農業의 大旨」를 1호부터 3호까지 연재한다.

8 『소년한반도』에 소개된 지식 내용 및 배치의 특성에 대해서는 다음의 연구를 참고할 수 있다. 한기형, 「근대잡지와 근대문학 형성의 제도적 연관」, 『대동문화연구』 48집, 성균관대 대동문화연구원, 2004; 구장률, 「근대 초기 잡지의 영인현황과 연구의 필요성」, 『근대서지』 1호, 소명출판, 2010.

9 「소설 잠상태」, 『소년한반도』 1~6호, 1906.11~1907.4.

검열과 재정 악화로 많은 어려움을 겪던 『제국신문』은 탁지부대신 민영기의 지원을 사전에 약속받아서 1907년 5월 17일 지면을 4단에서 6단으로 바꾸고 발행부수도 배로 늘렸다. 하지만 확장한 지 열흘도 지나지 않은 5월 25일 민영기가 사임하는 바람에 심한 경제적 타격을 받게 된다.[10] 이 시기를 즈음하여 제국신문사 사장이자 주필이었던 이종일은 10여 년간 운영해 온 『제국신문』을 이인직, 정운복 등에게 넘겨줄 결심을 한다. 정운복은 『한성신보』와 『대동신보』를 합병해서 만든 통감부 기관지 『경성일보(京城日報)』 조선어판의 주필이었다. 집필진 교체와 신문 확장에 앞서 이종일은 다음과 같이 변화를 예고한다.

> 지금 이ᄯᅢ를 당ᄒᆞ야 시국의 정형과 학문상 됴흔 언론을 급급히 동포에게 알니지 안을 슈 업기로 간신이 긔계를 구득ᄒᆞ고 부족ᄒᆞᆫ 쥬ᄌᆞ를 쥰비ᄒᆞ야 방장셜비 즁이온즉 이달 십륙 일부터ᄂᆞᆫ 지면을 널녀 신문면목을 일신케 ᄒᆞ고 <u>론셜과 소셜도 일층 쥬의ᄒᆞ야 샤회의 정신을 ᄃᆡ표ᄒᆞ려니와</u> 관보와 외보를 긔ᄌᆡᄒᆞ야 쳠군자의 ᄉᆞ랑ᄒᆞ시ᄂᆞᆫ 후의를 갑고져 ᄒᆞ오니 더욱 ᄉᆞ랑하시기 바라오며[11]

이종일은 '잡보'란의 연재물로부터 자생적으로 발전하고 있었던 기존의 『제국신문』 소설이 필진 의 교체로 인해 성격이 달라질 것을 확장 이전부터 알고 있었다. 소설의 가치를 '사회의 정신을 대표'하는 것으로 조정하고 있기 때문이다. 필진 교체 이전까지 『제국신문』의 연재물과 소설은 교훈적이되 독자들에게 재미를 주는 '이야기'의 성격이 강했다. 그런데 확장한 첫날인 1907년 5월 17일부터 『제국신문』에는 이

10 「夢中說夢」, 『대한매일신보』, 1907.9.29. 국사편찬위원회, 『고종시대사』, 1907.5.25, "度支部大臣 閔永綺, 法部大臣 李夏榮 등을 依願免職하고" 참고.

11 「특별고ᄇᆡᆨ」, 『제국신문』, 1907.5.4(밑줄–인용자).

인직의 신소설 「혈의누」 하편이 1면 5~6단에 연재되기 시작한다.[12] 뿐만 아니라 『제국신문』은 개편 이후 논설란 대신 「학문의 필요」라는 섹션을 따로 두어 『소년한반도』처럼 물리학, 이학(理學), 화학, 생리, 심리, 철학, 광물학, 가정학, 윤리학, 위생학 등의 근대 지식을 소개하기 시작했다. 다양한 학지들을 개론적으로 소개하는 방법도 『소년한반도』처럼 문답을 주로 활용했다. 시국에 대해 강경한 논조를 유지했기 때문에 검열로 인해 '벽돌신문'[13]의 모습을 보여주었던 『제국신문』은 정운복이 사장을 맡은 이후로 삭제된 글을 거의 찾아보기 어려우며, 민족지로서의 성격도 탈각되었다.

정운복(鄭雲復)이 사장・주필・발행・편집을 맡으면서 이해조, 박승옥이 새로 입사했다.[14] 박승옥은 입사 전에 『만세보』의 탐보원이었다.[15] 이해조는 1907년 6월부터 기자로 활동하면서 이인직의 「혈의누」 하편에 이어 「고목화(枯木花)」와 「빈상설(鬢上雪)」 등을 연재하며 소설을 전담하게 된다.[16] 「잠상태」와 「고목화」 사이의 거리는 크다. 잠상태가 회장체 한문현토소설이며 「영영전(英英傳)」의 내용을 그대로 차용

---

12 국초, 「혈의누」 하, 『제국신문』, 1907.5.17~6.1. 기존의 『제국신문』에서 연재물과 '쇼셜'은 잡보란과 같은 위치에 있었는데, 「혈의누」 하편 등은 1면 논설 아래에 배치되었다. 소설을 논설과 공간적으로 대등한 위치에 둠으로써, 더 이상 소설이 다른 게재물이나 보완하는 저급한 글쓰기가 아님을 분명히 했던 셈이다. 제국신문의 필진 교체에 따른 소설의 변화에 대해서는 다음의 글을 참고할 수 있다. 구장률, 「근대계몽기 소설과 검열제도의 상관성」, 『현대문학의 연구』 26, 한국문학연구학회, 2005.

13 검열로 인한 복자로 읽을 수 없게 된 기사가 그대로 노출된 신문을 뜻한다. 「벽돌신문 닑는 법」, 『대한매일신보』, 1908.4.26.

14 『舊韓國 政治・社會・學會・會社・言論團體調査資料』, 102면.

15 「本社員還社」, 『만세보』, 1907.3.6.

16 동농(東儂), 「고목화」, 『제국신문』, 1907.6.5~10.4; 「빈상설」, 『제국신문』, 1907.10.5~1908.2.12. 그 외 「원앙도」, 「구마검」, 「홍도화」, 「만월대」, 「쌍옥적」, 「모란병」까지 모두 8편을 『제국신문』에 연재했음을 확인할 수 있다. 『제국신문』에 실린 이해조 작품의 서지 및 성격에 대해서는 다음의 연구를 참고할 수 있다. 배정상, 「『제국신문』 소재 이해조 소설 연구」, 『동양학』 49, 2011.

하고 있다면, 「고목화」는 당시 신문 기사에 자주 등장하던 마중군이라는 실존인물을 등장시킬 뿐만 아니라 1900년대를 배경으로 풍속개량을 시도하고 있다. 약 6개월의 시간을 사이에 두고 작품의 시공간구조와 내용성이 완전히 달라진 것이다. 「고목화」를 기점으로 이해조는 '당대인들의 실지사적을 있는 그대로 편집하는' 사실주의 신문소설을 지향했을 뿐만 아니라, 이후 이인직이 구체적으로 기술한 적이 없는 신문문학의 성격을 소설론의 차원에서 밝히게 된다.[17]

한편 이해조의 첫 신문연재소설인 「고목화」는 반복되는 운명적 재상봉구조를 활용함으로써 '고대소설의 격식에서 거리가 과히 멀지'[18] 않으며, 인물형상화나 이야기의 전개에서 분량과 구성의 부조화가 명확히 드러나는 작품이다. 당대성을 재현해야 한다는 신념을 가지고 있었으나 '그것을 감당할 만한 창작능력'[19]을 「고목화」를 쓸 당시에 갖추지 못했다고 할 수 있는데, 「고목화」는 사실주의 신문소설로 넘어가기 위한 과도기적 습작으로 보인다. 설명하기 힘든 이러한 변화의 원인, 즉 무엇이 이해조로 하여금 「잠상태」로부터 「고목화」와 같은 소설로 당대성을 재현하도록 했는지를 묻는다면, 이인직을 매개로 해서 신문소설기자로 활동하게 되었다는 사실에서 찾는 것이 가장 타당하리라고 생각한다. 여러 사료를 참조할 때, 동경정치학교에 유학하면서 마쓰모토 쿤페이의 신문학(新聞學) 강의에서 중역된 리얼리즘을 받아들였던 이인직이 먼저 '실사를 바탕으로 상상력을 활용해 현실을 사실적으로 번역한다'는 구상을 조선의 실정에 맞게 실현했고, 이해조가 이인직을 만나 활동하면서 신문소설의 지향점을 공유했다고 판단된다.

---

17 이해조, 「화의혈 서문」, 『매일신보』, 1914.4.6; 「화의혈 후기」, 『매일신보』, 1916.6.

18 김태준, 박희병 교주, 『증보조선소설사』, 한길사, 1990, 231면.

19 한기형, 『한국 근대소설사의 시각』, 소명출판, 1999, 58면.

『소년한반도』 찬술원으로 활동하면서 신학문을 받아들이기 시작한 1900년대의 이해조에게 「잠상태」에서 「고목화」로 전환할 수 있는 구체적인 계기는 이외에 달리 없었다.

② 이해조가 『매일신보』의 소설을 전담하게 되는 과정 역시 당시의 정황 및 이인직과의 관계 속에서 생각해볼 필요가 있다. 이인직은 1900년대 후반 통감부 혹은 통감부의 정책을 실행한 친일관료들(이완용, 조중응)의 청탁으로 언론사를 인수하여 친일지로 발간하는 활동을 했다. 공자교와 관련된 『대한일일신보』 인수와 관련된 사건은 이인직이 물밑에서 행한 정치활동의 일단을 잘 보여준다. 통감부는 애국계몽단체들의 성격을 친일로 유도하기 위한 일련의 시도를 하게 되는데, 그 가운데 하나가 '대동학회(大東學會)'의 설립이었다. 1907년 12월 이토 히로부미[伊藤博文]의 적극적인 후원 아래 이완용과 조중응 등은 대동학회(大東學會)를 설립한다. 대동학회는 유교(儒教)를 유지하고자 '공맹(孔孟)의 종지(宗旨)를 지키고 사물의 시의를 밝히며 정덕(正德), 이용(利用), 후생(厚生) 세 가지를 병행해서 폐지되지 않게 하는 것'[20]이 공식적인 설립 취지였다. 하지만 '실제 사업은 유교를 빙자한 매국'[21]이었다.

대동학회는 을사보호조약, 정미 7조약 등을 정당화하는 등 지식인들의 반일감정을 누그러뜨리고 일본의 식민지배를 옹호하는 활동을 지속적으로 전개한다.[22] 이후 대동학회는 전국 11개도에 22개의 지회를 두어 유림의 친일화를 시도하는 한편 대동법률전문학교를 설립하

---

20 신기선, 「대동학회취지서」, 『대동학회월보』 1호, 1908. 2.

21 강명관, 「일제 초 구지식인의 문예활동과 그 친일적 성격」, 『창작과비평』 겨울호, 창작과비평사, 1988, 143면.

22 자세한 활동내용은 강명관의 위의 글을 참고할 수 있다.

여 세력 확장을 꾀한다. 그러다가 1909년 10월 총회를 열어 '공자교회(孔子敎會)'로 명칭을 변경하여 본격적인 종교운동을 표방하게 된다.[23] 황현은 공자교의 창립에 대해 '일인(日人)들은 우리나라 사람들이 점점 신학문으로 쏠리는 것을 싫어하여 옛 가르침으로 사람들을 어리석은 가운데 매어두고자 정부 및 종실척족의 벼슬아치들을 유인하여 이 모임을 창설한 것'[24]이라고 기록했다.

이때 이인직은 간사로 참여했는데, 초기에는 공자교회의 신문 발간을 준비했다.[25] 당시 대한신문사 사장이던 이인직은 『대한일일신문(大韓日日新聞)』을 일본인 소유주로부터 인수하여 공자교 기관지로 개편하기 위한 시도를 했지만 『대한일일신문』 직원의 반발을 사서 성사되지 않았다. 이어 『시사신문(時事新聞)』을 구입하려다 공자교 공금 3,000환을 횡령한 사건이 탄로가 나서 조사를 받게 된다.[26] 1910년 9월 이인

---

23 1909년 7월 황족의 후원을 받고 이규범 등이 '격물치지'를 종지(宗旨)로 삼아 설시한 공자교와는 성격이 전혀 다르다. 황족의 후원을 받았던 공자교는 별다른 호응을 얻지 못했다. 「내보」, 『신한민보』, 1909.7.21.

24 황현, 임형택 외역, 『역주 매천야록』 하, 문학과지성사, 2005, 576면.

25 '공자신문—공자교회에서 신문을 발행할 차로 준비 중인데 그 경비는 총상 이완용 농상 조중응씨 등이 보조하더라', 『대한민보』, 1909.10.14. '신문이 또 난다—공자교회에서는 매일 발행하는 신문을 발간할 터인데 리인직씨는 간사가 되고 조중응씨는 자본을 당한다더라', 「잡보」, 『대한매일신보』, 1909.10.16. 공자교를 가장 많이 비판한 매체는 『대한매일신보』였다.

26 '왜 퇴각했노—대한신문사장 이인직씨는 사원 차상학씨를 소개하여 대한일일신문을 공자교회의 기관신문으로 만들고저 하여 그 사장 일인 전촌만지조에게 매삭 삼백환씩 주고자 교섭하다가 퇴각을 당하였다더라', 「잡보」, 『대한매일신보』, 1910.7.5. '시사신문—공자교회에 대한일일신문을 사고자 했으나 여의치 못하여 전 시사신문을 사기로 지금 교섭 중이라더라', 「잡보」, 『대한매일신보』, 1910.7.21. '이태영 기소—대한일일신문사 편집겸 발행인 이태영씨가 그 신문을 공자교회에 돈 오백환을 받고 팔았는데 그 신문사 총무와 회계의 고본금 몇 백환과 사원의 월급은 한 푼도 아니주고 월급을 지불하라고 독촉하면 도리어 구타한 까닭으로 사원들이 그 사실을 경성 헌병대 이분대에 기소하였더라', 「잡보」, 『대한매일신보』, 1910.7.22. '범용은 왜 해—대한신문사장 이인직씨는 공자교회의 경비 쓰는 돈 삼천환을 범용하였다는 말이 있으므로 모처에서 지금 조사하는 중이라더라', 『대한매일신보』, 1910.6.2.

직이 경무부(警務府)에 의해 피소당한 것은 이 사건 때문이었다.[27] 이인직은 이완용의 비밀지령을 받아 공자교 대표로 일본을 오고가고, 강제병합을 위한 막바지 작업을 위해 고마쓰 미도리와 밀담을 벌이다가 공금횡령사건이 불거지면서 저널리즘 활동을 잠정적으로 중단한다. 이후 『매일신보』에 글을 드물게 발표하다가 1913년 『경학원잡지』의 편집 겸 발행인이 된다. 주지하다시피 총독부는 1911년 양반과 유림세력을 회유하기 위해 성균관을 폐지하고 경학원을 설립했으며, 『경학원잡지』는 1913년 12월에 창간된 경학원의 기관지였다.

『경학원잡지』 3호(1914. 6)에 실린 이인직의 사진. 위에서 왼쪽 네 번째 인물이 이인직이다.

『제국신문』 소설기자 이해조가 『매일신보』로 자리를 옮겨 신문소설을 전담하게 된 경위를 확인할 수 있는 자료는 아직까지 발견된 바가 없다. 조선인들의 반감을 추스르고 독자를 확보하기 위해 『매일신

27 『한성신문(漢城新聞)』, 1910.9.4.

보』의 운영진이 이해조를 필요로 했으며, 이해조 또한 강제병합 이후 글을 발표할 지면을 확보하고자 했다고 상식적인 수준에서 추론해볼 수 있다. 그런데 상황은 훨씬 정치적이었던 것으로 보인다.

공교롭게도 『매일신보』의 창간과 운영에 핵심적인 역할을 했던 인물들은 이인직과 연관이 있다. 도쿠토미 소호는 이인직이 유학하던 시절 『국민신보』 주필 자격으로 동경정치학교의 강사였다.[28] 『매일신보』 운영과 편집에 실질적 권한을 행사한 나카무라 겐타로[中村健太郎]는 1900년대 후반 조선어 신문 검열을 담당했으며, 이인직을 매개로 『제국신문』의 운영권이 정운복에게 넘어갈 수밖에 없는 환경을 조성하는 데 일조했다. 『매일신보』의 1면 칼럼은 이완용, 조중응과 같은 친일 인사들이나 도쿠토미 소호, 나카무라 겐타로, 고마쓰 미도리 등 『매일신보』의 고위 운영진들이 주로 담당했다. 이들은 합방 이전부터 미디어를 통한 식민화 전략을 수행해왔으니, 여기에 동참했던 이인직과 연결되는 것은 납득할 수 있는 일이다.

도쿠토미 소호[德富蘇峰]가 『대한매일신보』를 공식적으로 인수하고 『매일신보』로 전환할 실무를 나카무라 겐타로와 정운복에게 맡겼으니 정운복과 제국신문사에서 함께 일했던 이해조가 『매일신보』 소설기자로서 우선적인 대상이 되었을 것이다.[29] 또한 조선인들에게 부정적인 이미지로 굳어지고 있었던 이인직에 비해, 『제국신문』 시절부터 검열의 기준을 벗어나지 않는 '풍속개량'에 초점을 두어 많은 소설을 연재함과 동시에 자강운동에 참여하기도 했던 이해조로 선택지가 모아졌을 가능성을 생각해 볼 수 있다.

---

28 松本君平, 『新聞學』, 博文館, 1899, 17면, 부록.

29 합방 이후 언론통폐합과정, 『매일신보』의 필진과 운영방식 등에 대해서는 다음의 연구가 상세하다. 정진석, 『언론조선총독부』, 커뮤니케이션북스, 2005; 함태영, 앞의 글.

이해조는 강제병합 전까지 『제국신문』의 소설기자로 활동하면서 간간이 『기호흥학회월보』나 『대한민보』에 글을 싣다가 「신문통일정책」으로 조선 내의 미디어들이 일소되자 『매일신보』에 입사하여 소설 연재를 전담했다.[30] 창간 한 달 만에 『매일신보』가 1910년 10월 12일 처음으로 내건 소설은 이해조의 「화세계」였다. 그런데 이해조가 『매일신보』에 연재한 소설은 더 이상 새로운 지식과 연대하지 못하며, 복고의 경향을 보인다.

2. 지식의 소거와 경세(警世)의 문학

[1] 정치, 경제, 군사, 법제 등에 비해 문화의 수준에서 이루어진 식민화는 은밀하여 구체적으로 실증하기 힘든 영역이다.[31] 그럼에도 강제병합을 직후 총독부가 취한 문화전략은 비교적 선명했던 바, 크게 다음과 같은 세 가지 방향에 주목할 수 있다. 첫째, 언론 통폐합과 검열로 공론을 직접 통제하는 방법이다. 「신문통일정책」은 지식의 생산과 글쓰기의 변화에 핵심적인 역할을 했던 미디어를 단일화시켰고, 고등경

30 『제국신문』은 현재 1909년 2월분까지 확인할 수 있는데, 최기영은 합방 직전인 1910년 8월 초에 제국신문사가 폐업했다고 본다(최기영, 「데국신문 연구」, 『언론학논선』 3, 1989). 이해조는 1908년 12월에서 1909년 7월까지 『기호흥학회월보』에 「윤리학」을 연재했으며, 『대한민보』에 「현미경」·「박정화」 등의 소설을 연재했다.

31 1910년대 식민정책에 관해서는 다음의 연구를 참고. 서울대 한국문화연구소, 『한국 근대사회와 문화 2 : 1910년대 식민지정책과 한국사회의 변화』, 서울대 출판부, 2005; 수요역사연구회, 『일제의 식민지배정책과 매일신보』, 두리미디어, 2005.

찰에 의한 사전검열은 식민지배에 불편한 언술이 공론화되는 것을 조절했다. 둘째, 고등교육을 허가하지 않음으로써 식민지배에 대해 비판적 사유를 할 수 있는 기반인 새로운 지식과 사상의 학습·생산을 차단하는 정책이다. 언론출판운동에 기댄 민간의 활동이 불가능해진 와중에 간이와 실용을 골자로 하는 '제1차 조선교육령'을 반포하여 국가차원에서 젊은 세대에 대한 고등지식의 교육을 억제했다. 셋째, 유교의 도덕률을 복권시켜 자발적 동의를 구하면서 신민(臣民)을 양성하는 전략이다. 식민화를 위한 유교 진흥을 통해 조선의 구지배층인 유림을 회유하고 천황에 대한 충군의 정신을 국민도덕의 차원에서 파급했다. 그리고 그 중심에 「신문통일정책」으로 유일한 전국단위 조선어 신문이 된 『매일신보』가 있었다.

『매일신보』는 폐허 위에서 출발했다. 초대총독 데라우치 마사타케[寺內正毅]는 도쿠토미 소호에게 언론정책과 총독부 기관지 운영을 위임했고, 도쿠토미 소호의 의견을 받아들여 「신문통일정책」을 강행한다. 조선인이 발간·운영하던 신문만 폐간 대상이 아니었다. 일본인이 경영하던 『대한일보(大韓日報)』, 『조선신문(朝鮮新聞)』 등도 폐간되었다는 사실을 기억할 필요가 있다. 일본어 민간지로는 유일하게 『경성신보(京城新報)』가 존속했으나, 이마저 사회주의를 지향했다는 이유로 1913년 2월 폐간 당한다.[32] 애국계몽단체뿐만 아니라 일진회 등의 친일단체도 모두 해산당하면서 자체 발행하던 학회지 및 기관지들 또한 사라졌다.

「신문통일정책」은 지식의 생산과 글쓰기의 변화에 핵심적인 역할을 했던 미디어를 단일화시켰고, 고등경찰에 의한 사전검열은 식민지

32 박인식, 『日製の朝鮮支配における言論·政治相互關係』, 모든북, 2009, 87면.

배에 불편한 언술이 공론화되는 것을 원천적으로 차단했다. 더구나 언론출판운동에 기댄 민간의 활동이 불가능해진 와중에 간이와 실용을 골자로 하는 '제1차 조선교육령'이 반포되면서 국가적 차원에서 고등지식의 교육을 억제했다. 이는 식민지 교육정책과 문화전략을 입안하고 실천한 이들의 구상을 따라 특정한 앎과 이야기가 반복 재생됨으로써 조선인들의 사고와 감각을 규율하기 시작했다는 것을 의미한다.

『매일신보』는 식민통치의 방향과 정책을 정당화하는 역할뿐만 아니라 '조선인들의 갈등을 중재하고 욕구를 조정하기 위해 공동의 가치에 대한 설득력 있는 해석을 제시해야 하는 이중의 역할'[33]을 담당했다. 물론 우리는 이러한 『매일신보』의 이중성을 감안하면서 1910년을 전후한 변화를 살필 필요가 있다. 또한 『매일신보』 내부에서 사회면과 학예면을 담당한 연파(軟派)의 필진들이 나름의 독립성을 가졌다고 가정할 수 있으며, 3000부를 밑돌았던 구독률을 올리기 위해 운영진과 필진이 대중의 요구를 신중하게 고려했음에 유의해야 한다. 하지만 이와 같은 『매일신보』의 다층성이 총독부 기관지로서 수행하고자 했던 식민통치의 전략보다 상위의 결정력을 가졌다고 보기는 어렵다.

최근의 『매일신보』 소설 연구는 총독부 기관지라는 정치적 성격에 주목하면서 1910년대 이해조가 식민주의 담론에 포섭되어 있음을 지적하고 있다. 다만 통속화의 강화나 계몽성의 약화로 특징짓고 있는 이해조 소설의 변화가 대중성을 확보하고자 한 『매일신보』의 의도에 부합하는 것으로 해석하는 입장을 취한다.[34] 1910년대 초반 『매일신

---

33 김현주, 「1910년대 『매일신보』의 사회담론과 공공성」, 『현대문학의 연구』 29, 한국문학연구학회, 2009, 238면.

34 이희정, 『한국 근대소설의 형성과 매일신보』, 소명출판, 2008; 함태영, 「1910년대 『매일신보』 소설 연구」, 연세대 박사논문, 2008.

보』가 담론 수준에서 실천한 문화전략과 신문연재소설의 관계를 직접 언급한 자료를 찾을 수는 없다. 하지만 당시 '한국인 사원이 대부분 일본인 기자들의 명령에 따를 수밖에 없었던 상황'[35]이었음을 감안한다면, 최고책임자였던 도쿠토미 소호와 운영 및 편집에서 실권을 행사했던 나카무라 겐타로의 구상을 살펴보는 우회로를 택할 수 있다. 『매일신보』 운영진의 입장과 합방을 전후한 소설의 변화 사이에 교집합이 크다면, 1900년대에 사회과학의 영역에 해당하는 지식들을 수용하면서 형성된 '사실성'이 식민체제 하에서 어떠한 변화를 겪게 되는지 확인해 볼 수 있을 것이다.

1887년 민우사(民友社)를 설립하여 『국민지우(國民之友)』를 창간하고 1890년 『국민신문』을 발행할 당시만 해도 도쿠토미는 평민주의를 주장하는 민권론자의 태도를 취하고 있었다. 그러나 청일전쟁과 삼국간섭을 계기로 현실정치에 직접 개입하면서 평민주의를 버리고 국가주의를 대표하는 논객이 된다.[36] 도쿠토미는 이토 히로부미[伊藤博文] 등 권력정치가들과 교류하고 스스로 제국주의자를 자처했는데, 야마모토 다케도리[山本武利]는 도쿠토미를 "학지(學知)는 없고 기껏해야 경험지(經驗知) 밖에 없었으며, 제국에 저항하는 항일세력과의 대립의식이 있을 뿐"[37]이라고 평가한다.

『경성일보』와 『매일신보』의 감독으로 위촉된 후 쓴 「조선통치의 요의」에서 도쿠토미는 조선 통치의 목적을 달성하기 위한 방법으로 다음과 같은 세 가지를 제시했다. ① 조선인에게 일본의 통치가 불가피

35 유광렬, 「이상협론」, 『제일선』, 1932.5, 52면.

36 도쿠토미 소호에 대한 개괄적인 이해와 내셔널리스트로서의 면모에 대해서는 다음의 연구를 참고할 수 있다. 정일성, 『도쿠토미 소호』, 지식산업사, 2005; 요네하라 겐, 「4개의 전쟁과 일본 내셔널리즘의 변용」, 『한국문화』 41, 2008.

37 山本武利, 「帝國を担いだメディア」, 『帝國日本の學知』 4, 岩波書店, 2006, 21면.

함을 마음에 새기도록 할 것, ② 식민통치로 자기에게 이익이 따른다고 생각하게 할 것, ③ 통치에 만족하여 기꺼이 복종하게 할 것. 만약 세 가지를 다 같이 실현할 수 없을 때는 앞의 둘을 택하고, 그것도 어려우면 가장 앞의 하나를 실행할 것. 도쿠토미가 구상한 조선통치의 방법에서 핵심은 조선인들이 식민지배에 자발적으로 동의하도록 만드는 것이었으며, 이를 위해서 '조선교육령'이 선포한 것처럼 실용 위주의 교육을 하는 것만으로 충분하다는 것을 분명하게 밝혔다.[38] 1910년대 중반을 지나면서 무단통치의 한계를 깨닫고 방향을 선회하는 변화를 보여주지만, 적어도 강제병합 직후 도쿠토미가 「신문통일정책」을 강행한 근거는 분명했다.

그렇다면 도쿠토미의 문학관은 어떠했는가. 도쿠토미는 언론인의 시각에서 문학을 경세(警世)의 방편으로 보았다. 도쿠토미도 마쓰모토와 같이 신문기자를 특권화했다. 종교가가 상재(上帝)를 대하거나 시인이 천연(天然)을 대하는 것과 같이 신문기자는 사람[人]을 대한다. 이때 사람이란 개인, 사회, 국가이며 요약하자면 인정(人情)이다. 그리고 기자는 '상재의 우주 경제에서 인정의 큰 수레를 운전하는 기관사'이므로 그 존엄과 책임이 막중하다.[39] 도쿠토미는 마쓰모토처럼 직접적으로 문학가와 신문기자 사이에 교집합을 만들어내지는 않았지만 문학가 역시 '인정', 즉 '국민의 성정'을 다루고 계발해야 한다고 주장한다.

도쿠토미에 의하면 문학가의 객관적 목적은 사람을 즐겁게 하는 것

38 德富蘇峰, 「朝鮮統治の要義」, 『兩京去留誌』, 民友社, 1915, 223~238면.

39 도쿠토미는 신문기자가 다음과 같은 세 가지 직분을 가진다고 주장한다. ① 국가의 흥망성회와 사회 곳곳에서 벌어지는 사건들을 보고하는 '대표적 직분', ② 사회의 거울로 여론을 대표할 뿐만 아니라 사회의 여러 문제들을 분석하고 바른 길을 제시하는 '비평적 직분', ③ 관찰자와 비평가를 넘어서 사람들을 교도하는 '명령적 직분'. 德富蘇峰, 「新聞記者」, 『文學漫筆』, 民友社, 1898, 15~19면.

이고, 주관적 목적은 인간사회에 나타나는 진리와 선덕(善德)과 미묘함을 관찰하고 설명하는 데 있다. 하지만 문학가는 고독하게 자신의 관념을 추상적으로 관찰하고 설명하는 데 머무르지 않고 인류의 인정과 합치되는 것을 취합하여 세상의 설교자이자 교사라는 직분을 다 해야 한다.[40] 음악과 미술뿐만 아니라 시・소설・희곡 역시 인심(人心)을 고취하고 인정(人情)을 자극하는 인간의 감정에 천착함을 지적하면서도, 이러한 문학의 역할이 결국 국민성정의 도야로 이어져야 한다고 생각했다.[41] 또한 체재・구조・구상의 3가지 측면에서 정치소설의 결함을 비판하면서도 내셔널리스트로서 소설이 '사회의 거울'이어야 한다는 반영론의 테제를 고수했다.[42] 동생이자 『불여귀(不如歸)』의 저자인 도쿠토미 로카[德富蘆花]가 도쿠토미 소호에게 결별 선언을 한 것은 정치적 이념과 문학관의 차이 때문이었다.

> 군(君)의 시각으로 보면 문학 같은 것은 단지 경세(警世)의 일 수단일 뿐이다. 사상계에 사는 자는 굽히지 않는 것을 골자로 한다. 문학에 적을 둔 나는 자신으로부터 문학의 독립을 외치며, 미(美)를 통해 진선(眞善)의 경계를 방황하지 않을 수 없다. 즉 경세의 수단에서도 군(君)은 국력의 팽창에 중점을 두어 제국주의를 지지하고, 나는 유고・톨스토이・졸라 등 여러 대인(大人)의 유파를 이어받아 인도(人道)의 대의를 취하여 내 식의 사회주의를 지지한다.[43]

---

40 德富蘇峰, 「文學者の目的は人を樂ましむるにあるは乎」, 『文學斷片』, 民友社, 1894, 84~85면.

41 德富蘇峰, 『文學漫筆』, 民友社, 1898, 3면.

42 德富蘇峰, 「近來流行の政治小說を評す」, 『文學斷片』, 民友社, 1894, 1~18면.

43 德富蘆花, 「德富家兄」, 『黑潮』 1, 黑潮社, 1903, 2~3면. 나카무라 미쓰오에 따르면 이 소설의 테마는 도쿠토미 소호가 동생에게 제공한 것이었다. "처음에 도쿠토미 소호가 제공했던 테마는 히가시 노인의 아들이 아버지의 뜻을 이어 메이지 정부와 싸우지만 시대가 바뀌고 그의 안목이 열리면서 반감이 사라지고 이로 인해 세상의 오해를 받지만 결국 '녹는

이 글은 도쿠토미 로카가 형에게 보내는 편지 형식을 취하여 쓴 『흑조(黑潮)』의 서문인데, 동생이 파악한 도쿠토미 소호의 이데올로기와 문학관을 단적으로 드러낸다. 어린 시절부터 신문기자를 꿈꾸었던 도쿠토미 소호는 문학비평가나 사상가이기보다 정치 감각이 예민한 언론인이었다. 도쿠토미 소호는 문학가의 내부에서 솟아나는 영감과 관념에 대한 관찰을 중요하게 부각시키면서 문학과 문학자의 자율성을 인정하는 듯한 포즈를 취한다. 그러나 궁극적으로는 제국 일본의 국민 만들기에 동원될 경세의 문학을 추구했다.

도쿠토미에게 국민은 '정치적 주체로서 자각을 지닌 존재'라기보다 일본의 팽창주의에 '애국심을 가지고 적극적으로 참가, 동원되는 존재'로 '신민(臣民)'이다.[44] 문제는 '경세의 문학관'과 「조선통치의 요의」가 강제병합 직후 식민지 문화전략을 좌우했던 한 인물의 머릿속에 공존한다는 사실이다. 「조선통치의 요의」가 제시하는 방향에서 '경세의 문학관'이 작동한다면, 인심을 자극하고 인정을 고취하는 문학은 식민지 '신민(臣民)' 만들기에 복무해야 할 것이기 때문이다. 데라우치 총독은 『경성일보』에 '충군애국의 정신을 발휘하여 조선총독부 시정의 목적을 관철'하라고 훈시(訓示)했으며, 도쿠토미 역시 『매일신보』에 '천황폐하의 지인지애(至仁至愛)하심과 일선인(日鮮人)에 대한 일시동인(一視同仁)의 뜻을 받들고 조선인에게 선전'하라고 훈시했다.[45] 일선동화(日鮮同化)로 탄생할 식민지 신민의 의무는 충군애국이며, 총독부의 기관지

것은 녹고 빛나는 것은 빛난다.'는 행복한 결말로 끝나는 것이다. 하지만 그(도쿠토미 로카)의 비판력은 이런 낙천적인 매듭을 지을 수 없을 만큼 강했기 때문에 작품의 구성이 혼란을 일으켜 제1부를 끝내고 제2부는 완성하지 못했다. 그 또한 제1부를 출판할 무렵에는 도쿠토미 소화와 결별하고 흑조사를 세우면서 자비로 출판하기도 했다." 나카무라 미쓰오, 고재석 · 김환기 역, 『일본 메이지 문학사』, 동국대 출판부, 2001, 163면.

44 송석원, 「도쿠토미 소호와 전쟁」, 『일본문화학보』 50, 2011.

45 『京城日報社誌』, 京城日報社, 1920, 5 · 23면.

는 조선인을 신민으로 주체화하는 데 핵심적인 장치였다. 또한 「조선 통치의 요의」와 '교육칙어'를 명문화한 '조선교육령'을 염두에 둘 때, 도쿠토미가 추구한 식민지의 문학에서 조선인들이 당대의 문제를 주체화할 사상으로서의 고등지식은 소거되어야 할 터였다.

[2] 1910년 10월 1일 도쿠토미 소호가 『경성일보』와 『매일신보』의 감독에 취임하여 신문운영의 실무자로 선임한 인물이 나카무라 겐타로이다. 나카무라는 1899년 구마모토 현이 파견한 2기 조선어 유학생이었으며, 경부철도사무소를 거쳐 1903년 『한성신보(漢城新報)』에 입사한다.[46] 주지하다시피 『한성신보』는 일본 외무성의 기밀비로 창간되어 일본의 조선 진출에 대한 근거를 선전하는 외무성의 기관지이자 구마모토 국권당의 근거지였다. 사이고 다카모리[西鄕隆盛]를 비롯한 정한파(征韓派)는 명치 초기 정한논쟁에서 '내치(內治)'를 우선으로 내세운 오쿠보 도시미치[大久保利通] 등에게 밀려 축출당한 이후 민권파와 국권파로 분화된다.[47] 민권파에서 국가주의자로 전향한 도쿠토미 소호는 구마모토 국권당과 긴밀한 관계를 맺고 있었다. 나카무라가 발탁된 데에는 경력과 능력 외에도 '구마모토 국권당'이라는 보이지 않는 끈이 중요하게 작용했다.[48]

나카무라는 『한성신보』의 한글지면 편집을 맡았다. 조선에서 최초로 한글 소설을 연재하기 시작한 『한성신보』의 의도는 명확했다. 소설란을 통해 "각종 이담속설(里談俗說)을 게재하여 아동 부녀자 또한 이것

---

46 中村健太郎, 『朝鮮生活五十年』, 青潮社, 1969, 9~11면. 「創刊以來三十四年 本報成長의回顧」, 『매일신보』, 1938.5.5.

47 강창일, 『근대일본의 조선침략과 대아시아주의』, 역사비평사, 2002, 12면.

48 구마모토 출신으로 『국민신문』의 편집장과 이사장을 역임했던 아베 미츠이에[阿部充家]도 도쿠토미에 의해 『매일신보』의 사장으로 발탁되었다.

을 읽도록 알맞게 하고 한인(韓人) 일반의 기호를 이용하여 부지불식간에 이를 계도"하는 것이었다.[49] 표기수단도 "논설은 한문(漢文)을 사용하고, 잡록(雜錄)은 한자(漢子)를 섞어 한문(韓文)을 사용하여 부인 여자 아동이 읽기 쉽게 하고, 실생활에 가까운 잡사(雜事)와 소설과 같은 것은 순한문(純韓文)을 사용하니, 이 개량은 한인(韓人) 독자의 기호에 상당히 부합할 것"[50]을 염두에 두고 선택했다. 이러한 전략은 『한성신보』가 1906년 8월에 통감부에 인수될 때까지 유지되었다. 나카무라가 『한성신보』에 재직할 당시 연재된 소설은 조선 관료나 러시아를 비판하는 짧은 문답체 이야기들, 「경국미담(經國美談)」과 같은 정치소설 등이었다.[51]

을사조약이 체결된 이후 나카무라는 경무고문의 보좌관으로 통역관보에 임명되었고, 조선어 신문의 검열을 담당한 유일한 인물이었다.[52] 이후 회고에서 고백했듯이 『대한매일신보』처럼 외국인이 발행자로 있었던 경우를 제외하면, 나카무라의 손을 거치지 않은 한글신문은 없었다.[53] 나카무라가 어떤 기준으로 검열을 수행했는지는 『제국신문』의 사례에서 잘 드러난다. 나카무라가 검열을 담당하게 된 1905년 12월부터 『제국신문』은 '벽돌신문'[54]의 모습을 보여주며, 논설·기

---

49 주한일본공사관기록, 機密第38號, 「漢城新報의 補助金增額에 관한 건」, 1896.5.30.

50 주한일본공사관기록, 機密第18號, 「漢城新報社 業務年報 및 保護金의 건」, 1899.3.28.

51 『한성신보』의 특성과 연재소설에 대해서는 다음의 연구를 참고할 수 있다. 김영민, 『한국의 근대신문과 근대소설 2－한성신보』, 소명출판, 2008; 이유미, 「구한말 일본외무성의 신문조종과 신문 연재 서사의 관련 양상」, 『식민지시기 검열과 한국문화』, 동국대 출판부, 2010 등.

52 各官廳公文原本, 「경무고문 보좌관 古河松之助가 사직하고 中村健太郎이 통역관보에 임명됨을 통보」, 1905.12.5.

53 「創刊以來三十四年－本社先輩의 座談會」, 『매일신보』, 1938.5.5. 이 좌담회에서 나카무라는 자신이 1900년대 후반 신문검열을 담당한 벽돌신문의 제조자였으며, 『대한매일신보』를 제외하면 당시 조선인이 하고 싶은 발언을 하는 것이 불가능했다고 밝혔다.

54 복자로 인해서 읽을 수 없게 된 신문을 뜻한다. 『대한매일신보』 논설은 벽돌신문을 읽

사・연재물 가릴 것 없이 상당수의 글들이 검열로 복자 처리된 상태에서 인쇄되었다. 예컨대 을사조약으로 조선이 망국의 상황에 이르렀음을 개탄하는 기서(寄書)나 한국인의 민족성 때문에 보호국이 되었음을 반발하는 논설 등이 검열의 대상이었다.[55] 반면 부패한 조선인 관료들이나 국민성을 갖추지 못한 조선인들을 비판하는 논설은 그대로 게재되었다. 그런데 이인직이 「혈의누」 하편을 연재하고 정운복과 이해조가 필진이 된 뒤부터 『제국신문』에서 검열로 복자 처리된 글은 극히 일부이다.

1910년 10월 15일에 『경성일보』와 『매일신보』 감사로 임명된 나카무라는 신문의 운영과 편집에 대한 실질적인 권한을 행사했다.[56] 『매일신보』는 1910년대 전반기에 여러 광고를 통해 재미(취미)와 풍교(風敎)를 연재소설의 모토로 내세웠다.[57] 그리고 나카무라와 같은 시기에 소설기자로 입사한 이해조는 사실주의 신문소설의 테제를 유지하되, 재미와 풍교를 작품과 소설론 차원에서 구현했다. 『매일신보』에 연재한 이해조의 작품에서 흥미에 대한 추구를 '소설의 사회적 역할을 좀 더 넓히기 위하여 독자수용적 측면을 고려한 작가－신문매체－독자의

는 방법 다섯 가지를 논하고 있다. 항상 조선이 처한 상황을 염두에 두고, 어떤 뜻을 담았기에 삭제 당했는지 행간의 의미를 곰곰이 생각하라는 것이 주된 내용이다. 「벽돌신문 낡는 법」, 『대한매일신보』, 1908.4.26.

55 「일본 유학싱으로 갓다 온 친구의 긔셔」, 『제국신문』, 1905.12.18; 「동포에게 경고홈」, 『제국신문』, 1906.9.24 등.

56 판권에 기재된 편집인은 편집장 정도의 제작실무자에 불과했다. 당시 『매일신보』는 『경성일보』의 한 부서였고, 나카무라가 두 신문의 편집국장을 겸하는 체제였다. 정진석, 『언론조선총독부』, 커뮤니케이션북스, 2005, 90면.

57 이해조의 소설과 번안소설에 대한 비판적 논의가 『매일신보』 상에 나타나기 시작하는 것은 1915년경부터이다. 『매일신보』 운영진의 시장 예측과 기획에 의해 1912년 이해조의 소설이 일본 가정소설을 번안한 작품으로, 1914년 다시 청년학생층을 의식하여 서구소설을 중역한 작품으로 옮겨가는 과정에 대해서는 함태영의 앞의 연구를 참고하는 것이 좋다.

관계에 대한 인식의 확대'로 이해한다거나, '권선징악직 구도와 친일적 모습'이 조선인의 비애와 함께 표출됨으로써 '식민담론을 분열시키는 작용'을 했다고 적극적으로 해석할 수도 있다.[58] 하지만 이해조의 신문 연재소설이 전체적으로 식민지 문화전략 및 『매일신보』의 정책과 연동한다고 보는 것이 더 실상에 부합한다. 이때 피식민인이 현실의 문제를 주체화하는 데 도움이 될 지식과 사상은 사라지며, 재미와 풍교의 추구가 식민주의적 복고의 감각 및 논리를 파급하는 효과를 낳았다는 점에 주목할 필요가 있다.

3. 복고(復古)의 식민성

1 이해조는 1900년대 후반 단행본으로 바로 출판한 소설과 신문에 연재한 소설에서 이중의 태도를 취하고 있었다. 단행본 소설은 실사를 소재로 하지도 않으며, 인정세태의 사실적 재현을 추구하지도 않는다. 「화성돈전」, 「철세계」, 「자유종」은 애국주의를 고취하거나 군국주의를 비판한 작품들로 모두 신문에 연재되지 않고 단행본으로 출간되었다. 개신유학자들이 펴낸 영웅전기물처럼 보종애국(保種愛國)의 사상을 감발하고자 한 「화성돈전」은 치안방해의 이유로 1910년 11월 16일에 불허가출판물 판정을 받았다. 대한제국의 독립과 여성의 각성을 주장한 『자유종』이 1913년 7월 3일에, 잘못된 과학지식의 활용을 경계하

58 이희정, 『한국 근대소설의 형성과 『매일신보』』, 소명출판, 2008, 82 · 97면.

면서 군국주의를 우회적으로 비판한 『철세계』가 1913년 7월 17일에 출판 금지되었다.[59] 이에 반해 『제국신문』에 연재한 소설 가운데 단행본으로 출판하여 출판금지 당한 사례는 없다.

이해조가 『제국신문』에 연재한 소설들은 '풍속개량의 나반금침(羅盤金針)'[60]이 되는 것을 지향했다. 풍속을 개량하기 위해서는 연설이나 교육보다 지위고하를 막론하고 '부지불각 중에 감각함도 있고 경성함도 있는'[61] 소설과 연희가 더 효과적이라는 것이 『제국신문』 필진의 입장이었다. 이미 이인직은 합방을 예비하면서 「혈의누」 이후로 '국민정신을 감발하며 남녀를 불문하고 피눈물을 흘릴 신사상'[62]을 담은 소설은 더 이상 쓰지 않았던 바, 「귀의성」은 저자가 '우리 대한(大韓) 가정사회(家庭社會)의 풍화부패(風化腐敗)함을 통계(痛戒)하여 잘못된 가정의 풍속을 감계(鑑戒)하기 위해 쓴 풍속적 소설(諷俗的小說)'[63]이었다.[64] 이해조는 가정소설이라는 표제를 단 「귀의성」의 선례를 따라 신문소설의 작법을 여러 가지 체제(연극, 정치, 가정, 정탐소설)로 타진하되, 윤리와 교육의 문제를 전면에 내세움으로써 이인직과 차별화되는 인정세태를 재현했다.[65]

---

59 월간 신동아 편집실 편, 『일제하의 금서 33권』, 동아일보사, 1980, 257~259면.

60 「빈상설」 광고, 『제국신문』, 1908.9.13.

61 「연극장을 급히 기량홀 일」, 『제국신문』, 1908.9.12.

62 「혈의누 광고」, 『만세보』, 1907.3.30.

63 「가정소설 귀의성 광고」, 『만세보』, 1907.6.2.

64 「혈의누」는 동양평화론의 시각에서 세계사의 전개를 읽는 시각을 보여주지만, 적어도 조선이 독립국으로서 근대국민국가를 지향해야 한다는 목표를 포기하지 않았다. 하지만 「귀의성」 이후로는 부인사회, 가정사회, 인민사회, 정치사회의 '풍속개량'과 '시정개선'으로 대체되었다. 작품의 변화는 앞서 언급한 『만세보』 논조 변화와 시기상 일치하며, 「혈의누」만이 1911년 6월 2일 총독부 경무부(警務部)에 의해 불허가출판물로 지정 당한 이유가 여기에 있다. 『경무월보』 13호, 총독부 경무총감부, 1911.7, 213면.

65 이인직과 이해조의 차이와 유사성에 대해서는 다음의 연구를 참조할 수 있다. 양문규, 『한국 근대소설과 현실 인식의 역사』, 소명출판, 2002, 24 · 26면.

단행본 소설에서 보여준 바와는 달리 이해조의 『제국신문』 연재소설들에서 독립과 애국의 정신을 고취하거나 제국주의를 비판하는 언설을 찾아보기는 어렵다. 하지만 조선인들을 근대인으로 주체화할 방안으로 신학문, 근대적 법률, 윤리학이나 가정학과 같은 지식을 활용한다. 특히 여권(女權)의 문제를 중요하게 부각했다는 점에서 '후진 청년의 사상을 열어줄 만한'[66] 대목이 없지 않았다. 즉 국민국가의 구성원이 되기에 걸맞은 새로운 윤리관을 확보해야 하며, 이를 위해서는 근대식 교육이 필수임을 강조하는 가운데 사회를 경계할 기준을 마련했다. 그런 점에서 「윤리학」[67]은 이해조의 문제의식에 따른 선택적인 번역이었다.[68] 그러나 강제병합 이후 『매일신보』 소설 기자가된 이해조의 작품에서 새로운 지식과 사상은 소거되며, 선악과 정오를 가리고 사회를 경계할 정당성을 주로 유교 윤리에서 찾는 변화를 보여준다. 이러한 변화는 식민지 문화전략이라는 큰 틀과 연관해서 조망될 필요가 있다.

2 『매일신보』의 소설란을 전담한 이해조는 1910년 10월 12일 「화세계」를 필두로 1913년 5월 11일로 끝나는 「우중행인」까지 15편의 작품을 쉬지 않고 연재했다.[69] 당시 이해조의 소설관은 유명한 「화의혈」 서문과 후기에 집약되어 있다.

---

66 「원앙도」 광고, 『제국신문』, 1908.12.8.

67 「윤리학」, 『기호흥학회월보』, 1908.12~1909.7.

68 이해조가 번역한 「윤리학」과 『제국신문』 연재소설의 상관성에 대해서는 송민호의 앞의 글을 참고할 수 있다.

69 연재 순서대로 나열하면 다음과 같다. 「화세계」, 「월하기인」, 「화의혈」, 「구의산」, 「소양정」, 「춘외춘」, 「옥중화」, 「탄금대」, 「강상련」, 「연의각」, 「소학령」, 「토의간」, 「봉선화」, 「비파성」, 「우중행인」. 이 가운데 판소리 산정이 4편, 고전소설을 개작한 것이 3편이다.

① 근일에 져술ᄒᆞᆫ 박졍화 화세계 월하가인 등 수 삼 죵쇼셜은 모다 현금에 잇ᄂᆞᆫ 사ᄅᆞᆷ의 실디 ᄉᆞ젹이라 독쟈 졔군의 신긔히 넉이ᄂᆞᆫ 고평을 임의 만히 엇엇거니와 이졔 ᄯᅩ 그와 ᄀᆞᆺ흔 현금 사ᄅᆞᆷ의 실젹으로 화의혈이라 ᄒᆞᄂᆞᆫ 쇼셜을 ᄉᆡ로 져술ᄒᆞᆯ ᄉᆡ 허언랑셜은 ᄒᆞᆫ 구졀도 긔록지 안이ᄒᆞ고 뎡녕히 잇ᄂᆞᆫ 일동일졍을 일호 차착업시 편즙ᄒᆞ노니 긔쟈의 ᄌᆡ됴가 민쳡지 못ᄒᆞᆷ으로 문장의 광ᄎᆡᄂᆞᆫ 황홀치 못ᄒᆞᆯ지언뎡 ᄉᆞ실은 젹확ᄒᆞ야 눈으로 그 샤ᄅᆞᆷ을 보고 귀로 그 ᄉᆞ졍을 듯ᄂᆞᆫ 듯ᄒᆞ야 션악간 죡히 밝은 거울이 될 만ᄒᆞᆯ가 ᄒᆞ노라.[70]

② 긔쟈 왈 쇼셜이라 ᄒᆞᄂᆞᆫ 것은 ᄆᆡ양 빙공착영(憑空捉影)으로 인졍에 맛도록 편즙ᄒᆞ야 풍속을 교졍ᄒᆞ고 샤회ᄅᆞᆯ 경셩ᄒᆞᄂᆞᆫ 것이 뎨일 목뎍인 즁 그와 방불ᄒᆞᆫ 사ᄅᆞᆷ과 방불ᄒᆞᆫ ᄉᆞ실이 잇고 보면 ᄋᆡ독ᄒᆞ시ᄂᆞᆫ 렬위부인 신ᄉᆞ의 진진ᄒᆞᆫ ᄌᆞ미가 일층 더 싱길 것이오 그 사ᄅᆞᆷ이 회ᄀᆡᄒᆞ고 그 ᄉᆞ실을 경계ᄒᆞᄂᆞᆫ 됴흔 영향도 업지 안이ᄒᆞᆯ지라 고로 본 긔쟈ᄂᆞᆫ 이 쇼셜을 긔록ᄒᆞᆷᄋᆡ 스스로 그 ᄌᆞ미와 그 영향이 잇슴을 바ᄅᆞ고 ᄯᅩ 바ᄅᆞ노라.[71]

위 인용문은 신소설의 특성을 설명할 때 자주 거론되어왔지만 이미 많은 작품이 발표된 사후(事後)에 쓴 것이므로 강제병합을 전후한 상황을 염두에 두고 읽을 필요가 있다. 「화의혈」 서문과 후기에는 1900년대 신소설의 지향과 『매일신보』 정책에 동조하는 연재소설의 방향이 접합되어 있다. 이해조는 실사(實事)를 바탕으로 하며 기자가 사건을 편집하여 있는 그대로 전달하는 것처럼 개연성 있는 당대의 인물과 사건을 사실적으로 재현한다는 데 소설의 가치가 있음을 강조하여 「혈의누」 이후 사실주의 신문소설이 추구한 테제를 고수한다. 동시에 인

70 「화의혈」 서문, 『매일신보』, 1911.4.6.
71 「화의혈」 후기, 『매일신보』, 1911.6.21.

정(人情)을 그림으로써 소설이 사회의 거울이 되어야 하며, 이를 통해 풍속을 교화하는 경세의 기능을 수행해야 한다고 주장하는 대목은 도쿠토미 소호의 문학관과 일치하는 바가 있다. 물론 소설이 사회를 반영하고 풍속을 교정해야 한다는 것은 1900년대에도 흔히 나타났던 주장이지만, 텍스트가 산출된 시점과 문맥에 따라 교정(敎政)과 경성(警省)의 기준 및 방법이 달라졌다는 점이 중요하다.

이해조가 강제병합 직후에 재현한 인정세태는 어떤 것이었는가. 전체적으로 보아 이해조가 되풀이한 이야기는 물욕과 색욕으로 인해 벌어지는 갈등, 조선의 구습과 부패로 인해 인물들이 겪는 고난, 특히 충(忠)·효(孝)·열(烈)과 같은 윤리 덕목이다. 「화세계」(1910)의 구참령은 첩이 넷이나 되는 호색한에 부패한 장교의 전형인데, 여주인공 수정(守貞)은 단지 서로 사주단자를 교환했다는 이유로 그를 기다리다가 가출하여 구참령을 찾는 정절을 보여준다.[72] 「화의혈」(1911)은 동학농민항쟁을 배경으로 삼고 있지만 전반부의 전개는 벼슬아치들의 횡포에도 굴하지 않는 기생 선초가 절개를 지키는 과정에 초점을 두며, 후반부는 선초의 동생 모란의 복수를 중심으로 전개된다.[73] 「구의산」은 죽은 신랑의 원혼을 풀어주는 과정에서 권선징악의 도덕률과 김씨부인의 절행을 전면에 내세웠다. 「춘외춘」(1912)은 연재 시작부터 '성세화육(聖世化育)'의 동화주의를 표방했는데, 계모의 학대를 받다가 색주가에 팔린 한영진이 동경유학생 강학수를 만나 결혼함으로써 구원을 받는다.[74] 「월하가인」은 멕시코로 떠난 조선인들의 노동이민 문제를 다루는 새로운 시도를 보여준다. 하지만 이민을 떠나는 원인이나 그곳에서

---

72 『매일신보』, 1910.10.12~1911.1.17.

73 『매일신보』, 1911.4.6~6.21

74 『매일신보』, 1912.1.1~3.14.

겪는 갈등에는 조선인들의 부정한 욕망과 조선의 후진성이 작용하고 있다는 점에서 인정세태의 양상은 다른 작품과 크게 다르지 않으며, 장씨 부인이 정절을 지켜 결국 가족과 재회하는 과정이 중심을 이루고 있다.

독자들의 '인정에 맞게 재미(취미)있도록 편집'하는 과정에서 조선인의 물욕과 색욕은 주로 죽음, 살인, 복수의 사서로 나타났다. 조선인의 인정은 1900년대 신소설에 비해 자극적이고 선정적인 장면들의 결합으로 제시되는데 살인과 납치, 인신매매가 빈번하게 일어나고 여성 주인공의 시련 수위도 높아졌다. 『매일신보』의 이해조 소설에서 물욕과 색욕은 조선인의 인정(人情)에서 특징적인 부분이 되었다. 그리고 재물에 대한 욕망, 힘없는 자가 겪는 일상적 위협들, 봉건지배층의 횡포가 조선의 전형적 세태로 재현된다. 장소를 「소학령」처럼 해삼위와 같은 국외로 옮겨도 사정은 비슷하다. 이러한 상황에서 '현금 사람들의 실제 일'이며 '허랑설언은 하지 않고 있는 그대로 쓴 것'이라는 진술을 작품 외부에 덧붙이는 것은 신소설의 덕목인 '당대성'을 강조하는 수준을 넘어서 상술한 인정세태가 식민지 조선 어디에서나 찾아볼 수 있는 일상적이고 사실적인 일로 여겨지도록 하는 효과를 낳게 된다.[75]

『매일신보』 연재소설에서 이해조가 이야기를 종결짓는 방법은 대략 세 가지이다. 하나는 1900년대 이인직과 이해조 소설에서 볼 수 있는 결말로, 일본이나 미국으로 떠나 제국의 수혜를 받음으로써 갈등이

75 『매일신보』 이해조 작품에서 신소설의 가치를 지탱하는 가장 중요한 덕목인 당대성은 1900년대와 다른 방식으로 기능한다. 군대해산이나 동학란과 같은 역사적 사건들은 서사의 전개에 중요한 영향을 미치는 배경이라기보다 조선을 악습(惡習)처럼 부정해야 할 과거로 환기하는 경우가 많으며, 심지어 '조선 중고 시대에 인재가 많이 나서 조야에 희한한 사적이 한둘이 아닌 중 가장 듣고 본받을 만한 자를 긔록코져 하노라'라고 시작하는 「소양정」의 경우 신소설의 원칙을 벗어나 시간적 배경이 조선으로 회귀하는 모습까지 보여준다.

해결되는 경우이다. 「구의산」, 「춘외춘」이 여기에 해당한다. 둘째는 주인공이 직접 복수를 함으로써 갈등의 원인을 해결하는 경우로 권선징악의 틀을 따른다. 「화의혈」, 「탄금대」, 「비파성」이 그러하다. 세 번째는 충효열과 같은 도덕률을 끝까지 지킴으로서 구원을 받거나 뜻을 이루는 경우로 나머지 작품들이 여기에 속한다. 때로는 이 가운데 두 가지가 중첩되기도 한다. 소설의 결말이 보통 독자에게 제시하는 인간적 가치를 집약한다고 할 때, 이해조는 상술한 세 가지 방향에서 선악의 분별, 풍속의 교정, 사회 경성의 길을 제시했다고 할 수 있다.

이해조는 독자가 '진진한 ᄌᆞ미'와 함께 그와 비슷한 사건이나 인물이 주변에 있다는 사실 때문에 '회ᄀᆡ하고 경계(警戒)'하는 정서적 반응과정을 거치게 되기를 기대했다.[76] 이해조가 제시한 길을 따라가다 보면 독자는 조선의 악습과 부패로부터 벗어나기 위해서는 외부(제국)에 의지하거나, 자신 혹은 조선인의 성정에 대해 회개해야 하는 결말에 도달하기 쉽다. 소설을 읽으며 시련을 눈앞에 둔 여성과 자신을 동일시하면서 연민하고 동정하며, 악을 행하는 조선인을 보며 원망하고 분노한다. 그리고 자신 또한 조선인에게 공통적인 부정적 성정으로부터 자유롭지 못하다는 사실, 많은 사건의 발단이 되는 합방 이전 조선의 부조리한 현실을 깨닫게 된다. 고소설의 화소를 상당수 차용하고 있는 『매일신보』의 이해조 소설에서 새로운 사상을 열어줄 지식, 현실을 객관적으로 인식할 수 있게 하는 앎은 찾아보기 어렵다.

현실의 모순이 조선의 후진성, 조선인들의 잘못된 성정에 기인한다는 내러티브는 1900년대 후반 나카무라 겐타로가 혼자서 조선인 신문을 검열할 때 건드리지 않았던 기사와 소설의 대표적인 내용이기도 하

76 「화의혈」 작가후기, 『매일신보』, 1911.6.21.

다. 그런데 『제국신문』의 소설도 역시 갈등이나 고난의 양상은 유사했으나 적어도 중재와 해결의 과정이 법률과 종교, 근대적 윤리, 여성의 주체적 각성 등에 기대는 경우가 많았다. 하지만 『매일신보』의 이해조 소설에서 인정세태에 대한 '경계'는 충효열제의 도덕률에 근거한 권선징악의 이야기를 통해서 빈번하게 이루어진다. 『매일신보』 논설[77] 역시 사례를 열거하기 어려울 정도로 빈번하게 유교의 도덕률과 용어를 활용하여 무질서한 조선에 공적인 규범을 세우고자 했던 바, 국민 창출을 위한 근대인의 윤리를 세우고자 했던 1900년대를 상기하면 완연한 복고(復古)이다.

③ 이해조 소설의 변화는 작가 개인의 세계관이 후퇴한 것이라기보다 유교를 활용하여 공공의 질서를 세우고자 한 식민지 문화전략 속에서 이해할 문제이다.[78] 천황제 교육이념인 「교육칙어(教育ニ關スル勅語)」의 정신 역시 충효와 같은 유교의 윤리관을 기초로 하였고, '조선교육령'은 「교육칙어」를 명문화했다. 「교육칙어」는 천황을 중심으로 한 가족국가관을 기본 모델로 하며, 국민을 적자로 삼아 국가에 대한 충성과 천황에 대한 효를 실현한다는 국민도덕론의 연장이다.[79] 조선교육령을 입안한 총독 다케우치는 점진적인 동화를 구상했는데 조선인의 심리와 정신생활을 충분히 이해하지 못하면 동화는 불가능하다고 생각했다. 구습(舊習)조사나 조선사편수 등은 그러한 차원에서 이루어진 작업이었다.

---

77 대표적인 사례는 다음과 같다. 「문명과 유교의 관계」, 『매일신보』 1911.1.13; 「유학의 활용」, 1912.3.17; 「유교의 진흥」, 1913.10.14 등.

78 김현주, 앞의 글, 252~257면 참고.

79 류미나, 「일본 국민도덕론의 유입과 재생산」, 『인문연구』 52, 2007 참고.

다케우치 자신이 '전래문학과 옛 풍속 및 관습 가운데 선량한 것을 활용'[80]하도록 하는 복고의 전략을 지시하기도 했으며, 도쿠토미 소호 또한 「朝鮮統治の要義」에서 개혁의 묘(妙)는 신경을 거스르지 않게 하는 데 있으므로 개혁해도 되고 안 해도 되는 경우에는 오히려 전래 습관에 맡겨두는 편이 좋다고 말한 바 있다. 이인직이 사성으로 있었던 경학원의 사례에서도 확인할 수 있듯이, 1900년대에 부정되어야 할 과거의 유산으로 비판받았던 유학의 전근대적 도덕률을 복권함으로써 충군애국의 신민(臣民)의식을 파급하는 동시에 조선의 지배층을 규합하는 방법은 식민통치의 유효한 전략 가운데 하나였다.[81]

복고는 이해조의 판소리 산정과 고소설 개작에서도 나타난다. 이 작업은 이해조 스스로 원했던 일이라기보다 『매일신보』의 편집방안을 따른 것으로 판단된다. 1900년대에 이해조는 국란의 입을 빌어 '춘향전을 보면 정치를 알겠소, 심청전을 보면 법률을 알겠소, 홍길동전을 보아 도덕을 알겠소'라며, 고소설 자체가 새로운 지식을 전혀 내포하지 않기 때문에 '음탕, 처량, 허황교과서'라고 근본적으로 부정했다.[82] 하지만 『매일신보』에서는 '전해오는 타령 중 심청가, 박타령, 토끼타령'은 처음부터 '충효의멸의 좋은 취지를 포함하여 징악창선하는 큰 기관'이기 때문에 정대한 본뜻, 즉 '열행, 효행, 우애'를 살리기 위해 정리한다고 입장을 바꾸었다.[83]

이본(異本) 연구의 결과에 따르면 개작은 다음과 같은 몇 가지 변화

---

80 「寺內總督의 巡視」, 『매일신보』, 1913.5.5.

81 주지하다시피 총독부는 1911년 양반과 유림세력을 회유하기 위해 성균관을 폐지하고 경학원을 설립했으며, 이인직이 편집 겸 발행인이었던 『경학원잡지』는 1913년 12월에 창간된 경학원의 기관지였다.

82 『자유종』, 광학서포, 1910.7.14~15면.

83 「연의각 예고」, 『매일신보』, 1912.4.27.

를 가져왔다.[84] ① 판소리의 구술성이 약화되고 소설적 기법이 활용된다. ② 현실 비판적이고 다성악적인 측면이 약화된다. ③ 주제 자체가 변용된다. 예컨대 민중의식이 소거되거나 이본 가운데 자라의 충성을 가장 부각한다. 연재 지면의 변화는 판소리 산정과 개작이 이해조 개인의 기획이라 보기 어려운 또 다른 근거가 된다. 1912년 1월 1일을 기점으로 「옥중화」·「강상련」·「연의각」·「토의간」이 1면에 연이어 연재되기 시작하면서 「춘외춘」 등의 연재소설은 4면으로 옮겨간다. 판소리 산정(개작)의 연재가 끝난 후 1면은 번안소설이 차지한다.

이해조는 소설예고를 통해 몇 번이고 스스로 자기갱신을 시도하겠다고 밝혔지만, 전체적으로 보아 「조선통치의 요의」를 위한 '경세의 문학'에서 벗어나지 않았다고 할 수 있다. 이해조가 의도했건 의도하지 않았건 결과적으로 『매일신보』에 연재한 이해조의 소설은 전체적으로 보아 조선(인)의 인정과 세태에 대해 회개하는 데, 그래서 선량한 신민이 되기 위한 도덕률을 받아들이고 자발적으로 동의하는 데 일조했다. 다케우치가 바랬던 '점진적인 동화', 도쿠토미가 의도했던 자발적 동의가 소설의 수준에서 실현된 셈이다.

약 3년간 이해조가 『매일신보』에 연재한 소설들이 보여주는 변화를 '계몽성의 약화'라든지 '통속성의 추구'로 간단히 정리하기는 어렵다. 식민지 규율권력의 문화전략을 내용－형식에서 실현했을 뿐만 아니라 현실적인 파급력 또한 심대했기 때문이다. 총독부 기관지 『매일신

84 권순긍, 「판소리 개작소설 옥중화의 근대성」, 『반교어문』 2, 1990; 권순긍, 「「토끼전」의 매체변환과 존재방식」, 『조선문학연구』 30, 2006; 최진형, 「홍부전의 전승양상」, 『어문연구』 34권 4호, 2006; 엄태웅, 「이해조 산정 판소리의 『매일신보』 연재 양상과 의미」, 『국어문학』 45, 2008 등 참고. 「구의산」과 「탄금대」의 경우는 고소설을 『매일신보』 신소설의 세계관과 질서에 맞도록 전환시킨 것이다. 이해조의 고소설 개작에 대해서는 함태영의 앞의 글을 참고할 수 있다.

보』에 대한 부정적인 인식에도 불구하고 이해조의 고전 개작은 활자본 고소설의 유행을 촉발했다. 1900년대에 비해 출판물의 종류가 급감한 상황에서 활자본 고소설은 중요한 독물(讀物)이 되었다. 활자본 고소설이 양산되기 시작한 것은 1912년 8월경으로 이해조의 판소리소설 연재가 끝난 직후이며, 그 선두가 「옥중화」[85]였다.

구활자본 판소리계 소설 3편, 110종 가운데 이해조 개작 판소리가 90종을 차지한다. 이해조의 활자본을 필사한 경우가 상당수였다는 점을 감안하면 현실적으로 표준을 제시했다고 해도 과언이 아니다.[86] 조선인에 의한 고전의 발견과 정리는 조선광문회와 신문관의 작업에 앞서 이해조에 의해 먼저 이루어졌던 것이다. 이에 비하면 합방 직후 『천도교월보』나 『시천교월보』에 실려 있는 단편 소설이나 종교적 우언들, 신문관의 번역(번안)소설의 현실적 영향력은 미미했다고 판단된다. 이해조판이 고소설의 유행을 선도하고, 조선을 대표하는 고전의 모델이 되었다는 사실은 식민지 문화전략이 성공적이었음을 의미한다고 볼 수 있다.

신소설, 정확히 말하자면 「혈의루」를 모델로 하는 이인직과 이해조의 1900년대 사실주의 신문소설은 동양평화론의 미망에서 벗어나지 못했을지언정 국가학·사회학·신문학·윤리학과 같은 학지(學知)를 재현의 사상적 기초로 삼았고, 그런 가운데 새로운 문체와 크로노토프를 선보일 수 있었다. 흔히 '계몽성이 약화되었다'는 문학사적 평가는 이들의 작품이 더 이상 현실을 인식하는 데 도움이 되는 앎과 연대하지 못하며, 소설의 사실성이 인정세태에 관한 묘사의 기술적 방편으로

85 「獄中花」, 박문서관, 1912,8,17; 보급서관, 1912,8,27.
86 오윤선, 「「옥중화」를 통해 본 이해조 개작 판소리의 영향과 그 의미」, 『판소리연구』 21, 2006 참고.

활용한다는 점과 관련된다. 더구나 재미와 풍교를 추구한 인정세태의 묘사는 복고주의를 핵심으로 삼았다는 점에서 식민주의를 소설의 수준에서 일상화한 측면이 없지 않았다.

주지하다시피 1912년까지 연재되던 『매일신보』의 이해조 소설을 대체한 것은 일본 가정소설을 번안한 작품들이었다. 번안소설이 분명 한국 근대소설사의 양식적, 언어적 역량을 비축했으며 새로운 문학적 상상력의 기틀을 마련했다는 사실을 우리는 인정할 필요가 있다.[87] 하지만 1910년대 번안소설이 "세계 전체가 이미 욕망과 죄악에 물들어 있으며 회개와 동정만이 해결책을 제시할 수 있다는 발상을 서사화하고 있다"[88]는 측면도 잊어서는 안 된다. 이해조의 소설과 번안소설은 재현의 대상과 작법에서 큰 차이를 보이지만, 식민지 조선인들의 인심(人心)을 특정한 방향으로 유도하는 측면에서는 교집합이 있었다. 국가가 부재하는 상황에서 소설의 사실성은 '실사'를 그리는 것이 아니라 고뇌하는 피식민인의 내면(정신)을 재현의 대상으로 삼아 새로운 영역을 개척하고, 이후 마르크스주의의 유입과 더불어 질적인 비약을 하게 된다.

---

87 박진영, 『번역과 번안의 시대』, 소명출판, 2011 참고.
88 권보드래, 「죄, 눈물, 회개-1910년대 번안소설의 감성구조와 서사형식」, 『한국 근대문학연구』 16, 2007, 39면.

제4장
교육학, 역사학 계열 지식담론과 소설의 민족성

제1장
신사(新史)와 교육학, 소설의 효용성

1. 실학(實學)과 변통(變通)의 논리

1 이인직과 이해조가 국가사회학 계열 지식 담론을 수용하며 소설의 위상전환을 이루었다면, 신채호를 중심으로 한 일부 개신유학자들은 러일전쟁 이후 국민 교육을 실현하고 근대 역사학을 구축하는 과정에서 역사와 소설의 분할을 이루었다. 신채호 등은 실학의 개혁논리였던 변통(變通)에 입각하여 신지식을 수용했으며, 근대 학지의 과학성이나 전문화된 지식내용에 경도되기보다 그 이데올로기적 효과와 주체의 수용방식, 학지를 통합적으로 사고하는 사상(思想)을 핵심적인 문제로 삼았다. 그런 가운데 소설에 대한 주자학적 효용론의 시각은 역사

학과 교육학 담론의 배치 속에서 국성과 민성을 계발(啓發)하려는 교육적 효용론으로 전화(轉化)된다.

특히 1908년에 접어들어 신채호가 '제국주의'에 관한 비판적 논의를 수용하면서 소설의 토폴로지는 다시 한 번 변화한다. 이인직이 식민주의를 내포한 국가학과 사회학을 재현의 사상적 기초로 삼았다면, 신채호는 반제국주의 담론을 선택적으로 번역하면서 인식의 전환을 이루었다. 그 결과 현실의 주요 모순을 '제국—식민지'의 문제로 코드화하고, 저항의 거점이자 새로운 주체로 '민족'을 발견한다. 민족주의 역사 담론이 형성되는 과정에서 소설은 교육적 효능을 넘어서 민족사를 복원하기 위한 전략적 글쓰기의 하나로 재고되었다.

개신유학자 가운데 신지식을 수용하면서 소설의 근대적 재편을 주도했던 인물은 신채호이다. 박은식과 장지연이 강제병합 이후로는 소설과 관련된 논의를 전개하지 않은 데 반해, 신채호는 망명객이라는 특수한 위치에서 전통시기 문예관의 합리적 핵심을 재해석한 작품과 소설론을 남겼다. 이들은 지식담론의 수준에서 전통과 근대의 복잡한 절합 양상을 보여준다. 일찍부터 한학을 수학했으나 독립협회와 만민공동회를 계기로 신지식의 필요성을 절감했고, 이후 식민지 현실에 응전하는 가운데 근대 학지를 민족지(民族知)의 차원으로 변역(變易)해 가는 과정을 거치기 때문이다. 이인직이나 이해조의 학문적 이력이 불확실하다면, 이들은 유학의 계보를 잇고 있는데 연배 순으로 간략히 정리하면 다음과 같다.

박은식(1859~1925)은 황해도 황주(黃州) 출신으로 10세부터 부친의 서당을 다니다 17세에 고향을 떠나 실학, 경학, 문장학 등 다방면의 공부를 했다.[1] 1880년 정약용의 제자인 정관섭(丁觀燮)에게 고문(古文)과 다산학을 배웠고, 1884년 관서지방의 성리학을 대표하는 박문일(朴文

一)에게 성리학 강론을 받았다. 문장학의 스승은 홍승운(洪承運)이었다. 박은식은 홍승운으로부터 주자학을 중심으로 의리(義理)에 충실한 문장을 전수받았는데, 홍승운은 홍석주(洪奭周) 홍길주(洪吉周) 형제의 학문을 가학으로 계승한 인물이다.[2] 주지하다시피 홍석주와 홍길주는 당대를 대표하는 문인이었으며 김소행의 소설 『삼한습유』의 서발문을 통해 19세기 소설론 전개의 한 획을 그은 바 있다.[3]

박은식은 과거에 뜻을 두었으나 자전적인 글 「羅彦述傳」에서 기록했듯이 관서지방의 한미한 선비가 자력으로 입신한다는 것은 어려운 일이었다.[4] 1900년 성균관 경학원 강사로 경학을 가르쳤고 관립한성사범학교 교사로도 활동한다. 김택영(金澤榮) 등과 교우하며 『연암집(燕巖集)』(1900)과 『연암속집(燕巖續集)』(1901) 간행에 참여하기도 했다. 1899년경부터 『황성신문』 주필로 활동한 것으로 보이며, 『대한매일신보』 국한문판이 발간되는 1905년 8월경 『대한매일신보』 주필이 된다.[5] 1907년 11월 『대한매일신보』를 사직하고 『황성신문』의 주필로 활동하면서 『대한매일신보』에는 객원논설진으로 지속적으로 기고했다.[6]

---

1 조부인 박종록(朴宗祿) 대에 와서 '역농(力農)으로 치산(治産)했다'는 것을 보면 이전에는 양인계층이었던 것으로 연구자들은 파악하고 있다. 「白巖朴殷植先生略歷」, 『朴殷植全書』 하권, 단국대 동양학 연구소, 1975, 286면.

2 박은식, 「祭三泉洪直閣文」, 『謙谷文稿』, 『朴殷植全書』 중권, 단국대 동양학연구소, 1975, 459면.

3 홍길주, 「義烈女傳序」, 홍석주, 「書義烈女傳後」, 최창록 역해, 『삼한습유』, 태학사, 1998. 홍길주와 홍석주의 소설론에 대해서는 간호윤의 『한국 고소설비평 연구』(경인문화사, 2002)를 참고할 수 있다.

4 박은식, 「羅彦述傳」, 『서북학회월보』 9호, 1909.2.

5 『朴殷植全書』 상·하, 단국대 동양학 연구소, 1975; 신용하, 『박은식의 사회사상연구』, 서울대 출판부, 1982; 박찬승, 『한국근대정치사상사연구』, 역사비평사, 1991; 배용일, 「박은식과 신채호 사상의 비교연구」, 경인문화사, 2002; 신용하, 『한국 근대지성사 연구』, 서울대 출판부, 2004 등 참고.

6 김영민, 『한국의 근대신문과 근대소설-대한매일신보』, 소명출판, 2006, 84면; 김주현, 「단재 신채호의 자료 발굴 및 원전 확정 연구」, 『한국현대문학연구』 20호, 2006.

장지연은 몰락 향반 출신이다.[7] 고조와 증조가 인동(人同) 수령과 갈등을 빚어 상주(尙州)로 이주한 후 부친 장용상(張龍相)은 유랑하며 몇몇 친지의 도움으로 근근이 생계를 유지했다. 6세 때부터 글공부를 시작했지만 온전할 수가 없었고, 14세가 되는 1877년 인동 본가로 돌아가 장석봉(張錫鳳)의 보살핌을 받으면서 6년간 가학(家學)을 익혔다. 1882년 장석봉이 별세하자 독립하여 허훈(許薰)의 문하에서 고문(古文)을 익혔다. 실용을 중시했던 허훈의 학풍에 영향을 받았고, 스스로 다독하여 지리와 역사를 중심으로 한 다양한 영역의 박학(博學)을 추구했다.[8]

1890년 상경한 후 과거에 두 번 낙방하고 31살이 되던 1894년, 장지연은 비로소 진사병과(進士丙科)에 급제했으나 동학의 봉기와 청일전쟁 발발로 등용되지 못했다. 이후 실학에 경도되어 광문사 편집원이 되자 정약용의 『목민심서』와 『흠흠신서』를 먼저 펴냈다. 이후 『황성신문』의 주필을 지내다가 1902년 8월 사장에 임명된다. 잘 알려져 있듯이 1905년 11월 20일 장지연의 「시일야방성대곡」을 게재한 후 『황성신문』은 정간당하고 장지연은 체포되었다가 1906년 1월 석방된다.[9] 1908년 러시아의 블라디보스토크로 망명했을 때 『해조신문(海潮新聞)』의 주필을, 귀국하여 1909년 10월 진주에서 창간된 최초의 지방지 『경남일보』의 주필을 맡았다.[10]

신채호는 충남 대덕군(大德郡)에서 출생했다. 조부 신성우는 정6품의 사간원(司諫院) 정언(正言)을 지냈으나 부친 신광식은 과거에 실패한

---

7 「家狀」, 「行狀」, 『張志淵全書』 6권, 단국대 동양학연구소, 1989.

8 「上朴地主」, 『張志淵全書』 2권, 단국대 동양학연구소, 1989.

9 『황성신문』이 복간된 것은 1906년 2월 12일이다. 장지연을 비롯해 부사장 김상연 등이 모두 2월 17일자로 사임한다. 정진석, 『한국언론사』, 나남, 1990, 169면.

10 『張志淵全書』, 단국대 동양학연구소, 1979; 구자혁, 「장지연 사상 연구」, 단국대 박사논문, 1990; 황재문, 「장지연 · 신채호 · 이광수의 문학사상 비교연구」, 서울대 박사논문, 2004 등 참고.

선비였고 경제적으로도 매우 빈곤했다. 조부의 서당에서 6세부터 한학을 시작하여 9세 때 『자치통감』을 마치고 13세에 『사서삼경』을 독파했다고 한다. 19세에 신기선의 추천으로 산술과 지리 등 일부 실용학문을 학제에 받아들인 성균관에 입학하여 변영만(卞榮晩, 1889~1954)과 같이 수학했다. 1898년 독립협회와 만민공동회에 참여했으며,[11] 이 시절부터 실학서적 및 국내에 유입된 신서적을 적극적으로 독파한다.

만민공동회가 해산당하고 주모자들이 체포되는 가운데 신채호도 경무청에 일시 구금당했다가 석방되었다. 낙향하여 문동학원(文東學院) 강사로 일하는 가운데 한문무용론을 주장하여 보수적인 고향 유생들의 배척을 받아 22세 되는 1901년 다시 상경했다. 1905년 2월 성균관 박사가 되었으며, 그 후 장지연의 초청으로 『황성신문』 논설기자가 되었다. 1905년 『황성신문』이 정간을 당하자 양기탁의 요청에 의해 『대한매일신보』 논설기자가 되어 박은식과 함께 논설을 쓰고 기사를 집필했다.[12]

학통(學統)에서 세 사람은 차이가 있으며, 특히 박은식이나 장지연과 스무살 가까이 차이가 나는 신채호의 경우 젊은 시절부터 신학문을 접함으로써 보다 급진적인 사유를 전개하게 된다. 하지만 한편으로는 다음과 같은 유사성 또한 발견할 수 있다. 첫째, 모두 몰락한 양반의 후손이었지만 뛰어난 학재(學才)를 바탕으로 1900년대의 격변기에 여론을 주도하는 위치에 올랐다는 점. 둘째, 다양한 학문을 수학하여 도통(道統)에 구애받지 않고 독자적인 성취에 이르렀다는 점. 셋째, 경세학(經

11 「獨立協會沿革略史」, 『창작과비평』 봄, 창작과비평사, 1970.

12 『단재신채호전집』, 단재신초해기념사업회, 1977; 최홍규, 『신채호의 민족주의사상』, 단재 신채호선생 기념사업회, 1983; 신용하, 『신채호의 사회사상 연구』, 한길사, 1984; 김병민, 『신채호 문학연구』, 아침, 1989 등 참고.

世學)으로서 실학을 재발견하고 유교구신(儒教求新)의 가능성을 모색했다는 점. 넷째, 변통(變通)의 논리에 입각하여 근대 지식을 수용했다는 점. 다섯째, 주체의 행위규범을 주로 역사담론의 지평에서 정초하고자 했다는 점. 여섯째, 역사서술을 서사(敍事)의 본으로 삼아 소설의 성격과 위상을 재편했다는 점 등이다. 이들은 1890년대 후반부터 신문창간과 공론장 형성에 기여했으며, 저널리즘과 학회활동을 통해 서로 교류했다.[13]

2 소설의 위상 변화와 관련하여 먼저 살펴볼 것은 근대 지식을 수용하는 방식일 터인데, 1900년을 전후한 세 사람의 학문관은 박은식의 다음과 같은 서술에 집약되어 있다.

> 만일 지금 세상에 태어나서 신학문을 하는 것이 옳지 어찌 구학문을 하겠습니까. …(중략)… 다만 천하의 일이 천만번 변화해도 몸과 마음을 근본으로 삼으니 진실로 마음의 이치에 맞지 않고서야 어찌 변화에 응할 수 있으며, 백성을 구제할 수 있겠습니까. 몸과 마음을 다스리고자 한다면 우리 공맹(孔孟)의 서(書)를 버리고 무엇으로 할 수 있겠습니까.[14]

박은식은 독립협회와 만민공동회를 거치며 신지식의 필요성을 체감했고, 변통의 논리에 입각하여 신학문을 수용했다. 실학이 유가의

---

13 개신유학자로 『제국신문』의 사장을 지낸 이종일은 박은식, 장지연과 독립협회의 방향과 신문창간 계획을 수시로 논의했다고 한다. 「默菴備忘錄」, 『沃坡李鍾一先生論說集』 3권, 교학사, 1984, 291~254면.

14 "若曰生斯也 爲新學文可也 安用舊學爲哉 (…중략…) 但天下之事千變萬化而身心爲本 苟身心之不理則 何變之可應 何爲之可濟哉 欲治心身 舍吾孔孟之書則何以哉." 박은식, 「謙谷文稿」, 『박은식전서』 中, 단국대 동양학연구소, 1975, 369~370면.

근본 틀을 허물지 않으면서도 실사구시와 이용후생에 도달할 수 있었던 것은 경전을 새롭게 해석할 수 있는 논리로 변역(變易)에 주목했기 때문이다. 실학의 핵심은 '수시변역(隨時變易)'에 집약되어 있는 바, '때에 따라 바뀌는 것이 천지가 오래 갈 수 있는 법칙이므로 일정한 것에 고착되어 있으면 오래 지속될 수 없다'는 『주역(周易)』에 바탕한 것이다. 전통을 지키면서도 시대의 변화에 어둡지 않고 혁신을 추구하면서도 정리(正理)를 잃지 말아야 한다는 것이 박은식의 생각이었다. 개신유학자들은 공통적으로 변통(變通)을 개혁의 형식으로 삼았고, 정치・법률・전장(典章) 및 각종 제도에 이르는 변법을 통해 근대를 기획했다. 학문의 근대화 역시 마찬가지였다.

세 사람은 시의(時宜)에 적합한 신학문을 배울 것을 거듭 권고한다. 박은식은 농학(農學), 무학(武學), 의학(醫學), 화학(化學), 격치학(格致學), 천문, 지리 등 실용학문의 중요성을 강조한 바 있다.[15] 또한 경세제민학(經世濟民學)으로서 경제학, 정치학, 법률학 등의 필요성을 주장했다.[16] 하지만 학지 자체의 내용을 익히는 것보다 시세에 대응하는 주체의 태도를 가장 큰 화두로 삼았다. 개신유학자들에게 서양의 신지식은 용(用)의 측면에서 반드시 필요하지만, 문제는 그것을 받아들이고 활용하는 주체(體)가 스스로를 올곧게 하는 삶의 통합적 원리였다. 이를 위해서는 시세(時世)가 아무리 변하더라도 공맹의 도를 버릴 수 없다고 판단한다. 여기서 '공맹의 서'는 주자학이라기보다 시의에 맞게 해석된 유학의 본의(本義)를 뜻한다. 좁게 보아 수신(修身)을 위한 윤리적 덕목으로 한정할

---

15 「興學說」, 앞의 책, 401~402면.

16 『學規新論』, 앞의 책, 24~25면; 박은식, 「北京報謄載後識」, 『서우』 7호, 1907.6. 신용하는 「興學說」의 내용을 중심으로 편의상 박은식이 수용하려했던 신학문을 ① 기술과학, ② 사회과학, ③ 국학과 민족문화, ④ 체육 네 가지로 나눈다. 신용하, 『박은식의 사회사상연구』, 서울대 출판부, 1982, 50면.

수도 있고, 좀 더 적극적으로 해석하자면 타자와 마주한 주체(성)를 의미는 것으로 신채호의 '아(我)'[17]와 같은 맥락에서 이해할 수 있다.

변통에 입각하여 근대 지식의 필요성을 주장하는 논리는 러일전쟁 이후에도 이어진다. 국권을 빼앗긴 상황에서 '한국 동포가 생존할 방법은 학문밖에 없으니 심성설화(心性說話)와 이기논변(理氣論辨)을 버리고 신학문과 농공상의 실업학문이 절급함'[18]을 강조하면서도 유학의 변역 가능성을 포기하지 않았다. 박은식은 '궁하면 통하고 통하면 변하니[窮則通通則變] 유림(儒林)의 구습은 마땅히 변통(變通)해야 하지만 그 바탕이 원래 아름답기 때문에 시무(時務)와 학문(學文)으로 지혜를 넓히고 열어주면 체용(體用)이 완전하고 형식과 내용이 모두 갖추어져 족히 국가와 인민의 행복을 이룰 수 있다'[19]고 주장했다. 장지연은 '고루한 유림들이 신학문을 배척하는 이유가 선성(先聖)과 선사(先師)의 대도(大道)를 깨닫지 못하기 때문이며, 국가의 부강을 위해서는 수시변통(隨時變通)하여 신학문을 수용해야 한다'[20]고 보았다. 신채호 역시 한국이 쇠약해진 이유를 유교의 신앙이 그 도를 얻지 못했기 때문이며, 존화주의(尊華主義)나 완고사상(頑固思想)이야말로 유교의 적이니 유교의 진리를 확장하여 허위를 버리고 실학에 힘쓰기를 당부한다.[21] 변통과

---

17 "我란 주관적 위치에 선 자를 말하며 非我란 我 이외의 것을 말한다. 예를 들면 조선인은 조선을 我라 하고 영국이나 미국 등을 非我라 하지만, 영국 미국 등은 또 제나라를 我라 하고 조선을 非我라 한다. 무산계급은 무산계급을 我라 하고 지주나 자본가 등을 非我라고 한다. (…중략…) 즉 무엇이든지 본위(本位)인 我가 있으면 我와 대치한 非我가 있다." 단재신채호기념사업회, 「조선상고사」, 『단재신채호전집』 상권, 형설출판사, 1972, 31면.

18 「是日에 又放聲大哭」, 『대한매일신보』 국한문판, 1905.12.28.

19 박은식, 「舊習改良論」, 『서우』 2호, 1907.1.

20 장지연, 「國家貧弱之故 續」, 『대한자강회월보』 7호, 1907.1.

21 「논설 : 警告儒林同胞」, 『대한매일신보』, 1908.1.16, 재인용 : 단재신채호선생기념사업회, 『단재신채호전집』 별집, 형설출판사, 1977, 106면. 이하 『대한매일신보』는 국문판을 뜻하며, 국한문판을 대상으로 할 때는 따로 표기하도록 한다.

같은 '박학명변(博學明辯)'[22]의 방법으로 신학(新學)을 받아들여야 하며, 유학의 본지가 '충군애국(忠君愛國)과 구세행도(救世行道)'[23]에 있음을 강조했다. 그러나 '군주와 국가의 이해가 일치하지 않을 경우는 군(君)을 버리고 국(國)을 따르라'[24]하여 변통의 논리가 국민국가에 대한 지향과 결합하는 순간, 종래의 유학으로는 회귀할 수 없는 변화 또한 발생하고 있음을 보여준다.

서양의 법제뿐만 아니라 종교와 사상을 수용하여 도(道)의 변화까지 적극적으로 꾀했던 문명개화론자들과 달리 개신유학자들은 개혁의 근거를 유학, 특히 실학에서 찾았다. 신학문을 수용하는 과정에서도 지식내용 자체를 학습하고 전파하기보다 무엇을 본위로 하여 어떻게 활용할 것인가를 쟁점으로 삼았다. 그런 점에서 국가학과 사회학 등 제국 일본의 학지를 활용하여 문명개화론의 식민주의적 전개를 보여주었던 이인직과는 대비되는 태도를 취하고 있다. 그렇다면 문제는 이들이 변통을 통해 전통학문과 근대 지식의 실질적인 결합에 도달했는가 하는 점일 터이다. 이를 위해서는 동도서기론(東道西器論)의 전개과정을 살펴보는 것이 도움이 될 수 있다.

3 1880년대에 신기선과 김윤식을 중심으로 전개된 동도서기론은 도(道)와 기(器)의 분리, 즉 기독교와 같은 서구의 정신인 서법과 각종 문물제도인 서기가 분리 가능하다는 전제로부터 출발한다. 삼강오륜

---

22 '공자도 노자에게 예(禮)를 물으시고 순자에게 악(樂)을 물으시어 박학명변(博學明辯)으로 주로 삼으시되 도가 다른 이단에게도 질문하는 것을 부끄러워 하지 않았거늘, 지금 신학(新學) 신설(新說)의 시비정사도 알지 못하고 눈감고 반대하는 자 어찌 오류가 아니며.' 위의 글.

23 신채호, 「儒學界에 관한 一論」, 『대한매일신보』, 1909.2.29, 재인용 : 단재신채호선생기념사업회, 『단재신채호전집』 별집, 형설출판사, 1977, 106면.

24 신채호, 「論忠臣」, 『신채호전집』 별집, 형설출판사, 1977, 180면.

이나 효제충신과 같은 동도는 덕을 바르게 하는 데 사용하고, 서양의 문물은 이용후생을 위해 활용할 수 있으니 양자를 병행하는 것이 모순되지 않는다는 논리였다. 이는 도기의 문제에 관한 철학적 사유를 바탕으로 구성된 것이라기보다 서양문물의 수용을 정당화하기 위한 논리로서의 성격이 강하다고 볼 수 있다.[25] 그러나 동도와 서기의 변별은 현실적 의도와 무관하게 도기(道器)의 철학적 표상인 이기(理氣)가 분리 가능한가라는 문제를 야기하지 않을 수 없다.

주지하다시피 송대 주자학에서 이기론이 체계화된 이후로 이와 기는 '서로 혼동될 수 없는[不相雜]' 관계일 뿐만 아니라 '서로 떨어질 수도 없는[不相離]' 관계로 설명되었다. 논자의 강조점에 따라 이일원론, 기일원론, 이기일원론, 이기이원론 등 다양한 입장이 전개되었지만 모두 이기의 독자적인 분리가 불가능하다는 것은 공통된 생각이었다.[26] 도(道)와 문(文)의 관계와 마찬가지로 도(道)와 기(器)는 상호 의존하는 결합관계 속에서 세계의 전체상에 대한 설명력을 확보할 수 있다. 따라서 서양의 사상으로부터 문물을 분리하여 유학의 요체와 결합하려는 실용주의적 시도는 형식적 변증법을 넘어서기 어렵다. 더구나 도(道)는 삼라만상에 적용되는 보편적인 진리를 뜻하므로, 동도와 서도를 구분하는 논리 자체가 도의 보편성에 의문을 제기하는 형국이 된다. 신기선과 김윤식이 1906년 이후 서양의 종교와 입헌정체를 긍정하는 쪽으로 방향을 선회한 것은 유학의 가치체계와 서양의 근대학문이 동도서기론을 통해 유기적으로 결합되기 어려웠음을 반증한다.

개신유학자들의 변통론은 1800년대 후반 동도서기론자들의 이분법

25 동도서기론의 전개과정에서 대해서는 노대환, 『동도서기론 형성 과정 연구』, 일지사, 2005 참고.

26 김형찬, 「理氣論의 一元論化 연구」, 고려대 박사논문, 1996 참고.

보다는 유연한 대응을 보여준다. 변통은 도와 기의 문제보다 시대의 변화에 응전하는 주체의 태도를 강조하기 때문이다. 하지만 체용(體用)의 관점에서 유학을 본으로 삼아 신학문을 수용한다는 점에서는 동도서기론과 유사한 논리구조를 견지한다.[27] 유학과 신학문은 근본적으로 다른 종류의 지(知)에 해당한다. 유학(성리학)은 이(理)와 기(氣)·태극과 음양·도(道)와 기(器)·성(性)과 정(情)·천리(天理)와 인욕(人慾)·도심(道心)과 인심(人心)·사단(四端)과 칠정(七情) 등을 통해 인간과 세계를 설명하는 형이상학적 논리체계이며, 개인의 도덕적 수양을 바탕으로 한 삶의 통합적 원리에 관한 학문이다. 그러나 근대 지식은 관계를 통한 전체상의 구현보다는 과학성을 본령으로 삼는 분화되고 전문화된 지식이다.

체용의 관점에서 두 가지 이질적인 지식을 결합시킨다 하더라도 근대 지식의 내용은 육경(六經)의 근본을 뒤흔들게 되고, 유학의 통합적이고 보편적인 철학은 분열하는 근대 지식의 운동과 상충한다. 이를 넘어서 유학의 철학적 테제를 근대 지식에 관철하기 위해서는 서구 학지의 근대성 자체를 비판적으로 성찰하는 상당한 수준의 이론적 논의가 전개되어야 했을 것이다. 하지만 실제로는 실용학문을 이용후생학(利用厚生學)으로, 정치학과 법률학 등의 지식은 경세제민학(經世濟民學)으로 분류하고 이를 익히는 주체에게 유학의 도덕률을 적용한다는 식의 절충이 이루어졌다.

그런 점에서 근대 지식을 유학의 체계 속에 편입하는 것 또한 양자

---

27 기존의 연구에서는 박은식과 장지연을 동도서기론자로 보는 시각도 있다. 실제 19세기 후반의 동도서기론자들과 개신유자들은 현실적 유대관계를 형성하고 있으며, 사유방식의 친연성 또한 크다. 하지만 1900년대에 접어들어 개신유학자들은 신학(新學)과 신설(新說)을 적극적으로 수용하여 자기혁신을 이루어갔다는 점에서 차이가 있다.

의 본질적인 차이로 인해 형식적 결합을 크게 넘어서지 못한 것으로 보인다. 신기선이 변하지 않는 도(道)로서 '삼강오륜'과 '효제충신'의 덕목을 들었던 것처럼, 개신유학자들이 추구한 유학의 본의 역시 정덕(正德)과 같은 도덕규범으로부터 출발한다. 하지만 신채호의 사례가 보여주듯이 국민국가라는 정치체제에 관한 새로운 지식을 긍정할 때, 이미 도덕률의 성격과 실천방식 또한 달라질 수밖에 없다. 이기론과 심성론을 버린 '유학의 본의'·'성현의 대도'는 새로운 지식개념을 수용하고 열강의 침탈과 급변하는 시세에 대응하는 과정에서 개인의 윤리적 규범을 넘어서는 단계, 즉 국가와 민족의 존속에 필요한 '애국심' '국혼' '대한정신'과 같은 정신론 혹은 이데올로기로 전화된다.[28]

물론 이러한 상충 자체가 의미 있으며, 이질적인 지의 충돌이 근대라고 할 수도 있을 것이다. 그러나 1900년대 후반의 현실에서 각종 분과학들이 전통적인 앎의 체계를 대체하는 가운데 지배적인 위치를 차지해갔다. 이때 유학이 '근대사회를 이룩하는 전반적인 이념으로서 역할을 확보했다고 보기는 어렵다'[29]는 판단은 수긍할 만하다. 수기(修己)의 측면은 수신(修身)교과서의 내용으로, 치인(治人)의 방법과 이상은 국가와 민족의 존속에 대한 이념적 가치의 생산으로, 종국에는 근대학지의 제도화과정 속에서 유학은 '도덕에 관한 학문인 종교'[30]의 영역으로 분화되어 갈 처지였다. 개신유학자들은 경전의 재해석보다 역사[史]로 눈을 돌렸다. 역사는 고금의 치란(治亂), 성패(成敗), 흥망(興亡) 등을

28 「대한정신의 혈서」, 『대한매일신보』 국한문판, 1907.9.25~26; 신채호, 「역사와 애국심의 관계」, 『대한협회회보』 제3호, 1908.6 등.

29 한국철학사상연구회, 『한국철학』, 예문서원, 1995, 235면.

30 '종교는 도덕의 학문이요, 모든 과목의 학문은 경제의 기술인 것이다. 이 두 가지는 실로 병행시켜야 할 것인데 국가가 도덕적 가르침에 대해서는 더욱 정신을 들이고 힘을 다해야 할 것이다.' 박은식, 「宗教說」, 『謙谷文稿』, 『박은식전서』 中, 단국대 동양학 연구소, 1975, 418면. 박은식은 유교구신론을 통해 유교의 종교화, 대동교의 설립으로 나아간다.

살펴 시세를 파악하고 주체의 좌표를 설정할 수 있다는 점에서 긴요했기 때문이다.[31] 역사가 창출하는 비판의식과 교육적 효과는 개신유학자들이 소설의 위상을 재고하는 데 근간이 되었다.

2. 신사(新史)의 수용과 사관(史觀)의 변화

[1] 유학을 체현한 이들이 위기를 맞아 현실에 대한 비판적 관점을 확보하고 행위의 규범을 마련할 수 있는 원리를 『춘추(春秋)』와 『사기(史記)』로 대표되는 역사서술에서 찾았던 것은 충분히 납득할 수 있는 일이다. 진화론과 근대 지식의 유입으로 유효성을 잃어가던 성리학에 비해, 사실을 있는 그대로 기록하면 선악은 절로 드러난다는 『춘추』의 필법과 냉혹하리만큼 현실적인 시선으로 인간과 권력효과에 대해 질문을 던지는 『사기』의 정신은 급변하는 시세에 대응하는 지침으로 여전히 효과적이었다. 개신유학자들은 사실을 있는 그대로 전하여 옳고 그름이 절로 드러나게 한다는 사(史)의 담론적 효과에 주목했다. 사(史)의 근대적 전환은 대부분 개신유학자들이 주도했다고 해도 과언이 아니다.[32] 이들의 역사담론은 크게 보아 ① 사서(史書)의 저술과 번역, ② 저널리즘 두 가지 활동을 통해 구현되었다.

저술과 번역을 통한 역사편찬은 1900년을 전후해서 장지연과 『황성

---

31 「敍我韓疆域攷後說」, 『황성신문』, 1902.1.23.

32 여기에는 박은식, 장지연, 신채호뿐만 아니라 역관 가문인 현채 가(家)의 번역 활동 또한 포함시켜야 할 것이다.

신문』을 중심으로 시작되었다. 초기에는 크게 두 가지 방향에서 진행되었는데, 하나는 실학자들의 역사서를 재발간하는 것이고, 다른 하나는 국외의 신사(新史)를 번역하는 일이었다. 장지연은 『시사총보(時事總報)』의 후신인 광문사(廣文社)를 만들어 『목민심서(牧民心書)』·『흠흠신서(欽欽新書)』·『연암집』과 같은 실학파의 저서를 간행했다. 정약용을 '我國의 經濟學 大先生'[33]으로 여기던 초기의 인식이 '김육(金堉), 유형원, 이익, 정약용, 박지원이 경제정치학(經濟政治學)으로 뛰어났다'[34]는 서술로 이어져 실학자들의 경세제민학을 정치경제학에 상응시키고 있다.

한편 일찍이 지리와 역사에 대한 박문적 관심을 가지고 있던 장지연은 안정복의 『동사강목(東史綱目)』을 출판하고, 정약용의 『아방강역고(我邦疆域考)』를 증보하여 1903년 『대한강역고(大韓疆域考)』를 편찬한다. 장지연은 야사(野史), 기문(奇文), 고사(故事) 등의 문헌을 수집하여 발간할 계획을 가지고 있기도 했다.[35] 김도형의 지적처럼 실학파의 역사서술은 '국수보존(國粹保存)'이라는 측면에서 중요하게 여겨졌다.[36] 특히 강역(疆域)의 문제에 집중하여 지리적 경계, 즉 영토사(領土史)에 관한 관심을 드러내고 있음을 확인할 수 있다.[37] 구래(舊來)의 역사가 본국사(本國史)를 등한시하고 있으며 고증이 상세하지 않다는 문제의식에서 출발한 작업이었으므로,[38] 세계사의 전개 속에서 자국사를 이해하기

---

33 「논설」, 『황성신문』, 1899.4.17.

34 「廣文社新刊牧民心書」, 『황성신문』, 1902.5.19.

35 「논설」, 『황성신문』, 1903.1.23.

36 김도형, 「개항 전후 실학의 변용과 근대개혁론」, 『전통의 변용과 근대개혁』, 태학사, 2004, 125면.

37 장지연은 1907년 『대한신지지(大韓新地志)』를 저술함으로써 자신의 지리학적 관심을 인문지리와 자연지리의 방향으로 나누어 발전시키는 모습을 보여준다. 「대한신지지」, 『장지연전서』 4권, 단국대 동양학연구소, 1981.

38 「논설」, 『황성신문』, 1899.4.22 · 1899.7.22.

보다는 중화관으로부터 벗어나 자국사의 비어있는 부분을 보완하는 작업이 이때부터 시작된 것으로 이해할 수 있다.

서양과 세계사에 대한 이해는 신사(新史)를 번역하는 과정에서 주로 이루어졌다. 새로운 역사서술의 방법을 갖춘 국외의 역사서, 즉 신사(新史)는 실학파의 사서보다 파급력이 컸던 것으로 보인다. 개신유학자들은 근대 학지를 직접 교육받을 기회가 없었기 때문에 취사선택한 번역과 독서를 통해 간접적인 방식으로 신학문을 접할 수밖에 없었다. 이때 신사(新史)는 고금흥망의 성쇠를 통해 교훈을 얻는다는 역사 본연의 가치를 가지고 있을 뿐만 아니라, 새로운 정치제도와 태서의 학문에 관한 지식을 전해주는 중요한 통로이기도 했다.

개신유학자들의 역사편찬이 시작되기 이전, 1897년 학부에서 발간한 『태서신사(泰西新史)』[39]는 근대 초기 지식인들에게 서구의 문물과 학제를 이해하는 중요한 선본이 되었다. 중국 상해의 광학회에서 발간한 『태서신사』는 당시 신학문을 논하는 중국 지식인에게 필독서였고, 학부는 그 중요성을 인정하여 『공법회통(公法會通)』과 더불어 교과서로 삼았다.[40] 『독립신문』 역시 입헌정치를 지지하고 서양의 학술과 교육을 도입할 것을 주장하던 광학회의 출판활동과 『태서신사』에 대해 소개한 바 있다. 또한 '개화당의 운동(변법운동)과 광서황제의 문명한 정치가 광학회 서책의 힘'이라고 지적하면서 『태서신사』의 번역과 보급을 제안했다.[41] 박은식의 『학규신론(學規新論)』은 그리스와 벨기에의

---

39 마간서(馬懇西, Robert Mackenzie)가 저술한 『십구주대사기(十九周 大事記)』를 저본으로 삼아 1895년 이제마태(李提摩太, Timothy Richard)가 중국의 실정에 맞게 첨삭하여 광학회(廣學會)에서 간행한 책이다. 『태서신사』, 학부편집국, 1897, 재인용 : 한국학문헌연구소 편, 『역사전기소설』 2권, 아세아문화사, 1980.

40 「學部訓令」, 『황성신문』, 1898.11.5, 別報.

41 「광학회 ᄉᆞ긔」, 『독립신문』, 1899.2.6.

학제를 소개하는 대목에서 『태서신사』의 내용을 원용하고 있다.[42] 『태서신사』의 내용은 방대하다. 구주 백년간의 정세와 형편(情形), 정치 · 경제 · 법률 · 교육 · 군사제도, 종교와 문화적 특성 등을 국가별로 알려주고 있어 『서유견문』과 더불어 서양을 구체적으로 이해하는 데 중요한 텍스트였다. 특히 신정(新政)의 수립과정과 입헌군주제와 같은 근대정치체제에 관한 논의가 포함되어 있기 때문에 서양의 역사와 문화를 이해하는 차원을 넘어서 국민국가 수립의 필요성을 담고 있기도 했다.

신사(新史)를 번역하여 새로운 정치체제를 모색하고 국민의 각성을 촉구하려는 시도의 중심에는 황성신문사가 있었다.[43] 황성신문사는 1899년에 『미국독립사(美國獨立史)』 · 『중동전기(中東戰記)』 · 『법국혁신사(法國革新史)』를 출간했다. 『미국독립사』[44]는 신대륙 발견에 이어 영국의 식민통치를 겪고 독립전(獨立戰)이 발생하게 된 원인, 7년에 이은 독립전쟁과 각주연합정체(各州聯合政體)를 구성하게 되는 과정을 담고 있다. 역술자인 현은(玄檃)은 국가의 자립을 위해서 인민의 자립이 선행해야 하며, 인민이 자립하기 위해서는 학문에 자립의 뜻과 행동이 선행해야 한다는 점을 강조한다. 변통의 차원에서 '우리 도(道)를 도로 삼고 저들의 뜻(志)을 뜻으로 삼는다면 독립의 역사는 미국인만의 것이 아닐 수 있음을 애국자(愛國者)들에게 고하기 위함'[45]이 발간의 취지

42 노관범, 「대한제국기 박은식과 장지연의 자강사상 연구」, 서울대 박사논문, 2007, 163면.

43 『태서신사』는 광무정권의 개혁정책 기조가 학부의 교과서발간에도 적용되었던 경우다. 박은식, 장지연, 신채호 외에도 신사의 수용에 중요한 역할을 했던 이들은 역관 가문인 현채 가(家)의 사람들이었다. 천영(川寧) 현씨가(玄氏家)가 번역을 통해 전개한 계몽활동에 대해서는 다음의 글을 참고할 수 있다. 정은경, 「개화기 현채가의 저역술 및 발간서에 관한 연구」, 『서지학회』 14호, 서지학회,1997; 김양수, 「조선전환기의 중인집안활동」, 『동방학지』 102호, 연세대 국학연구원, 1998; 김영경, 「한말 서울지역 중인층의 근대화운동과 현실인식」, 『학림』 20호, 연세대 사학연구회, 1999 등.

44 현은 역술, 염천일태랑(鹽川一太郎) 저역(著譯), 『미국독립사』, 황성신문사, 1899, 재인용 : 한국학문헌연구소 편, 『역사전기소설』 3권, 아세아문화사, 1980.

였다. 『중동전기』[46]를 번역한 현채는 중일전쟁이 발발한 원인과 강화 체결의 과정, 승패의 이유를 알고 이를 거울삼아 '자수(自守) 자강(自强)'을 도모하기를 당부했다. 『법국혁신사』[47]는 프랑스혁명의 역사를 기술하는 가운데 봉건시대의 정치체제가 무너져가는 과정 및 입헌주의 · 의회정치 · 정당 등에 관한 지식을 전한다.

이인직이 일본의 국가사회학 담론이 표방한 근대 지식의 합리성을 의심하지 않았고 과학성의 외양을 취한 식민주의 이데올로기에 침윤되어 갔다면, 개신유학자들은 신사(新史)를 선택적으로 수용하는 과정에서 세계정세와 태서의 문물에 관한 지식들을 얻으면서 조선이 처한 상황을 이해했다. 새로운 역사서들은 보통 변법자강운동을 전개하던 중국을 거쳐 유입되었고, 다시 한국의 상황을 반영하는 가운데 선택적으로 재번역되었는데, 상술한 바처럼 수용주체의 의도가 명확히 반영된 것이었다.

② 황제권 강화가 본격적으로 시작되는 1901년에서 1904년 동안 신사의 번역은 중단되었다. 김택영의 『동사집략(東史輯略)』(학부, 1902)와 같은 관찬사서나 장지연의 개인적 관심이 크게 작용한 『대한강역고』(1903)와 같은 몇 편의 본국사만이 간행되었을 뿐이다.[48] 그러다 지식패러다임의 전환이 나타나기 시작하는 러일전쟁 이후 학부에 의한 관찬(官撰)은 완전

---

45 현은(玄檃), 「미국독립사 서(序)」, 위의 책, 415면. 번역은 민족문학사연구소 편역, 『근대계몽기의 학술문예사상』, 소명출판, 2000, 167면 참고.

46 임락지(林樂知, Allen, Young John) 저역, 채이강(蔡爾康) 찬집, 현채(玄采) 중역, 『중동전기(中東戰記)』, 황성신문사, 1899, 재인용 : 한국학문헌연구소 편, 『역사전기소설』 3권, 아세아문화사, 1980.

47 삽강보(澁江保) 역술, 『법국혁신사(法國革新史)』, 황성신문사, 1900년, 재인용 : 한국학문헌연구소 편, 『역사전기소설』 4권, 아세아문화사, 1980.

48 1900년에 발간된 국외 역사서는 『법국혁신사』와 양계초의 『청국무술정변기(淸國戊戌政變記)』(현채 번역, 학부편집국 발간)가 있다.

히 사라지고 개신유학자들이 중심이 된 사찬(私撰)이 본격화된다. 자강운동의 흐름에 부합하여 역사편찬의 의도는 분명해졌다. 역사는 주로 국내외의 정세와 신지식을 알려주는 교육적 효과, 애국심이나 국혼을 길러주는 이데올로기적 기능을 수행할 것으로 기대되었다.

장지연은 '지난 자취를 참고하고 현재의 상태를 살펴보면 미래의 결과를 알 만하'[49]니 '교육을 시작함에는 반드시 먼저 본국의 역사를 가르쳐 조국정신을 환기시키고 동족감상을 북돋움으로써 애국심을 배양하고 발전력을 공고히'[50]할 것을 강조했다. 개인적으로 관심을 가지고 있던 지리에 관한 연구도 독립과 애국심의 맥락에서 강조되었다. '지리학이 발달하지 않으면 애국심이 생겨나지 않으며, 오직 4천년 조국정신을 이 한 권의 지리교과서에 담아 전국의 동포에게 알려주기 위해'[51] 『대한신지지(大韓新地誌)』를 발간한다고 밝혔다.

박은식은 자국 역사에 관심을 갖지 않는 풍토를 비판하면서 국사(國史)의 필요성을 주장했다. '자기나라의 역사는 공부하지 않고 중국의 역사만 공부하며 자기나라의 영웅은 숭배하지 않고 다른 나라의 영웅만 칭찬하며 중국의 『자치통담』은 어린아이까지 배우는데 『동국통감』은 나이 든 유생도 배우지 않는다'[52]는 비판적 인식은 단군을 개국시조로 보는 시각으로 나타났다. 『서북학회월보』에 「김유신전」을 시작으로 「인물고(人物考)」에서 무수한 위인들을 소개했던 것도 국혼과 국성을 배양하기 위한 노력이었다. 신채호는 '내가 국가를 사랑하려면 역사를 읽을 것이며, 사람들로 하여금 국가를 사랑하게 하려면 역사를

49 장지연, 「과거의 상황」, 『대한자강회월보』 11호, 1907.5.
50 장지연, 「신정동국역사 序」, 원영의 · 류근 찬집, 『신정동국역사』, 출판사 미상, 1906.
51 장지연, 「대한신지지 서문」, 『대한신지지』, 출판사 미상, 1907.
52 皇城子, 雜俎, 「讀高句麗永樂大王墓碑謄本」, 『서북학회월보』 9호, 1909.2.

읽게 할 것'[53]을 당부했다. 그런 차원에서 건국과 망국의 실례를 보여주는 국외사서의 번역, 국가의 흥망과 독립에 기여한 영웅전기에 대한 번역, '중화부용(中華附庸)'의 역사서술에서 벗어나 자국사의 비어있는 부분을 복원하려는 본국사 편찬의 시도 등이 이어졌다.

③ 개신유학자들은 신문의 성격과 기능을 역사서술의 연장에서 이해함으로써 저널리즘을 통해 역사담론을 구축하기도 했다. 이인직이 신문을 서구문명을 있는 그대로 전하는 사진기와 같은 장치로 규정했다면, 개신유학자들은 변법(變法)을 위해 외국의 사례를 참조해서 만든 실용적 장치이자 '역사기술[史記]'의 계보를 잇는 것으로 의미를 부여한다. 『시사총보』·『제국신문』·『황성신문』은 사기(史記)가 군자의 정대함과 난신적자(亂臣賊子)의 간특함을 낱낱이 기록했던 것처럼 대의를 밝히고 사특함을 물리치는 일을 신문의 임무로 삼았다. 신문기자는 종래 사관(史官)과 같은 역할을 해야 하니, 흔들림 없는 직필(直筆)의 강건함으로 사실을 기록하고 옳고 그름을 포폄(褒貶)할 것이라 밝혔던 것이다.[54]

장지연은 '옛적에 패관(稗官)과 야사(野史)가 있어서 사기(史記) 짓는 사람이 혹 취하더니 지금은 신문이 되었으므로 사기(史記)의 한 부류이며, 그 문체(文體)는 두 가지가 있는데 논설은 사가(史家)가 평론하는 체(體)요, 잡보는 기사(記事)하는 체라'[55]고 하여, 신문의 직분뿐만 아니라 글쓰기 방식 또한 역사기술의 맥락에서 인식하고 있었다. 『황성신

---

53 신채호, 「역사와 애국심과의 관계」, 『대한협회회보』 3호, 1908.5.

54 『시사총보』의 주필은 장지연이었으며, 『제국신문』의 주필 이종일 역시 개신유학자로 분류할 수 있다. 신문을 역사기술의 연장에서 이해하는 대표적인 글로는 「本報發刊之趣旨」, 『시사총보』, 1899.1.22; 『제국신문』, 1899.3.17; 「答客問新聞之旨」, 『황성신문』, 1902.6.30; 「論新聞之性質與效力」, 『황성신문』, 1905.2.11 등.

55 「本報發刊之趣旨」(한자—인용자).

문』이나 『제국신문』과 6년 정도의 시간차를 두고 1904년에 창간된 『대한매일신보』 또한 춘추의 필법을 잇고자 했다. 국한문판을 발간하기 전에는 그러한 논의를 찾아보기 어렵지만, 박은식・신채호 등 개신유학자들이 필진으로 참여하면서 『대한매일신보』는 역사기술의 측면에서 신문의 의미를 규정한다.[56] 국한문판을 새로 간행하며 춘추의 정신을 지킬 것을 천명한 이후, 합방에 즈음하여 고난 속에 '춘추의리'를 관철했으나 이처럼 비감한 일은 없을 것이라고 고백할 때까지 '춘추'는 『대한매일신보』의 정체성을 표상하는 말 가운데 하나였다.[57] 기자의 역할은 진실을 전하고 시비를 가리는 사관과 같다고 생각했으며,[58] 독자들도 이에 동조하여 '『대한매일신보』의 춘추대의 하에 독립영혼의 명운이 걸려 있다'[59]고 생각했다.

특히 『대한매일신보』는 사서(史書) 일반을 지칭하는 용어로 확장된 '사기(史記)'가 어두운 길을 밝혀줄 촛불과 같이 가장 긴요한 것임을 거듭 강조했다. 사기에는 국가 흥망의 이치와 영웅호걸의 행적이 있고, 작금의 정세와 국가 간 교섭의 방향도 있으며, 학문과 기술의 발달이 모두 기록되어 있으니 유지하든 무지하든 조석으로 이를 읽고 외울 것을 요구했다. 역사는 만가지학(萬家之學)의 근원이며 특히 개인과 국가가 처한 위기를 인지하고 돌파하기 위해서 역사서를 읽는 것이 무엇보

56 초기 『대한매일신보』는 영문판과 국문판으로 발행되었는데, 6면 가운데 4면이 영문판이었다. 영문판의 논설 및 기사를 번역하여 국문판에 게재한 경우가 많았으므로, 중심은 어디까지나 영문판이었다.

57 「사고」, 『대한매일신보』, 1905.8.11; 「시사평론」, 『대한매일신보』, 19010.5.4.

58 "츈츄필법을 잡아 텬하 공론을 쥬장ᄒᆞ지 몃히롤 지낸지라 세력의 압제를 밧지 아니ᄒᆞ며 리해의 관계를 도라 보지 아니ᄒᆞ고 강ᄒᆞᆫ쟈의 노흠을 촉범ᄒᆞ되 조곰도 흔들니지 아니ᄒᆞ며 약ᄒᆞᆫ자의 원통ᄒᆞᆫ 거슬 셜원ᄒᆞ야 극진히 변명ᄒᆞ매 다만 공변된 말과 곳은 붓스로써 세계 이목을 찌웃치니." 「논설」, 『대한매일신보』, 1907.8.1.

59 「긔셔」, 『대한매일신보』, 1908.1.7.

다 중요하다는 논리였다.[60]

박은식, 장지연, 신채호는 신문의 취지, 역할, 필법 등을 사(史)의 연장에서 사고하였다. 그래서 논설이나 기사를 자국사의 맥락과 세계사의 전개 속에서 서술하는 경우가 많았다. 그 외에도 사서(史書)를 소개하고 연재한 글들, 「역사」·「패사」·「야승(野乘)」·「위인유적(偉人遺蹟)」·「아동고사(我東古事)」와 같은 섹션들, 그리고 각종 신사(新史)와 전기(傳記)의 번역은 역사담론의 다변화를 가져왔다. 저널리즘을 통해 끊임없이 환기된 역사의 중요성과 역사적 분석의 사례들은 사유 내지 감각의 차원에서 새로운 역사관과 역사기술방법을 대중화, 일상화했다. 정리하자면 이들의 역사담론은 ① 국내외 정세의 전달, ② 신지식의 유통, ③ 근대국가 및 민족과 관련된 이념의 생산, ④ 역사적 사유와 감각의 대중화라는 새로운 담론효과를 발휘했다. 그 과정에서 경사체용(經史體用)의 사관(史觀)으로부터 역사는 하나의 독립된 학문으로 분화되어 갔으며, 국민교양뿐만 아니라 애국심과 민족의식을 고취하는 교육적 기능을 수행하게 된다.

[4] 개신유학자들의 소설 인식과 관련하여 중요한 점은 역사의 성격과 위상이 분화, 재정립되는 과정에서 사(史)와 패사(稗史)를 구분하던 관습 역시 해체되기 시작했다는 사실이다. 역사에 대한 인식의 전환과 더불어 기술방식인 사체(史體)의 변화 또한 나타났다. 1900년을 전후한 역사편찬은 전통적인 역사서술방식을 따랐다. 주지하다시피 전통적인 역사서술의 방식, 즉 사체(史體)에는 크게 '편년체(編年體)'·'기전체(紀傳體)'·'기사본말체(紀事本末體)' 세 가지가 있었으며 실학자들은 이

60 「논설」, 『대한매일신보』, 1908.6.17 · 1908.7.16 · 1908.12.18 등.

를 더욱 발전시켰다. 안정복의 편년강목체는 주자(朱子)의 『자치통감강목(資治通鑑綱目)』에서 유래한 것으로, 사실을 연대순으로 서술하되 강록(綱錄)을 세워 특정 국가를 큰 줄기로[綱]로 하고 그 시대에 있었던 다른 나라의 사실들을 작은 글자(目)로 적는 형식을 말한다. 따라서 강을 승계하는 줄기는 곧 통(統)이고, 이는 정통(正統)이어야 했다.[61]

갑오개혁 이후 편찬된 학부 발간 역사교과서는 대부분 편년체를 사용했다. 예를 들어 1895년 학부에서 최초의 중등용 역사교과서로 편찬한 『조선역대사략(朝鮮歷代史略)』은 홍만종의 『동국역대총목(東國歷代總目)』을 거의 그대로 따른 것이었다. 즉 유교적 왕정관에 입각한 도덕주의 사관을 그대로 채택했던 것이다. 급박한 상황에서 만들어졌기 때문이라 생각할 수 있을 터인데, 대한제국 건립 이후는 오히려 성리학적 정통론이 강화된다. 예외적으로 소학교 입문용으로 편찬하나 『조선약사(朝鮮略史)』(1895)가 편년체에서 벗어나 왕조의 변천을 간단히 정리하고 각종 제도와 사회의 변화를 기술하는 데 비중을 두고 있으나 이러한 변화가 이어지지는 못했다.

그런 점에서 국외의 역사서들을 번역하는 과정은 전통적인 사체(史體)를 벗어나는 계기가 되었다. 앞서 언급했던 『태서신사』·『미국독립

---

61 '편년체'는 역사적 사실을 연대순으로 기술하며 『조선왕조실록』이 대표적이다. '기전체'는 역사적 인물들의 개인 전기를 이어감으로써 역사를 구성하는 방법으로 사마천의 『사기열전(史記列傳)』을 꼽을 수 있다. '기사본말체'는 어떤 사건의 시말을 사건별로 기술한다. 편년체와 기전체가 인물별·연대순으로 서술하여 같은 사건에 대한 기록이 흩어지거나 섞이고 중복되는 것에 비해 사건의 원인과 발단, 전개과정, 후에 미친 영향까지 일관되고 체계적으로 서술할 수 있는 장점이 있다. 실학자 이긍익(李肯翊)이 저술한 『연려실기술(燃藜室記述)』이 기사본말체에 해당하는 사례이다. 이 외에도 조선시대에는 야사(野史)에 해당하는 사승(史乘)이 있었다. 『대동패림(大東稗林)』, 『대동야승(大東野乘)』 등의 책이 이에 해당한다. 강만길 외, 『한국의 역사인식』, 창작과비평사, 1976; 박찬승 외, 『한국의 역사가와 역사학』, 창작과비평사, 1994; 정구복, 『한국근세사학사』, 경인문화사, 2008 참고.

사』·『중동전기』·『법국혁신사』 등은 전통적 사체와는 전혀 다른 서술방식을 사용하고 있다. 특정한 사건을 중심으로 국가의 건국과정을 서술하거나 각 나라의 제도와 문물을 정리하기도 하고, 전쟁의 원인과 과정을 기록하는 등 이전에 볼 수 없었던 새로운 역사서술방식을 개신 유학자들은 신사(新史)를 통해 접했다.

1905년 이후 역사서술방식은 더욱 분화되어 열전(列傳)이 아님에도 특정 구국영웅을 통해 역사를 서술한다든지, 역사로부터 지리학이 분리된다거나, 특정 영역과 제도에 관한 독립된 분야의 역사서가 편찬된다. 새로운 역사서술방식에 대한 반응은 현채의 경우를 통해 짐작해볼 수 있다. 김택영과 함께 학부 편집국에서 역사편찬을 담당했던 현채는 '학부에서 역사서를 편찬할 때 체제(體制)가 서지 않아 괴로웠는데 하야시 타이호(林泰輔)의 역사서를 보니 새로운 체제로 명료하게 정리되어 있어 『朝鮮史』를 번역한다'[62]고 밝혔다. 하야시 타이호가 사용한 시대구분법, 역사기술의 영역과 주제를 분류하는 체제가 더 효율적이라고 판단했던 것이다.

사(史)가 가지고 있던 전통적 체제와 규범은 '지난 자취를 참고하고 현재의 상태를 돌아보면 미래의 결과를 알 만하다'거나 '사실을 전하고 시비를 가린다'는 점을 제외하면 1900년대에 들어 거의 새롭게 구성된다고 볼 수 있다.[63] 그것은 역사기술방법의 측면에서도 마찬가지였다. 동아시아의 전통에서 역사기록, 정치문서, 인기 있는 이야기, 전기(傳記), 지리서, 일화, 잡록, 대화는 모두 역사 저작 항목 아래 포함되었다. '소설가는 등급이 낮은 역사가'라는 생각은 동아시아에서 공통된 인식

62 현채, 『중등교과 동국사략』 자서, 재인용 : 『韓國 開化期 敎科書 叢書』, 16, 國史篇, 아세아문화사, 1977.

63 장지연, 「과거의 상황」, 『대한자강회월보』 11호, 1907.5.

이었다.[64] 하지만 역사 인식의 전환, 기술체계의 변화는 역사와 소설 사이의 관습적 구분을 모호하게 만들었다.

앞서 살펴보았듯이 소설에 대한 광의의 규정은 경사와의 관계 속에서 이루어졌고, 소설은 패사(稗史)로부터 발원한 역사의 말단이자 경전과 비교할 때 소도(小道)를 담는 반규범적 글쓰기라는 이해가 유자들에게는 일반적인 것이었다. 그러나 왕조사를 중심으로 한 관찬의 정사(正史)가 사라지고 역사기술의 다양한 분화와 변주들이 나타나면서 이와 같은 상식은 재고해야 할 문제가 되었다. 특히 역사담론을 대중적으로 확산하고자 한 의식적인 시도는 역사의 교육적 기능과 소설의 대중적 감화력이 결합될 수 있는 가능성을 열어 놓았다. 그렇다고 바로 『미국독립사』와 같은 역사서가 소설로 불릴 수 있었던 것은 아니다. 역사서와 영웅의 전기가 소설로 명명될 수 있기 위해서는 소설의 위상을 역사와 관련하여 일정하게 조정할 필요가 있었다. 이와 같은 조정은 먼저 국민교육과 관련하여 소설의 위상을 재편하는 방식으로 나타나기 시작한다.

3. 교육학과 소설의 효용성

1 1906년부터 개신유학자들이 중심이 된 신문과 학회지는 '소설'을 게재하기 시작했다. 『제국신문』은 1906년 9월 18일부터 '령남 안동 짜

64 루샤오펑, 조미원 외역, 『역사에서 허구로』, 길, 2001; 스즈키 사다미, 김채수 역, 『일본 문학의 개념』, 보고사, 2001 참고.

에'로(무제목) 시작하는 짧은 소설을 연재하기 시작하여 동년 11월 17일까지 11편의 소설을 실었다. 『황성신문』은 1906년 5월 19일부터 12월 31일까지 국한문체로 「신단공안(神斷公案)」을, 1907년 8월 12일부터 9월 17일까지 국문체로 「몽(潮)」을 연재했다. 『대한매일신보』 국한문판은 1906년 2월 6일부터 2월 18일까지 「청루의녀전(青樓義女傳)」을, 1906년 2월 20일부터 3월 7일까지 「거부오해(車夫誤解)」를 게재한 바 있다. 1906년 7월 3일 소설 「短篇」을 게재하기 시작한 『만세보』보다 빠르거나 유사한 시기에 개신유학자들도 소설을 싣기 시작한 것이다. 이들이 1906년 이후 동시적으로 소설을 연재하기 시작한 이유에 대해 자료를 통해 실증할 수는 없지만 추론해보는 것은 가능하다.

첫째, 1905년 11월 을사늑약 체결에 따라 1906년부터 독립자강운동이 활발하게 전개되었다는 점을 들 수 있다. 러일전쟁은 계몽기 지식인들에게 여러 가지 측면에서 사고의 전환을 강제한 사건이었다. 지식인 사회의 주류를 형성하던 개신유학자들은 전쟁 전까지 '동양주의'에 근거하여 조선이 처한 대내외적 상황을 이해했다. 하지만 러일전쟁 이후 일본의 침략적 본성을 분명히 실감하게 되면서 세계정세를 동양과 서양의 경쟁으로 보는 시각, 즉 서양 열강에 대응하는 방법론으로 동양이라는 단위를 설정하고 한·중·일 삼국이 공동으로 맞서야 한다는 동양주의의 경향은 점차 약해진다.

1차 한일협약 체결로 '독립주권'을 상실하여 결국 일본의 속국이 되었다는 판단은, 1905년 11월 을사조약 이후 '한인종족(韓人種族)'이 노예로 전락할 것이라는 위기의식으로 고양되었다.[65] 개신유학자들의 자강운동은 교육과 식산에 중점을 둔 언론출판활동으로 이어졌다. '애국

65 『황성신문』, 1904.3.11 · 1904.10.3 · 1905.10.21; 『대한매일신보』, 1904.9.11 · 1905.2.14 · 1905.11.8 등.

계몽운동'이라 불리기도 하는 지식인들의 활동은 광무정권에 의해 통제되었던 개혁논의가 폭발한 것이기도 했다. 1906년부터 각종 단체의 설립과 신문 및 학회지와 잡지의 발간이 잇따랐다. 그 결과 매체와 지식의 다양성이 확보될 수 있었다. 러일전쟁 이후 국내에서 상당수의 일인(日人) 신문이 서울과 지방에서 발간되었다. 그 가운데 『대한일보(大韓日報)』는 1904년 12월 10일부터 「관정제호록(灌頂醍醐錄)」을 시작으로 「반혼향(返魂香)」(1906년 8월 28일까지)에 이르기까지 여섯 편의 소설을 연재했다.[66] 『중앙신보(中央新報)』의 경우에는 재자가인소설 「명월기연(明月奇緣)」을 연재했다는 광고를 『대한매일신보』에 게재하기도 했다.[67]

개신유학자들은 국내외에서 발간되던 신문을 두루 참조했다. 일인 발간 신문과 일본 신문의 다채로운 편집기술을 수용한 『만세보』의 지면분할은 일정한 자극이 되었을 것이다. 갑자기 폭발적으로 늘어난 매체들 간의 경쟁 속에서 독자를 확보하기 위해서는 대중의 요구를 적절하게 수용하는 지점을 마련할 필요가 있었다. 1906년 『황성신문』과 『대한매일신보』가 드문드문 소설을 연재했다는 사실은 신문사 집필진이 이를 실험적으로 시도한 성격이 강하다는 것을 보여준다.

둘째, 정론을 펼치고 소식을 전하는 일 외에도 국민정신과 민지를 개발하는 데 도움이 되는 다양한 지식들이 저널리즘을 통해 유통되기 시작했다는 점을 지적할 수 있다. 각종 학회지와 잡지가 연이어 창간되면서 지식의 양과 종류는 점차 확대되었다. 종래의 지면 분할로는 나눌 수 없는 담론의 계열들이 생겨났고, 이러한 변화는 매체의 보다 세분화된 공간 구획을 요구했다.[68] 『조양보』와 『대한자강회월보』는

66 한원영, 『한국 개화기 신문연재소설 연구』, 일조각, 1990, 88면 참고.
67 「광고」, 『대한매일신보』 국한문판, 1906.2.1.

「소설」과 「잡록(雜錄)」, 『태극학보』와 『야뢰(夜雷)』는 「문예(文藝)」, 『가정잡지』는 「동양가정미담」, 『소년한반도』는 「동양담셜」과 「소설」, 『서우』는 「아동고사(我東故事)」와 「인물고(人物考)」, 『대한유학생학보』는 「문원(文苑)」, 『대동보』와 『동인학보(同寅學報)』가 「잡저(雜俎)」와 「잡산(雜算)」란을 두어 서사언어를 수용하고 있었다.[69]

매체와 지식의 다양성은 언어분할과 서사양식의 재편을 가속화시켰다. 『독립신문』 이후 신문체제는 크게 논설·기사·광고의 형식을 유지했는데, 이는 근대 신문이 필요로 한 최소한의 지면분할이라고 할 수 있다. 이런 상황이 1896년부터 1905년까지 꽤 오랜 기간 지속될 수 있었던 이유는 이 시기가 한국 신문사에서 초기에 해당하고, 경쟁할 다양한 매체가 존재하지 않았기 때문이다. 만민공동회 해산 이후 조선인에 의해 발간된 일간지로는 『제국신문』·『황성신문』 두 신문만 있었다. 이 신문들은 앞서 살펴보았듯이 사기(史記)의 의식을 가지고 있던 터라, 포폄하는 논설과 사실을 전하는 기사 외의 다른 지면에 대한 필요성이 크지 않았다. 근대화 담론을 허용하지 않던 상황이었으며 신문사 운영도 경제적, 정치적인 이유로 어려워서 지면의 확장을 꽤할 수 있는 여유가 없었으니 매체의 진화와 언어분할의 속도도 더딜 수밖에 없었다. 그러나 1906년이 되면 전에 비해 다양한 주체들이 등장하기 시작하며 『대한매일신보』를 중심으로 다성적인 목소리를 수렴하려는 시도가 나타난다.

---

68 학회지와 잡지의 지면 분할은 중국과 일본의 미디어 편집방식에 영향을 받았을 가능성이 크다. 개신유학자들이 참여한 학회지에 한정한다면 양계초가 중심되어 1898년부터 발간했던 『청의보』의 편집체제는 『서우』나 『대한자강회월보』와 상당히 유사하다.

69 여전히 전통적인 서사양식들과 소설이 경쟁하는 상황이었으나, 이러한 불균등성도 1900년대 후반 사실성·민족성·심미성을 중심으로 소설의 근대성과 위상이 뚜렷해지면서 점차 소설로 수렴되는 균질화의 양상을 보인다.

분할의 방향은 결국 독자의 잠재적 요구를 충족시키는 쪽으로 흘러갔다. 『독립신문』에 「독자투고」가 있었듯이 기서(寄書)를 정기적으로 게재한다든가 오락성이나 실용성을 갖춘 정보를 제공하는 방식이었다. 기사도 국내와 국외, 정부와 국민, 국민 내부에서도 다양한 주체들의 소식을 전할 수 있도록 분화되었다. 특히 잡보는 정론지에서 유일하게 일상적인 내용과 형식의 담화가 끼어들 수 있는 공간이었다. 잡보는 잡록이나 잡기의 연장에 있었기 때문에 서사 언어가 틈입할 여지도 많았고, 내부에서 서사 언어가 분화될 가능성도 컸다.[70] 동시에 이인직과 같은 사례에서 볼 수 있듯이 근대 지식을 수용하는 과정에서 소설의 위상이 변화했고, 지식인들에게 잠재되어 있던 소설에 대한 부정적 인식이 점차 희석되고 있었다. 특히 하층사회의 구성원까지 국민으로 결속시키고자 했던 언어적 실천은 소설의 대중적 파급력을 자강운동의 에너지로 수렴하려는 움직임을 보이게 된다.

셋째, 『제국신문』에 한정되는 특수한 사례지만 검열 또한 연재물 및 소설 등장의 한 원인이었다. 『황성신문』이나 『대한매일신보』에 비해 사장 겸 주필을 이종일이 도맡았던 『제국신문』은 1인 신문이라고도 불릴 정도로 인력과 재정에 어려움을 겪었고, 그런 만큼 다른 신문에 비해 검열에 취약했다. 작성한 기사나 논설 전문을 압수당하는 일도 종종 있었고, 사전검열을 받고 나면 인쇄할 시간을 맞추지 못하는 경우도 많았다. 이에 집필진은 일단 1면에 논설 대신 광고를 싣고 검열 받은 글들은

70 한기형은 이 문제와 관련하여 다음과 같이 서술하고 있다. "서사성에 대한 독자의 관심에서 시작된 서사언어의 독립화 경향이 신문의 적극적 지면 분할 결정을 촉진하고 이후 『대한매일신보』와 『만세보』 등에서 보다 의식적 형태로 구현된다. (…중략…) 이러한 서사언어의 세포분열은 신문이 포괄하는 시공간의 확대와 신문 서사언어의 주도권을 둘러싼 각 세포간의 내적 언어경쟁이라는 이중의 상황을 촉발시켰다." 한기형, 「매체의 언어분할과 근대문학」, 『흔들리는 언어들』, 성균관대 대동문화연구원, 2008, 257면.

2면부터 게재하는 임시방편을 택한다. 논설이 검열에 통과하면 2면 혹은 3면에 부정기적이고 불규칙적으로 게재했다. 검열로 인하여 같은 글이 논설과 잡보란을 오가며 게재되기도 했고, '시사일필(時事一筆)'이나 '시사단언(時事端言)'과 같은 난을 만들어 논설에서 할 수 없는 문제적 발언을 시도하기도 했다. 하지만 그마저 삭제되는 경우가 빈번하자 잡보가 자연스럽게 신문의 주류를 이루게 된다. 이때부터 가담항설과 크게 다르지 않은 흥미 위주의 연재물이 실리기 시작하고, 이후 잡보에서 '이어기담(俚語奇談)'란이 분리된 후 '소설'란으로 바뀐다.[71]

[2] 개신유학자들의 소설인식과 관련하여 중요한 문제는 「혈의누」가 연재되기 시작한 1906년 이들이 참여한 미디어에서 소설에 대한 새로운 구상을 엿볼 수 있는가 하는 것이다. 그런데 이 질문에 대해서는 단정적으로 말해 '아니다'고 답할 수 있다. 서사양식의 발전과정이 아닌 소설 인식에 한정한다면, 1906년까지 개신유학자들은 새로운 소설론을 구상한 바가 없다. 주지하다시피 『대한매일신보』에 실린 「청루의녀전」은 고소설의 재판이며, 『황성신보』의 「신단공안」은 백화체 공안소설이다. 옥사(獄事)를 다루는 관원이 피해자의 원한을 풀어준 기록을 바탕으로 한 소설로 이전의 한문 공안소설과 크게 다를 바가 없다. 『제국신문』의 소설은 당대와 시간적으로 멀지 않은 사건들을 소설로 포섭하려 한 점은 흥미롭지만 검열이라는 외부적 요인이 강하게 작용했고, 의식적으로 이를 구상한 흔적을 찾아볼 수 없다.

학회지의 경우도 광의의 소설에 해당하는 다양한 글들이 산포되어 있는데, 개신유학자들이 주도한 『대한자강회월보』나 『서우』 등 역시

71 상세한 내용은 구장률, 「근대계몽기 소설과 검열제도의 상관성」, 『한국 근대 서사양식의 발생 및 전개와 매체의 역할』, 소명출판, 2005 참고.

패사(稗史)에 해당하는 짧은 이야기나 「허생전」의 번역이 주를 이루었다. 『조양보』가 예외적으로 소설란을 상설해서 여덟 편의 소설을 연재한 바 있는데, 조양보에 참여한 인물이 다양한데다 번역한 글이 주를 이루고 있으며, 「야만인의 기술」로부터 양계초의 「동물담」에 이르기까지 내용과 형식의 편폭이 넓어 소설관을 특정하기는 어렵다. 19세기 고증학의 유행에 따라 박문(博文)을 위해 역사의 하위범주로 소설의 의미를 부여했던 전통에서 이해하는 편이 적절하다.[72]

『대한매일신보』와 『황성신문』의 필진은 조선 후기에 형성된 '협의의 소설' 범주를 구분하고 있다. 「청루의녀전」[73]이나 「신단공안」[74]을 따로 소설로 표기했던 이유는 이 작품들이 조선 후기에 형성된 대표적 소설 장르에 속한다는 것을 알고 있었기 때문이다. 문답체의 「거부오해」[75]가 연재 첫날만 '소설' 표제를 달고 게재되다가 곧 잡보로 옮겨간 것도, 허구적 문답체를 소설로 분류하는 광의의 소설 인식과 협의의 소설 인식이 충돌한 결과 「거부오해」를 소설의 범주에 포함시킬 수 없다는 결론에 이른 것으로 보인다. 즉, 1906년 경 개신유학자들은 저널리즘의 차원에서 소설에 관심을 갖기 시작했으나 새로운 소설상을 구상하지는 않았다.

3 『대한매일신보』 국한문판에 「역사(歷史)」·「위인유적(偉人遺蹟)」·「야승(野乘)」·「패담(稗談)」을 두었던 기저에는 역사서술로부터 연원한

---

72 『조양보』의 소설이 문명을 전하는 한 방편이었다는 분석에 대해서는 이유미, 「1900년대 근대적 잡지의 출현과 문명 담론—잡지 『조양보』를 중심으로」(『현대소설연구』 26집, 한국현대소설학회, 2005) 참고.

73 『대한매일신보』(국한문판)에서 1906년 2월 6일에서 2월 18일까지 「小說」로 연재.

74 『황성신문』에서 1906년 5월 19일부터 12월 31일까지 「小說」로 연재.

75 『대한매일신보』(국한문판)에서 1906년 2월 20일에는 「小說」로, 22일부터 3월 7일까지는 잡보란에 연재.

서사의 갈래들을 분류하는 관습이 작동하고 있다. 「역사」는 조금 더 정사에 가까우며, 「전기」·「야승」·「패담」·「소설」과 같은 난(欄)의 글들은 서로 차이를 가진 각각의 양식을 의미하기보다는 넓게 보아 역사서술의 하위 범주로 묶일 수 있는 기원적 유사성에 기대어 인지된다. 소설을 역사의 보완물 혹은 속화된 역사서술로서 여기는 것은 유학자들에게 오래된 이해로, 『대한매일신보』 국한문판이 독자층으로 설정했던 '남자사회의 식자(識者)들' 역시 공유하던 인식이었다. 국한문판에서 필자와 독자 사이에 중요한 것은 '역사'를 중심으로 한 담론계열이었지 '소설'이 아니었다. 국한문판에서 소설로 명명된 것은 「청루의녀전」과 「거부오해」 뿐이다.

『대한매일신보』에서 새로운 소설에 대한 상이 나타나는 시점은 1907년 이후, 즉 국문판이 발간되는 1907년 5월 23일부터라고 할 수 있다. 소설의 가치가 국문과 연결되고 있다는 점에서 "역사, 전기물이 '소설'로 불릴 수 있었던 것도, 글쓰기 양식에 대한 평가가 불안정했던 반면 자국어로 쓴다는 사실은 첨예한 관심을 끌었"[76]기 때문이라고 볼 수도 있을 것이다. 단행본으로 발간되었던 『신소설 애국부인전』[77]과 『근세제일 여중영웅 라란부인전』[78]과 같은 단행본도 국문으로 지어졌으며, 광고에서도 순국문임을 강조하고 있다는 점에서 수긍할 수 있는 분석이다. 하지만 같은 시기에 간행된 국한문체 『정치소설 서사건국지』[79]를 소설로 규정하기도 했으므로 소설이 꼭 자국어와 연관하여 가

76 권보드래, 『한국 근대소설의 기원』, 소명출판, 2000, 159면.
77 장지연 역술, 『신소설 애국부인전』, 광학서포, 1907.10.
78 원작자 미상. 양계초가 초역술(抄譯述)한 「近世第一女傑 羅蘭婦人傳」을 1907년 5월 23일부터 『대한매일신보』 국문판에서 번역하여 연재하기 시작했고, 이를 다시 1907년 10월 대한매일신보사에서 단행본으로 간행했다. 김병철, 『한국근대번역문학사연구』, 을유문화사, 1975 참고.
79 박은식 역술, 『정치소설 서사건국지』, 대한매일신보사, 1907.10.

치를 부여받았다고 보기도 어렵다. 소설과 관련하여 국문은 하등사회 사람들의 지식에 대한 가독성이나 접근성을 높이기 위한 방안이었으며, 소설이 반드시 국문이어야 한다는 인식은 특별히 발견되지 않는다. 국문의 사용은 아동, 여성, 필부필부를 국민으로 포섭하고자 하는 전략의 일환이었다는 점에서 국민교육이라는 기획 속에서 기능하고 있었다.

1906년 「청루의녀전」이나 「신단공안」과 같은 소설을 연재할 때 박은식이나 신채호는 조선 후기 지식인들이 주로 읽던 장편한문소설의 양식을 활용하여 신문독자들을 포섭하고자 했던 것으로 보인다. 소설에 대한 전통적 이해에 근거하던 개신유학자들이 역사담론의 한 유형인 영웅전기를 중심으로 소설에 대한 새로운 구상을 시도하게 된 데에는 좀 더 복잡한 인식의 변화와 의식적인 실천이 개입하고 있었다. 박은식이 쓴 『서사건국지』의 서문은 1907년 당시 개신유학자들의 소설 인식을 상세하게 보여준다는 점에서 중요하다.

> 무릇 소설이란 것은 사람을 느끼게 하는 것이 가장 쉽고 사람에게 들어가는 것이 가장 깊어서 풍속의 수준과 교화의 정도에 관계됨이 매우 크다. (…중략…) 때문에 영국 법국 덕국 미국 각 나라에 학교가 여기저기 세워지고 서점이 구름처럼 늘어서서 일체의 백성을 깨우쳐 진보하는 방법이 지극하되, 더욱 소설의 선본(善本)으로써 필부필부의 경종이 되고 독립자유를 표방하도록 하고, 동양의 일본도 유신 시대에 일반 학사들이 모두 소설에 급급히 힘을 써서 국성(國性)을 배양하고 민지(民智)를 개도하였으니, 그 공이 위대하지 않은가? 우리 대한은 예로부터 소설의 선본이 없어서 우리나라 사람이 지은 것으로는 「구운몽」과 「남정기」 등 수종에 불과하고, 중국으로부터 들어온 것으로는 「서상기」와 「옥린몽」과 「전등신화」와 「수호지」 등이요, 국문소설은 이른바 「소대성전」

이니 「소학사전」이니 「장풍운전」이니 「숙영낭자전」이니 하는 따위가 여항의 사이에 성행하여 필부필부의 일상에 읽을거리가 되고 있으니, 이것은 모두 황탄무계하고 음란불경하여 족히 인심을 방탕하게 하고 풍속을 무너뜨리어 정교(政教)와 세도(世道)에 해됨이 얕지 않다. (…중략…) 내가 그간 동지들을 대하여 소설 짓는 일을 의논해 보았으나, 그동안은 신문사 일에 매여 시간의 틈이 없었을 뿐더러, 또한 이 같은 저술에 재주가 미치지 못하는 터이라, 뜻은 품었으나 실행에 옮기지 못하니 한갓 깊이 탄식하고만 있었다. 마침 가벼운 병으로 자리에 누워 있은 지 십여 일이라. 정신이 심히 혼미하지 않을 때에는 낡은 상자에 남아있는 책들을 뽑아서 눈에 부쳐 보니, 마침 중국학자의 정치소설인 『서사건국지』 한 책을 얻어, 펼쳐 본 지 며칠만에 거의 병을 잊게 되었다. (…중략…) 내가 이 병을 이기고 바쁨을 떨쳐버리고 국한문을 섞어서 역술을 마치고, 간행 배포하여 우리 동포들에게 항상 옆에 놓고 읽을 것을 제공하니, 오직 우리 국민은 예로부터 내려오는 여러 소설들은 온토 다 시렁에 묶어두고, 이같은 전기(傳奇)가 세상에 대신 유행하도록 한다면 지혜를 깨우쳐 진보하도록 하는 데 유익함이 확실히 있을 것이다.[80]

이 글에는 소설의 위상 조정과 관계된 여러 층위의 관계망이 교차하고 있다. 소설이 사람을 감화시키기 쉽고 풍속을 교화하는 데 유용하다는 박은식의 시각은 주자학적 효용론의 연장에 있다. 소설에 대한 긍정과 부정은 '소설이 무엇을 담고 있는가?' 혹은 '어떤 효과를 산출하는가'에 관한 가치판단에 달려 있다. '황탄무계'나 '음란불경'과 같은 평어(評語) 역시 조선 후기에 들어 소설을 비판할 때 흔히 사용했던 용어였다. 박은식은 전통적 소설론에 기대어 소설의 성격을 이해하고 있으

80 박은식, 「서사건국지 서」, 재인용 : 민족문학사연구소 편역, 『근대계몽기의 학술문예사상』, 소명출판, 2000, 94~97면.

며, 각종 소설을 유형별로 나열한 것으로 보아 당시 유행하던 소설에 대한 독서 경험도 꽤 있었음을 보여준다. 하지만 '소설이 담아야 할 무엇'과 '소설의 효용성'의 구체적 함의에 대한 생각은 이전의 유자(儒者)들과 달랐다. 박은식에게 '성리문제의 토론에 있어 호락(湖洛)의 논쟁, 의례(儀禮)상의 문제를 번쇄하게 따지는 일, 과체(科體)를 외우는 일'[81]은 국성(國性)과 민지(民智)에 전혀 도움이 되지 않는 것이었다. 소설이 추구해야 할 효과가 애국사상을 기르고 국민들로 하여금 지혜를 깨우쳐 진보하도록 하는 데 있다고 보았으며, 이와 같은 효과를 담보해 줄 소설은 역사, 특히 번역된 신사(新史)와 전기(傳奇)여야 한다고 구상한 점에서 이인직이나 이해조와 구분된다.

4 '국성과 민지를 길러준다'는 소설의 위상 변화는 새로운 역사의식뿐만 아니라 중국을 통해 유입된 교육학과도 연계되어 있음에 주목할 필요가 있다. 동아시아의 전통에서 교육(教育)이 인민(人民)에 대한 교화(教化)나 특정 인재의 양성(養才)을 의미했다면, 근대의 교육(education)은 국민이 영유해야 할 권리인 동시에 국민 창출을 위한 제도로 출발했다.

국내에 분과학으로서의 교육학은 「교육입국조서(教育立國詔書)」(1895.2)[82]를 발표를 기점으로 본격적으로 유입, 적용되기 시작한다. 교육입국 조서는 당시 의정부 도헌(都憲)에 있던 유길준이 중심이 되어 작성한 것으로, 스펜서의 교육론 등 영미 교육학을 두루 수용하여 일본 교육학의 기초를 마련한 노세 사카에(能勢榮)의 논의를 참조한 것이었다.[83] 1895년 4월 한성사범학교 관제를 공포하기 직전, 학부는

81 위의 글.
82 官報, 開國五百四年二月初二日(1895.2.2).

일본 동경고등사범학교의 교과서와 교사참고서 각1부를 구입하도록 주일공사관에게 요청했다. 이 과정에서 어떤 책이 전해졌는지는 정확히 알 수 없으나 현재 남아있는 가장 오래된 교육학 서적인 『신찬교육학(新撰教育學)』이 이때 번역된 것으로 추정된다.[84] 지덕체를 중심으로 한 초기 교육학은 명치 20년대에 이론적 기초를 확립한 일본을 거쳐 수용된 것이었다.[85]

개신유학자들이 근대 분과학문 가운데 직접 번역을 시도하거나 지식내용 자체에 깊은 관심을 가졌던 것은 교육학이다. 이들은 일본이 아닌 중국을 경유한 교육학을 수용했고, 주로 양계초를 참조했다. 양계초는 1900년대 초, 「學校總論」, 「論科學」, 「論師範」, 「論女學」, 「論幼學」, 「教育政策私議」 등을 저술하여 교육이 특정 계층을 위한 것이 아니라 모든 국민을 위한 것이라는 테제를 일반화하는 데 일조했다. 『음빙실문집(飮氷室文集)』[86]에 실려 있는 이 글들은 모두 1900년대 후반에 번역된다. 예컨대 장지연은 「교육정책사의(教育政策私議)」[87]를 역술하여 『대한자강회월보』에 게재했으며, 박은식은 「학교총론(學校總論)」[88]과 「사범양성의 급무」[89]를 『서우』에 연재했다.[90]

---

83 노세 사카에의 『教育學』은 교육의 의의, 교육의 목적, 교육의 방법, 국민의 기질, 지육론(智育論), 덕육론(德育論), 체육론(體育論) 등으로 구성되어 있어 지덕체 삼육체계(三育體系)를 정립했다. 김성학, 『서구 교육학 유입과정 연구』, 연세대 박사논문, 1995, 62~64면 참고.

84 위의 글, 59~64면 참고.

85 이후 근대적 의미의 '교육'이 갖는 중요성은 관주도의 교육제도 개혁뿐만 아니라 민간의 계몽활동을 통해서 보편화되어 간다. 유길준은 교육이 국가의 근본이라 보았으며, "한 나라의 빈부 강약 치란 존망은 그 나라 국민교육이 높은가 낮은가 있는가 없는가에 달려 있다"고 밝혀 국민 모두에게 적용되는 근대적 교육의 가치를 강조했으며, 『독립신문』도 조선이 부강해질 수 있는 방법을 '교육' 한 마디로 집약했다. 유길준, 허경진 역, 『서유견문』, 서해문집, 2004, 130면; 「논설」, 『독립신문』, 1896.4.25 등.

86 양계초, 『음빙실문집』(영인본), 이문사, 1987 참고.

87 양계초 저, 장지연 역술, 「교육정책사의」, 『대한자강회월보』 3~4호, 1906.9~10.

흥미로운 점은 중국 근대교육학이 성립하는 과정에서 양계초나 엄복(嚴復)이 자강과 민지의 개발을 위하여 지덕체 가운데 특히 지육(智育)을 중시했고, 지육 중심의 지식체계와 교육관에 의해서 집부(集部) 가운데 사장(詞章)이 아니라 제자류(諸子類)에 속하는 소설이 주목을 끌기 시작했다는 점이다.[91] 양계초는 교육학적 견지에서 아동이나 여성이 이성이나 추리를 통해 세계를 이해하고 판단하기보다는 감성에 더 의존하기 때문에 소설이 지식전달의 중요한 매체가 될 수 있다고 보았다. 또한 현실세계에 존재하지 않는 것을 경험하거나, 잘 깨닫지 못했던 현실의 실상을 확연히 보여주는 것을 좋아하는 인간 본성으로 인해 소설은 가치판단과 행동에 지속적인 영향을 미칠 수 있다는 견해를 제기했다.[92] 기존 연구가 상세하게 밝히고 있듯이 박은식, 장지연, 신채호는 양계초의 소설 구상에 많은 영향을 받았다.[93] 특히 교육학의 논의에 기대어 소설의 성격이나 중요성을 파악하는 문제틀의 변화, 즉 주자학적 효용론의 시각이 '국민교육을 위한 소설의 효용성'과 결합하게 된 데에는 양계초의 영향이 컸다.

같은 시기 왕국유(王國維)는 심리학에 기대어 교육의 목적을 온전하게 달성하기 위해서 智育, 美育(情育), 德育(意育)이 균형을 이루는 것이

88 지나 음빙실주인 저, 박은식 역술, 「학교총론」, 『서우』 2~5호, 1907.1~4.

89 박은식, 「사범양상의 급무」, 『서우』 5호, 1907.4(양계초의 「論師範」에서 취재).

90 이 외에도 홍필주가 「論師範」을 『대한협회회보』 9호(1908.12)에 번역하여 게재했으며, 김하염이 「論女學」을 「여자교육의 급선무」(『서북학회월보』 12호, 1908.2)로 역술한 바 있다.

91 차태근, 「근대 지식, 교육과 문학」, 『중국현대문학』 42호, 2007.

92 양계초, 「論小說與群治之關係」, 『음빙실문집』 상, 上海 廣智書局, 1905, 194~196면.

93 상세한 논의는 다음의 연구를 참고할 수 있다. 이재선, 「개화기소설관의 형성과정과 양계초」, 『한국개화기소설연구』, 일조각, 1972; 엽건곤, 「양계초와 구한말문학」, 고려대 박사논문, 1979; 성현자, 『신소설에 미친 만청소설의 영향』, 정음사, 1985; 우림걸, 『한국 개화기 문학과 양계초』, 박이정, 2002 등.

필요하다고 주장하고, 소설을 심미적 가치와 연결했다. 하지만 개신유학자들은 왕국유의 논의에 관심을 갖지 않았다는 점을 기억해 둘 필요가 있다. 박은식 등은 무엇보다 국민 양성에서 지육을 중요하게 여겼으며, 이광수가 정육의 중요성을 강조했던 것과 구별된다. 역사담론과 교육학을 핵심적인 지식으로 강화하려 했던 개신유학자들의 요구에 왕국유보다 양계초의 논의가 잘 부합했다.[94]

한편 정치소설의 모델에 대한 생각은 양계초와 개신유학자 사이에 차이가 있다. 양계초는 일본의 「경국미담(經國美談)」과 「가인기우(佳人奇遇)」를 정치소설의 선본으로 여겼다. 이에 반해 박은식은 빌헬름 텔이라는 인물의 일대기, 다시 말해 인물전을 통해 오스트리아의 압제로부터 스위스의 독립을 쟁취한 과정을 '역사'의 수준에서 보여주고자 했고 이를 정치소설로 규정했다.[95] 다중 번역과정에서 작품에 대한 강조점이 변화하는 양상 또한 확인할 수 있다. 박은식이 모본으로 삼은 것은 정철(鄭哲)의 『서사건국지(西士建國誌)』(中國華洋書局, 1902)였다. 정철은 중국의 유명한 저널리스트로 1900년 양계초가 창설한 고등대동학교를 졸업하고 『청의보(淸議報)』에 입사했다. 『청의보』가 폐간된 이후 『중국일보』로 옮겨 편집장을 지냈으며 『광동일보』로 자리를 옮겨 입헌제를 반대하고 반청공화혁명을 고취했다. 정철은 양계초의 소설계 혁명론을 충실히 따르면서 쉴러의 원작 「빌헤름 텔」을 중국인들이 호응할 만한 방식으로 문체와 형식을 재구성하고자 했다.

---

94 왕국유에 대해서는 다음의 연구를 참고. 차태근, 앞의 글; 이종민, 『근대 중국의 문학적 사유 읽기』, 소명출판, 2004. 왕국유는 이후 양건식에 의해 국내에 소개된다.

95 양계초는 일본유학을 하며 정치소설론의 영향을 많이 받았다. 그러나 박은식이 사용한 '정치소설'이라는 말은 앞서 설명한 바와 같이 일본의 정치소설과는 다른 기의를 가진다. 양계초가 발간한 『청의보』는 국내에 종람소가 있어 많이 읽혔다. 양계초는 『청의보』 1호에 「譯印政治小說序」를 실어 '소설을 국민의 혼'으로 규정하고, 정치소설 「가인기우」와 「경국미담」을 1책(冊)부터 69책까지 연재했다. 成文出版社 영인본(1966) 『청의보』 참고.

이때 정절에게는 혁명사상을 진작할 수 있는 내용으로 개작하는 것이 관건이었다. 하지만 박은식은 정철의 『서사건국지』를 다시 번역하면서 '혁명사상'보다 스위스와 유사한 상황에 놓인 한국의 '독립과 자강'을 부각하는 데 초점을 두었다.[96]

박은식은 전부터 뜻을 같이 하는 이들과 함께 소설 짓는 일을 논의했다고 한다. 소설의 필요성을 공유했다면, 소설에 대한 인식 또한 공유했다고 볼 수 있다. 「서사건국지」가 『대한매일신보사』에서 간행되던 같은 시기, 장지연이 『신소설 애국부인전』을, 신채호가 『이태리건국삼걸전』을 각각 출판했던 것은 우연이 아니다. 이들은 함께 새로운 소설을 기획했으며, '역사를 소설화하여 국민교육의 차원에서 국성과 민지를 계발한다.'는 점에서 이들이 구상한 소설은 과거의 소설과 달랐고 스스로 '신소설'이라 불렀다. 1907년까지 '소설'이 될 수 있는 역사는 모두 번역된 국외의 신사(新史)였다. 『미국독립사』가 처음 간행되었던 1899년 당시, 이 책은 『법국혁신사』나 『파란말년사』와 마찬가지로 당시 서문이나 발문을 쓴 이들에 의해 모두 사서(史書)로 규정되었다.[97] 하지만 1907년에 접어들면서 역사서와 인물전[傳記]을 소설로 명명하기 시작했으며, 『미국독립사』도 1909년 9월 11일부터 '쇼셜'로서 장기간 연재된다.

---

96 서여명, 「한 · 중 『서사건국지』에 대한 비교 고찰」, 『민족문학사연구』 35호, 민족문학사연구소, 2007.

97 '역사전기소설'이라는 명칭은 1970년대 말 『역사 · 전기소설』 자료집이 출간되면서부터 사용되기 시작했다. 즉 후대 연구자들에 의해 만들어진 특정한 양식 명칭인 것이다. 김윤식, 백순재, 송민호, 이선영 편, 『역사 · 전기소설』, 아세아문화사, 1979. '역사전기소설'이라는 용어의 정착과정, 이질적인 텍스트들을 '역사전기소설'이라는 양식으로 묶을 때 발생하는 문제에 대해서는 다음 글을 참고할 수 있다. 김영민, 「역사 전기소설의 형성과 전개」, 『한국 근대소설의 형성과정』, 소명출판, 2005; 정선태, 「국민정신 형성의 정치적 상상력—『몽배금태조』론」, 『심연을 탐사하는 고래의 눈』, 소명출판, 2003.

문제는 개신유학자들의 소설구상에서 '역사와 소설의 경계'에 관한 질문이 필연적으로 발생할 수밖에 없다는 점이다. 역사와 소설을 분별하고자 할 때 핵심은 사실과 허구의 의미관계이며, 이를 새롭게 정립하지 않는다면 소설은 독자적인 가치를 확보할 수 없다. 전기(傳記)를 중심으로 허구의 가치가 새롭게 조정되는 것은 1907년을 지나 1908년에 접어들면서부터인데, 다음과 같은 요소가 서로 영향을 주며 '허구'의 가치를 조정하는 계기가 되었다. 하나는 '제국－식민지'의 본질을 이해하고 반제국주의의 전략적 거점으로서 '민족'을 발견하는 과정이며, 다른 하나는 식민주의적 번역활동과 신문소설을 비판하는 논의를 구축하는 과정이다. 이러한 변화를 거치면서 신채호는 1908년에 이르러 허구는 비어있는 민족사의 복원을 위해 새로운 가치를 부여한다. 또한 사(史)는 '국가의 역사는 민족의 소장성쇠(消長盛衰)의 상태를 열서(閱敍)할 자'[98]인 근대 민족주의 '역사학'의 정립으로 나아가게 된다.[99]

---

98 「독사신론 서론」, 『대한매일신보』, 1908.8.27.

99 당시 기자조선설을 이어간 대표적인 경우로는 국사교과서로 출간된 김택영의 『역사집략(歷史輯略)』(韓國學部編纂局, 1905)과 현채의 『동국사략(東國史略)』(普成館, 1906)을 들 수 있다. 신채호는 동경제국대학의 사학자들이 주창한 일선동조론(日鮮同祖論)의 연장에서 하야시 타이호(林泰輔)가 쓴 『조선사(朝鮮史)』(吉川半七發行, 1892)가 국내 역사서에 부분적으로 반영되거나 번역되어 큰 악영향을 미치고 있다고 판단했다. 주지하다시피 『독사신론』은 기자조선설(箕子朝鮮說)을 견지하던 국내 역사서와 임나일본설(任那日本說)을 주장한 일본 역사서에 대해 응전하는 가운데 탄생한 것이었다.

제2장
'국민-민족'의 구별과 소설의 민족성

1. 반제국주의 역사담론의 번역과 '민족'의 발견

1 러일전쟁을 체험하면서 개신유학자들은 동양평화론의 미망으로부터 벗어나기 시작한다. 러일전쟁 이전까지는 국제정세를 우승열패의 인종경쟁으로 인식하는 경향이 강했다. '세계는 황인종과 백인종이 각립해서 다투는 시대'[1]라는 규정으로부터 서양 백인종의 침략에 동양 삼국이 힘을 합쳐 대응해야 한다는 아시아연대론이 힘을 얻을 수 있었던 것이다. 이인직의 사례가 보여주듯이 아시아연대론은 진화론과 문

1 『황성신문』, 1899.12.2 등.

명론을 바탕으로 한 것이어서 인식의 출발점을 달리하지 않는 이상 좀처럼 벗어나기 어려운 논리였다.

러일전쟁 직후에도 이러한 경향은 당분간 지속된다. 일본은 한일의정서 체결을 강제하고 황무지 개발권 등을 요구했으나, 일본에 대한 비판은 아시아연대론의 범위 내에서 이루어졌다. 동양평화를 주도해야 할 '동포씨족(同胞氏族)' 일본이 의리를 저버려서는 안 된다는 식이었다.[2] 하지만 일본의 침략성을 목도할 수밖에 없는 현실이 아시아연대의 허구성에 대해 사고하기를 강제했다. 개신유학자들이 발간한 신문을 중심으로 '일본과 한국이 순치의 관계에 있으나 항상 강압적인 수단을 동원함으로 인해 양국의 교의는 이제 빈말이 되었고, 일본에 대한 원망 또한 크다'[3]는 등의 비판이 활발하게 개진되었고, 그 결과 동양인종이 아닌 조선 인종을 보존하는 것이 우선이라고 판단하게 된다.

1898년 『친목회회보』[4]에서 단순히 인간집단을 지칭하던 '민족'은, 러일전쟁을 거치면서 보종론(保種論)을 전개하는 가운데 출현의 횟수가 늘어났다. 국가가 멸망하면 그 종족 또한 보존할 수가 없다는 보종론은 인종주의적 관점을 완전히 벗어난 것은 아니었다. 그러나 위기에 대응할 주체를 더 이상 '황인종'이 아닌 '한인종족'으로 사고하는 변화를 보여준다. 한편 여전히 '민족'의 용법은 유동하고 있었다. 개신유학자들이 발간한 『황성신문』과 『대한매일신보』에 나타나는 민족의 함의는 여러 가지였다. 가족・계급・계층에 해당하는 집단 일반을 가리키

---

2 「논설」, 『황성신문』, 1904.10.6. 등.

3 "大抵韓日兩國의 人情을 推原ᄒᆞ면 非不欲互相聯合ᄒᆞ야 以前輔其車辰齒之勢ᄒᆞ나 但利令智昏이 古有明戒오. 以强凌弱이 恒所難免이라 日本이 每常强壓手段으로써 韓人의 希望之情을 違拂ᄒᆞ니 所以로 兩國間交誼가 徒以空言而已오. 其實際眞相은 猜疑가 益甚ᄒᆞ고 怨懟가 益甚이라. 其爲禍福이 將次何國에 在ᄒᆞᆯ는지 實未可知로다." 「논설」, 『대한매일신보』, 1905.11.29.

4 장호익, 「사회경쟁적」, 『대조선유학생친목회회보』 6호, 1897.12.

는가 하면, 부족과 같은 소규모 인종집단을 의미하기도 했다. 한편 러일전쟁을 거치면서 망국(亡國)에 처한 국가의 성원을 민족이라 칭하는 경우가 점차 늘어났다.[5]

국내의 실권을 통감부가 완전히 장악하고 군대해산과 황제폐위 등의 사건을 거치면서 더 이상 한국이 일본의 보호국이 아니라 식민지가 되어가고 있다는 인식이 팽배해지는 가운데, 1908년 이후 '민족'을 '국민'과 구별하려는 의식이 나타난다. 민족이 혈연·지역·역사·종교·언어를 공유하는 집단이라면 국민은 그 외에도 정신·이해·행동·결속을 같이 한다. 따라서 국성(國性) 혹은 국민정신을 갖추지 못한 민족은 미국의 인디언과 마찬가지로 멸종의 길을 걷게 된다.[6] 반면 다른 나라 국민의 지배를 받게 되어도 여전히 '국민'일 수는 있는데, 혈연과 문화를 공유하는 집단은 사라지게 된다. 식민지가 되었을 때 사라지게 되는 역사적 공동체를 호명할 용어가 필요한 시점에서, 민족은 조정(朝廷)의 교체에도 변하지 않는 항구성을 지닌 집단을 가리키는 말이 되어갔다.[7]

에스닉(ethnic)으로서의 의미를 형성해가던 '민족'이 '국민'에 상응하

---

5 근대계몽기 아시아연대론 및 민족 개념에 대해서는 다음을 참고할 수 있다. 백동현, 「러일전쟁 전후 민족용어의 등장과 민족인식」, 『한국사학보』 10, 경인문화사, 2001; 윤해동, 「연대와 배제」, 『역사문제연구』 10, 역사비평사, 2003; 김현철, 「개화기 한국인의 대회인식과 동양평화 구상」, 『평화연구』 11권 1호, 고려대 평화연구소 2003; 권보드래, 「근대 초기 '민족' 개념의 변화」, 『민족문학사연구』 33호, 민족문학사연구소, 2007 등.

6 "민족이란거슨 다만 ᄀᆞᆺ흔 조샹의 ᄌᆞ손에 ᄆᆡ인쟈ㅣ며 ᄀᆞᆺ흔 디방에 사는쟈ㅣ며 ᄀᆞᆺ흔 력ᄉᆞ를 가진쟈ㅣ면 ᄀᆞᆺ흔 종교를 밧드는쟈ㅣ며 ᄀᆞᆺ흔 말을 쓰는쟈ㅣ곳이 민족이라 층ᄒᆞ는바ㅣ어니와 …… 별과갓치 허여져잇고 모ᄅᆡᄀᆞᆺ치 모혀 ᄉᆞ는 민족을 가ᄅᆞ쳐 국민이라ᄒᆞᆷ이 엇지 가ᄒᆞ리오 국민이란쟈는 그 조샹과 력ᄉᆞ와 거디와 종교와 언어가 ᄀᆞᆺ흔외에 ᄯᅩ 반ᄃᆞ시 ᄀᆞᆺ흔 정신을 가지며 ᄀᆞᆺ흔 리해를 취ᄒᆞ며 ᄀᆞᆺ흔 ᄒᆡᆼ동을 지어셔 그 ᄂᆡ부에 조직됨이 ᄒᆞᆫ 몸에 근골과 ᄀᆞᆺ흐며 밧글 ᄃᆡᄒᆞᆫ 정신은 ᄒᆞᆫ 영문에 군ᄃᆡᄀᆞᆺ치 ᄒᆞ여야 이거슬 국민이라ᄒᆞᄂᆞ니라." 「논설 : 민족과 국민의 구별」, 『대한매일신보』, 1908.7.30.

7 「논설 : 역사에 대한 좁은 소견 두가지」, 『대한매일신보』, 1908.6.17.

는 위치를 점하게 된 데에는 '제국주의'에 관한 비판적 논의를 수용한 것이 결정적이었다.[8] '제국주의'라는 번역어는 1906년부터 사용된 바 있다. 이때 제국주의는 긍정적인 의미에서 '문명 열강이 인구증가와 토지 부족으로 자국 내에서는 더 이상 발전할 여지가 없어 부득이하게 국외의 영토를 개척하여 국민의 생활상 복리를 도모하는 것'[9]으로 이해되거나, 비판적 시각에서 '동족을 위하는 마음이 견고하고 이족(異族)을 구별하는 경향이 심하여 타 종족의 희생으로 자기 행복을 증진하는 재료로 삼는 야심(野心), 살벌(殺伐), 쟁탈(爭奪)의 성풍(腥風)'[10]으로 규정되기도 했다.

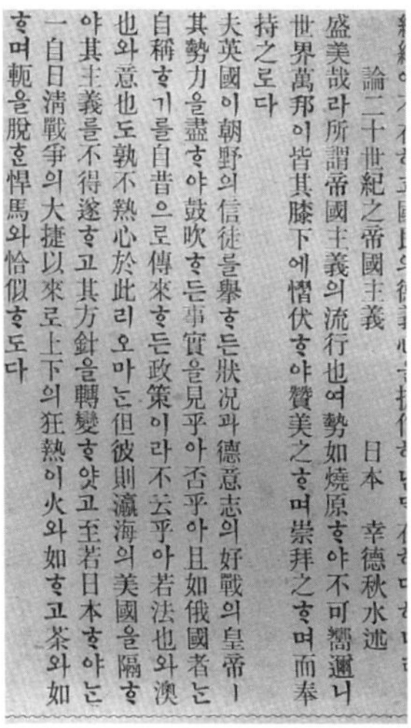

論二十世紀之帝國主義　日本　幸德秋水述

盛美哉라所謂帝國主義의流行也여勢如燒原ᄒᆞ야不可嚮邇니世界萬邦이皆其膝下에慴伏ᄒᆞ야贊美之ᄒᆞ며崇拜之ᄒᆞ며而奉持之로다

夫英國이朝野의信徒를擧ᄒᆞ든狀況과德意志의好戰의皇帝ㅣ其勢力을盡ᄒᆞ야鼓吹ᄒᆞ든事實을見乎아否乎아且如俄國者는自稱ᄒᆞ기를自昔으로傳來ᄒᆞ든政策이라不云乎아若法也와澳也와意也도孰不熱心於此리오마는但彼則瀛海의美國을隔ᄒᆞ야其主義를不得遂ᄒᆞ고其方針을轉變ᄒᆞ얏고至若日本ᄒᆞ야는一自日清戰爭의大捷以來로上下의狂熱이火와如ᄒᆞ고茶와如ᄒᆞ며軛을脫ᄒᆞᆫ悍馬와恰似ᄒᆞ도다

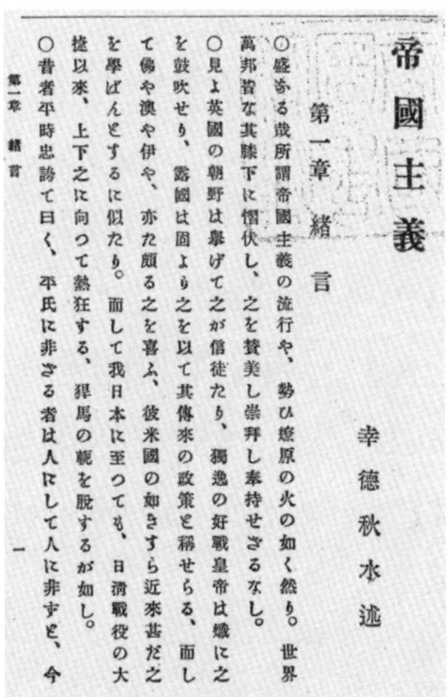

帝國主義

第一章　緒言　幸德秋水述

○盛なる哉所謂帝國主義の流行や、勢ひ燎原の火の如く然り。世界萬邦皆な其膝下に慴伏し、之を贊美し崇拜し奉持せざるなし。

○見よ英國の朝野は擧げて之が信徒たり、獨逸の好戰皇帝は熾に之を鼓吹せり、露國は固より之を以て其傳來の政策と稱せらる、而して佛や澳や伊や、亦た頗る之を喜ふ、彼米國の如きすら近來甚だ之を擧ばんとするに似たり。而して我日本に至つても、日清戰役の大捷以來、上下之に向つて熱狂する、悍馬の軛を脫するが如し。

○昔者平時忠誇て曰く、平氏に非ざる者は人にして人に非ずと、今

第一章　緒言　一

『조양보』 2호(1906.6)에 실린 「이십세기의 제국주의」(좌)와 코오토쿠 슈우스이[幸德秋水]의 『제국주의』(1901)(우). 동일한 대목이다.

8 에스닉으로서의 '민족(ethnic)'과 '국민(nation)'을 구별하는 논의에 대해서는 다음의 글을 참고할 수 있다. 김재용, 「국민과 민족」, 『한국문학의 근대와 근대성』, 소명출판, 2006.

9 최석하, 「국가론」, 『태극학보』 1호, 1906.8.

10 고의환, 「愛國心의 淵源은 愛我心에 在홈」, 『태극학보』 제12호, 1907.7.

이러한 단편적인 언급 외에도 『조양보』는 코오토쿠 슈우스이[幸德秋水]의 『二十世紀之怪物帝國主義』를 2호부터 9호까지 번역 연재한 바 있다.[11] 1901년 우키타 가즈타미[浮田和民]가 제국주의를 적극적으로 지지하는 『제국주의와 교육』[12]을 출간한 같은 시기에 코오토쿠 슈우스이는 제국주의를 비판하는 『이십세기의 괴물 제국주의』[13]와 『제국주의』[14]를 발표했다. 상당히 중요하게 다루어질 수 있었던 글임에도 '제국주의'에 관한 어떤 연쇄적인 반응이 나타나지는 않았다. 양계초 역시 「論民族競爭之大勢」 등을 통해 제국주의와 민족주의에 관한 논의를 전개했으나, 국가사상 및 교육학과 관련된 글들에 비하면 주목받았다고 보기 어렵다.[15] '제국주의'와 관련된 논의들이 번역을 통해 소개되고 있었지만 1906~1907년 사이에 쟁점이 되지는 못하던 상황이었다.

2 '제국주의'에 관한 문제의식을 심화, 확산시켰던 인물은 변영만과 신채호이다. 신채호와 절친한 사이였던 변영만은 1908년 『세계삼괴물(世界三怪物)』·『이십세기대참극제국주의(二十世紀大慘劇帝國主義)』 두 권을 역술하고 「帝國主義의 별설(瞥說)」·「帝國主義의 性質」 등을 발표한다.[16] 그리고 신채호가 『대한매일신보』의 주필이 된 후로 제국주의 및

11 2호에는 「二十世紀之帝國主義」로, 3~4호는 「愛國論」으로, 5~7호는 「論愛國心」으로, 8~9호는 「論軍國主義」로 제명을 달리하여 게재했다(1906.6~11).

12 浮田和民, 『帝國主義と教育』, 民友社, 1901.7.

13 幸德秋水, 『二十世紀之怪物帝國主義』(1901), 『幸德秋水全集』 3권, 明治文獻, 1968.

14 幸德秋水, 『帝國主義』, 警醒社書店, 1901.

15 양계초, 앞의 책, 상권, 정치편 28~29면 · 시국편 1~3면. 양계초는 당대 유럽을 민족주의와 민족제국주의의 대립상황으로, 아시아를 서구열강의 제국주의와 아시아 각 민족의 민족주의가 대립하는 것으로 보았다.

16 美國 斯密哥德文 著, 卞榮晩 意譯, 『世界三怪物』, 광학서포, 1908.3; 鹿佛 譯述, 『二十世紀之大慘劇 帝國主義』, 광학서포, 1908.8; 변영만, 「帝國主義의 瞥說」, 『법정학계월보』 20호, 1909.1; 변영만, 「帝國主義의 性質」, 『법정학계월보』 21, 1909.2. 원본은 실시학사고전문학연구회가 역주한 『변영만전집』 하권(성균관대 대동문화연구소, 2006)을 바탕으

민족주의가 쟁점으로 부상했다.

『세계삼괴물』은 미국인 사밀가덕문(斯密哥德文)의 저서를 원본으로 삼고 변영만이 의역(意譯)했는데, 사밀가덕문이 누구인지는 확실하지 않다.[17] 본문이 37면에 불과한 것으로 보아 상당히 축약된 의역으로 보이며, 세 가지 괴물로 부족정체(富族政體, 일명 金力政治)·군비정책(軍備政策)·제국주의를 지목하고 있다. 이 글은 제국주의가 발생에서부터 자본주의 및 군국주의와 공고히 결합되어 있으며, 식민지 개척을 본질로 한다는 생각을 분명하게 드러낸다.

신채호는 서문에서 서양에는 종교 철학 등에 관한 책이 많고, 윤리 위생 등에 관한 설(說)이 또한 갖추어져 있는데 그것은 취하지 않고 『세계삼괴물』을 번역한 변영만의 선택에 주목한다. 세계질서의 기본 축을 구성하고 있는 자본주의·군국주의·제국주의를 알지 못하고 문을 걸어 닫은 채 꿈속을 헤매었으니, 미리 알고 대처했다면 괴물이 도래하는 것을 미리 방지하거나 적어도 지금과 같은 형국에는 이르지 않았을 것이라고 탄식한다. '제국주의'에 관한 이론적 이해는 한국이 '보호국'이 아니라 '식민지'라는 판단으로 이어졌다.

『이십세기의 대참극 제국주의』[18]에서 변영만은 국민주의를 제국주

로 한다. 변영만의 글을 인용할 때 붙인 주석의 면수는 『변영만전집』을 따른다.

17 최기영은 사밀가덕문이 캐나다와 미국에서 활동하며 영국의 식민지정책에 대해 반대한 영국인 골드윈 스미스(Goldwin Smith)라고 추정하고 있지만 확실하지 않다. 원본 역시 무엇이었는지 알 수 없다. 최기영, 『한국 근대 계몽사상 연구』, 일조각, 2003, 66면.

18 변영만은 예언(例言)에서 '일본 박문관(博文館)에서 발행한 『時代之趨勢』 중 「제국주의」를 근거 역술하되 간혹 서인(西人) 라인슈씨의 소저(所著) 『世界之政治』를 참고했다'고 밝혔다(변영만, 「二十世紀之大慘劇 帝國主義」, 『변영만전집』 하, 성균관대 대동문화연구원, 2006, 45면). 그러나 최기영의 지적처럼 박문관출판년표에서 『時代之趨勢』는 찾을 수 없다(최기영, 앞의 글, 67면). 『世界之政治』는 폴 라인쉬(Paul S. Reinsch)의 책 *World Politics at the End of the Nineteenth Century as influenced by the Oriental Situation*을 번역한 것이라 하는데, 원전은 찾아볼 수 없었고 와세다대학 총장을 역임했던 다카다 사나에[高田早苗]가 축약·번역한 『帝國主義論』(東京專門學校出版部, 1901)만 찾아볼

의의 전 단계로 본다. 각 국민은 자신의 특성을 발휘하기 위해 서로 경쟁하는 가운데 다른 국민을 배척하는 편협한 특성을 갖게 된다. 그리고 각 국가는 그러한 국민주의 세력을 발달시키기 위해 활동범위를 확장함에 따라 식민정책이 생겨나며, 나아가 제국주의로 전환된다는 것이다. 물론 이 외에도 제국주의가 발생하기 위한 원인으로 산업혁명 이후 자본주의의 발달이 중요하게 거론된다.

흥미로운 점은 '국민주의'라는 용어이다. 구체적인 의미가 서술되어 있지 않지만 문맥을 살펴보면 국가구성원이라는 동질성에 기초한 자국민에 대한 애정과 우호적 태도, 국가 간 경쟁을 추동하며 적자생존에서 살아남게 해주는 정신적 동력, 타 국민에 대해서는 배타성으로 변질될 수 있는 자국중심주의, 그 결과 제국주의를 성립케 하는 근본 요인 등을 뜻한다. 따라서 국민주의는 필요악이다. 생존과 진보를 위해서는 필수적인 한편, 제국주의로 전환될 수 있기에 위험하다.

변영만은 일단 국민주의를 선택한다. 지금 대한이 처한 상황에서 급히 제창해야 하는 것은 국민주의로, 국민주의를 각성시키기 위해 제국주의의 부정적인 측면을 의도적으로 축소했다는 변(辨)을 남긴다.[19] 제국주의를 성급히 판단할 수 없다고 진술함으로써 『세계삼괴물』에서 보여준 비판적 시각이 희석되고 있음을 볼 수 있는데, 이는 번역을 통

수 있었다. 그러나 변영만의 책 1장이 '국민주의와 제국주의'로 되어 있고 제국주의의 발생원인을 국민주의에서 찾고 있는데 반해, 라인슈의 책을 번역한 『제국주의론』 1장은 '민족주의 및 민족적 제국주의'로 같은 내용인데도 '국민주의' 대신 '민족주의'라는 용어를 사용하고 있다. 3장 '각국의 제국정책'을 논하는 대목에서 역시 라인슈의 책을 참고했다. 제목의 유사성에 기대어 코오토쿠 슈우스이[幸德秋水]의 『二十世紀之怪物帝國主義』(1901)를 참고했다고 생각할 수 있겠지만, 텍스트를 비교해보면 제국주의에 대한 비판적 시각만이 유사할 뿐 비판의 근거 및 논점이 다소 다르다. 코오토쿠는 제국주의를 윤리성(仁, 愛) 및 국민복지에 위배된다는 근거로 비판했다(『幸德秋水全集』 3권, 明治文獻, 1968; 『帝國主義』, 警醒社書店, 1901).

19 변영만, 「자서(自敍)」, 앞의 책, 44~45면.

해 새로운 논리를 접하면서 일어난 혼란이자 균열이었다. '개인과 국민의 욕망이 제국주의의 중요한 동기 됨'[20]을 깨닫는 순간 제국주의 비판이 쉽지 않음을 직시하게 되었고, 문명론과 적자생존을 받아들이는 이상 제국주의 또한 인정하지 않을 수 없는 딜레마를 확인한 것이다. 변영만은 '제국적 발동을 억제하는 방침은 민정주의를 확립하여 대의제도를 일층 강고하게 함'[21]에 모든 것이 달려 있다고 하여 해결책을 찾아보지만, 그 실현가능성에 대해서는 의문을 표했다.

③ 돌파구는 용어의 조정으로부터 생겨났다. 앞서 살펴보았듯이 신채호는 국민과 민족의 차이를 구별할 것을 주장했다. 국민은 민족의 동질성을 포괄하면서 군대와 같이 일사분란한 정신적 통일과 훈육이 이루어진 국가 구성원이어야 한다. 민족을 논할 때 근대 이전부터 존재해 온 역사적 공동체라는 시간적 연속성을 강조했다면, 국민은 근대 국가의 구성원으로서 갖추어야 할 자질이 중요했다.[22] 이와 같은 논리에 의하면 민족은 항구적인 공동체로서 국민이 갖추어야 할 '국가정신'이 부재할 수 있다. 논리의 수준에서는 국민정신을 갖춘 민족이 적자생존의 경쟁에서 탈락할 이유가 없다. 만약 국민의 자질을 갖추었는데도 다른 나라의 지배를 받는다면 지식과 애국심 등을 포함한 '정신적 요인' 이외의 다른 원인, 예컨대 자본주의나 군국주의 때문이라고 할 수 있다.

국민주의가 제국주의의 기원이라는 점에서 대한의 인민들을 국민으로만 주체화하기는 어렵다. 또한 망국에 처한 국민들은 여전히 제국

---

20 위의 책, 69면.

21 위의 책, 71면.

22 「민족과 국민의 구별」, 『대한매일신보』 국한문판, 1908.7.10.

의 국민으로 살아갈 수는 있지만 과거의 공동체는 소멸한다. 이러한 판단 속에서 제국주의를 비판하거나 식민지 상황을 분석할 때 '국민'보다 '민족'이라는 용어를 사용하기 시작한다.

> 대뎌 오늘날 경ᄌᆡᆼ시ᄃᆡ에 강ᄒᆞᆫ 민족이 약ᄒᆞᆫ 민족의 토ᄃᆡ에 침입ᄒᆞ여 그 본토 민족과 혹 ᄒᆞᆷᄭᅴ 셕겨 살기도ᄒᆞ고 혹 ᄶᅩᆺᄎᆞ내기도ᄒᆞ며 혹 ᄌᆞ멸ᄒᆞ기도 ᄒᆞ고 그 ᄯᅡ에셔 의지식지ᄒᆞ며 그 ᄯᅡ에셔 거쥬ᄒᆞ고 ᄉᆡᆼ육ᄒᆞᄂᆞ니 이거시 곳 식민디라 (…중략…) 근일에 셰계 각 민족이 이 식민디쥬의를 졈졈 발달ᄒᆞᄆᆡ 그 세력이 심히 ᄀᆡᆼ장ᄒᆞ며 그 경ᄌᆡᆼᄒᆞᆷ이 심히 ᄆᆡᆼ렬ᄒᆞ고 그 졍ᄎᆡᆨ이 심히 란만ᄒᆞ여 젼일에 외연히 일개 완젼ᄒᆞᆫ 나라이 오늘날 망망ᄒᆞᆫ 일개 식민디가 되ᄂᆞᆫ쟈도 잇스며 젼일에 의연히 션션ᄒᆞᆫ 일단 민족이 개개히 어육이 되ᄂᆞᆫ쟈도 잇ᄂᆞ니라[23]

이 글에서 '민족'은 변영만이 『이십세기 대참극 제국주의』에서 말한 '국민'과 유사하면서도 다른 의미를 갖는다. 세계 각 민족들이 식민주의(제국주의)를 발전시킨다는 점에서 '민족'은 '국민주의'에서 말하는 '국민'과 같다. 그러나 생존의 자질이자 제국주의의 씨앗이었던 국민 '주의'는 소거되고 대신 강한 민족과 약한 민족이라는 현실이 존재한다. 그 강함과 약함이 무엇을 바탕으로 한 것인지는 밝히고 있지 않지만 적어도 '국민정신'의 유무를 기준으로 삼은 것은 아니며, 경제적이고 군사적인 강함이라고 해석할 수 있다. 이러한 강함이 없다면 완전하던 나라나 의연히 선선하던 민족도 식민지가 될 수 있으며 어육의 꼴을 당할 수 있다. 또한 '약한 나라 두엇이 강한 나라에 항거하기 위해 그 정부만 통합한 것이 연합국'[24]이라는 서술은 '지식, 학문, 정신' 등을 넘

23 「논설 : ᄀᆡᆨ창문답」, 『대한매일신보』, 1908.11.18.
24 위의 글.

어선 요소들, 즉 경제력이나 군사력이 강약의 기준임을 보여준다. 즉 제국이나 식민지가 됨은 국민정신의 유무에 달린 것이 아니라 경제력과 군사력의 수준에서 국가의 강하고 약함에 기인한다.

이와 같은 논리에 근거하여 보호국, 속국, 식민지 또한 구별된다. 간략히 정리하자면 보호국은 강국에게 한두 가지 권리만 내어준 국가이다. 속국은 일체의 정치를 모두 강국의 통제를 받지만 본토 인종은 보존한 국가이다. 식민지는 모든 권한과 토지를 빼앗겨 형체가 도무지 남아있지 않을 뿐만 아니라 강국의 인민이 옮겨 살아 본토 인종이 멸망함을 의미한다. 식민지에 대한 규정에서 '인종 혹은 종족의 보존'이라는 맥락이 개입하고 있는 것이다. 그런 점에서 제국주의를 비판할 때는 '국민'보다는 '민족'이라는 용어가 더 적절할 수밖에 없었다. '국민'과 '민족' 용법의 착종은 국민정신을 강조함으로써 근대국가의 가능성을 포기하지 않으면서도 제국주의에 저항할 주체를 구성하기 위한 담론적 실천의 결과였다.

국민주의가 가진 효과와 위험성을 인식하던 변영만은 국민 혹은 국민주의에 대한 별도의 진전된 논의를 거치지 않은 상황에서 이데올로기적 선언을 하는 것으로 문제를 단순화시켰다. 제국주의의 피해자가 취할 방안에 대해 단호히 '민족주의'로 답하고, '민족의 기운을 독축(篤蓄)하고 민족의 용(勇)을 갈고(竭鼓)하여 저 맹수(제국주의)와 격전(格戰)'함이 옳다는 것이다.[25] 신채호 역시 제국주의의 홍수로부터 살아남을 수 있는 유일한 방법으로 민족주의를 분발할 것을 촉구한다.

> 동서대륙에 소위 륙대 강국이니 팔대강국이니 ᄒᆞ는 렬강이 모다 열셩으로 이

25 변영만, 「제국주의의 별설」, 『법정학계월보』 20호, 1909.1, 101면.

뎨국쥬의를 숭비ᄒᆞ며 모다 셔로 닷토와 이 뎨국주의에 굴복ᄒᆞ야 세계무ᄃᆡ가 활발ᄒᆞᆫ 뎨국쥬의를 일우웟도다. 그러ᄒᆞᆫ즉 이 뎨국쥬의를 져항ᄒᆞᄂᆞᆫ 방법은 무엇인가 ᄀᆞᆯᄋᆞᄃᆡ 민족쥬의(다른 민족의 간셥을 밧지아니ᄒᆞᄂᆞᆫ쥬의)를 분발홀ᄲᅮᆫ이니라. 이 민족쥬의ᄂᆞᆫ 실노 민족을 보전ᄒᆞᄂᆞᆫ방법이라. (…중략…) 민족쥬의가 셩ᄒᆞ야 웅장한 빗츨 나타내면 밍렬ᄒᆞ고 포악ᄒᆞᆫ 뎨국쥬의라도 감히 침로치 못ᄒᆞᄂᆞ니 원릐 뎨국쥬의ᄂᆞᆫ 민족쥬의가 박약ᄒᆞᆫ 나라만 침로ᄒᆞᄂᆞ니라.[26]

민족주의는 다른 민족의 간섭을 받지 않는다는 이념으로, 민족은 보존해야 할 공동체로서 선언되었다. 다카다 사나에가 라인슈의 글을 번역할 때 제국주의의 발생 원인인 'nationalism'을 '민족주의'라고 번역했던 것과는 달리, 저항적 민족주의로서의 의미만을 획득하고 있는 것이다.[27] 간소한 기의를 담고 있는 '민족'－'민족주의'는 그래서 이론적으로 비어있으며, "민족을 낳게 하는 것은 민족주의"[28]였다. 하지만 효과는 컸다. 'nation'과 'nationalism'의 번역과정에서 '민족'이 제국주의에 대한 저항의 거점으로 발명되는 과정은 19세기 후반부터 인식 일반의 틀이었던 문명론에 대한 비판적 시각을 확보하게 해주었다.

제국과 식민지, 민족의 발견 이후 지금까지 뒤쫓고자 했던 문명국의 모습은 전혀 새롭게 그려진다. '제국주의로 배를 만들고 상업정책으로 돛대를 세우며 식민방침으로 낚싯대를 하고 날 닮으라는 교육을 미끼를 삼아서 사방으로 다니며 어디 열리지 않은 민족이 있으면 속이기도

---

26 「논설 : 뎨국쥬의와 민족쥬의」, 『대한매일신보』, 1909.5.28. 『대한매일신보』 무기명 논설 가운데 신채호가 쓴 것으로 추정되는 글에 대해서는 다음을 참고. 단재신채호전집 편찬위원회, 『단재신채호전집』 6권, 독립기념관 한국독립운동사연구소, 2008; 김삼웅, 「해제」, 『단재신채호전집 : 총목차』, 독립기념관 한국독립사운동연구소, 2008.

27 Paul S. Reinsch, 高田早苗 譯術, 「民族主義及民族的帝國主義」, 『帝國主義論』, 東京專門學校出版部, 1901.

28 Earnest Geller, *Nations and Nationalism, Basil Blackwell*, 1983, p55.

하고 공갈도 하여 통째로 삼키는 것'[29]이 바로 지금까지 쫓아온 문명국의 모습이었다. 문명은 더 이상 무조건 추수해야 할 진선(眞善)한 것을 일컫는 이름이 아니다. 오히려 문명국을 '괴물' '짐승'으로 형용하는 이러한 입장에서 '문명론'은 유효성을 상실하며, 각 민족이 가진 차이로서의 '문화'를 정립하는 일과 이를 보존할 수 있는 '무력'을 갖추는 일이 현실적인 문제가 된다.[30]

4 민족의 발견은 역사서술의 변화를 가져왔다. 신사(新史)의 번역은 세계정세를 이해하고 국민성을 길러준다는 점에서 여전히 유효했다. 민족이 부각되었다고 국민의 가치가 부정된 것은 아니었기 때문이다. 문제는 비어있는 민족의 역사였다. 실학자들의 사서를 재발간하거나 지리 및 복식사 등을 저술하는 것으로는 민족사를 충분히 복원할 수 없었다. 신채호가 이전의 역사담론에서 가장 크게 문제 삼는 것은 한민족의 역사를 등한시하고 중국의 역사만 숭상해 온 관행이었다. 사서삼경은 경전으로 떠받들면서 자기나라 사기는 알지 못하니 조국사상이 일제히 없어질 지경이라는 것이다.[31]

민족사에 관한 문제의식은 기존의 사론(史論)을 지탱하던 유학에 대한 비판으로 이어졌다. 최치원과 김부식처럼 노예의 근성을 가진 자들이 한민족의 문화를 잊고 중국에 동화된 이래, 성리학이라는 '학문계에 전제하는 마귀'가 나서 '한서와 당서와 남북조 사기며 송나라 당나라 사기'만 존숭토록 하여 민족의 영웅과 위인의 역사 및 저술이 전해지지 못했다고 신채호는 비판한다.[32] 작금에도 이러한 풍조가 이어져

29 「논설」, 『대한매일신보』, 1909.8.9.
30 「논설」, 『대한매일신보』, 1909.7.21 · 1910.2.19.
31 「논설」, 『대한매일신보』, 1908.6.14~16.

'서양 선비가 한 말은 시비곡직을 묻지 않고 칭찬을 하는 노예성질'이 남아 있으니, 무엇보다 시급한 일은 "나라 안에 학ᄉᆞ들이 만히 나셔 력ᄉᆞ젼긔에 을지문덕과 쳔합소문의 인물을 그려내"[33]는 일라고 생각했다. 새로 서술해야 할 역사는 '일종족의 정신의 역사'가 되어야 했다. 그 결과 유가의 숭상을 받은 경전 『춘추』와 『사기』를 '완루한 구사(舊史)'라고 평가하는 데 이르렀다.[34]

역사편찬의 방향은 국외 사서의 번역과 민족사 기술로 나뉘었다. '역사가 아니면 정치의 잘됨과 잘못됨, 인물의 착함과 그릇됨과 풍속의 성함과 쇠함'[35]을 논할 수 없다. 역사 읽기의 중요성을 강조하던 태도는 '외국사기' 읽기와 '본국사기' 읽기의 필요성을 구분하는 데까지 진전된다. 조선 사람들이 빼어난 재주와 기개가 있지만 세계정세를 알지 못하고 민족정신을 갖추지 못한 고로, 외국 근세사기(近世史記) 한 권만 읽어도 세계 흥망의 이치를 알기 족하고, 애국심을 배양하는 데는 본국사기만 한 것이 없다.[36] 외국 근세사는 시세를 파악하고 국성을 함양하며, 본국사는 애국심과 민족정신을 감발한다는 쪽으로 역할이 나뉘었다. 이와 같은 과정을 통해 점차 민족적인 것은 "가장 광범위한 호소력, 가장 오랜 지속력, 가장 정치적인 영향력, 가장 맹렬한 지원무기들을 가진 특수주의"[37]가 되어갔다.

---

32 「논설」, 『대한매일신보』, 1908.12.18.

33 위의 글.

34 1900년대 후반 개인유학자들에게 경전, 특히 『춘추』나 『사기』는 양가적인 의미를 가진 것이었다. 경전은 여전히 해석학적인 차원에서 시세에 맞게 재구성되어 새로운 가능성을 찾아낼 수 있는 요람이었던 한편, 그것을 신성한 '경전'으로 만든 역사적 · 담론적 문맥과 결부되어 있다는 지점에서는 비판의 대상이 되었던 것이다. 『춘추』나 『사기』에 대한 『대한매일신보』의 이중적인 자세는 이러한 차원에서 이해할 수 있다.

35 「특별광고」, 『대한매일신보』 국한문판, 1906.2.24.

36 「논설」, 『대한매일신보』, 1908.7.16.

37 이매뉴얼 월러스틴, 김수영 역, 「민족적인 것과 보편적인 것」, 『문화과학』 6호, 1994.

고민은 민족사를 복원하고자 하더라도 중국에 관한 사서가 대종을 차지하여 사료가 부재하기 때문에 민족사의 비어있는 부분을 채울 수가 없다는 현실이었다. 그런 점에서 정사(正史)의 사료와 춘추필법에 얽매이지 않아도 되는 소설은 유용했다. 소설은 오랫동안 비판 받았던 허구성으로 인해 오히려 민족사를 복원하기 위한 방안의 하나가 될 수 있었으며, '민족적인 것'을 구현함으로써 국민교육을 위한 효용과는 또 다른 가치를 획득하게 된다.

2. 식민주의적 번역 상황과 국문소설 비판

1 국민교육을 위한 효용성으로부터 민족성을 중심으로 소설의 위상이 전위되는 과정은 민족에 대한 발견 외에도 식민주의 번역상황을 비판하고 이인직의 소설을 타자화하는 경로를 거치면서 구체화되었다. 이는 외래의 지식을 받아들일 때 요구되는 주체의 자세를 확립하는 일과 밀접한 관련이 있었으며, 역사와 소설이 각각 가지고 있는 결핍을 민족주의의 시각에서 재구성함으로써 허구의 가치를 조정하는 결과로 이어졌다.[38]

38 1900년대 후반 소설에 관한 개신유학자들의 새로운 구상 및 논의는 대부분 『대한매일신보』에 집중되어 있다. 장지연이 주필로 있었던 『경남일보』에서 소설을 논한 경우가 드물게 있지만 앞서 다루었던 박은식의 소설 인식에서 별반 나아간 바가 없다. 장지연의 소설 인식이 박은식이나 신채호와 다르다면 다음과 같은 점에서 조선 후기 소설부정론을 거의 온전하게 계승하고 있다는 사실이다. ① 소설의 기원을 패사(稗史)로 보는 점, ② 인정물태를 그려 하류사회의 호응을 받았다는 설명, ③ 창선감의록이나 사씨남정기 등을

신채호를 비롯한 『대한매일신보』 필진은 구미의 저서 및 신문을 열람하고 있었을 뿐만 아니라 일본과 중국의 상황에도 밝았다. 외국유학 경험이 없었기에 서구 문물을 번역한 일본 근대적 지식체계의 이데올로기에 포섭되지 않음으로써 오히려 유학생보다 균형 잡힌 시각을 가진 측면도 있다. 언론출판활동을 통해 지식인들의 통언어적 실천이 활발하게 벌어지자 신채호가 중요하게 여기기 시작한 것은 외래의 문물을 수용하는 주체, 다시 말해 번역할 대상을 선별하고 번역의 방법 및 효과를 정당하게 판단할 수 있는 주체의 문제였다.

1907년까지 신채호는 유학생들의 번역과 지식생산에 대해 판단을 유보하고 있었다. 그럴 것이 문명론은 당대 지식인들에게 인식 일반의 틀이었고, 계몽과 자강이라는 갈라설 수 없는 현실적 목표를 공유하고 있었기 때문이었다. 하지만 유학생들의 정치적 성향이 통감체제에 동조하는 경향을 보이고, 제국주의와 민족주의의 의미를 자각하는 단계에 접어들면서 이들에 대해 비판적 자세를 취하게 된다. '미국을 갔다 오면 워싱턴이나 된 줄 알고 일본의 대학을 졸업하면 만 가지 학문을 익힌 줄 안다'[39]는 식으로 시작된 유학생 비판은, 특히 번역 문제를 중심으로 하여 신지식을 무비판적으로 수용하는 지식인 일반으로 확장된다.

신채호는 통감부에 의한 직접적인 억압보다 지식인 내부에서 벌어지고 있는 식민주의의 내면화가 더욱 위험함을 알고 있었다. 번역은 문명의 수입이요 학문의 근본이지만 좋고 아름다운 글일 때의 이야기

제외하면 거짓되고 기이하므로 법률로 금지해야 한다는 주장 등. 물론 박은식이나 신채호와 마찬가지로 '국민의 사상을 발전하게 하는 소설가의 완전한 저술'은 장려할 것을 권했다. 「부정의 소설을 금지홈」, 『경남일보』, 1909.11.26; 「고담언문책의 폐해」, 『경남일보』, 1910.3.18.

39 「논설」, 『대한매일신보』, 1908.1.2 등.

이다. 작금에 각종 학회지들이 일본사람이 저술한 논설을 몰래 번역하여 자기 성명으로 기재하기도 하고 임나일본설을 주장하는 번역서가 돌아다니니, 이는 마귀의 말을 저술하여 청년의 뇌수에 노예의 성질을 심는 일과 같다고 비판했다.[40]

특히 일본 서책의 세력이 날로 확장되고 있다는 것이 문제였다. 일본말과 일본글로 인해 한인의 정신이 날로 퇴락하는 가운데 일본을 숭배하는 풍조가 만연하며, 한인의 출판자본이 도산의 위기에 처했으니 이런 사정을 조장하는 학부야말로 나라를 망하게 한 원흉으로 여겼다. 역사와 관련해서 ① 역사와 지리 등 해당 분야의 전문가가 아닌 이들이 번역을 함으로써 생기는 오류, ② 박학과 소양을 갖추지 못한 이가 번역함으로써 전후사를 참조하지 못하여 생기는 오류, ③ 문법이 거칠고 보는 사람의 마음과 눈을 현란하게 하는 폐단을 지적했다.[41]

> 무릇 셔젹을 번역ᄒᆞᆯ 제 그 말만 ᄌᆞ미잇고 문ᄌᆞ만 정긴ᄒᆞᆫ 거슬 취ᄒᆞᆯ 것이 아니라. 반ᄃᆞ시 몬져 이 글을 번역ᄒᆞ면 우리나라에 리ᄒᆞᆯ가 해ᄒᆞᆯ가 이 편을 번역ᄒᆞ면 우리나라에 리ᄒᆞᆯ가 해ᄒᆞᆯ가 이 구절을 번역ᄒᆞ면 우리나라에 리ᄒᆞᆯ가 해ᄒᆞᆯ가 ᄉᆞᆲ혀셔 정긴ᄒᆞ고 완젼ᄒᆞ게 턱ᄒᆞᆫ 연후에 번역ᄒᆞᄂᆞᆫ 거시 가ᄒᆞ거ᄂᆞᆯ ᄉᆞᆲ흐다. 오늘날 한국에 번역ᄒᆞᄂᆞᆫ 쟈들은 다만 글ᄌᆞ와 구절ᄃᆡ로만 번역ᄒᆞᆯ ᄯᆞ름이라. 뎌희ᄂᆞᆫ 그 나라ㅅ사ᄅᆞᆷ의 습관에만 뎍합ᄒᆞ게 지은 글이라도 그대로 번역ᄒᆞ며 뎌희ᄂᆞᆫ 그 나라ㅅ인민의 셩질에만 뎍당ᄒᆞ게 지은 글이라도 그ᄃᆡ로 번역ᄒᆞ고 뎌희ᄂᆞᆫ 그 나라ㅅ사ᄅᆞᆷ이 한국에 리롭지 못ᄒᆞᆫ 말노 지은 글이라도 그ᄃᆡ로 번역ᄒᆞ여 심지어 한국인은 혼합ᄒᆞᆫ 잡죵이며 타국에셔 이식ᄒᆞᆫ 종ᄌᆞㅣ라 ᄒᆞᄂᆞᆫ 말ᄭᆞ지도 번역ᄒᆞᆫ 것을 흔히 보겟스며.[42]

---

40 「논설」, 『대한매일신보』, 1908.5.23 등.

41 「논설」, 『대한매일신보』, 1909.9.30 등.

번역의 대상을 택할 때는 반드시 민족과 국가에 이로울 것인지 아닌지를 살펴야 하며, 번역 과정에서도 한국인의 습관과 처지를 항상 고려할 필요가 있다. 그것이 신채호가 생각한 번역의 자세였고, 각국의 근세사와 전기물을 번역하면서 문화적 주체성을 유지하는 구체적 실천방안이었다. 이와 같은 논의는 식민체제 하에서 번역의 선택성 혹은 방향성의 문제를 직접 다룬 드문 사례일 터이다.

② 신채호는 제국의 담론을 그대로 수용하여 통감부 정책을 정당화한 대표적인 인물로 이인직을 지목하고 있다. 『만세보』를 폐간한 직후까지 『대한매일신보』에서 이인직을 비판하는 대목은 찾아볼 수 없다. 하지만 이인직과 『대한신문』의 진면목을 알게 되면서 완전히 다른 자세를 취한다.[43] 이인직을 조중응 송병준과 함께 친일파의 대표로 꼽고, 이인직이 사장이었던 『대한신문』을 '한국이 일본의 보호받는 것을 노래하고 축수하고 춤추는' 마귀의 소굴이라 평했다.[44]

42 「논설」, 『대한매일신보』, 1909.7.9 등.

43 『대한매일신보』는 1907년 7월 18일자 잡보에서 '명예가 도저한 이인직 씨가 『대한신문』을 발간하니 대한문명기관의 중요한 이익이 되리라'고 축하한다. 같은 저널리즘 종사자로 격려한 측면이 없지 않으나, 박은식의 경우도 국문소설의 문제를 지적하는 과정에서 이인직에 대한 언급은 전혀 하지 않았던 것으로 보아 이 시점만 해도 이인직에 대해 긍정적이었다.

44 「논설」, 『대한매일신보』, 1907.12.25. 『대한신문』을 비판하는 글은 상당히 많아 모두 예시하기 어려울 정도다. 『국민신보』나 일본 유학생이 중심이 되었던 학회지 등도 『대한매일신보』가 간간이 비판하던 대상이었다. 그러나 『대한신문』 만큼 비판한 빈도가 높지 않았고 논조의 강도 역시 심하지 않았다.

유일하게 남아 있는 『대한신문』 1907년 9월 7일자.
이인직의 「강상선」 1회를 확인할 수 있다. 자료를 제공해주신 정진석 선생님께 감사드린다.

문제는 이인직이 당대 공론장에서 적지 않은 영향력을 행사해 온 지식인이자, 일본에 건너가서 배워 온 소설로 제 일등 소설가로 자처하던 자였다는 사실이다. 『대한매일신보』는 이인직의 문필활동에 어떤 식으로든 대응할 필요가 있었다. 흥미로운 사실은 1908년부터 『대한매일신보』의 소설 논의가 대개 이인직에 대한 비판과 결부되어 전개되었다는 점이다.

① 리씨가 이왕에 일본가셔 류학ᄒᆞᆯ ᄯᆡ에 쇼셜에 크게 주의ᄒᆞ여 거연히 한국안에 뎨일등쇼셜가로 ᄌᆞ담ᄒᆞ던 쟈ㅣ라 리씨가 만일 샤회와 국가에 ᄃᆡᄒᆞ여 일반분이라도 공익상에 ᄉᆡᆼ각이 잇슬진ᄃᆡ 라빈손의 표류긔ᄀᆞᆺ흔 긔이ᄒᆞᆫ 쇼셜을 져슐ᄒᆞ여 국민의 겁업ᄂᆞᆫ ᄆᆞᄋᆞᆷ을 고동홈도 가ᄒᆞ고 안졍덕의 나라ᄅᆞᆯ 구원ᄒᆞ던 것과 ᄀᆞᆺ흔 쇼셜을 번역ᄒᆞ여 국민의 ᄋᆡ국셩을 굿게홈도 가ᄒᆞᆯ거ᄂᆞᆯ 이졔 리씨가 그러치 아니ᄒᆞ야 뎌것도 아니ᄒᆞ며 이것도 아니ᄒᆞ고 다만 모리ᄒᆞᄂᆞᆫ 쇼견으로 쳡을 위하여 변호ᄒᆞᄂᆞᆫ 긔신의 소ᄅᆡ라ᄂᆞᆫ 쇼셜 등을 져슐ᄒᆞ여 샤회상에 도덕을 해롭게ᄒᆞ며 보ᄂᆞᆫ 사ᄅᆞᆷ으로ᄒᆞ여곰 졍신을 혼미케ᄒᆞ여 ᄎᆡᆨ갑 몃ᄇᆡᆨ환으로 식비를 ᄎᆡ왓도다.[45]

② 쇼셜이라 ᄒᆞᄂᆞᆫ 것이 졍치샹의 가뎡간의 부패습관 ᄀᆡ량ᄒᆞ고 문명ᄉᆞ샹 ᄀᆡ도후에 졍대ᄒᆞ다 ᄒᆞ겟ᄂᆞᆫᄃᆡ 쳡위ᄒᆞ야 쟝황ᄒᆞ게 음탕ᄒᆞ고 헛된말노 료양미뎡 부녀비를 졍신현혹 ᄒᆞ게ᄒᆞ니 셔적계의 요괴물은 귀의셩이 뎨일이오.[46]

③ 근일에 대한신문에 게ᄌᆡᄒᆞᆫ 한강션이라ᄒᆞᄂᆞᆫ 쇼셜을 보ᄆᆡ 더욱 실셩 탄식ᄒᆞᆯ 바ㅣ로다 비록 그러ᄒᆞ나 한강션은 명ᄇᆡᆨ히 음풍을 ᄀᆞᄅᆞ치ᄂᆞᆫ 것인즉 비유컨ᄃᆡ 칼과 창으로 사ᄅᆞᆷ을 죽임과 ᄀᆞᆺ흐며 보고 피ᄒᆞ기가 쉽거니와 다른 허다ᄒᆞᆫ 쇼셜을

45 「연극장에 독갑이」, 『대한매일신보』, 1908.11.8.

46 「시사평론」, 『대한매일신보』, 1909.3.14.

짓는 쟈들은 일홈을 샤회소셜이라ᄒᆞ며 일홈을 졍치쇼셜이라ᄒᆞ고 일홈을 가뎡 쇼셜이라 ᄒᆞ거시 은근히 음풍을 도와셔 아편으로 사롬을 죽임과 다름이 업스니 엇지 가외가 아닌가.[47]

예시문은 연구자들에 의해 당시 소설관을 드러내는 자료로 빈번하게 활용되는 글들이다. ①에서 비판의 초점은 이인직의 소설이 공익, 애국심, 국민정신의 함양에 반한다는 데 있다. 「귀의성」 광고는 가정사회의 부패한 관습을 보여주어 세상을 경계한다고 선전했고, 신채호 역시 공식적으로 내세운 목적 자체에는 동의한다. 문제는 작품의 내용이 그러한 가치를 구현하지 못하고 실제로는 사회의 도덕을 어지럽힐 뿐만 아니라 무의식중에 사람의 정신을 현혹한다는 데 있었다. 비판의 대상이 가정소설, 정치소설, 사회소설 등 새로운 이름을 붙여 '소설을 짓는 자들'로 확장되고 있는 것으로 보아 『제국신문』에 연재한 이해조도 이인직과 다를 바 없다고 판단한 것으로 보인다. 단 이인직 스스로 국민정신을 감발하기 위해 썼다는 「혈의누」는 비난의 대상으로 삼지 않았다.[48]

이미 「귀의성」 연재가 끝나고 『만세보』마저 폐간된 후에 이와 같은 논란을 시작했다는 사실은 이인직의 소설에 대한 비판이 단순히 작품의 내용에 한정된 문제가 아니었음을 시사한다. 한때 같은 언론인으로서 국민정신의 감발을 촉구하던 이인직이 친일로 돌아섰다는 판단, 통감부의 정책을 보이지 않게 실행하던 이인직에 대한 실망감, 『대한신문』 논조에 대한 분노 등이 소설을 둘러싼 공방에도 영향을 미치고 있

47 「잡동산이」, 『대한매일신보』, 1909.12.2.

48 신채호는 「혈의누」가 국가와 국민정신을 다룬다는 점에 주목하였고, 작품 내부에 잠복해있는 식민주의적 성향을 비판하는 데까지 나아가지는 않았다.

다. 신채호는 구소설을 개량할 필요성을 제기하는 동시, 이인직의 소설이 '한 때 이익이나 도모하는 사상으로 초초하게 지어낸 옛소설과 비교해 오십보 백보'[49]인 것으로 치부한다. 사실주의 신문소설을 비판하면서 대타적인 소설에 대한 상을 더욱 구체화시켰는데, 이는 식민주의를 내면화한 식자층에 대한 응전하는 구도를 취하면서 더욱 명료해졌다.

신채호에 의하면 이인직의 소설을 비롯해 항간에서 즐겨 읽는 국문소설은 다음과 같은 부분을 결핍하고 있다. 첫째, 대한의 충신열사와 의기남아의 역사, 즉 민족의 가치를 고양할 수 있는 대상을 그리지 못한다는 점. 둘째, 국민의 순연한 덕성을 배양하지 못한다는 점이다. 두 번째 결핍은 외국 위인의 사적을 소설화한 『라란부인전』과 『애국부인전』, 『서사건국지』 등을 통해 채울 수 있었다. 하지만 모두 역술한 것이므로 민족성을 실현할 소설이 필요했고, 그것은 민족사를 복원하는 차원에서 민족 영웅에 관한 소설을 짓는 일이었다.

한편 국문소설을 비판하는 과정에서 역사가 결핍하고 있는 요소 또한 발견되었다. 1907년 박은식은 '夫小說者는 感人이 最易하고 入人이 最深'[50]하다 하여 소설의 감화력에 주목한 바 있다. 대중성의 문제 역시 단행본을 국문으로 발간하고, 신문에 소설을 연재할 때부터 의식하던 바다. 「라란부인전」 광고에서 '슌국문으로 미우 ᄌ미잇게 만둘었'[51]음을 강조한다든지, 「국치전」 연재를 마치고 나서 '지리한 감'이 있었다고 자평하는 대목 등에서 소설의 재미나 흥미에 유의하고 있음을 알 수 있다. 그런데 소설이 사람의 감정에 미치는 영향에 관한 생각은 기존의 국문소설과 원각사의 신극운동을 분석하는 과정에서 보다 구체

49 「논설 : 근일 국문쇼셜을 져슐ᄒᆞ는쟈의 주의홀일」, 『대한매일신보』, 1908.7.8.
50 박은식, 「서사건국지 서」, 『정치소설 서사건국지』, 대한매일신보사, 1907.
51 「광고」, 『대한매일신보』, 1907.8.31.

적으로 전개될 수 있었다.

「쇼셜과 연희가 풍쇽에 상관되는 것」[52]에 의하면 소설과 연희가 사람의 심지와 성정(性情)에 미치는 영향은 측량할 수 없다. 비참한 일로 눈물이 나게 만들며 장하고 즐거운 일로 기운을 북돋아 성품을 감화하게 이르니 사람의 감정에 미치는 힘과 재미가 역사서술에 비할 바가 아니었다. 소설은 허구적 형상화(形容)를 통해 사람의 성정을 그리거나 자극한다는 면에서 역사와 본질적인 차이가 있다. 허구와 문장의 공교함이 만들어내는 감화력은 실로 컸으니, 객관서술을 지향하는 역사기술이 갖지 못한 효능이었다.

신채호는 서양에서 영웅과 준걸의 사적을 소설이나 연희로 만들어 국민사상을 고취하며 의기를 발양했음에 주목했다. 그리고 국민정신을 고양할 역사는 곧 이와 같은 소설의 효능을 빌어 사람들의 무의식 속으로 침투할 필요를 실감하게 된다. 민족사의 복원에 대한 요구와는 또 다른 현실적 차원에서 풍속을 문란하게 하거나 식민주의 이데올로기를 유포하는 소설에 대응하는 한편, 소설의 허구성과 감화력을 보다 적극적으로 활용하기 위하여 역사가 점유하던 영역에서 소설적 허구가 용인되기 시작한 것이다.

52 『대한매일신보』, 1910.7.20.

3. 허구의 가치 조정과 소설의 민족성

[1] 민족사를 복원하기 위해 역사를 소설화하는 경향은 주로 민족영웅의 사적을 다루는 방식으로 실현되었다. 1900년대 후반 민족의 발견을 거치면서 역사기술의 무게 중심은 점차 민족사로 옮겨 가던 바, 민족의 기원으로서의 상고사가 부각되었다. 또한 사서에 기록이 전하지 않는 민족영웅의 일대기를 창출해야 할 필요성이 제기되었다. 이는 성리학적 세계관과 고증을 중시하는 객관서술의 전통으로 인해 비어 있는 민족사를 채우는 일이므로 허구가 개입할 수 있는 가능성은 더욱 커질 수밖에 없었다.

『을지문덕전』의 서문을 쓴 이기찬과 안창호는 모두 입을 모아 본국 역사의 부재를 한탄한다. '지나 문화가 수입된 이후 사람마다 남을 숭배하는 열성이 극성하고 자기를 얕잡아보는 성벽이 견고'[53]하여 우리 민족이 쇠퇴한 원인이 되었다는 생각이다. 안창호는 을지문덕의 고향에서 성장하였으나 을지문덕을 기억하는 후세인을 찾아보기 어렵고, 본국 사기(史記)는 단 십여 행의 기록으로 그 행적을 전하고 있음을 안타까워했다. 그런 와중에 신채호가 넓은 자료 수집을 바탕으로 '이천년 전 인물의 정신이 드러나게 하였으니'[54] 비로소 조국의 명예로운 역사가 현현했음을 칭송한다. 실록(實錄)의 가치보다 '윤색을 더하여 살수의 굉렬(轟烈)한 전황과 을지공의 침의(沈毅)한 인격을 묘사'[55]한 것을 미덕으로 찬양했던 것은 그러한 이유 때문이다.

53 이기찬, 「을지문덕 序」, 신채호, 『을지문덕』, 광학서포, 1908.
54 안창호, 「을지문덕 序」, 신채호, 『을지문덕』, 광학서포, 1908.
55 신채호, 『을지문덕』, 광학서포, 1908.

한편 1907년부터 소설로 발표된 『라란부인전』 · 『애국부인전』 · 『서사건국지』 등은 기존의 사서 혹은 번역의 모본과는 다른 소설의 형식을 취했다. 예컨대 잔다르크의 일대기를 다룬 『애국부인전』은 각 회의 말미에 서술자의 논평을 삽입함으로써 전(傳) 양식의 전통적 특성인 포폄(褒貶)을 삽입했으며, 의도적으로 회장체 소설의 형식을 빌려 역술했다. 또한 기존 연구의 지적처럼 문장이나 언어 · 서술구조 · 대화와 지문 · 시점이나 플롯 등의 측면에서 조선조의 군담소설이나 영웅소설과 흡사하다.[56] 등장인물과 서술자의 발화가 시각적으로 분리되어 있지 않으며, 인물의 심리가 상세하게 묘사되어 있지 않는다는 점 등에서 이인직의 소설과 차이를 지적할 수도 있다. 그러나 그것은 이인직 소설의 독자적인 성취로 개신유학자들의 소설과 같은 수준에서 비교할 수 있는 형식상의 특성이 아니다. 『라란부인전』 등은 소설이 역사의 지류라고 이해하던 당대 지식인 독자들에게는 충분히 역사가 아닌 소설로 인지될 수 있는 서사문법과 표현형식을 갖추었던 것이다.

허구의 가치가 조정되는 과정에서 『대한매일신보』 국문판에 연재된 민족영웅에 대한 전기들은 역사적 사실을 바탕으로 했고, 장면과 인물의 심리 묘사 및 대화와 지문의 분리 등을 통해 소설적 면모를 의식적으로 더해갔다. 다음은 국문판에 소설로 연재된 「슈군의 뎨일 거룩훈 인물 리슌신젼」의 일부이다.

> 1-1. 동리 부산 바다 어구에 슯흔 구름은 덥허잇고 경긔 령남 각 디방에 방빅과 슈령들은 능히 몸소 쳔편치 못ᄒᆞ야 밤식도록 자지 못ᄒᆞ고 검을 어루만지며 탄식만ᄒᆞ니 분노ᄒᆞᄂᆞᆫ 자담만 씰ᄂᆞᆫ도다.[57]

---

56 이재선 외, 『개화기의 우국문학』, 신구문화사, 1974, 166~168면; 강영주, 『한국역사소설의 재인식』, 창작과비평사, 1991, 26~30면.

1-2. 일쳔돗디는 바룸에 놀니고 일만 총소리는 우레깃치 발ᄒᆞ야 경각 간에 왜병의 피에 바다ㅅ물이 다 붉엇는디 뎌 칠심삼 쳑의 왜션이 일 쳑도 완션ᄒᆞᆫ 쟈가 업고 다만 졉젼ᄒᆞᆯ 때에 뒤에 떠러져 잇던 빈 몃 쳑이 빈를 불살으고 장슈를 버히는 광경을 보고 노를 지촉ᄒᆞ여 도망ᄒᆞ야 갓더라.[58]

2. 즉시 휘하의 졔장을 불너 나아가 토멸ᄒᆞ기를 의론ᄒᆞ니 다 ᄀᆞᆯᄋᆞ디 「본도의 슈군은 본도나 직힐 거시니 령남에 잇는 도적이 우리의게 무슴 샹관인가」 ᄒᆞ며 눈치만 보고 피ᄒᆞ는 쟈가 심히 만흔디.[59]

3-1. 리슌신이 또 가만히 싱각ᄒᆞ되 만일 그 빈를 모다 불살으면 뎌희는 반ᄃᆞ시 닉디에셔 궁구가 되어 숨어잇는 인민을 살해ᄒᆞ리라 하고 일리 씀을 물너가셔 그 다라나는 길을 열어주니.[60]

3-2. 셩젼고ㅅ 소리는 귀에 양양ᄒᆞᆫ다ㅣ 만구일담으로 리쟝군을 찬숑ᄒᆞ니 대쟝부의 영광이 이에 니ᄅᆞ러셔 극진ᄒᆞ도다 그러나 이 때에 리슌신의 흉중에는 바늘이 찌르는 듯ᄒᆞ고 일만 활살이 쏫친 듯 두 줄기 슯흔 눈물이 눈에셔 방방히 흐르니 이는 무엇을 위ᄒᆞ여 이깃치 ᄒᆞᄂᆞ뇨 ᄀᆞᆯᄋᆞ디 록도만호 졍운의 젼사홈을 슬허홈이로다.[61]

[1]은 임진란이 일어나기 직전과 해상전의 상황을 사실적으로 묘사한 대목이다. [2]는 원균이 패했다는 소식을 전해 듣고 이순신이 참모

57 금협산인, 패셔싱 역, 「쇼셜 : 슈군의 뎨일 거륵ᄒᆞᆫ 인물 리슌신젼」, 『대한매일신보』, 1908.6.26. 국한문판은 1908.5.2~8.18 연재, 국문판은 1908.6.11~10.24 연재했다.

58 위의 글, 1908.8.14.

59 위의 글, 1908.6.27.

60 위의 글, 1908.8.16.

61 위의 글, 1908.8.20.

회의를 진행하는 장면으로 대사와 지문의 구별이 뚜렷하다. [3]은 이순신의 심사를 묘사한 대목으로 마치 서술자가 이순신의 마음속을 들여다보는 듯 생생하다. 모두 역사서술의 틀을 완연히 벗어난 소설적 형상화 방법을 취하고 있다.

주목할 점은 국한문판 '위인유적(偉人遺蹟)'란에 실린 「水軍第一偉人 李舜臣」의 경우 소설이 아닌 역사기술에 가깝다는 사실이다. 소설 「이순신전」이 시간의 흐름에 따라 자연스럽게 진행되고 있다면, 위인유적은 사건의 출처가 되는 사료를 밝히면서 당시 상황을 재구성하는 방식으로 기술하고 있다. 또한 서술자가 사료에 대한 해명과 더불어 역사에 대해 지식이 있는 독자들이 반박할 수 있는 문제들까지 설명하는 등, '위인유적' 「이순신」은 역사의 객관서술에 관한 원칙을 일정하게 고수하고자 했다.

당시 신채호는 국문으로 소설을 능숙하게 쓸 수 없었던 것으로 보인다. 스스로 저술한 국한문판의 「이순신」과 패서생이 번역한 국문판의 소설 「이순신전」은 형식과 표현에서 상당한 차이가 있기 때문이다. 신채호는 민족의 영웅 가운데 비교적 '시대가 가깝고 유적이 소상한'[62] 이순신을 먼저 택하여 민족사 복원을 위해 입전을 시도했다. 그리고 패서생에게 부탁하여 '소설' 「이순신전」을 따로 연재했다. 국한문판과 비교한다면 거의 개작에 가깝다 할 만큼 국문판의 「이순신전」은 소설의 문법에 충실하다.

신채호 자신이 직접 저술한 소설 「동국에 뎨일 영걸 최도통전」[63]은 역사기술로서의 「이순신」과 소설로서의 「이순신전」 사이에 위치한 텍

---

62 위의 글, 서론, 1908.6.11.

63 「東國巨傑 崔都統」, 『대한매일신보』 국한문판, 1909.12.5~1910.5.27; 「동국에 뎨일 영걸 최도통젼」, 『대한매일신보』 국문판, 1910.3.6~5.26.

스트이다. 서술자인 '나'는 끊임없이 역사적 맥락과 현실의 시국을 환기한다는 점에서 역사에 가깝다. 그러나 장면의 묘사・대화와 지문의 분리・인물의 심리 묘사 등에서는 소설적 작법을 시도하고 있다. 또한 김찬기의 지적처럼 입전 인물의 내면을 드러내기 위해 사실을 조작하는 표현법이나, 그림자형 인물에 의해 입전 인물이 비판의 대상이 되고 내면의 갈등을 일으키는 등의 인물형상은 전대의 전(傳)에서 찾아볼 수 없는 모습이다.[64] 사관(史官)으로서의 서술자 역할이 완전히 사라진 것은 아니지만, '위인유적' 「이순신」에 비해 소설가로서의 서술자 기능이 훨씬 확연하다.

2 역사의 소설화를 탐탁지 않게 생각하는 견해들도 있었다. 1908년 『경향신문』의 필진은 『월남망국사』를 역사가 아닌 신소설이라 불러야 한다고 주장한다. 소설은 사실을 다루되 쓰는 사람의 마음대로 기록하는데 『월남망국사』에는 거짓말이 참말보다 더 많다는 것이 이유였다.[65] 『애국부인전』에 대해서도 역사기록에 충실하지 않은 것을 못마땅하게 여겼다. 분명 『애국부인전』을 신소설이라 칭하고 있음에도 실제 역사의 일부만을 다루고 그마저 사실과는 거리가 있기 때문에 '역사의 진실을 거스름'[66]을 비판했다. 역사-소설이라는 각이한 명칭에도 불구하고 역사적 사실을 다룬 소설은 '기록의 진실성' 문제로 비난을 받았던 것이다. 그런데 '민족'의 역사를 복원한다는 의도가 명백해지면서 신채호 등에게는 사실 여부보다 민족적인 것을 상상할 수 있게 해주는 허구의 효과가 중요한 것으로 여겨지기 시작했다. 허구의 가치

64 김찬기, 「단재 서사의 양식적 성격과 그 함의」, 『현대문학이론연구』 34호, 2008.
65 「근릭 나는 칙을 평론-월남망국사」, 『경향신문』, 1908.4.24.
66 「근릭 나는 칙을 평론-신쇼셜 익국부인젼」, 『경향신문』, 1908.3.27.

조정은 민족사를 재구성하는 방식에서만 아니라 서양 근세사를 번역하는 과정에서도 이루어졌다.

> 가령 서화담의 복묘기(伏猫記)나 허미수의 퇴조비(退潮碑) 이야기라든지 법국의 농촌 아낙 약안(若安)이 적을 격파하는 이야기를 아직도 흥미진진하게 말하는 사람들이 많다. 그 이야기가 참인지 거짓인지 누가 능히 판별할 수 있겠는가? 그러나 이미 그러한 이야기가 있다면 편자는 기술할 따름이요, 어찌 꼭 그 사실의 유무를 따질 필요가 있겠는가?[67]

현채의 시각에서 보자면 기록에 기초한 국내의 설화와 마찬가지로 『애국부인전』의 주인공 잔다르크 이야기도 엄격하게 말해 사실 여부를 검증하기 힘들다. 유가의 역사서술 전통에서 핵심은 사실의 객관적인 기록이었으나, 1900년대 후반 개신유학자들에게는 역사서술의 의도와 텍스트가 산출할 효과가 더욱 중요해졌다. 그런 맥락에서 '천 년 전의 인물을 빌어 오늘날 사람들을 위협하는 것이 허황하다'는 비판에 대해, '우리를 모멸하던 자들이 스스로 두려워 움츠리고' 애국심을 배양할 수만 있다면 역사에 허구가 용인될 수 있다는 반론을 제기할 수 있었다.[68]

진정 민족사와 위인의 '정신'을 그려내기 위해서는 '사실의 기록'에만 머물 수 없었다. 신채호는 '이공의 정신의 만분의 일이라도 그려내'[69]고 싶었지만, 이순신에 대한 기록은 중국 사서에서 전쟁 상황을 일부 약술하고 있을 뿐이었다. 일본의 어린 아이나 그 이름을 듣고 두

67 현채, 「『감강찬전』 序」, 우기선 저, 박정동 교열, 『감강찬전』, 일한인쇄주식회사, 1908.
68 위의 글.
69 「水軍第一偉人 李舜臣」, 『대한매일신보』 국한문판, 1908.5.2.

려워하고, 조선에서는 나무꾼과 소치는 아이들의 노래에나 충무공의 이름이 오르내리는 것이 현실인데 어떻게 이순신의 생애와 정신을 복원할 것인가? 「東國巨傑 崔都統」을 연재하면서 신채호는 다음과 같이 말한다.

> 켜켜이 쌓인 먼지가 공의 역사를 오랫동안 가리움은 나의 통한(痛恨)으로 여기는 바라. 그러므로 조야(朝野)의 역사서를 뒤지고 여항(閭巷)의 구비(口碑)를 채집하여 공의 심사(心事)를 그려내고(描出)자 하노니, 무릇 우리 나라의 거걸(巨傑) 『최도통전』을 읽는 피 끓는 국민이여[70]

묘(描) 혹은 묘출(描出)한다는 말 자체가 역사적 사실의 객관적 기록(史記)과는 다르다. 유자들에게 글쓰기의 근본은 '술이부작(述而不作)', 즉 있는 사실을 기록할 뿐 지어내지 않는 것이었다. 하지만 사료가 절대적으로 부족한 상황에서 민족사를 복원하기 위해서는 구비(口碑)에 의존하더라도 부족한 사료를 찾고, 없는 것은 만들어낼(作) 수밖에 없었다. 또한 국민의 피를 끓게 만들기 위해서는 최영 장군의 심사조차 생생하게 그려내어 감정을 격발할 필요가 있었다. 신채호에게 그것은 역사라기보다 소설의 영역이었다. 각종 패사와 여항의 이야기를 수집하는 것으로도 부족하여 최영의 사적을 재구성한다는 것은 사(史)와 패사(稗史)의 구별이 민족사를 복원한다는 가치 아래 무의미해졌음을

70 "沉沉陰埃가 公의 歷ᄉ를 久掩홈이 是余의 痛恨ᄒᆞᄂᆞᆫ ᄇᆡ라 故로 朝野의 ᄉ乘을 搜ᄒᆞ며 閭巷의 口碑를 彩ᄒᆞ야 公의 心事를 描出코ᄌᆞ ᄒᆞ노니 凡我東國巨傑崔都統傳을 讀ᄒᆞᄂᆞᆫ 有血國民아." 신채호, 「東國巨傑 崔都統」, 『대한매일신보』 국한문판, 1909.12.16. 「東國巨傑 崔都統」은 국한문판 '偉人遺蹟'에 1909년 12월 5일부터 1910년 5월 27일까지 연재되며, 국문판에는 「동국에 뎨일 영걸 최도통젼」으로 '쇼셜'란에 1910년 3월 6일부터 5월 26일까지 연재된다.

의미한다. 그럼으로써 패사로부터 연원한 것으로 이해되었던 소설의 위상 또한 근본적으로 달라질 수밖에 없었다.

비어있는 민족사를 복원하고 국민정신을 성정의 차원으로 스며들게 하기 위해서 소설과 허구의 가치는 조정되었다. 소설은 더 이상 '황탄무계하고 음란불경'한 것이 아니라 역사적 전거와 영웅의 실지사적에 기대는 한편, 민족성과 국민성을 감발한는 점에서 위상의 전위를 이룬다. 자국사에 부재하는 민족적인 것, 역사와 소설이 각각 결핍하고 있는 효과, 그러한 부재를 채우고 결핍을 지양하는 지점에서 소설이 역사의 말류라는 전통적인 인식은 해체되었다.

신채호는 「독사신론 續」에서 삼국지와 수호지를 즐겨 읽다보면 자신도 모르게 실제 역사인 것처럼 착각하게 되고, 조선의 역사를 왜곡한 일본역사서를 읽다보면 저절로 그것이 진실인 줄 알게 된다고 분석한다. 반대로 역사와 소설이 가진 이데올로기적 성격은 그것이 설사 허구이더라도 민족주의를 고취하는 하나의 방편이 될 수 있다는 생각이 뇌두를 격렬히 찔렀다고 한다.[71] 이와 같은 인식의 변전을 통해 소설은 단지 허구의 이야기가 아니라 제국주의에 저항할 수 있는 민족주의, 민족성의 국민적 확산을 구현하는 핵심적인 장치 가운데 하나가 되었다. 또한 소설은 역사와 같은 반열에 오를 수 있는 근대적 가치, 즉 민족적 위상을 부여받게 된다. 신채호는 「독사신론」을 연재하면서부터 사(史)를 점차 자신의 고유한 대상과 방법을 갖는 학(學)의 하나로 인식하는 모습을 보여주며, '국가의 역사는 민족의 소장성쇠(消長盛衰)의 상태를 열서(閱敍)할 자'[72]로 규정하면서 민족주의 '역사학'의 정립으로 나아가게 된다.[73]

---

71 신채호, 「독사신론 續(十五)」, 『신한국보』, 1910.12.6.

72 「독사신론 서론」, 『대한매일신보』, 1908.8.27.

1910년 강제병합을 즈음하여 박은식과 신채호는 망명길에 오르고 장지연은 국내에 남아 총독부의 정책에 동조하는 활동을 시작함으로써 이들이 추구한 민족주의 역사소설은 국내에서 지속될 수 없었다. 하지만 강제병합 직전 망명을 떠난 신채호가 「꿈하늘」·「용과 용의 대격전」을 통해 보여준 소설은 문학과 철학, 역사가 혼성된 글쓰기를 지향함으로써 '문학의 자율성'이라는 신화에 예속된 근대소설의 성격과 의미를 확장할 필요성을 제기한다. 한편 신채호는 낭객(浪客)의 위치에서 전통적인 앎의 체계로부터 근대를 살아가기 위한 합리적 핵심을 추출하고, 이를 작품과 문학관에 투영한다.

73 당시 기자조선설을 이어간 대표적인 경우로는 국사교과서로 출간된 김택영의 『역사집략(歷史輯略)』(韓國學部編纂局, 1905)과 현채의 『동국사략(東國史略)』(普成館, 1906)을 들 수 있다. 신채호는 동경제국대학의 사학자들이 주창한 일선동조론(日鮮同祖論)의 연장에서 하야시 타이호(林泰輔)가 쓴 『조선사(朝鮮史)』(吉川半七發行, 1892)가 국내 역사서에 부분적으로 반영되거나 번역되어 큰 악영향을 미치고 있다고 판단했다. 주지하다시피 『독사신론』은 기자조선설(箕子朝鮮說)을 견지하던 국내 역사서와 임나일본설(任那日本說)을 주장한 일본 역사서에 대해 응전하는 가운데 탄생한 것이었다.

제3장
정명(正名)의 문학과 해방적 글쓰기로서의 소설

1. 디아스포라 단재와 식민지 문학장

[1] 경술(庚戌)년 4월 단재는 조선을 떠난다. 육로를 통해 중국으로 망명하는 이들에게는 간이역과 같았던 평안북도 정주의 오산학교를 지나 청도(青島)로 향하는 여정이었다. 국경을 넘은 뒤 단재는 '중국과 러시아 사이를 전전'[1]한다. 청도를 시작으로 해서 같은 해 9월 블라디보스토크, 1913년 상해, 1914년 서간도, 1915년 북경, 1919년 다시 상해,

1 변영만, 「丹齋傳」, 단재신채호전집편찬위원회 편, 『단재신채호전집』 9권, 341면. 이하 '『전집』'은 모두 독립기념관 한국독립운동사연구소에서 2008년 발행한 『단재신채호전집』을 가리킨다.

1920년 연해주와 북경, 1922년 상해, 1924년 북경, 1928년 대만에서 일경에게 체포되어 대련 형무소에 수감될 때까지 이역 방랑의 길은 멀고도 험했다. 조국의 독립을 향한 장정(長征)이었다고 말할 수 있겠으나, 단재 스스로의 표현을 빌자면 그것은 '배를 맬 땅이 없는'[2] 나그네 생활이기도 했다. 병과 가난은 잠시도 떨어지지 않았고 죽음은 항상 각오해야 할 익숙한 것이었다.

단재가 '민족주체성에 입각한 독자적 사상체계'[3]를 구축한 사상가이자, '독립을 위해 헌신적인 혈투를 감행한'[4] 독립운동가라는 것은 부정할 수 없는 사실이다. 다양한 지식과 사상을 접하면서 몇 번의 변화를 거쳤음에도 신채호의 사상에서 핵심은 '아(我)'의 주체성에 기초한 민족주의였다.[5] 그럼에도 간과하지 말아야 할 점은 강제병합 이후 단재가 처한 삶의 조건과 특수한 위치이다. 단재는 '식민지 조선'에 머물지 않으면서도 소속되어 있었고, 중국과 러시아에 머물렀지만 거기에 소속되지 않았다. 1900년대에 '국민'과 '민족'이라는 강고한 주체 상(像)을 구성하는 데 주도적인 역할을 했지만, 1910년 이후에는 망명객으로서 민족이 절멸(絶滅)할 수 있음을 항상 떠올리며 살아야했다. 또한 '我'의 확장인 국가가 부재하는 현실을 상기하면서 역사 연구 등을 통해 '조선'의 정체성을 만들고자 했고, 조선 바깥에서 언젠가 돌아갈 진정한 조선을 상상했다.

그런 의미에서 망명객 신채호는 '디아스포라'의 위치에 서 있었다. 이산된 주체의 시선은 그렇지 않은 이들의 삶과 역사를 낯설게 볼 수

---

2 신채호, 「가을 밤에 회포를 적음(秋夜述懷)」, 『전집』 7권, 713면.
3 신용하, 『신채호의 사회사상연구』, 한길사, 1984, 4면.
4 최홍규, 『신채호의 민족주의사상』, 형설출판사, 1983, 11면.
5 하정일, 「후기 신채호의 아나키즘과 최종심급으로서의 민족주의」, 『민족문학사연구』 41호, 민족문학사연구소, 2009.

있도록 해준다. 디아스포라 주체를 통한 공간적 치환은 당연한 것으로 간주되고 있는 지배적인 역사나 지식 등을 외부의 시선으로 볼 수 있게 도와주는 것이다. 단재는 디아스포라의 위치에서 식민지 조선의 문학을 조망함으로써 우리로 하여금 미적 자율성을 중심으로 근대문학의 역사를 서술하는 시각을 낯설게 한다. 또한 낭객(浪客)으로 단재를 기억할 때, 1900년대에 그가 실현했던 소설의 민족성이 심화되고 확장되는 양상을 포착할 수 있다.

2 보통 단재는 합방 이후 '식민지 조선—제국 일본'을 공간적 경계로 삼는 문학담론의 장과 무관했던 것으로 여겨진다. 스스로도 "십여 년 해외에 앉아 조선 문단의 소식이 격절(隔絶)하야, 무슨 작품이 있는지, 얼마나 낫는지 어떤 것이 환영을 받는지 알지 못하니 어찌 조선 현재 문예에 대하야 가부를 말하랴"[6]라고 말한 바 있다. 그런데 그의 진술은 사실인 동시에 겸사(謙辭)였다. 물론 1900년대에 문(文)과 소설의 근대적 전환을 주도했을 때에 비하면 무관하다고 자평할 수 있는 상황이었지만 조선의 문단과 격리되어 있었던 것은 아니다. 근대문학을 견인했던 주요 인물들과 관계를 맺고 있었고, 핵심적인 흐름을 주시하고 있었으며, 1910년대 후반부터는 직접 개입을 시도하기도 했기 때문이다.

강제병합 이후에도 조선에서 '문학(文學)'은 여전히 유동하고 있었다. 문장(文章)과 박학(博學)의 의미로 학문 일반을 가리키던 '문학'은, 1900년대 후반부터 근대 학문의 체계 속에서 범주가 변별되기 시작한 바 있다. 번역을 통해 근대 분과학문의 분류를 시도한 글들에서 문학은 이학(理學, 자연과학)에 대비되는 정신과학 내지 규범과학, 어학(語學)

6 「浪客의 新年漫筆」(『동아일보』, 1925.1.2), 『전집』 6권, 588면.

을 교수하는 과목, 우미주의(優美主義)를 양성하는 학문, 문과의 하위 교과 등을 뜻하는 용어였다.[7] 같은 시기 홍명희, 최남선, 이광수 등은 '순문학(純文學)' 개념을 수용하거나 다양한 작품 및 문예사조를 접하는 가운데 예술로서의 '문학'에 대한 감각을 형성해갔다.

그러나 소수의 일본 유학생들이 주도한 '문학' 담론은 일시적으로 잦아들 수밖에 없었다. '조선교육령(1911)' 등에 의해 고등교육이 불가능했을 뿐만 아니라 신문지법과 출판법은 일본에 있던 유학생들의 언론 활동마저 제약했기 때문이다. 다만 『매일신보』를 위시한 일본인 발간 매체들이 '문학'에 대한 규정과 범주를 전제한 상태에서 작품을 연재함으로써 무의식중에 '문학'은 체험되었고, 신문관이 번역소설과 고전발간을 통해 교양으로서의 문학을 기획하는 정도였다. 장(場)의 형성은 자기 문화를 사회의 모든 수준에 전파할 수 있는 지배적 집단의 출현을 동반한다는 점에서 헤게모니가 구축되는 과정과 상통한다. 그런 점에서 1910년대 '문학'장의 헤게모니를 장악하기 시작한 것은 역시 1914년 창간된 『학지광』과 『청춘』이라 할 수 있다. 『학지광』과 『청춘』의 멤버들은 1900년대 후반의 '문학'에 대한 새로운 언어규약을 이어가면서, 유동하던 '문학'을 미적 자율성에 기초한 예술의 영역으로 고착시켜 갔기 때문이다.

단재는 사유의 가능성 자체가 근본적으로 한정된 식민지 담론장의 외부에 위치했지만, 다음과 같은 몇 가지 측면에서 연결고리를 유지하고 있었다. 먼저 단재와 조선 문단은 인맥에 의해 이어져 있었다는 점을

7 류근 역술, 「교육학원리」, 『대한자강회월보』, 제6~13호, 1906.12~1907.7; 심의성 역술, 「정치학의 국가주의」, 『대한자강회월보』 제12호, 1907.6; 장응진, 「교수와 교과에 대하야」, 『태극학보』 15, 1907.10; 권보상, 「법학용어해」, 『대동학회월보』, 제 2~5호, 1908.3~6; 정영택, 「교육의 목적」, 『기호흥학회월보』 제1호, 1908.8; 이응종, 「學典」, 『기호흥학회월보』 제12호, 1909.7 등.

기억할 수 필요가 있다. 단재는 그리 친구가 많은 편이 아니었지만 망명 이후에도 한국 근대문학의 출발에서부터 가장 모던했던 인물들, 즉 홍명희・최남선・이광수 등과 친분을 유지하고 있었다. 먼저 인연을 맺었던 이는 최남선이다. 어린 시절부터 신문잡지광이었던 육당은 활발하게 저널리즘 활동을 했던 단재를 익히 알고 있었다.[8] 청년학우회 활동을 하면서 단재와 만나 강제병합이 이루어진 1910년 8월에는 『소년』에 「독사신론(讀史新論)」을 「국사사론(國史私論)」으로 제목을 바꾸어 게재하기도 했다. 육당은 표지에 '많은 희망과 큰 슬픔을 아울러하여 너를 이 세상에 보내노라. 원하노니 장수하라, 큰소리치라. 유수(流水)같을 지어니'라는 문장을 붙여 단재의 사론을 광포(廣布)하는 것으로 나라 잃은 슬픔을 대신했다.[9] 역사연구에 몰두했던 최남선에게 단재는 큰 산이었다. 대련감옥에 수감된 후 육당에게 보내달라고 한 『尹白湖集』을 받지 못했으며 그 뒤로 연락이 없었던 것으로 보아, 육당이 1928년 10월 조선사편수회 위원이 되면서 관계가 끊어진 것으로 보인다.[10]

이광수는 1910년 오산학교에서 신채호를 처음 만나 1913년 상해에서 재회했다. 이때 춘원은 단재에게 영어를 가르치기도 했다. 오산학교시절부터 단재는 춘원에게 호감을 가지고 있었고 춘원 또한 단재를 존경하였다. 1918년 북경에서 다시 만났을 때 춘원은 와세다대학 문학과 학생으로 허영숙과 애정의 도피를 하던 중이었다. 김윤식은 춘원이 「그의 자서전」에서 1918년 북경에서 만난 T선생이 단재라고 분석한다.[11] 「그의 자서전」에 의하면 T선생은 춘원이 젊은 여자와 함께 산다

---

8 최남선, 「『소년』의 기왕과 장래」, 『소년』 18호, 1910.6; 「십년」, 『청춘』 14호, 1918.6.

9 『소년』 제3년 8권, 부록.

10 이관용, 「大連監獄에서 申丹齋와 面會」, 『조선일보』, 1928.11.8. 이관용이 대련형무소에 수감된 신채호를 만나 필요한 것을 묻자 몇 『세계문명사』와 『에스페란토문전』을 부탁하며 "그 밖에는 『尹白湖集』을 육당에게 말하였는데 어찌 되었는지"라고 말했다 한다.

는 것, 매일신보에 글을 쓴다는 것, 일본공사관을 다닌다는 것 등을 알고 은근히 주의를 주었는데 춘원의 입장에서는 도저히 변명할 수 없는 문제들이었다. 준비론을 택한 춘원에게 단재는 콤플렉스의 근원이자 선망의 대상이었다. 1919년 임시정부를 둘러싼 정치적 입장의 차이로 사적 교분마저 끊어졌지만 단재의 사후에도 흠모하는 마음이 변치 않았다고 한다.[12]

홍명희는 몇 안 되는 단재의 진정한 벗이었다. 홍명희는 1910년 8월 29일 부친 홍범식이 망국을 한탄하며 자결하자 공부하려는 마음이 꺾여 문학을 그만두게 된다.[13] 1913년 봄 동제사(同濟社)를 통해 단재를 처음 만났다. 죽어도 친일은 하지 말라는 부친의 유언을 가슴에 담고 있던 홍명희가 최남선이나 이광수보다 단재에게는 훨씬 마음이 통했다. 1918년 북경에서 해후하여 달포 가량 막역한 정을 쌓고 다시 만나지 못했다. 그러나 서신을 주고받으면서 서로를 경앙(景仰)하는 사이였다.[14] 또한 홍명희는 동아일보 편집국장을 지내면서 단재가 조선 내에서 글을 발표할 수 있도록 언로를 열어준 조력자였다.[15]

그 외에도 신석우, 최승만, 정인보, 문일평, 변영로, 심훈 등 단재와 가까웠던 문사(文士)들은 여럿이다. 사람의 이동과 접촉은 지(知)의 이동과 교통을 의미한다. 단재는 이들로부터 '문학'에 관한 새로운 앎과 조선의 문학 상황에 대한 정보를 전해 듣기도 했고, 정신적인 영향을 미치기도 했다.

---

11 김윤식, 『이광수와 그의 시대』 증보개정판, 솔출판사, 1999, 654~658면.
12 이광수, 「탈출도중의 단재 인상」, 『전집』 9권, 304면.
13 「홍명희, 설정식 대담기」, 『신세대』, 1948.5.
14 홍명희, 「상해시대의 단재」, 『전집』 9권, 308~309면.
15 「홍벽초 씨에게」, 『전집』 7권, 748~749면; 강영주, 『벽초 홍명희 연구』, 창작과비평사, 1999, 163~166면.

단재는 조선과 일본에서 발행되던 『매일신보』·『학지광』·『청춘』·『개벽』 등을 읽고 있었다. 「극웅(極熊)에게」[16]는 단재가 극웅 최승만(崔承萬)에게 보낸 답장이다. 주지하다시피 최승만은 『학지광』의 창간멤버였던 최승구(崔承九)의 사촌이며, 동인지 『창조』의 발간을 주도했다. 이 서신에서 단재는 일전에 친구로부터 『학지광』을 빌려 「극웅행(極熊行)」[17]을 읽고 누구인지 궁금해 하던 가운데 최승만의 편지를 받게 되어 무척 기쁨을 숨기지 않는다. 그리고 『학지광』을 다달이 보내줄 것과 참고할 만한 서적은 무엇이든지 보내달라는 부탁도 겸하고 있다. 『매일신보』를 비판하면서 『천고(天鼓)』의 창간 목적을 세우고 있다는 점[18], '조선 내에서 돌아다니는 신문은 총독부 기관지 『매일신보』 하나뿐이고, 잡지는 『청춘』이 있을 뿐이다'[19]는 단정적인 진술, '잡지라고 하면 인내천을 하(下)의 『개벽』이 겨우 그 수명을 오래 유지하며, 문예로 말하면 「無情」「開拓者」가 아직까지 제일지(第一指)를 굴(屈)'[20]한다는 비판적인 평가 역시 단재가 해당 신문과 잡지를 어느 정도 숙지하고 있었음을 보여준다.

---

16 「극태에게」, 『전집』 7권, 752~753면.

17 춘원, 「極熊行」, 『학지광』 14호, 1917.12.

18 "3·1운동 이후 나라 안에 책자를 보는 경향이 점차 대두하여 일간(日刊)과 월간(月刊)을 합해 수십 종에 이르게 되었다. 그러나 합병 이후 점차 약화되는 추세에 있고 또한 10년 동안 왜(倭)가 단행한 전제(專制)의 위세를 두려워하여, 말할 바를 말하지 않고 마땅히 써야할 바를 도리어 삭제하여 그 상황이 가히 애석하고 참담한 지경에 이르렀다. 그래서 언론은 그때마다 압수를 당하며 언론사도 또한 자주 패쇄 당하여 3개월 이상 계속 간행되는 책자는 거의 봉황의 터럭과 기린의 뿔[鳳毛麟角]과 같이 극소수인 실정이다. 그리고 유독 『매일신보』 등과 같은 저들의 총독부 기관지는 의병을 칭해 폭도라 하고 열사를 불러 흉한(兇漢)이라 하여 각아 내려 불경한 무리라고 이르지 않은 경우가 없었다. (…중략…) 해외에서 붓 가는 대로 책을 만들어 비록 감히 국내에 보급될 것을 기대하지 않지만, 만약 대의를 널리 밝히고 이웃 나라에 전해질 수 있다면 또한 이 시도를 그만두어서는 안 될 것이다." 「『천고』 창간사」, 『천고』 1호, 1921.1, 재인용 : 『전집』 5권, 307~308면.

19 「문예계청년 참고를 구함」, 『전집』 7권, 644면.

20 「四十以上은 盡殺」(『독립신문』, 1923.9.19), 『전집』 6권, 566면.

한편 단재가 조선의 문단 상황에 지속적인 관심을 가지고 있었을 뿐만 아니라, 비판적으로 개입하는 가운데 문학론을 전개했다는 점도 중요하다. 「정육과 애국」[21]은 '정(情)'과 '미(美)'를 통해 문학을 규정하는 심미적 문학관에 대한 반론의 성격을 띤다. 「금일에 또 피난할 십승지를 찾는 사람들」[22]은 문학을 현실도피의 방편으로 삼는 이들을 비판하고 있으며, 「문예계 청년의 참고를 구함」[23]에서는 '예술을 위한 예술'론의 문제점을 지적했다. 「한기악 씨에게」[24]는 지나치게 문예 방면에 치중하는 『조선일보』·『시대일보』를 비판하고 고상한 예술이 되기 위한 방안을 제시했으며, 「대흑호의 일석담」[25]은 자유연애와 구습타파를 외치는 작금의 문예경향이 전혀 혁신적이지 않음을 꼬집었다. 「낭객의 신년만필」[26]은 조선을 위한 예술이 무엇인지에 대한 방향을 제시하고 있다. 이 글들은 3·1운동 이후 쓴 것으로 추정되는데, 대개 이광수와 동인지 문학이 추구했던 심미주의 문예관에 대응하고 있다.[27]

이러한 사실들은 1910년 이후 한국 문학의 전체상을 보고자 할 때, '사실'의 차원에서 단재가 배제의 대상이 될 수가 없음을 보여준다. 신채호는 시간적으로 식민지 이전과 이후의 연관성을 드러내며, 공간적 지평에서 근대문학의 전개가 '조선-일본'을 넘어 이산된 이들을 포괄

---

21 「情育과 愛國」, 『전집』 7권, 624~626면.

22 「今日에 또 避亂할 十勝地를 찾는 사람들」(『독립신문』, 1923.9.1), 『전집』 6권, 563면.

23 「文藝界靑年의 參考를 求함」, 『전집』 7권, 644면~647면.

24 「韓基岳氏에게」, 『전집』 7권, 750~751면.

25 「大黑虎의 一夕談」, 『전집』 7권, 650~651면.

26 「浪客의 新年漫筆」(『동아일보』, 1925.1.2), 『전집』 6권, 583~590면.

27 1910년대 초·중반에 쓴 문학론을 찾아보기 어려운 이유에 대해서 다음과 같이 짐작해 볼 수 있다. ① 1920년대에 비해 이동이 잦았고 불안정한 생활을 유지했다는 점, ② 아직 조선 내에서 문학의 사회적 존재방식이 특정한 방향으로 고착화되지 않았고 단재 스스로도 문학이나 예술에 대한 관념을 형성해가던 중이었다는 점, ③ 3·1운동 이후 부르주아 민족운동에 대해 급격히 실망하게 되었다는 점, ④ 3·1운동을 계기로 자신의 글을 발표하거나 개입할 수 있는 조건이 마련되었다는 점, ⑤ 1유고(遺稿)의 유무 문제.

해야 함을 시사한다. 단재는 이중적인 처지에 놓여 있었다. 그는 자신의 의지로 조선 바깥에 스스로를 위치시킴으로써 식민지 규율권력의 문화전략과 제국으로부터 유입된 문학에 대한 담론규약으로부터 상대적으로 자유로울 수 있었다. 동시에 장(場)의 외부에 있기 위해 내부에서 발화(發話)하고 영향력을 행사할 수 있는 가능성을 포기했고, 모국의 변화를 충분히 인지하지 못하는 한계를 가질 수밖에 없었다. 그러면서도 조선을 계속 돌아볼 수밖에 없었던 위치성은, 1910년 이후의 변화를 이해할 때 유념해야 할 요소이다.

2. 아(我)의 상대성과 정명(正名)의 문예관

[1] 1900년대에 단재는 '문학'을 넓게는 '학문 일반', 좁게는 '언어나 문장을 다루는 학과' 내지 '풍속이나 학술과 변별되는 언어 및 문장에 관한 학문' 정도로 이해했다.[28] 그러다 1910년대에 접어들어 문학을 예술과 연계하여 이해하는 변화를 보여준다. 사람과 교통하고 서적을 읽으며 스스로 도달한 변화였다. 단재는 1900년대부터 여러 신학문을 받아들이고 그 분류의 방식을 활용했듯이, 다른 앎과 변별되는 '문학' 및 '예술'의 범주를 부정하지 않았다. 제국의 학지(學知)에 관해 가장 비판적인 자세를 취했던 그였으나, 보이지 않는 인식의 그물망이 되어갔던

28 「大我와 小我」, 『大韓每日申報』; 신채호, 「文法을 宜統一」, 『기호흥학회월보』 5, 1908.12; 「녯적 셔칙을 발간홀 의론으로 셔적출판ᄒᆞᄂᆞᆫ 제씨에게 권고홈」, 『대한미일신보』, 1908.12.18~20 등.

근대 지식과 그 분류체계로부터 완전히 자유로울 수는 없었다. 1900년대부터 신지식을 수용하거나 번역하는 과정에서 주체의 태도를 항상 문제 삼았던 단재였다.[29] 따라서 1910년 이후 단재가 문학과 소설에 대해 어떤 입장의 변화를 보여주는지 이해하기 위해서는 아(我)의 사상으로부터 출발하여 문학을 포함한 문화 일반을 사고하는 방식을 살펴볼 필요가 있다. 특히 문학과 예술에 대한 단재의 '질문법'에 주목할 필요가 있다.

초기의 我는 진화론의 틀에서 '삼계(三界)의 광(光)이며 만유(萬有)의 주(主)'로 규정되었는데, 여러 차례의 변모를 거친 이후 『조선사(朝鮮史)』에 이르러 본의를 획득한다.[30] 주지하다시피 '아(我)와 비아(非我)의 투쟁'이라는 역사관에서 '我'는 주관적 위치에 선 자이며, 그 외에는 '非我'이다. 그런데 이때 '我(－非我)'는 서양의 근대를 추동했던 철학적－사회적 '주체(－대상)'와 차이가 있다. 데카르트와 홉스 이래의 근대철학과 사회이론은 자명하고 통일적인 주체 개념에 기초하고 있다.[31] 이에 반해 '我'의 사상에서 핵심은 '我'가 선험적인 주체가 아니라 관계 속

29 「류학싱에게 경고ᄒᆞ노라」, 『대한미일신보』, 1908.1.12; 「글을 번역ᄒᆞᄂᆞᆫ 사ᄅᆞᆷ들에게 ᄒᆞᆫ번 경고ᄒᆞᆷ」, 『대한미일신보』, 1909.1.9; 「셔적계를 ᄒᆞᆫ번 평론ᄒᆞᆷ」, 『대한미일신보』, 1909.7.9; 「노예의 셩질을 ᄇᆞ려야 학문을 셩취ᄒᆞ지」, 『대한미일신보』, 1909.8.4 등.

30 「我란 觀念을 擴張홀지어다」(『大韓每日申報』, 1909.8.8~10)에서 단재는 '개체(身)'에 해당하는 '我'가 '가(家)'와 '국(國)'으로 확장하는 역사를 인계진화(人界進化)로 보았다. 1900년대 말 '민족'을 제국주의에 저항할 주체로서 국민과 변별하면서, 「독사신론」 등에서는 '我'의 무게중심이 '민족'으로 기운다.

31 서양 근대철학은 '주체' 개념을 확고하고 자명한 기초이자 근거로 삼으면서 성립했다. 예컨대 데카르트에게 주체는 인식과 판단의 기초이자 출발점이다. 또한 대상은 연장(延長)을, 주체는 사유를 한다는 점에서 양자는 명확히 분리된다. 인식과 판단은 주체가 하는 것이며, 지식은 인식 주체가 소유하는 무엇이다. 홉스 이래의 사회이론은 이러한 '주체' 개념을 바탕으로 개별 주체의 의지 내지 욕망을 존중할 때 사회가 어떻게 성립할 수 있는가에 답하고자 했다. 박태호, 「근대적 주체의 역사이론을 위하여」, 『근대주체와 식민지 규율권력』, 문화과학사, 1997, 30~31면.

에서 구성되는 역사적 주체이며, 보편적 이성이 동일성을 보장하는 주체가 아니라 서로 다른 조건과 이해관계 속에서 투쟁하는 가운데 변화하는 주체라는 데 있다.

我와 非我는 관계는 상대적이다. 조선이 我일 때, 다른 나라들은 非我가 된다. 마찬가지로 다른 나라는 스스로를 我라 하고, 조선을 非我라고 한다. 이러한 상대적 관계는 국가나 종족뿐만 아니라 계급, 학문, 기술, 직업, 의견이 다른 我들 사이에도 적용된다. 즉 다른 생각이나 이해관계를 가지고 있는 모든 이들 사이에는 我와 非我의 관계가 상대적으로 성립하며, 「꿈하늘」의 경우에서 볼 수 있듯이 한 개인의 의식 속에서도 我와 非我의 투쟁이 일어난다.

오히려 방점은 '투쟁'에 있을 수 있다. 투쟁은 我와 非我 사이의 운동이 현실에서 구현되는 양상이며, 생(生)을 유지하기 위한 我의 의지와 실천을 함축하기 때문이다. 단재는 '선천적 실질'로부터 말하자면 본위(本位)인 我가 생긴 뒤에 非我가 생기지만, '후천적 형식'부터 말하면 非我가 있기 때문에 我가 있다고 말한다. 그리고 我에 대한 非我의 접속이 번극(煩劇)할수록 非我에 대한 我의 분투가 더욱 맹렬해진다고 한다. 다시 말해 나의 정체성은 타자와 교통하는 가운데 형성되며, 그 교통이 빈번하고 강할수록 인간 활동과 역사의 변화가 더욱 역동적으로 전개된다는 것이다.[32] 역사를 서술하기 위한 입론(立論)이기 때문에 개체로서의 我가 확장된 '사회적 我'를 강조하고 있지만, 我는 결국 가장 작은 단위에서 신(身)이자 각각의 생명이다.[33]

---

32 신채호, 『조선사』, 『전집』 1권, 601~604면.

33 단재는 상속성(相續性)과 보편성(普遍性)을 강조했다. 상속성은 '시간에 있어서 생명이 끊이지 않음'을 뜻하고, 보편성은 '공간에 있어 영향의 파급됨'을 의미한다. 단재는 역사의 재료가 될 수 있는 기준을 마련하기 위해 이 두 가지 속성을 제시했지만, 역사가 我와 非我의 투쟁인 이상 我가 가진 생에의 의지 혹은 권력에의 의지를 표현하는 개념으로 해

민족과 무산계급은 자본적 제국주의의 위협에 맞서 개체로서의 我가 생존을 위해 연대한 집단, 즉 종의 보존과 자기 이해(利害)의 실현을 위해 확장된 我이다. 그런 점에서 신채호의 '我'가 '개인을 부정하는 집단적 개념이 결코 아니며, 고정불변의 초역사적 실체가 아니라 맥락에 따라 형성되는 역사적 구성물이라는 점에서 개인이 먼저인가 민족이 먼저인가와 같은 이분법을 뛰어넘는다'[34]는 지적은 적확하다. 특히 我는 '물적 방면의 진보'와 서로 영향을 주고받는 가운데 구성된다는 점에서 정신적이고 초월적 주체가 아니다.[35] 상대적이고 역사적인 지평에서 주체의 위치를 포착하고자 하는 신채호의 사상은 '관계론적 세계관'의 연장에 있으며, 현실에 대한 객관적 분석을 전제하되 '주의(ism)'로부터 벗어나 모든 생명활동을 긍정한다.

② 我의 사상에서 나타나는 상대적이고 역사적인 태도는 인간이 만들어낸 모든 사상(事象)을 언급할 때도 유사하게 드러난다. 학문·도덕·이념·제도와 같은 것들 역시 我가 처한 역사적 조건을 초월하여 보편적으로 타당하거나 자명한 것은 없다. 근대의 분과학문은 과학성에 기초한 보편학으로서 여겨지고 있지만, 식민지 조선의 청년들에게는 심골(心骨)을 녹여 나라 잃은 자를 더욱 망하게 하는 마설(魔說)일 따름이다. 정치는 강자의 행복을 증진하기 위해 망국의 약소민족이 저항하지 못하게 하는 그물이며, 역사는 승자를 군주로 만들고 패자를 도적으로 만들어 무력을 정당화하는 함정이며, 다른 각종 학설은 이러한 정치와 역사를 확장한 논리이기 때문이다.[36] 따라서 '우리 것을 힘써

석할 수도 있다.

34 하정일, 「급진적 근대기획과 예술의 정치화」, 『탈식민의 미학』, 소명출판, 2008, 157면.

35 「丹兒雜感錄－五. 物心兩界의 竝進」, 『전집』 7권, 636~637면.

취합하고 제창하면 비록 소득이 적을지라도 외국의 논리와 학설을 고취함보다는 나을 것'[37]이라는 언설 등을 민족 주체성의 강화로 단순화시킬 수 없다. 많은 이들이 제국의 학지(學知)에 침윤되어가고 있을 때, 단재는 지식과 권력 사이에 불가분의 관계가 있음을 주목하고 있기 때문이다.

그렇다면 세계대전이 종료된 후 해방의 이념을 자처한 인도주의, 사회주의, 민주주의는 어떠한가? 슬프게도 이들 역시 대포소리와 함께 세력을 넓히고 정당성을 확보했으며, '등에 대포를 졌거나 질만 한 사람이라야 사람'으로 여기는 것이 현실이다.[38] 마르크스주의나 아나키즘이 단재에게 큰 영향을 미친 것은 사실이다.[39] 하지만 단재가 더욱 중요하게 생각했던 것은 어떠한 주의를 맹목적으로 쫓는 것이 아니라 그것을 수용하는 我의 특수한 상황을 파악하는 것, 새로운 사상을 수용함으로써 발생하는 효과였다.

단재에 의하면 석가와 공자마저도 시대와 상황에 따라 모두 다르게 해석되니 마르크스와 크로포트킨 또한 예외가 될 수 없다. 우리는 세계지도에서 삭제된 조선의 옛 땅에서 태어났으며 역사가 끝난 대한의 마지막에 이른 망국민(亡國民)의 처지에 놓였다. 나라 잃은 자가 미국 사람처럼 평화를 추구하면 금전은 벌 수 있을지 모르나 노예를 면치 못하며, 톨스토이의 주의를 가지면 안심입명(安心立命)은 할지언정 정치 생활은 할 수 없다. 따라서 망국민에게는 그에 맞는 특수한 도덕이

---

36 「丹兒雜感錄－六. 僞學問의 弊害」, 『전집』 7권, 636~637면.

37 「道德」, 『전집』 7권, 632면.

38 「人道主義의 可哀」, 『전집』 7권, 648면.

39 1910년 이후 마르크스주의와 아나키즘의 수용에 관해서는 신용하, 앞의 책; 김재용, 「비민족주의적 반식민주의자로서의 신채호」, 『근대계몽기 문학의 재인식』, 소명출판, 2007; 하정일, 「후기 신채호의 아나키즘과 최종심급으로서의 민족주의」, 『민족문학사연구』 41호, 민족문학사연구소, 2009 등 참고.

필요하고, '주의(主義)의 조선'이 아닌 '조선의 주의'가 될 필요가 있다.[40] 주체의 위치성(positionality)에 따라 종교, 도덕, 심지어 프로문학 논자들이 보편과학이라 의심치 않았던 마르크스주의조차 상대화되고 있는 것이다.

이때 이해(利害)와 시비(是非)의 문제가 발생한다. 我가 각각 자신의 이해(利害)에 따라 판단하고 행동하는 것이 정당하다면 '만인에 대한 만인의 투쟁'이 낳을 문제로부터 한 발짝도 나아갈 수 없기 때문이다. 단재는 이 문제에 답하기 위해 '시비(是非)'에 관한 논의를 전개하며 '진정한 이해(利害)'가 무엇인지 묻는다. 단재는 조선이 멸망한 이유를 유교적 도덕관에 사로잡혀 이해관계는 따지지 않고 남의 시선을 의식하며 옳고 그름만을 지나치게 강조한 데서 찾는다. 그런 점에서 부랑자가 되고 도적이 되더라도 생명 유지를 위해 이해를 따지는 것이 현실을 도피하는 유자(儒者)들 보다는 낫다고 말한다. 그러나 개인[個身]의 생존과 육체의 보존을 위해 이해를 가리는 것은 금수(禽獸)와 다를 바 없다. 따라서 '시비의 이해'를 따질 것이 아니라 '이해의 옳고 그름[是非]'을 따져야 한다. 그렇다면 올바른 이해는 무엇인가? 단재는 이를 사람 '답게' 생존하는 것, 즉 '전체의 생존, 정신의 생존'이라고 보았다.[41]

'전체와 정신의 생존'이라는 표현의 추상성은 「낭객의 신년만필」에서 좀 더 구체적으로 해명된다. 이 글에서 단재는 소극적 이해와 적극적 이해를 구분한다. 소극적 이해는 일신의 안녕을 위해 개체로서의 我, 我의 확장인 친족과 자손—국가와 민족을 노예로 만드는 근시안적 이해이다. 적극적 이해는 당장 자신에게 해가 됨을 알지만 '미래의 실

40 「道德—三. 無國民의 特別道德」, 『전집』 7권, 630~632면.; 「浪客의 新年漫筆—一. 道德과 主義의 標準」, 『전집』 6권, 583면.

41 「利害」, 『전집』 7권, 622~623면.

제상 혹은 정신상'의 이익을 추구하는 것이다. 예컨대 러시아의 공산당이나 아일랜드[愛爾蘭]의 싱픈(Sinn Fein)당처럼 인류에게 교훈을 주는 것이 적극적 방면에서 타산(打算)한 이해이다.[42] 소극적 이해를 추구하는 것은 결국 미래의 我에게 해가 되며, 적극적 이해를 추구하는 것은 현재의 我에게는 해가될지언정 미래의 我에게는 득[利]이 되니 사람이 사람답게 생존하기 위해서는 적극적 이해를 추구해야 한다.

중요한 사안은 단재가 아와 비아의 투쟁이 가지고 있는 문제, 다시 말해 시비조차 이해와 마찬가지로 상대적이며 역사적이라는 모순을 돌파하는 방식이다. 단재는 홉스나 루소처럼 인간이 본질적으로 어떠한 존재인가를 묻지 않는다. 인간[我]이 인간[我]답게 생존하기 위해서 어떻게 해야 할 것인가라는 존재론적 질문에 실천윤리를 제시함으로써 이 문제를 넘어서고자 한다.

이러한 질문과 답변의 방식은 단재의 문학관에서 핵심이다. 제국 일본의 학지로부터 세례를 받은 유학생들은 문학이란 무엇인가라는 질문으로 자신의 문학관을 구축했다. 최두선은 문학을 "글 가운데 정의(情意)를 늣는 것"[43]이라 정의하고, 식물학 · 동물학 · 법률학 · 정치학 등이 우리에게 지식을 공급한다고 해서 그것을 문학이라 하지는 않는다고 못 박았다. 와세다대학부 문학과를 다니던 이광수는 문학이 리터러처의 역어이며 시, 소설, 극, 논문을 형식으로 삼는다는 보다 세련된 분류법을 보여준다.[44] 단재를 높이 평가했던 안확조차 "문학은 미감상(美感想)을 문자로 표현하는 것"[45]이라 하여 문학에 시공을 초월하는 고

---

42 『전집』 6권, 564면.
43 최두선, 「문학의 의의에 관하야」, 『학지광』 3호, 1914.12.
44 이광수, 「문학이란 何오」, 『매일신보』, 1916.11.10~13.
45 안확, 「조선의 문학」, 『학지광』 6호, 1915.7.

유한 본질이 있음을 전제했다. 그런데 상대적이고 역사적인 태도로 인간과 사물을 응시하던 단재에게 '문학의 고유한 본질'은 그리 중요하지 않았다. 단재는 '문학이 문학답고, 예술이 예술답기 위해서는 어떻게 존재해야 하는가?'를 묻는다.

단재는 '예술은 예술을 위하여 존재한다.'는 것을 인정한다. 본디 만사만물(萬事萬物)이 각각 자체의 목적을 가지고 존재하거니와, 나아가 스스로[自]의 목적 없이 다른 것[他]을 위해 존재하는 것은 노예와 다를 바 없기 때문이다. 하지만 예술이 인류에게 해가 되거나 예술답지 못하다면 존재할 가치가 없다. 예술이 자신의 목적에 따라 발달하면 고상한 예술이 생기고, 사회는 예술을 따라 고상해져야 한다. 즉 예술은 자율적인 존재이며 다른 무엇과 연관하여 설명될 필요가 없지만, 그 이름에 걸맞은 역할을 수행하지 못한다면 존재 가치가 없다는 논리이다. 그래서 '예술은 예술을 위하여 존재한다.'는 명제는 '예술은 고상해야 하며, 고상한 예술일수록 사회에 좋은 영향을 미친다.'는 예술 자체의 직분을 충족시킬 때 비로소 참[眞]이 된다.[46]

단재가 판단할 때 3·1운동 이후의 문예는 '예술을 위한 예술'을 외치면서 사회가 요구하는 직분을 전혀 수행하지 못했다. 도둑을 주인이라 속여 거짓을 사실인 것처럼 왜곡했고, 민중은 생존의 위협을 받고 있는데 몇 푼의 이익을 추구했으며, 내용에서 민중의 생활과 무관한 상류사회 남녀의 연애사정을 그려 현실로부터 도피했다.[47] 자신은 낭만주의나 자연주의도 잘 구별하지 못하고 유명한 서양 문예가의 작품도 거의 보지 못한 문외한이지만 적어도 이러한 예술은 예술이라 할 수 없다는 것이 단재의 입장이다. 그렇다면 지금 필요한 고상한 예술

---

46 「文藝界青年의 參考를 求함」, 『전집』 7권, 646면; 「韓基岳氏에게」, 『전집』 7권, 750~751면.
47 「浪客의 新年漫筆」, 『전집』 6권, 588~590면.

은 무엇인가? 이에 대해 단재는 "예술주의의 문예라 하면 현 조선을 그리는 예술이 되어야 할 것이며 인도주의의 문예라 하면 조선을 구하는 문예가 되어야 할 것이니 지금의 민중에 관계가 없이 다만 간접의 해를 끼치는 사회의 모든 운동을 소멸하는 문예는 우리의 취할 바가 아니다"[48]라고 답한다.

3 이와 같은 단재의 문예관을 '효용론'이나 '예술의 정치화'라고 설명할 수도 있을 것이다. 그런데 질문법 자체에 주목한다면 이것은 정명론(正名論)에 가깝다. 아버지가 아버지로 불리기 위해서는 아버지답게 직분을 다 해야 한다. 예술(문학)이 예술(문학)로서 성립하고 인정받기 위해서는 역사적 조건에 부합하는 직분을 수행해야 한다. 이것이 단재가 문학 혹은 예술을 규정하는 방식으로, '언어규정[名]'과 '실천방향[正]', '존재론적 가치'와 '윤리적 당위'가 상보적 관계를 형성하는 문제들이다. 정명은 '我'와 학문의 존재 방식을 논할 때, 혁명을 규정할 때도 작동한다.[49]

공자는 춘추시대의 혼란을 타개하기 위한 해결책으로 명분을 바로 잡는다는 정명(正名)을 제시했다.[50] 정명론은 인식론이라기보다 실천

---

48 위의 글, 589~590면.

49 단재는 근래 자유연애나 구습타파를 외치는 것을 '문예혁명'이라 부르는 것에 대해 혁명답지 못하다고 비판하면서 다음과 같이 말한다. "과거의 해묵은 자취에 대한 항전을 혁명이라 하면, 혁명이란 명사(名詞)를 위하여 일곡(一哭)함이 가하다." 이광수 등이 갑오년 이전에 그러한 문예운동을 전개했다면 혁명이겠으나, 구습은 이미 타파되었고 작금의 주요모순은 신구의 갈등이 아니므로 피식민 상황에 대해 불만을 가져야 한다는 것이다. 「大黑虎의 一夕談」, 『전집』 7권, 650~651면.

50 대표적인 언급으로 다음을 예시할 수 있다. "제나라 경공이 공자에게 정치에 대하여 묻자, 공자가 말했다. 임금이 임금답고, 신하가 신하다우며, 아버지는 아버지답고, 자식은 자식다워야 합니다(君君, 臣臣, 父父, 子子). 경공이 말했다. 좋은 말씀이오! 진실로 임금이 임금답지 않고 신하가 신하답지 않으며, 아버지가 아버지 답지 않고, 자식이 자식답지 않다면, 비록 곡식이 있다 하여도 내가 그것을 먹고 지낼 수가 있겠소?" 성백효 역주,

적 존재론이라 할 수 있다. 그렇다고 단재가 유가적 도덕관을 요구했다는 것은 결코 아니다. 삼강오륜과 같은 전제윤리로 조선이 망한 이때에 우리에게 필요한 것은 혁명을 기도하는 '무국민(無國民)의 특별도덕'[51]이다.

단재는 문학의 성격을 규정할 때 핵심이었던 지정의론(知情意論)마저 실천적 당위와 연관 짓는다. 문학이나 예술의 성격을 규명하기 위해서가 아니라, 처음부터 '애국'의 방법을 구체화하기 위해서 단재는 지정의론을 언급한다. 단재는 사람의 심리를 심리학에서 지정의(知情意)로 나누었고 교육학은 교육강령으로 지덕체(智德體)를 제시했다고 서술하여 1900년대 후반 이후 유입된 근대학문과 지정의론의 역사를 충분히 이해하고 있음을 보여준다. 그러나 문학을 정(情)이나 미(美)의 영역에 배치하지 않는다. 예술과 문학은 오히려 '지육(智育)의 길'이다. 그 이유를 직접 서술하지는 않았지만 다른 글과 관련하여 추론한다면 문학과 예술이 '인류에게 도움을 주는 앎을 추구해야 하는 직분'을 수행해야 한다고 판단했기 때문이다.

단재에 의하면 정(情)은 분노나 불만의 감정, 슬프고 근심하는 울정(鬱情)이어서는 안 된다. 정은 애정이어야 한다. 정은 애(愛)이고 애는 정이니, 애가 없으면 정이 없고 정이 없으면 애가 없다. 미(美)는 애정을 담는 그릇으로, 대상의 아름다움을 모르면 애정이 생기지 않는다. 그런데 우리에게 필요한 애정은 나라를 사랑하는 정이다. 그것은 국가의 미(美), 즉 국수(國粹)로 인해 생겨난다. 따라서 정육(情育)은 국수를 점진적으로 깨닫게 하여 내 나라와 민족에 대한 관념을 심어주는 역할

『論語集註』, 전통문화연구회, 1990, 240~241면. 정명론에 관해서는 조현우의 『고전서사의 허구성과 유가적 사유』(보고사, 2006) 참고.

51 「道德」, 『전집』 7권, 627~632면.

을 해야 한다는 것이다.[52] 단재는 일본으로부터 유입된 지정의론에 대해 망국민에게 필요한 정명(正名)을 부여하는 방식으로 되받아 썼다.

단재는 낭객(浪客)의 입장에서 조선의 문단 상황에 응전하는 가운데 자신의 문예관을 구축했다. 1900년대에도 이인직의 신소설을 비판하면서 자신의 소설관을 더욱 첨예하게 전개했듯이, 망명 이후의 문학관 역시 아와 비아가 투쟁한 소산으로 볼 수 있다. 카프(KAPF)가 결성된 것이 1925년 8월 23일이며 단재가 접할 수 있었던 정보의 한계를 고려한다면, 프로문학이 본격적으로 전개되기 이전에 예술지상주의 문예론에 대해서 가장 비판적이었던 이가 신채호였다. 물론 단재의 문학론은 일부만이 국내에 소개되었을 따름이며, 주목할 만한 파급을 일으키지도 못했다. 망명객이라는 처지는 처음부터 주변성을 벗어날 수 없는 한계를 노정한 것이었다. 무엇보다 단재는 새로운 진보적 문학이 조선에서 태동하고 있었음을 알지 못했고, 이론과 실천 모두에서 마르크스주의에 내재된 혁명성을 충분히 이해하지 못했던 것으로 보인다.

我의 사상은 조선을 떠난 후 더욱 체계화되었다. 상대성과 역사성에 대한 사유의 기원인 '수시변역(隨時變易)'[53], 생명의 품격과 삶의 방향을 제시하는 '정명론(正名論)'이 바로 그것이다. 전통적 앎으로부터 이와 같은 합리적 핵심을 추출할 수 있었던 데에는 망명을 택한 스스로의 의지와 함께 어디에도 속하지 못한 처지로 자기정체성을 되묻고 유지해야 했던 삶의 조건이 중요한 영향을 미쳤다. 또한 그의 문학관은 한국 문학의 역사를 이해하는 지배적인 방식에 대해 의문을 제기한다. 문학의 근대는 꼭 미적 자율성을 획득하는 순간부터 시작되는 것인가?

---

52 「情育과 愛國」, 『전집』 7권, 624~626면.

53 '천시(天時)는 순환하며 인사(人事)는 변환하니, 고례금문(古禮今文)이 시의(時宜)에 맞아야 선하다 하고 경우(境遇)를 잃으면 악하다.' 「利害」, 『전집』 7권, 619~620면 등.

근대문학은 정이나 미, 언문일치와 같은 내부의 자질을 기준으로 정의될 수 있는가? 문학이 심미적이어야 한다는 부채의식으로부터 자유로울 때, 근대의 문학은 어떤 형식을 택할 수 있는가? 이러한 질문에 대해서 단재는 1900년대에 스스로 구상했던 민족주의 역사소설을 심화시키고 확장시킴으로써 화답했다.

3. 중심-주변의 전도와 해방적 글쓰기로서의 소설

1 1900년대에 단재는 역사의 말류로 여겨지던 소설의 위상을 조정했다. 전통적으로 역사는 술이부작(述而不作)을 근간으로 삼았으며, 사실을 있는 그대로 드러냄으로써 포폄(褒貶)의 책무를 다 할 것으로 기대되었다. 이에 반해 패사 소설은 유자(儒者)들에게 황탄무계(荒誕無稽)하다는 비판을 늘 피할 수 없었다. 그러나 단재는 자본주의, 군국주의, 제국주의라는 괴물에 저항하기 위해 '민족'의 확립을 기획했던 바, 사료가 부족한 상황에서 민족사를 복원하기 위해서는 역사에 기록된 사실에만 의지할 수 없었다. 또한 소설이 가지고 있는 재미와 감발(感發)의 효과가 국민교육에 긴요함을 적극적으로 활용하여 위상 전위를 이루었다.

「이순신전」, 「최도통전」은 역사와 소설의 장점을 시의에 맞게 결합시킨 흥미로운 텍스트이다. 그런데 망명 이후에는 역사와 소설을 분리하는 경향을 보여준다. 「독사신론」을 기점으로 사(史)를 일정한 체계와 방법을 가진 역사학의 분야로 인식했고, 소설을 문학의 한 영역으로 파악하면서부터이다. 역사와 문학을 구분할 필요가 있다는 고민은

「고구려삼걸전」 서문에 잘 나타난다.

> 歷史는 당대 사실을 사실대로 직사(直寫)하여 국가흥망과 정치치란(政治治亂)과 전쟁승패와 인물장단(人物長短)과 문화소장(文化消長)과 인민생활과 국제이해를 주관적으로 총괄하야 계통적으로 순서를 밟아 편성하는 자(者)오. 傳記는 당대의 일절 사실을 불계통적으로 취합하여 이해득실을 객관에 부(付)하고, 작자(作者)의 취미대로 혹은 사실을 부여하며, 혹은 은폐(隱弊)를 수멱(搜覓)하여 전인(前人) 미발(未發)의 참고를 작(作)하게 하며, 또한 문리(文理)에 연쇄(連鎖)를 탈(脫)하여 동(東)에서 취(取)하고 서(西)에서 십(拾)하여 전기(傳記)의 정(定)한 종지(宗旨)만을 단편(單編)으로 작성하는 자(者)이며. 小說은 당대의 일건사실(一件事實)을 목적물(目的物)로 정(定)하고 比를 가착부연(架鑿附演)하며 수라준명(搜羅濬明)하여 사건의 주인(主人)을 주각(主角)으로 정(定)하고 각본(角本)을 새로 맨다러 무대의 연출(演出)함이니 전설, 신화, 이언(俚諺), 동요, 풍속 등 잡조(雜調)를 마음대로 통용하며 산천경계 인물선악 시비(是非) 고난 부귀 등 시경원빈(市景袁濱)을 작자의 취미대로 문예학술의 미묘(微妙)를 극(極)히 하여 독자의 관심을 얻게 하는 것이라.[54]

다른 글쓰기 양식과의 '관계' 속에서 소설의 성격을 규명하려는 시도도 흥미롭거니와, 이러한 분류대로 망명 이후 단재는 실제 글쓰기에서 역사, 전기, 소설을 가능하면 변별하고자 했다. 「조선사」와 같은 역사 저술은 뚜렷이 계통적인 체계를 추구하며, 전(傳)에 해당하는 「류화전」 및 「고구려삼걸전」은 제목에서부터 역사적 인물의 전기(傳記)임을 분명히 했다.

---

54 「高句麗三傑傳」, 『전집』 7권, 704면.

「백세노승의 미인담(百歲老僧의 美人談)」, 「일목대왕의 철추(一目大王의 鐵椎)」, 「일이승(一耳僧)」과 같은 작품들은 역사 속의 실제 인물과 사건을 재료로 활용하고 있으나 위의 언급에 따라 분명히 소설로 분류할 수 있다. 이 작품들은 전(傳)의 양식을 완전히 벗어나 흥미로운 이야기로서의 서사문법에 충실하다. 예컨대 「백세노승의 미인담」은 액자소설의 형식을 취하고 있다. 남이장군이 아내 권씨를 다른 장군에게 자랑하고 있는데 지나가던 늙은 중이 이를 비웃으며 미인 아내로 인해 중이 된 사연을 이야기해 준다. 여러 패사(稗史)나 이언(俚諺) 등을 참조하여 몽고의 침략사를 다루면서도 역사에 없는 가공의 이야기를 지어냄으로써 전과 분명한 구별을 두었다.

그런데 단재의 진수는 이러한 분류에 얽매이지 않는데 있다. 마치 장난이라도 하듯이 「고구려삼걸전」 서문에서는 역사・전기・소설을 논리적으로 분류해 놓고, '독자에게'에서는 "본서는 역사 전기 소설 등의 문례(文例)를 벗어나 파격적으로 역사와 전기의 사실을 목적물로 만들고, 신화 전설 이언 등을 병용"[55]했다고 밝힌다. 고증의 과정에서 사실의 진위를 판단하기 어려워 그렇게 엮은 것이니 독자들이 저자의 견해를 깊이 양해하라는 부탁도 덧붙였다. 본문이 전하지 않아 실제 서술의 방식을 알 수는 없으나 수편(首編)은 동명성왕의 탄생을, 중편은 을지문덕의 고수전쟁(高隋戰爭)을, 종편은 연개소문의 고당전쟁(高唐戰爭)을 다루었다는 것으로 보아 말 그대로 역사, 전기, 소설의 요소가 뒤섞인 텍스트였을 것으로 생각된다.

[2] 단재는 전통적인 문체(文體) 관습을 누구보다 잘 이해하고 있었

55 「독자에게」, 『전집』 7권, 705면.

다. 뿐만 아니라 스스로 새로운 관습을 만들고, 다시 자신이 만든 관습의 경계를 넘어서는 혁신을 시도하기도 했다. 이런 면모는 「꿈하늘」과 「용과 용의 대격전」에서 집약적으로 나타나는데, 우언(寓言)의 체계가 잘 짜여진 「용과 용의 대격전」보다 「꿈하늘」이 더욱 흥미롭다. 망명객 단재의 내부에서 일어나는 균열과 혼란, 무의식의 층위를 가감 없이 드러내고 있기 때문이다. 「꿈하늘」(1916)은 이해 못 할 만큼 난해하지는 않지만 그렇다고 잘 읽히는 글은 더욱 아니다. 1900년대에 보여준 민족주의 역사소설로부터도, 언문일치와 3인칭화자로 대변되는 근대소설의 서사문법으로부터도 완전히 벗어나 있는 까닭이다. 자신의 말대로 격식을 깨뜨리는[破格的] 작품이다. 그래서인지 단재는 서문에서 친절하게 세 가지 독법을 제시한다.[56]

첫째, 이 글을 꿈꾸고 지은 것이 아니라 꿈이 지은 것으로 읽기를 부탁한다. 이 진술을 두고 몽유록(夢遊錄)의 오랜 전통이 그러했던 것처럼 현실의 제약을 벗어나기 위한 방안이라 해석할 수도 있다.[57] 그런데 '꿈이 지은 것'이라는 표현의 통사 관계는 좀 더 의미심장하다. 한놈은 원래 꿈이 많아 잠과 꿈이 서로 같고, 멀건 대낮에도 두 눈을 뜨고 꿈같은 지경이 많다. 한놈에게 꿈과 현실의 경계는 불분명하다. 여기서 꿈은 의식과 무의식을 포괄하는 한놈의 정신세계에 대한 메타포로 해석할 수 있다. 더구나 「꿈하늘」은 꿈속의 이야기가 아니라 꿈이 만든 이야기이다. 이 진술을 통해 단재는 「꿈하늘」에서 의식적으로 통제한 이

---

56 「꿈하늘 序」, 『전집』 7권, 513~514면.

57 이에 대해 김영민은 꿈에서 깨어 작품을 쓴 것이 아니라 꿈에서 지은 것이라는 점을 강조하며 다음과 같이 분석한다. "현실에서 작품을 쓸 경우, 아무리 그것이 꿈을 바탕으로 한 것일지라도 결말에서는 현실을 생각하지 않을 수 없다. 꿈과 현실의 조화가 문제되는 것이다. 이 경우 작품의 내용이 현실과 어떻게 타협할 것인지 혹은 현실을 어떻게 극복할 것인지 하는 문제들이 중요하게 대두하지 않을 수 없다. 하지만 꿈에 쓴 작품은 현실의 어려움에서 자유롭다." 김영민, 『한국근대소설사』, 솔출판사, 1997, 320면.

야기보다, 제어할 수 없는 '의식의 흐름'을 기술했다는 점을 강조하고자 했던 것으로 보인다.

「꿈하늘」은 단재의 다른 어떤 글보다 번민하고 고뇌하는 我의 모습을 전면적으로 드러낸다. 실천적 당위명제를 외치는 것으로 과연 인간세상의 다툼에 끝이 있을까 하는 질문에 관한 불안, 공포와 시기와 변절하는 동지들을 보면서도 한 길로 가야하는 고독함, 확인할 길 없는 민족사에 대한 의문, 스스로 능력이 미약함에 대한 자책, 이 모든 것들을 딛고 我로서 직분을 다하고자 하는 의지. 돌아갈 조선을 꿈꾸는 망명객의 고뇌와 결단은 텍스트 곳곳에서 나타난다. 그런 점에서 「꿈하늘」은 我와 非我가 투쟁하는 단재의 정신세계를 상징적으로 구현하는 동시에, 식민화의 과정에서 이산된 계몽 주체의 균열을 정면으로 다룬다.

둘째, 글을 짓는 사람들이 보통 배포(排布)가 있어서 대의(大意)를 잡은 뒤에 글을 쓰나, 이 글은 붓 가는대로 썼으니 앞뒤가 맞지 않다는 점을 비판하지 말라고 부탁한다. 「꿈하늘」은 서사의 인과성을 담보해줄 플롯이 상당히 약하다. 구성 또한 이야기의 전개라기보다 사변(思辨)의 전개에 가깝다. 이인직은 「혈의누」에서 문명론을 구현하는 서사 구성의 방식을 보여준 바 있다. 인물의 이합집산은 국제적인 경로를 그리며 이루어지고, 문명선진국 미국을 향해 이동하는 시공간성을 구현했던 것이다. 「혈의누」의 시공간은 물리적으로 같은 시간대를 살고 있는 인물들이지만 머무는 공간에 따라 발전의 정도뿐만 아니라 운명조차 달라지도록 구조화되어 있다. 「무정」의 구성 역시 미국과 일본을 향한다. 미국유학을 준비하고 있는 형식은 중심인 본토 일본을 옮겨 놓은 경성에서 교사생활을 한다. 소설 속의 경성을 표현하는 공간은 학교, 교회, 감옥이며 봉변을 당한 영채는 주변인 평양으로 떠난다. 평양을 향하던 영채는 병욱을 만나 같이 일본유학을 택하고, 형식과 선영도 미국유학을 위해 떠나다 기차에서 만난다.

이러한 소설들에 비해 「꿈하늘」의 시공간은 파편화되어 있다. 단 두 줄로 되어 있는 입몽의 시기만큼은 단기 사천이백사십몇 년, 대략 1910년에 해당하는 때로 명시되어 있으나 공간은 서울인지 시골인지 해외인지 알 수 없다. 꿈으로 들어가면 지옥과 천국, 동서(東西)와 신마(神魔)의 싸움터, 황금산과 도령군 놀음곳을 거친다. 단재가 과거의 역사적 사실을 바탕으로 썼던 소설들의 플롯과 구성은 유기적이었다. 그러나 현실을 다루려 했던 「꿈하늘」은 비현신적인 세계를 깨어진 구성으로 그렸다. 어쩌면 망명객 신채호에게 현실의 시공간을 구현한다는 것이 애초부터 불가능했는지 모른다. '주체에게 돌아갈 고향도 자기를 귀속시킬 안정된 질서도 존재하지 않을 때, 종착점 없는 유랑과 방황이야말로 표현해야 할 대상'[58]이라는 분석은 「꿈하늘」에도 유효할 수 있다.

셋째, 자유 못하는 몸이니 붓이나 자유하자고 마음대로 놀아 사실과 허구를 섞었으니 독자가 알아서 구별하여 보라고 부탁한다. 「꿈하늘」은 '소설'과 '소설 아닌 것'의 경계에 있다. 1900년대 쓴 「이순신전」이나 「최도통전」처럼 실제의 역사를 소설화해서가 아니다. 당시 형성되고 있던 소설의 근대적 규약을 벗어나 있다는 점에서 「꿈하늘」은 소설이 아니며, 넓은 의미로 보아 '소설' 외에는 다른 명명을 취하기 어렵기 때문이다. 「꿈하늘」에서 단재는 울분과 희망을 시로 노래하고, 알려야 할 역사적 지식은 사론(史論)으로 펼치며, 역사 속 인물들을 통해 정론(政論)을 전개한다. 이러한 이질적인 발화의 방식들이 우언의 이야기 얼개 속에서 어울리면서 아와 비아의 대결을 극적으로 전개한다. 단재가 처한 현실은 이광수나 김동인이 생각했던 '소설'적인 표현 형식을

58 이연숙, 「디아스포라와 국문학」, 『민족문학사연구』 19호, 민족문학사연구소, 2001, 60면.

초과해 있었다. 한놈을 원근법적 시선으로 그려내기에는 망명객 단재 내부에서 토해지는 말들이 너무 많았던 탓이다.

3 단재가 제시한 독법에 따라 「꿈하늘」을 읽을 때, 우리는 문학과 소설에 대한 통상의 규정을 다시 돌아보지 않을 수 없다. 또한 꿈과 현실의 경계가 붕괴된 환상적 형식이 아니면 형상화할 수 없는 무장투쟁론을 내세우고 있다는 점에서, 내용 역시 당대 소설에 비견하여 혁신적이다. 그렇다면 「꿈하늘」은 불우한 상황에서 갈피를 못 잡고 붓 가는대로 쓴 글일까? 1916년, 단재는 이미 마흔에 가까웠다. 스스로 문(文)의 갱신을 주도하고 다양한 지식과 사상을 섭렵한 후, 이때에 이르러 단재는 어떤 경지에 올라있었다.

피식민 지식인의 정신세계를 「꿈하늘」처럼 있는 그대로 드러내는 텍스트는 찾아보기 어렵다. 조선과 일본에서 고착화되어가던 문학의 경향, 좁혀 말해 『매일신보』·『학지광』·『청춘』 등에 게재된 소설들과 비교하여 「꿈하늘」의 문학사적 위치를 설정한다는 것은 어려운 일처럼 보인다. 그러나 이 난처함은 한국 소설의 전개를 일정한 방향으로 읽으려는 해석자의 욕망이 만든 난처함일 수 있다. 이질적인 글쓰기들을 다성악적으로 결합하고 제도화된 글쓰기를 반성하는 것, 급진적 사상이 잉태하는 표현형식을 긍정하면서 자신을 포월(包越)하는 것이야말로 '근대'에 예속되지 않는 문학의 해방적 가치일 수 있다. 자유와 해방을 꿈꾸던 단재는 「꿈하늘」을 통해 이를 구현했다.

단재의 문예관이나 작품의 특이성을 인정하기 위해서 '다성적 근대(Multiple Modernities)'라는 표현을 쓸 수도 있을 것이다. '근대'를 상이한 수준의 성격과 전개를 보여주는 복수의 '근대들'로 이해한다면, 적어도 제국의 동일화에 대한 욕망이 지워버린 다양한 차이를 복원할 수 있을 것이다. 하지만 신채호가 이산된 자로서 생을 마감할 수밖에 없었던 현실, 1970년대가 되어서야 한국에서 신채호에 대한 복원이 이루어졌다는 사실을 상기할 필요가 있다. 우리는 단재의 삶, 단재에 대한 해석의 역사에서 모더니티의 그물망이 작동하지 않는 순간을 보기는 어렵다. 세계체제가 만들어내는 네트워크, 인지되지 않을 정도의 복잡하고 강력한 모더니티의 기계들은 100년 이전부터 작동해왔다. 그런 점에서 식민지 조선과 제국 일본, 동양과 서양은 중심—주변의 역학 속에서 이해하는 것이 보다 생산적이라고 생각한다.

1910년 이후 단재는 주변 혹은 경계에 머물면서 중심과 주변의 관계를 역전시키고자 했다. 아니, 我의 사상에 나타나는 것처럼 서로가 모두 평화롭게 각각 중심이 되기를 원했다. 그런 가운데 소설의 민족성은 존재론적 실천윤리로서 상대화되고 심화되었다. 그의 학문관·문예관·작품은 서양으로부터 파급된 근대 지식과 문학개념을 비판적으로 돌아보게 할 뿐만 아니라, 그것이 확산되는 과정에 동조했던 식민지적 무의식 또한 반성하게 한다.

제5부
근대 지식으로서의 문학 담론과 소설의 심미성

제1장
과도기적 문학 개념과 소설의 내면성

1. 동경고등사범학교와 '과학'으로서의 학문

[1] 국내에서 진행된 소설 인식의 재편 양상, 즉 소설을 통해 사실을 재현하며 민족성을 구현하고자 한 시도는 전통적 소설관과 근대 지식이 결합하는 가운데 나타났다. 그러나 앞서 살펴보았듯이 1900년대의 이러한 변화가 소설을 '문학(文學)'의 범주로 사고하는 가운데 이루어진 것은 아니었다. 러일전쟁 이후 다양한 근대 학문의 수용과 전파가 폭발적으로 이루어졌음에도 문학의 용법은 여전히 문(文)관념의 자장 아래 놓여있었다. 문학은 주로 문장(文章)과 박학(博學)의 의미로서 학문 일반을 가리켰다.[1]

불균등하지만 1900년대 후반 '문학'을 다른 학문들과의 관계 속에서 변별하고, 소설을 '문학'과 연계하여 이해하는 의식은 소수의 일본유학생들에게서 찾아볼 수 있다.[2] 근대 초기 유학생들은 정치학・경제학・법률학 등 관료로 자리 잡기 위해 필요한 지식이나 여타 실용학문을 수학한 경우가 대부분으로, 문학에 대한 관심을 표명한 경우는 일부였다.[3] 의식적으로 문학과 관련된 논의나 작품을 발표한 경우는 장응진・홍명희・최남선・이광수・진학문이 전부이다. 그나마 홍명희와 진학문의 경우 문학에 관한 사유를 읽기에는 1900년대 후반에 쓴 글의 편수가 너무 적어 따로 분석하기가 어렵다.[4]

장응진, 최남선, 이광수는 모두 젊은 나이에 유학을 떠나 러일전쟁 이후 본격적으로 일본의 고등교육을 체험했다. 그래서 국내의 논자들에 비해 정치적 과제로부터 상대적으로 자유로웠으며, 지식 그 자체의 학습과 적용에 몰입한다. 이들은 문학을 근대 학지의 한 유형으로 이해했고, 명치 중후반에 유행한 작품들을 접하며 새로운 소설을 구상했다. 그런 면에서 국내의 논자들과 유학생 사이에는 일정한 단층이 존

---

1 김동식은 1900년대 학회지에 나타나는 문학개념을 크게 다음과 같이 구분한다. ① 문자 또는 글자로 쓰여진 것 일반, ② 학습이나 교육과 관련하여 학문에 대한 의욕 고취라는 주제의식 속에서 '학습일반' 혹은 소박하게 공부, ③보통교육과 관련되어 저술일반 혹은 교육의 기초적 텍스트, ④ 문장학술의 의미. 김동식은 '상상적이고 창조적이며 예술적이라는 내적 가치를 중심으로 시, 소설, 극 등의 분류체계를 갖춘 언어예술형식'을 근대적 문학 개념으로 간주함으로써 1900년대에는 그러한 근대적 문학개념을 찾아볼 수 없다는 입장을 취한다. 김동식, 「한국의 근대적 문학개념 연구」, 서울대 박사논문, 1999, 74~87면.

2 유학생 전체를 대상으로 본다면 역시 '문학'은 문장 혹은 학술 일반을 가리키는 용어로 사용된 경우가 가장 많다.

3 각종 학회지 회원소식 및 김영모, 『한말지배층 연구』, 한국문화연구소, 1972 등 참고.

4 진학문은 「쓰러져 가는 집」(『대한유학생회학보』 3호, 1907.5)과 「요조오한」(『대한흥학보』 8호, 1909.9) 외에는 발표한 글이 없다. 홍명희의 학문관이나 문학관을 추론해볼 수 있는 자료는 쓰보우치 쇼요의 글을 일부 번역한 「서적에 대하여 고인의 찬미한 말」(『소년』 3년 3권, 1909.3) 등의 번역문과 한시 등이 전부다.

재한다. 또한 유학한 학교의 교과과정 차이, 교육기구 외부에서 작동하는 문학제도와 접속하는 방식에 따라 적지 않은 편차를 보여준다. 따라서 장응진・최남선・이광수를 중심으로 '문학'을 근대 지식으로 전유하는 방식을 각각 살펴보고, 그와 관련된 소설의 위상 변화를 재구성해보고자 한다.

2 1880년 황해도 장진(長進)에서 출생한 장응진은 연배나 역사적 체험, 사유방식 등에서 이인직(1862)과 이광수(1892) 사이에 위치한 세대라고 할 수 있다. 16세까지 고향에서 한학을 수학했던 장응진은 부친의 권유에 따라 1897년 관립영어학교에 입학한다. 과거(科擧)를 보기 위해 자주 서울 출입을 하던 장의택(張義澤)[5]이 신학문이 유입된 것을 보고 신식교육을 받기를 권했던 것이다.[6] 하지만 영어학교에서 수학한 내용이 그리 도움이 된 것 같지는 않다.

일본의 학제를 경험한 후 '대한의 외국어학교는 교육의 주의(主義)가 없을 뿐만 아니라 일관성과 구체적인 방법론이 부재하기 때문에 정비・통합할 필요가 있다'[7]고 비판한 대목에서 읽을 수 있듯이 당시 외국어학교는 번역이나 통역을 위한 도구적 지식을 교수하는 것이 목적이었다. 또한 운영에서도 설립 후 9년이 된 1903년 처음 졸업생을 배출할 정도로 문제가 많았다. 단 19세기 말 서울에서 근대식 학교를 다닌다는 것은 대한의 모순을 체감하고 개혁을 위한 실천에 동참할 수 있는 길과 연결되어 있었다.

---

5 장의택은 기독교인으로 봉양학교(鳳陽學校)를 설립하여 1914년까지 신학문을 가르쳤을 정도로 개방적이었다. 장의택에 대해서는 김윤재, 「백악춘사 장응진 연구」(『민족문학사연구』 제12호, 민족문학사연구소, 1998, 182면) 참고.

6 장응진, 「20년 전 한국학계 이약이」, 『별건곤』 5호, 1927.3.

7 장응진, 「아한국민교육의 진흥책」, 『태극학보』 3호, 1906.10.

주로 젊은 층을 중심으로 민권운동에 가세하기 시작한 신학교(新學校)의 학생들은 독립협회가 만민공동회로 전화(轉化)되자 외국어학교 의학교 할 것 없이 일제히 참가했다. 장응진은 30여 년의 시간이 흘러 당시 만민공동회의 연설회에서 영어학교 대표로 십부대신(十部大臣)들 앞에서 열강들에게 이권을 팔아넘기는 정부의 매국적 행동에 대해 성토한 것을 생애 가장 통쾌하던 일로 꼽고 있지만, 그 대가는 가혹한 것이었다.[8] 정부에 의해 강제 해산 조치를 당하자 주무자들은 잡혀가거나 외국 혹은 진고개로 피신했다. 장응진도 남촌(南村)인 진고개로 피신했다가 일본인 신문기자들로부터 일본의 소식을 듣고 도일을 결심하게 된다.[9] 이인직의 일본유학이 을미사변 이후 친일파 숙청과 관련이 있다면, 장응진은 만민공동회 강제해산을 직접적인 계기로 유학을 떠나게 된 것이다.

1899년 도일한 장응진은 1년간 영어・일어・산술 등을 준비하여 동경의 순천중학(順天中學) 이학년에 편입했다. 그러다 '이런 저런' 교섭을 통해 관비유학생이 되어 4년 만에 졸업했지만 귀국할 처지는 못 되었다. 조선에 가면 할 일도 없고 일본유학생이라면 잡아 죽이기도 한다는 풍문에 미국 로스앤젤레스로 떠나는데 '1년간 고생만 하고 공부도 되지 않아' 러일전쟁 소식을 듣고 다시 1905년 일본으로 돌아온다.[10] 1906년 4월 고등사범 수리과에 입학한 장응진은 태극학회 회장을 역임하면서 재일한국유학생 사이에서 중추적인 인물로 부상한다.

열 살 아래의 최남선이 유학생들의 통합단체인 대한유학생회의 편집원으로 활동할 즈음 장응진은 지도부에 해당하는 평의원의 첫 석을

---

8 장응진, 「나의 젊었던 시절 제일 통쾌하였던 일」, 『별건곤』 21호, 1929.6.

9 장응진, 「20년 전 한국학계 이약이」, 『별건곤』 5호, 1927.3.

10 위의 글.

차지하고 있었다.[11] 이광수는 자신이 쓴 소설을 발표하고 싶어 장응진의 집으로 수차례 찾아갔으나 차마 내놓을 수 없어 잊어버린 체하고 원고를 책상 위에 놓고 왔다고 회고한 것으로 보아 당시 그들 사이에는 연배 이상의 차이가 있었음을 알 수 있다.[12]

동경고등사범학교 전경(『동경사범학교일람』, 1907)

장응진은 1906년 4월 1년급 1학기를 시작하여 1909년 3월까지 동경고등사범학교(東京高等師範學校)에서 수학했는데, 이때의 체험은 학문관과 지식생산에 중요한 영향을 미쳤다.[13] 동경고등사범학교는 문부성 직할의 관립학교로, '사범학교'라는 이름으로 출발하여 1902년 '동경고등사범학교'로 개칭했다. 사범학교・중학교・고등여학교의 교장

11 「회록」, 『대한유학생회학보』 1호, 1907.3.

12 이광수 외, 「춘원문단생활 20년을 기회로 한 문단회고 좌담회」, 『삼천리』 6권 11호, 1934.11.

13 장응진은 1909년 3월에 고등사범을 졸업한다(「本會 春期運動」, 『대한흥학보』 제2호, 1909, 4). 당시 고등사범의 수업 연한은 예과가 1년, 본과가 3년, 연구과가 1~2년이었고 학기는 3학기로 나뉘어 있었다(1학기 : 4.16~7.10, 2학기 : 9.1~12.24, 3학기 : 1.8~3.31). 편입이 아닌 정규 입학을 했으므로, 1906년 4월에 입학하여 1909년 3월에 졸업했음을 알 수 있다.

및 교원을 양성하는 것을 목표로 삼았던 동경고등사범학교의 학제는, 장응진이 수학하던 당시 여느 대학들처럼 예과(豫科), 본과(本科), 연구과(硏究科)로 구성되어 있었다.[14]

본과는 국어한문부(國語漢文部)·영어부(英語部)·지리역사부(地理歷史部)·수물화학부(數物化學部)·박물학부(博物學部) 5개 과로 나뉘었는데 장응진이 진학했던 곳은 수리과, 즉 수물화학부였다. 각 학과는 윤리학·심리학·교육학·영어·체조를 공통과목으로 하되 중심으로 삼은 과목은 조금씩 달랐다. 예를 들어 국어한문부의 경우 공통과목 외에 국어 및 한문, 역사, 철학, 언어학을 가르쳤고 독일어와 음악을 수의과목(隨意科目)으로 두었다. 영어부는 영어에 대한 교습시수가 상대적으로 많았을 뿐 교과목은 국어한문부와 동일하다. 수리과의 구체적인 교과과정을 학년별로 정리하면 다음과 같다.[15]

표3. 동경사범학교 수물화학부(數物化學部) 교과과정

과목/학년	1학년(週間時數)	2학년(週間時數)	3학년(週間時數)
윤리	윤리학(1)	윤리학(1)	윤리학(1)
심리학 및 교육학	심리학, 교육학(2)	교육학, 교육사(3)	교육사, 교수법, 학교위생, 교육법령(5)

14 예과는 일종의 대학예비문이다. 1886년 동경대학을 제국대학으로 개칭하면서 미국보다 수준이 높고 유럽에 뒤지지 않는 대학을 만들기 위해 유럽의 학제와는 달리 일본에서는 중등학교 졸업자에게 바로 대학 입학자격을 주지 않았다. 이를 위해 만든 과정이 대학 예과로, 이후 구제(旧制) 고등학교로 변한다. 연구과는 지금의 대학원과 유사한 단계로 본과의 전공과목을 좀 더 깊이 있게 연구하는 과정이었다. 天野郁夫, 『日本の教育システム』, 東京大學出版部, 1996, 71~74면 참고.

15 『東京高等師範學校一覽』, 東京高等師範學, 1906. 1906~1908. 동안 고등사범의 학제와 교과과정은 동일하다. 상기한 표는 보기 쉽게 요약적으로 정리한 것이다. 실제 일람에는 학기별로 교과과정이 나뉘어져 있으며 주당 수업시수도 과목에 따라 학기별로 약간의 차이가 있다.

수학	대수학, 기하학, 삼각법, 해석기하학, 미분적분(6)	대수학, 기하학, 해석기하학, 미분적분 (6)	미분적분 및 연습(6)
물리학	역학, 물성학(物性學), 음학(音學)(3,실험1)	물성학, 정전기학(靜電氣學), 음학, 열학(熱學), 광학(光學)(4, 실험2)	열학, 광학, 정전기학, 자기학(磁氣學)(5, 실험2)
화학	무기화학부 화학통론(化學通論), 광물학대의(鑛物學大意), 유기화학(4, 실험1)	광물학대의, 유기화학, 유기화학대의(4, 실험2)	이론 및 물리화학(4, 실험3)
천문 기상	–	–	천문학, 기상학(2)
영어	강독(5)	강독(3)	–
도화(圖畵) 수공(手工)	사생화투영화법(寫生畫投影畫法), 조경화법(照鏡畫法), 수채화(水彩畫)·도안(圖案) 및 각종화법, 수공이론, 죽목공(竹木工)(2)	좌동(左同)(2)	지(紙), 점토(粘土), 석(石) 세공(細工)(2)
체조	보통체조 및 유희(遊戱), 병식체조(3)	좌동(左同)(3)	좌동(左同)(2)

[표3]에서 단적으로 나타나듯이 고등사범의 교과내용과 교수방법의 체계성은 장응진이 이전에 체험한 바와 비교할 수 없는 수준이었다. 대부분의 유학생들이 사립학교에 입학하던 당시 조선인으로는 처음 고등사범에 입학한 것에 대해 은근한 자부심을 가질 만했다.[16] 처음부터 교원양성을 목적으로 한 교과과정이었기 때문에 전문성과 학문적 깊이에서는 제국대학을 위시한 와세다·게이오의 본과에 미치지 못했다. 그러나 사범학교의 특성상 내용의 편폭과 다양성은 오히려 앞서고 있으며, 명치기 관립 사범학교의 면목을 잘 보여준다.

③ 고등사범에 입학한 이후 장응진은 다수의 글을 『태극학보』에 발표하는데, 대개 윤리학·교육학·자연과학·심리학·언어학을 원용한

16 장응진, 「나의 젊었던 시절 제일 통쾌하였던 일」, 『별건곤』 21호, 1929.6.

것으로 사범학교에서 수학한 지식들에 바탕을 두고 있음을 확인할 수 있다. 근대 분과학문에 대한 학습은 장응진으로 하여금 '과학'은 바로 '학문'의 다른 명칭이었고, '학문'은 곧 '과학'이어야 한다는 생각을 갖도록 했다. 인류가 지구상의 다른 생물과 변별되는 점은 바로 자연계의 현상을 이해하고 연구하여 공동의 행복을 지향하기 때문인 바, 인간사회를 포함하여 모든 자연적 현상을 설명하는 것이 바로 과학이다. 그러나 과학이 되기 위해서는 '관찰', '분류', '설명'의 방법론을 갖추어야 하니 이는 인간사회의 규칙을 연구하는 윤리학이나 미학(美學)에도 필수적으로 요구되는 조건이라 말하고 있다.[17]

특히 장응진이 천문학이나 화학과 같은 자연과학을 삶의 투명한 진실로 내면화하는 과정은 인생에 대한 근본적인 성찰로 이어지는데 당시 국내 지식담론의 장에서 보기 힘든 장면이다. 자연과학을 통해 우주의 무한한 시공간과 감각기관으로 포착할 수 없는 미시세계를 발견함으로써 인간의 유한성을 절감한 장응진은, '국민'이나 '민족'이 아닌 '유적(類的) 존재로서의 인간'으로서 던지는 존재론적 질문으로 나아간다. 동경의 후미진 자취방 이불 속에서 '사천년 역사상에 누가 우주의 절대적 진상을 이해했으며 인생의 비밀의 문을 연 자가 있는가? 아아 인간은 무엇이며 나는 어떤 존재인가? 지상에 포복하는 한 마리 작은 벌레인가?'라고 외치는 「춘몽(春夢)」[18]의 한 대목은, 이와 같은 맥락에서 이해하지 않을 때 1900년대에서 무척 낯선 풍경일 수밖에 없다.

장응진이 당대 인식 일반의 틀로부터 완전히 벗어나 있었던 것은 아

17 천문학을 예로 들자면 천체의 상호위치가 변하는 것을 정밀하게 관찰한 후, 관찰한 사실에 바탕하여 각각의 운행방식과 기타성질에 따라 천체를 분류하고, 그러한 현상이 나타나게 되는 인과관계의 체계를 정밀하게 설명해야 비로소 과학이 된다는 논리이다. 장응진, 「과학론」, 『태극학보』 5호, 1906.12.

18 장응진, 「춘몽」, 『태극학보』 8호, 1907.3.

니다. 진화론을 바탕으로 경쟁의 단위를 단체와 국가에 두고 있으며, '개인'의 생명은 유한하지만 국가의 생명은 무궁하다는 『독립신문』 시절의 논리가 여전히 공존하고 있다.[19] 그러나 동시에 언어학 혹은 윤리학을 활용하여 개인과 사회에 대한 새로운 논법을 만들어내고 있기도 하다.

언어의 사용에서 볼 수 있듯이 '자아(自我)'와 '타아(他我)'가 성장단계와 교육과정에 따라 필연적으로 공유점을 찾으면서 '사회아(社會我)'를 형성하게 되므로 개인의 차이는 일반화된다. 이러한 일반화가 다시 진보하면 개인의 특수한 의견을 내세우는 단계로 나아가 개혁을 주장하게 되며, 특수한 견해들이 상호 감화할 때 새로운 사회정신을 형성하게 된다는 것이다.[20] 한편 인류에게는 계급을 막론하고 양심의 작용이 있으니 양심에 만족할 행위를 하면 개인의 유쾌(愉快)가 사회상의 행복과 이익으로 이어진다. 그리고 양심은 저절로 생기는 것이 아니라 개인이 사회제도와 교섭하는 성장과정을 통해 형성된다고 하여, 인간 정신에 대한 사회심리학적 설명을 통해 개인과 사회의 관계를 설정하는 변화를 보여준다.[21]

장응진의 사례에서 볼 수 있듯이 1900년대 후반의 지식담론은 근대 분과학문을 나름 체계적으로 학습한 유학생들 사이에서도 불균등했다. 단계와 수준을 달리하는 지식체계가 비동시적인 동시성 속에서 접합되는 모습은 서구 중심의 근대화 물결에 휩쓸린 주변부 전체에서 두루 나타나던 현상이었다. 주목할 사안은 장응진이 설정하고 있는 '문

19 장응진, 「진화학상 생존경쟁의 법칙」, 『태극학보』 4호, 1906.11; 「희망의 서광」, 『태극학보』 11호, 1907.6.
20 장응진, 「사회아를 논함」, 『태극학보』 7호, 1907.2.
21 장응진, 「양심론」, 『태극학보』 12호, 1907.7.

학'의 좌표일 터인데, 그것은 주로 교육학을 중심으로 한 학문의 위계화와 관련을 맺고 있다.

2. 교육학의 학문분류와 문학의 위치

[1] 1900년대 후반 국내에서 문학(文學)을 언어 및 문장에 대한 연구나 인문전통 일반이 아니라 자체의 연구대상과 방법론을 가진 근대 지식체계의 한 유형으로 이해한 경우는 학문 분류를 시도한 몇몇 번역을 통해서였다.[22] 그 가운데 대표적인 사례가 류근이 역술한 「교육학원리(教育學原理)」[23]와 권보상의 「법학용어해(法學用語解)」[24]이다. 이 글들은 원본이 표기되어 있지 않은데, 확인한 결과 류근의 글은 1901년 동경전문학교(와세다대학) 문학과 강의록 『教育學原理』[25]를 직역한 것이다. 권보상의 글은 명치대학 법학과 1학년 강의록 『法學通論』[26]과 내용이

22 국내에서 발간된 매체 가운데 문학을 근대 지식의 한 유형으로 설명한 사례는 다음과 같다. 심의성 역술, 「정치학의 국가주의」, 『대한자강회월보』 제12호, 1907.6; 정영택, 「교육의 목적」, 『기호흥학회월보』 제1호, 1908.8; 이응종, 「學典」, 『기호흥학회월보』 제12호, 1909.7. 정영택과 이응종의 글은 역술이라 표기되어 있지는 않지만 글의 내용 및 체제로 볼 때 원본 텍스트가 있으며 축약적인 번역을 시도한 것이다. 정영택은 교육의 목적에 따라 여러 주의(主義)를 분류하면서 문학과 미술이 '우미주의(優美主義)'를 양성하는 학문이라고 설명한다. 이응종은 고등교육기관인 전문학교의 교과과정 가운데 문과가 있으며, 문과 아래 문학 · 역사 · 철학이 있음을 소개했다.

23 류근 역술, 「교육학원리」, 『대한자강회월보』 6~13호, 1906.12~1907.7.

24 권보상, 「법학용어해」, 『대동학회월보』 2~5호, 1908.3~6.

25 中島半次郎 講述, 『教育學原理』, 東京專門學校出版部, 1901.

26 山田三良 述, 『法學通論』, 明治大學出版部, 1912.

거의 유사하며, 역술이라는 표기가 없는 것으로 보아 1905년 명치대학 법과 1학년에 교외생(校外生)으로 입학했을 당시의 강의록을 원본으로 삼았던 것으로 추정된다. 이 글들은 근대 분과학문의 분류가 '과학의 위계에 관한 분류' 혹은 교육학의 '교과 분류'를 중심으로 이루어지고 있고, 국내에서도 같은 방식으로 도입되고 있음을 보여준다.

「교육학원리」는 '교과의 종류' 편에서 문학을 의지(意志)를 양성하는 인문(人文)의 한 종류로 분류하고 있다. 이 글에 따르면 교과는 크게 인문(人文)과 자연(自然 = 理科)으로 나누어진다. 인문이라는 것은 인간활동에 관한 것인데 교제(交際)의 흥미를 양성하며, 자연이라는 것은 자연현상에 관한 것으로 경험의 흥미를 길러준다. 인문은 다시 ① 의지를 교수하는 과목[教授意志], ② 기술을 교수하는 과목[教授技術], ③ 어학을 교수하는 과목[教授語學] 세 가지로 구분된다. 그리고 교수의지에 해당하는 과목으로 '경전 및 교회의 역사', '보통역사', '문학'을 들고 있다. 그런데 어학, 지리역사, 도화(圖畫) 및 음악에 대해서는 짧게나마 설명한 데 반해 문학에 대한 설명은 전혀 없다.[27] 다만 '문학은 사회의 경험을 발표함에 불과하여 교과통일의 중심이 될 수 없다'[28]는 진술에서 간략한 정의를 찾아볼 수 있을 따름이다.

이에 비해 권보상의 글은 문학에 대한 규정이 조금 더 상세하다. 「법학용어해(法學用語解)」에 따르면 과학은 자연과학과 정신적 과학으로 대별할 수 있고, 정신적 과학은 인류의 개인적 생활상 의사(意思)의 활동에 관한 과학인 광의의 문학과 같은 것으로 다시 철학과 협의의 문

27 류근, 앞의 글, 『대한자강회월보』 제7호, 1907.1.

28 위의 글, 『대한자강회월보』 제8호, 1907.2. 이어 교육은 단체 자치의 품성을 양성함에 있기 때문에 윤리를 본(體)으로 삼고 이과(理科)를 용(用)으로 삼아 크게 둘로 교과를 통일한다는 서술이 이어진다.

학으로 분류된다.[29] 인간 정신은 지성(知性)과 정성(情性)의 결합작용으로 외현화되는데, 그것을 의사(意思 혹은 意慾)라 부른다. 협의의 문학은 의욕계(意慾界)의 현상을 연구하는 학문으로 언어학, 수사학, 동작학, 교육학, 미술학, 각종 응용과학을 포괄한다.[30]

흥미로운 점은 두 가지 논의 모두 문학을 시나 소설을 포함한 예술의 한 영역으로 나누는 것이 아니라 인문과학 일반 혹은 인문과학 내의 한 분과로 규정하고 있다는 사실이다. 즉 문학을 근대학문의 한 유형으로 이해하되, 언어예술에 관한 학문으로 규정하지 않는다. 이는 일본에서도 19세기 말에서 1900년대 초반까지 문학이라는 용어가 중층적인 의미망을 형성하고 있었던 상황에 기인한다.

2 물리 · 생물 · 수학 · 공학 등을 이학(理學)이라 부르는 풍습이 확산될수록 문학은 학문 전반에서 이학에 대응하는 말이 되어갔다. 문학은 지금으로 보아 인문학 일반을 지칭하는 광의의 개념으로 인지되는 것이 보편적이었다. 1904년 동경제국대학의 문과대학이 대대적인 개편을 통해 철학 · 사학 · 문학의 구분을 명확하게 한 바 있다. 그러나 예술이라는 관념을 전제로 하여 역사나 철학과 변별되는 '협의의 문학' 개념이 안착할 때까지는 복잡한 논쟁과 불편한 동거가 필요했다.[31]

이러한 사정은 장응진의 문학에 대한 이해에서도 유사하게 나타난다. 앞의 사례처럼 장응진은 근대학문으로서의 과학을 위계화 하는 가운데 교육학적 분류를 통해 문학의 위치를 설정한다. 장응진에 의하면 과학은 자연과학(혹은 사실과학)과 규범적 과학으로 구분된다. 자연과학

29 권보상, 앞의 글, 『대동학회월보』 제2호, 1908.3.

30 위의 글, 『대동학회월보』 제5호, 1908.6.

31 스즈키 사다미, 김채수 역, 『일본의 문학개념』, 보고사, 2001, 263~267면.

은 자연현상으로부터 경험상 대개 일정한 공통의 법칙을 발견하는 학문이며, 천문학·지리학·박물학·물리학·화학·심리학 등이 이에 속한다. 규범적 과학은 인류의 사회생활에 필요한 규칙을 제정하고 표준을 세운 후에 이에 근거하여 선악·정부정(正不正)·호불호(好不好) 등에 대한 구별을 정신상으로 판단하는 학문이므로 윤리학·정치학·미학·논리학 등이 하위의 분과가 된다.[32] 문학은 과학의 영역에 끼지 못하고 있는 것이다.

장응진의 글에서 '문학'은 먼저 국민교육 실시를 위해 학제를 정비해야 한다는 주장을 펼치는 가운데 사용된다. 보통교육 진흥을 위한 방책으로 외국어학교를 합병·통일할 것을 제안하면서 '각국이 문명제국의 언어를 학교의 한 과목으로 받아들여 학술·문학·실용상으로 연구하고 있다'고 서술하는 대목인데, 이 때 문학이란 '자국의 문화 및 정신'과 관련된 문장일반을 가리킨다고 볼 수 있다.[33] 한편 문학은 언어의 기원을 설명하는 과정에서 언급되기도 한다. 최초의 원시언어는 '사람이 일사상(一思想)에 감동받았을 때 발(發)하는 음성과 흡사하며 문학과 시가 등은 발하는 음성과 그 음성이 지시하는 접근으로써 성립하는 것'이라 정의함으로써 문학에 대한 언어학적 규정을 시도한다.[34] 그러나 시가와 변별되고 있는 문학의 범주가 무엇인지는 분명치 않다.

'자국문학'이라는 말은 교과목으로서 언어과(言語科, 국어 및 외국어)를 설명하는 맥락에서 나타난다. 국어와 외국어 연구의 필요성을 강조하면서 자국문학을 일층 더 연구하여 그 진수와 특질을 이해할 필요가 있다고 말할 때, 문학은 언어학의 연구대상으로서 앞서의 경우와 유사하

32 장응진, 「과학론」, 『태극학보』 제5호, 1906.12.
33 장응진, 「아국 국민교육의 진흥책」, 『태극학보』 제3호, 1906.10.
34 장응진, 「심리학상으로 관찰한 언어」, 『태극학보』 제9호, 1907.4.

게 연설 등을 포함한 구어(口語) 및 문자화된 텍스트 일체를 의미한다.[35]

장응진에게 문학은 자연과학과 대비되는 규범과학의 영역으로 뚜렷이 분류되는 것도 아니고 특정한 분과학문을 의미하는 것도 아니다. 장응진의 문학에 관한 인식, 나아가 사범학교 수준에서 이루어진 교육학적 분류에서 문학은 미육(美育)이나 정육(情育)과 연관된 특정 학지(學知)의 위치를 점하고 있지 않다. 장응진에게 문학은 지금의 인문학(규범과학)이라는 지평에서 학적인 대상이 되고 있지만, 언어예술형식 혹은 이를 연구하는 학문으로 자기규정성을 획득하고 있지는 못한 상태이다. 이는 학술 및 문장을 포괄하는 아시아의 문(文)관념에 내재된 전체성이 자연과학을 중심으로 재편된 근대 학지의 분류과정 속에서 모호한 위치에 놓여 있는 단계, 즉 과학적 학문의 하나로 자신의 고유한 대상과 성격이 분화되지 못한 상태를 보여준다.

한국소설사에서 내면의 발견을 처음 이루었다고 평가받는 장응진은 문학을 문장일반 혹은 언어와 연관된 교과 정도로 보았지, 소설 등의 장르를 하위에 두는 언어예술 혹은 그에 관한 학문으로 이해하지는 않았다.[36] 고등사범에서는 협의의 문학 개념을 학습할 기회가 없었고, 주로 교육학이나 언어학에서 규정한 광의의 문학 개념에 머무를 수밖에 없었던 것이다. 그에게 소설을 읽고 쓰는 일은 '문학'과 연결된 활동이라기보다 일종의 '취미'에 가까웠다.[37] 하지만 장응진은 명치 후반의 일본소설, 기독교적 세계관, 교육학을 지탱하는 학문으로서의 심리학 등을 접하는 가운데 소설을 '내면의 성찰을 위한 글쓰기'로 구현한다.

---

35 장응진, 「교수와 교과에 대하야」, 『태극학보』 제15호, 1907.10.

36 소설에서 내성 세계 혹은 내면의 발견을 장응진과 진학문의 소설에서 찾고자 하는 시도로는 다음의 연구를 참고할 수 있다. 양문규, 「1900년대 신문 잡지 미디어와 근대소설의 탄생」, 『한국 근대 서사양식의 발생 및 전개와 매체의 역할』, 소명출판, 2005.

37 장응진, 「내가 자랑하고 싶은 조선 것-인물과 산수」, 『별건곤』 제12 · 13호, 1928.5.

3. 심리학과 기독교, 내면의 고백

1 문학에 대한 이해가 그러하듯이 장응진의 소설 인식은 이인직과 이광수 사이의 과도기적 단계를 보여준다. 장응진은 소설이 실사(實事)를 사실적으로 재현한다는 인식을 드러낸다. 동시에 인간의 정신을 대상화하고, 내면 풍경을 서사화함으로써 자기 성찰을 시도하기 때문이다. 장응진이 발표한 글 가운데 기존 연구에서 소설로 다룬 작품은 「다정다한(多情多恨)」·「춘몽(春夢)」·「월하(月下)의 자백(自白)」·「마굴(魔窟)」 네 편이다.[38] 네 편의 작품은 크게 두 갈래로 나뉜다. 하나는 실제 사실을 소설화 한 「다정다한」과 「마굴」이며, 다른 하나는 1인칭 화자의 독백을 중심으로 내면풍경을 포착한 「춘몽」과 「월하의 자백」의 자백이다.

기존 연구가 밝힌 것처럼 「다정다한」은 실존인물 삼성(三醒, 三省) 김정식(金貞植)의 생애를 바탕으로 한 전기이며, 「마굴」은 1901년 황해도 장연에서 일어난 살인사건을 소재로 삼은 공안소설(公案小說)의 형식을 취하고 있다.[39] 두 작품은 소설에 대한 전통적 이해와 유학시절의 독서체험이 얽히면서 흥미로운 변화를 산출한다. 1899년 20세의 나이

---

38 「다정다한」, 『태극학보』 6~7호, 1907.1~2; 「춘몽」, 『태극학보』 8호, 1907.3; 「월하의 자백」, 『태극학보』 13호, 1907.9; 「마굴」, 『태극학보』 16호, 1907.12.

39 이재춘, 「신소설에 나타난 기독교사상연구」, 『한국언어문학』 15집, 1977; 김윤재, 앞의 글. 장응진이 1906년 8월 재일기독교청년회 총무 자격으로 동경을 방만한 김정식을 만났고, 이때 듣게 된 김정식의 회고를 바탕으로 장응진이 「다정다한」을 썼으리라 김윤재는 추정했다. 또한 「마굴」이 광무 5년 춘삼월이라는 구체적인 시간적 배경을 제시하고 있다는 점, 장응진의 고향인 황해도 장연을 배경으로 한 점, 작중 피살된 3대 독자 사위의 부친인 이생원의 신상과 주소를 기재한 점 등을 근거로 실제 살인사건을 소설화한 것으로 본다. 김윤재, 『한국 근대 초기 문학론과 소설 창작의 관련 양상』, 보고사, 2002, 128~137면.

로 일본행을 택한 장응진은 전기나 공안류 소설 등에 익숙했던 것으로 판단된다. 소설에 대한 감각 혹은 이해는 유학 이전에 어느 정도 형성되어 있었다고 보는 편이 옳다. 전기의 형식을 취한다는 점에서 전대 소설과의 친연성도 중요하겠지만, 좀 더 주목할 점은 그 친연성을 낯설게 하는 변화일 것이다.

이인직은 실사(實事)를 다룸으로써 소설이 허탄무거하다는 전통적 비판을 넘어설 수 있었다. 또한 국가와 사회의 실상을 재현의 대상으로 삼아 소설의 토폴로지(topology)가 당대성을 구현할 수 있도록 했고, 소설이 근대 국민국가의 정치적 이념을 실천할 수 있다는 위상의 조정을 이루었다. 장응진 역시 소설은 실사에서 출발해야 하며, 사실적(寫實的)이어야 한다는 인식을 보여준다. 하지만 소재가 될 사실을 선택하고 역사적 맥락 속에 배치하는 방식, 사실적 재현의 방법, 이를 통해 거두고자 한 효과 등에서 이인직과 차이가 있다.[40]

「다정다한」의 모델 김정식은 경무국장으로 재임하다 1901년 조선협회사건으로 검거된 실존인물이다.[41] 1904년 석방될 때까지 김정식은 『천로역정』·『사민필지』·『그리스도신문』 등 기독교 관련 서적을 탐독하다 기독교로 귀의한다. 작중인물 삼성선생 역시 마찬가지이다. 「다정다한」은 만민공동회의 해체와 황제권이 강화되던 광무정권기를

40 '사실'을 중심으로 접점을 형성하고 있는 이인직과 장응진의 소설을 형식적인 측면에서 비교하는 것은 그리 생산적인 일이 못 된다. 주지하다시피 이인직은 대중적인 장편 신문소설을 지향했고, 장응진은 학회지에 단편 분량의 글을 게재했다. 이인직이 작법에서 이미 서구 단편소설의 이론을 학습한 바 있다면, 장응진은 인물전이나 공안류 소설의 양식 전통에 기대고 있다.

41 개혁당사건으로도 불리는 조선협회사건은 특무기관이었던 경위원(警衛院)이 조작한 사건이다. 1901년 민영환을 회장으로 한 조선협회라는 단체가 박영효 등 일본망명객 등과 공모, 정부를 전복할 음모를 꾸몄다고 하여 이상재, 김정식, 유원긍, 안국선 등이 검거된 사건을 말한다. 김윤재, 앞의 책, 134면; 전택부, 『이상재평전』, 범우사, 2002, 104면 참고.

시대배경으로 삼고 있다. 그러나 서사의 방향은 대한제국의 모순을 드러내고 공동체가 지향할 이념을 전파하는 데로 향하기보다 삼성 선생이 기독교를 접하면서 얻게 되는 개인적 깨달음을 부각하는 데 초점을 두고 이야기가 전개된다.

경무청장 시절부터 민권사상을 가지고 목민관으로서의 직무를 다하던 삼성선생은 대역죄로 투옥되는 고난을 겪는다. 옥중에서 신문을 읽기도 하고 고담소화(古談小話)나 소설로 무료함을 달래던 중 『천로역정』을 접하게 된 삼성 선생은, 책의 저자도 사람이고 자신도 사람인데 어떻게 '세상의 고통과 즐거움을 냉정하게 바라볼 수 있는 사상과 정신'[42]을 갖게 되었는지 놀란다. 옥중에서 삼성 선생은 역경을 넘어설 수 있는 계기를 자신의 내부에서 찾을 수밖에 없었고, 기독교는 그 길을 열어주었다. 신앙을 갖기 전부터 '고금의 활학문(活學問)과 외국의 신지식'을 익혀 개화에 앞장섰던 삼성 선생은 기독교를 통해 더욱 강한 신념을 가지고 사회사업과 자선사업에 몸을 바친다. '신앙의 정신성'이 개인과 공동체의 자유가 현실의 난관을 초월하여 이어질 수 있도록 매개하고 있는 것이다.

장응진은 자신의 인생에서 중요한 전환점이 되었던 1900년 전후의 정국을 소설의 배경으로 삼았다. 그러나 이러한 역사적 문맥 속에서 당대의 '실사(實事)'를 재현함으로써 얻고자 했던 것은 국민정신의 감발이나 공동체의 이념을 설파하는 것이 아니었다. 기독교로 귀의한 삼성 선생의 실전(實傳)은 신앙의 정신성으로 매개되는 개인적 실존과 사회적 실존의 합치를 지향한다.

김윤재의 지적처럼 「마굴」 역시 장응진의 고향에서 벌어진 실제 살

42 백악춘사, 「다정다한」, 『태극학보』 7호, 1907.2, 51면.

인사건을 소설의 재료로 삼았을 가능성이 크다.[43] 「마굴」은 「다정다한」과 달리 당대의 세태에 주목하고 있다. 돈을 위해 남편이자 사위이자 매부를 살해한 신가(申家) 모자녀(母子女)의 패륜을 공안소설의 형식으로 소설화함으로써 인간성의 타락을 그린다. 「마굴」에서도 갑오경장 등 19세기 전후의 정국이 인물과 사건에 개연성을 부여하는 배경이 되고 있지만 그 자체가 이야기의 중심은 아니다. '마굴(魔窟)'이라는 제목이 상징하듯이 장응진은 실제 사건을 소설화함으로써 구약성서에 나오는 '소돔과 고모라'와 같은 인간의 타락상을 보여주고자 했다. 한편 '외국 사정과 사리에 밝고 제반 행정을 일체 인민의 복리를 기준으로 수행하는'[44] 윤군수가 사건의 진상을 밝히고 해결하도록 하여 타락한 세계의 구원 가능성이 어디에 있는지 시사한다. 장응진에게 '소설'이란 「다정다한」과 「마굴」을 중심에 둘 때 사실로부터 취재(取材)하여 인간의 정신적 여정 혹은 본성을 보여주는 가운데 자연스럽게 현실을 재현하는 서사양식이었고, 여기에 기독교적 세계관이 중요한 영향을 미치고 있다.

② 「다정다한」은 소설이라는 표제가 붙어 있고 「마굴」의 경우 공안소설의 서사문법과 회장체 소설의 형식을 취하고 있다는 점에서 두 작품 모두 '소설을 쓴다'는 의식적인 실천의 산물이었음은 분명하다. 그런 점에서 「다정다한」의 표제 '사실소설(寫實小說)'은 사실적으로 재현한다는 의미 외에도 실사를 다룬다는 의미까지 포함한 용어다. 장응진이 쓴

---

43 장응진은 소설의 시간적 배경인 1901년에 일본에 머물고 있었으므로 「다정다한」의 경우처럼 전해들은 이야기를 소설화했거나 혹은 신문 기사의 내용을 바탕으로 소설을 착상했을 것으로 추정해 볼 수 있다.

44 백악춘사, 「마굴」, 『태극학보』 16호, 1907.12, 45면.

「다정다한」은 「곤지키야샤[金色夜叉]」의 작가 오자키 고요[尾崎紅葉]의 「다정다한(多情多恨)」과 동명의 작품이다. 내용은 판이하지만 장응진은 오자키 고요의 소설을 읽고 특히 문체에서 많은 영향을 받았다.[45]

오자키 고요는 소설의 착상이나 문체에서 당시 여러 형태로 소개되었던 서양의 소설보다 가세이[化政] 시대의 에도 문학, 특히 게사쿠[戲作]를 모델로 삼았다. 그가 조직한 겐유샤[硯友社]의 문학 자체가 '양장을 한 에도문학'이라 평가될 정도로 과도기적인 것이었는데, 오자키 고요는 언문일치체를 포함하여 다양한 문체를 실험한 바 있다.[46] 오자키 고요는 「다정다한」에서 언문일치체를 구사했고, 「곤지키야샤」에서는 지문을 문어로 쓰고 대화는 구어를 사용하는 특이한 문체를 실험했다. 「마굴」은 특이하게 「곤지키야샤」처럼 지문은 한주국종의 문어체를, 대화는 구어체를 사용하고 있다. 한편 오자키 고요가 「다정다한」에서 보여준 심리묘사의 상세함과 언문일치체의 지향이 장응진의 「다정다한」에 동일하게 나타나는 것은 아니다. 하지만 「춘몽」과 「월하의 자백」에는 일정한 영향을 미친 것으로 생각된다.

작품에 준거할 때 장응진이 전(傳)이나 공안, 회장체 소설과 같은 조선 후기 소설양식들에 익숙했음은 앞서 지적한 바 있다. 오자키 고요는 장응진이 유학하던 시기 이미 폭넓은 계층의 독자를 보유한 대중적

---

45 오자키 고요의 「다정다한」은 『요미우리신문(讀賣新聞)』에 전편(前篇)이 1896.1.26~6.12까지, 후편(後篇)이 같은 해 9.1~12.9까지 연재되었고 다음 해 단행본으로 출판된다. 오자키 고요는 「다정다한」의 연재를 마치고 1897년 1월 1일부터 「곤지키야샤」를 같은 신문에 연재한다(日本文學研究資料刊行委員會, 『日本文學の書誌』, 有精堂, 1988, 220면 참고). 「다정다한」은 주인공 스미 류노스케가 아내와 사별한 후 친구의 집에서 기거하면서 친구의 아내에게 점점 끌리는 심리의 변화를 언문일치체로 그린 작품이다. 여기서는 尾崎紅葉, 『多情多恨』, 春陽堂, 1909 참고.

46 나카무라 미쓰오(中村光夫), 고재석 · 김환기 역, 『일본 메이지 문학사』, 동국대 출판부, 2001, 107~111면 참고.

작가였고, 그 대중성의 기반은 쓰보우치 쇼요의 『소설신수』처럼 에도 시기의 소설과 서양 근대소설의 접점을 적절하게 조합하면서 독자들의 취향을 반영한 데 있었다. 장응진의 소설 역시 표현형식의 측면에서 과도기적 성격을 보여준다. 「다정다한」은 인물전의 형식을 취하고 있으나 대화와 지문의 구분, 숫자를 사용하여 시간 단위로 나눈 회(回)의 분절, '-다'체와 '-더라'체 등 다양한 종결어미의 활용 등에서 기존의 전(傳)과는 표현형식의 차이를 보여준다. 「마굴」의 경우 회장체 작법을 따르고 '각설(却說)'과 같은 서사문법을 통해서 이야기를 전개하는 점은 고전소설과 유사하다. 하지만 앞서 언급한 문체적 특성 및 추리소설의 기법과 시간의 역전 등을 활용한다는 점에서 새롭다. 현실에서 일어난 사건에 입각하여 사건이 일어난 장소, 일시, 인물 등을 소상히 밝히고 있다는 점에서 일본 소신문(小新聞)의 연재물로부터 발전한 '실록소설(實錄小說)'[47]의 영향 또한 어느 정도 찾아볼 수 있다.

장응진의 소설이 보여주는 진정한 과도기적 성격은 사실성에 중점을 둔 소설을 구상하면서도 심리학의 영향과 기독교의 고백 제도를 받아들여 인간 정신을 대상화하는 '내면' 서사의 초기 단계를 보여준다는 점이다. 이러한 특성은 「춘몽」과 「월하의 자백」에 잘 나타난다. 두 작품을 처음부터 소설로 구상하면서 쓴 것인지는 알 수 없다. 「다정다한」이나 「마굴」과 마찬가지로 『태극학보』 '문예(文藝)'면에 실렸으나, 국내 학회지의 '문원(文院)'과 유사한 성격을 가진 '문예'면에 실린 글들은 시가·기행·담총(談叢) 등 상당히 다채로워서 글쓰기에 대한 어떤 규정성을 가진 것은 아니었다. 「다정다한」과 「마굴」이 소설의 장르적 관습을 의식적으로 염두에 두고 쓴 작품이라면, 「춘몽」과 「월하의 자

47 실록소설에 관해서는 龜井秀雄, 『明治文學史』, 岩波書店, 2000, 21~23면 참고.

백」은 이로부터 훨씬 자유롭다고 할 수 있다.

「춘몽」은 몽유록의 구조를 활용하되 장응진 스스로의 상념이 흘러가는 대로 서술한 수필 형식을 취한다. 「월하의 자백」은 '반도국 귀족 문중 독자'로 태어난 주인공이 자살 직전 자신의 생을 돌아보며 고백하는 내용이다. 모두 1인칭 시점으로 「춘몽」의 경우는 장응진 자신이 화자이며, 「월하의 자백」은 가공의 인물을 내세웠다는 점에서 좀 더 허구적 성격이 강하다.[48] 핵심적인 변화는 두 글에서 작자 자신과 작중인물의 '심리', 즉 근대적 주체의 '내면'을 글쓰기의 대상으로 삼고 있다는 점이다.

3 '내면'을 인간의 정신세계로 넓게 규정한다면 그것은 초역사적으로 존재해왔다고 할 수 있다. 그러나 '매 순간 무의식적으로 자신이 무엇을 생각하며 무엇을 느끼고 무엇을 하려 하는지 반복적으로 질문하고, 이러한 질문을 통해 자아정체성을 획득(유지)하며, 획득된 자아정체성으로써 스스로를 절대화시키거나 자신의 고유성과 가치를 획득'[49] 하고자 하는 것은 근대인만의 특수한 '내면'이다. 이러한 내면성은 정신을 대상화할 수 있는 추상적 사고 언어가 만들어지고 나서야 비로소 드러나며, 고백과 같은 제도를 통해 발견된다.[50] 장응진이 1900년대 소설에서 낯선 내면의 서사를 시도할 수 있었던 데에는 심리학과 기독교가 중요한 역할을 했다.

동경고등사범학교 교과과정에서 심리학은 필수과목이었으며, 교육

48 김윤재의 경우 「춘몽」까지 '당대 실제 일어난 사건을 다룬 소설'로 분류하고 있지만, 엄격히 말해 「춘몽」은 장응진 스스로의 '고백'으로 '실사(實事)'로부터 소재를 취한 「다정다한」이나 「마굴」과는 성격이 전혀 다르다. 김윤재, 앞의 책, 128면.

49 박헌호, 『식민지 근대성과 소설의 양식』, 소명출판, 2004, 127~128면.

50 가라타니 고진[柄谷善男], 박유하 역, 『일본근대문학의 기원』, 민음사, 1997 참고.

학 류근에 의하면 교육학은 윤리학과 심리학의 보조가 필수적이다.[51] 교육의 목적은 윤리학에 의존하고, 교육의 방법은 심리학에 기대어야 한다는 헤르바르트(Johann Friedrich Herbart)의 교육론은 일본뿐만 아니라 양계초 등에게도 교육학의 일반이론으로 수용되었다.[52] 헤르바르트의 교육론을 도입했던 동경고등사범학교에서 어떤 심리학 강의가 이루어졌는지는 확인할 수 없다.[53] 다만 장응진이 심리학을 학습했다는 사실은 그의 글을 통해 드러난다. 장응진이 인간의 인식 체계를 설명하는 방식은 다분히 칸트적이다. 헤르바르트는 칸트의 괴이히스베르크 대학의 후계자로서 칸트의 추종자이자 평생 칸트 철학의 한계를 비판하고 보완하려 했다. 따라서 헤르바르트의 논의를 수용했던 당시의 교육학 담론에서 대부분 감관・직관・오성・통각의 과정을 거치는 칸트의 인식론 구도를 찾아볼 수 있는 것은 당연하다.[54]

「심리학 상으로 관찰한 언어」[55]에 의하면 사람은 감관(오관)을 통해 사물을 지각하며, 이를 사상(思想) 상(上)에서 재현한 것이 심상(心象)이다. 감관을 통해 사상 상에 심상을 재현 혹은 복현(複現)하는 지각 운동

51 류근, 「교육학원리」, 『대한자강회월보』 6호, 1906.12. "教育學은 一, 混合科學이되야 其性質이 醫學에 類ᄒᆞ다ᄒᆞ니 其混合科學이라 謂ᄒᆞᆫ 者ᄂᆞᆫ 卽, 教育學이 倫理學과 心理學을 必須ᄒᆞ야 補助ᄒᆞᆷ을 指ᄒᆞᆷ이오."

52 대표적으로 양계초의 「論幻學」과 「論女學」을 들 수 있다.

53 김성학, 「서구 교육학 도입과정 연구」, 연세대 박사논문, 1995, 43면 참고.

54 칸트, 백종현 역, 『순수이성비판』 1~2, 아카넷, 2006 참고. 헤르바르트와 칸트의 교육학에 관해서는 김창환, 「칸트와 헤르바르트의 교육인간학 비교연구」, 『교육철학』 12-1호, 1994.7 참고. 김창환에 의하면 칸트와 헤르바르트는 세계가 자연법칙의 세계와 이성의 세계로 나뉘며, 교육의 최종목적을 도덕성에 둔다는 점에서는 같다. 그러나 교육의 가능성, 즉 교육을 통해 인간이 반드시 도덕적 존재가 될 수 있느냐에 관한 입장에서는 차이가 있다. 칸트는 인간이 도덕적 존재가 되는 데 교육이 필요조건이지 충분조건은 아니라고 본다. 반면 헤르바르트는 '도야가능성(Bildsamkeit)'이라는 개념을 제시하여 후천적인 교육을 통해 인간이 온전한 도덕적 존재가 될 수 있다고 본다.

55 장응진, 「심리학상으로 관찰한 언어」, 『태극학보』 제9호, 1907.4.

은 인간의 뇌력(腦力)에 의한 것이다. 언어는 경험적 지각과 구분되며, 사상활동을 따라 발생한 것이지만 동시에 사상의 발전을 가져온다. 사상이 추상적이 될수록 언어의 필요성 또한 커지는데, 언어는 인간이 자신의 심내(心內)에서 사상을 인식하고 표현하는 수단이다. 장응진은 심리학이라는 학지를 수용하는 단계에서 인간을 심리적 존재로 설명하는 추상적 언어를 갖추고 있으며, 자연세계와 정신세계를 이분화 시키고 있다.

「춘몽」의 화자는 밤늦게 책을 읽다가 산책을 나간다. 입몽(入夢) 과정을 생략하는 대신 산책자인 화자가 풍경을 보고, 풍경에 다시 자아를 투시하여 정신의 풍경으로 전도시키는 것이 「춘몽」의 서두다. 그리고 인생이 무엇인지, 인간은 어디에서 와서 어디로 가는지, 과연 나는 누구인지 묻는다.[56] 내면의 풍경 속에서 자기정체성을 확인하려는 물음이 이어지자, 쾌락·용기·활동·신앙하라는 소리가 들린다. 이 가운데 신앙이야말로 일생의 소망이나 '정(情)에서 발한 신앙보다 내 이성을 만족시키는 신앙'[57]이기를 희구하는 순간 꿈에서 깨고 무량한 비밀스런 상념만이 일어난다.

「춘몽」에서 세계는 심리[心]를 경계로 안과 밖으로 나뉘고, 사상(思想)은 자연세계로부터 독립된다. 심내(心內)의 사상이 우주와 접속하도록 하는 것은 신앙이다. 「월하의 자백」에 이르면 신앙은 「춘몽」의 즉자적인 자의식의 토로를 넘어서 자아의 치부와 죄를 공동체를 향해 고백하게 한다. 양반가에서 태어나 동포를 사지에 몰고 부호에게 재물을 갈취하며 천민을 핍박한 대가로 노인(작중화자)은 민란에서 아들을 잃었다. 수십 년 전 과거의 죄를 청자(독자)에게 고백함으로써 노인은 스

56 백악춘사, 「춘몽」, 『태극학보』 8호, 1907.3, 36면.
57 위의 글, 37면.

스로를 정화한다. 또한 분노와 후회로 분열된 정신세계의 안정을 찾고 '속죄하는 자'로서의 정체성을 획득한다.[58] 결국 노인은 전지전능한 하나님에게 자신과 같은 이는 절멸(絶滅)하게 하고 정의로 하여금 항상 이기게 하라는 기도를 남기고 황해(黃海)로 뛰어든다. 「다정다한」에서 보았던 것처럼 신앙의 정신세계 속에서 개인의 정신적 자유가 공동체의 이상과 합치되고 있다.

이인직과 이해조의 소설은 대개 등장인물의 '감정'이라 할 수 있는 칠정(七情)의 발로를 재현한다. 서술자가 재현하는 인물의 심리는 분노하거나 슬퍼하거나 기뻐하는 등, 사건의 전개와 관련된 인물의 정서적 반응이다. 신채호는 민족의 영웅을 구현하기 위해 을지문덕과 이순신, 최영의 '심사(心思)'를 묘출(描出)한다. 이때 영웅의 심사는 신채호의 민족주의 이데올로기에 의해 상상된 것으로 영웅을 숭고하게 만들고 독자를 감발하기 위한 장치다. 하지만 장응진은 개인의 정신성, 즉 그 자체로 독립된 인간의 심리 세계를 독백의 수사로 재현했다. 정신의 세계 그 자체가 소설의 대상이 되기 시작한 것이다.

장응진의 소설 인식은 '문학' 담론과 의식적인 차원에서 연결되는 것은 아니었다. 자연과학에 대비되는 규범과학의 대상이자 자국의 정신과 문화를 이루는 언어적 구성물로서의 문학은 소설과 유기적인 관계를 이루는 학문의 영역으로 인지되지 않았다. 소설 쓰기는 자신의 성찰을 위한 것이었고 개인을 기록하는 방식이었다. 그러나 교육학과 심리학, 기독교의 고백제도는 그 자체가 당시 일본 근대문학의 장을 지탱하던 중요한 축이었다. 특히 심리학과 기독교는 소설의 가치가 개인

---

58 고백의 제도에 관해서는 다음의 연구를 참고했다. 가라타니 고진, 앞의 책; 우정권, 『한국 근대 고백소설의 형성과 서사양식』, 소명출판, 2004; Terrence Doody, *Confession and Community in the Novel*, Louisiana State Univ. Press, 1980, pp 4~14.

의 정신을 재현하고 기록한다는 데 있다는 변화를 이끈 핵심적인 계기였다. 그의 소설에서 볼 수 있는 내성의 세계가 이광수뿐만 아니라 『학지광』의 시대를 예고하고 있음은 물론이다.

제2장
순문학(純文學)과 교양으로서의 소설

1. 근대 초기 지식장과 육당의 시좌(視座)

[1] 육당이 처음 일본에 건너가서 받은 충격은 무엇보다 지식, 좀 더 정확히 말하자면 '출판계의 성대함'으로 상징되는 근대 지식의 다양성과 일상성이었다. 책사에 들어갔을 때 펼쳐지는 각종 서적과 간행물은 한 마디로 엄청나다는 '감(感)'으로 느껴질 뿐, 그 외관과 내용을 인지할 수 없었다. 알지 못함으로써 비평적 식견 또한 갖출 수 없었기 때문에 눈앞에 펼쳐진 지식의 스펙터클은 육당에게 놀라움을 넘어서 두려움이 된다. 무슨 일이든 '우리나라 사물'과 비교한 연후에야 어떤 이해에 도달하는 것이 습관화된 최남선에게 적어도 두 가지 사실은 명확했기

때문이다. 국가를 경계로 한 앎의 격차가 너무나 크다는 점, 그리고 '다대(多大)・굉장(宏壯)・최찬(璀璨)・분복(芬馥)'한 지식의 유통이 일본에서는 일상화되어 있다는 사실. 그래서 두려움은 머리를 숙였다 한 숨을 쉬는 부끄러움으로, 다시 주먹을 쥐며 언젠가 넘어설 기회가 있을 것임을 희망하는 자기위안으로 이어진다.[1]

유학생 가운데 최남선처럼 근대 지식과 본격적으로 조우했을 때의 복잡한 심경을 상세히 기록한 이는 드물다. 그런 만큼 그 심경에 값하는 분투의 성격 역시 중층적이었다. 초기 육당이 보여주는 전방위적인 글쓰기는 1900년대 지식담론의 일반적 성격과 겹치는 한편 돌출해있다. 그는 국민국가 건설이 최종심급이었던 당시, 국가를 단위로 한 세계사의 발전을 강조한다. 통일된 국민정신을 만들고자 하되 다시 국민에게 세계시민으로서 갖추어야 할 덕목을 요구한다. 지식의 세계성을 추구하는 한편, 세계성을 국가의 경계와 민족의 역사 속에서 특수한 것으로 환기한다. 근대학문의 과학성을 추구하면서 유학(儒學)의 인성론을 '인류의 보편심성'이라는 차원에서 재구성한다.

신구(新舊)를 아우르고 동서(東西)를 포괄하는 지식의 복합성은 같은 시기 일본유학을 체험한 장응진, 홍명희, 이광수와 비교하더라도 예외적이다. 최남선이 추구한 지식의 복합성은 근대적 '교양'의 기원적 양상을 이룬다. '교양'은 도구적 지식이나 전문적 지식과 대비되는 앎인바, 1900년대에 근대적 교양의 전사(前史)를 찾아볼 수 있다는 것은 국가(민족)주의나 국민계몽으로 단일하게 설명할 수 없는 근대 초기 지식장의 다층성을 환기한다.

1 최남선, 「『소년』의 기왕과 장래」, 『소년』 18호, 1910.6, 23면.

2 『소년』에는 교양과 연계되는 여러 층위들이 시공간적 연속성이나 논리적 매개 없이 결합되어 있다. 유가적 전통의 수신담론과 명치 후반의 수양주의, 아카데미즘과 거리를 두는 지식 일반에 대한 추구가 혼재하면서 독특한 교양주의를 형성하는 것이다. 이러한 다층성이 어디에 기인하는지를 살피기 위해서는 우선 육당의 정신사의 계보를 점검해 볼 필요가 있다. 근대 초기에 신학문을 수용한 지식인들을 크게 전통학문을 체화(體化)하고 이를 저변으로 하여 신학문을 수용한 경우와 국내의 관립・사립학교에서 교육을 받거나 유학을 떠나 근대 지식의 세례를 충실히 받은 경우로 나눌 수 있다면, 최남선은 그 어느 쪽으로도 크게 기울지 않는 특성을 보여준다.

최남선은 전통학문의 필로로기(philologie)를 습득했지만 도통(道統)이나 학풍의 영향과는 거리가 멀다. 여섯 살 되던 1895년 가을부터 경성학당에 입학하는 1902년까지 상리동(上犁洞) 집 근처의 글방들을 옮겨 다녔는데, 홍충현(洪忠鉉)의 사랑에 있는 글방에서 비교적 오래 공부했다.[2] 그러나 그가 기억하는 바에 따르면 문장 쓰기는 아홉 살 때부터 논설이나 잡보 같은 신문의 보통체제를 본 딴 것이 시초였다. 또한 열두 살 되던 해 『자서조동(自西徂東)』, 『시사신론(時事新論)』, 『태서신사(泰西新史)』, 『중동전기(中東戰記)』 등에서 얻은 신지식에 기초하여 약 28항으로 나누어 쓴 「대한흥국책(大韓興國策)」을 처녀작으로 회고한다.[3] 한학과 한문문체에 관한 기본적인 소양을 갖추었지만 개신유학자들

2 홍일식, 『육당연구』, 일신사, 1959, 7~10면; 조용만, 『육당최남선』, 삼중당, 1964, 48~49면. 두 연구는 생전 육당의 육성을 기록하거나 육당과 오랜 친분관계를 맺은 지인들의 기억을 따르고 있으므로 전기적인 진술에 한해서는 육당 자신의 회고에 준한다고 볼 수 있다.

3 최남선, 「처녀작 발표 당시의 감상-아득하야 꿈가틀 짜름」, 『조선문단』 6호, 1925.3, 57면. 『황성신문』에 이 글을 투고했으나 게재되지 않았다.

에 비하면 전통학문에 대한 조예는 비할 바가 못 되었다.

육당이 특별히 기억하는 텍스트는 혼자 읽은 도연명(陶淵明)이다. 약을 짓는 가업으로 인해 집안에 서적이 별반 없고 다만 앞뒤장이 낡아 없어진 『도정절집(陶靖節集)』이 있어 8~9세 때 이를 탐독했다고 한다.[4] 이후 마음의 한편에 '인격의 감화로 최초에 받은 것은 도연명이고 아직 은군자적(隱君子的) 색태가 남아있다'[5]고 고백했듯이 도연명의 탈속적인 시편들을 읽으며 명리(名利) 외의 다른 세계를 알게 되었다. 하지만 도연명의 영향도 오래가지 못했다. 각종 신사(新史)와 신론(新論)을 읽으면서 '천하의 커다람과 인물의 많음과 사변(事變)의 복잡함을 알고 정절(靖節)의 시경(詩境)이 겨우 세계라는 바다의 한 파도에 불과함'을 깨달았기 때문이다.

최남선은 『태서신사』를 읽고 문명과 진보가 무엇인지 깨우쳤고, 『독립신문』·『한성신보』 등에서 세계의 기운과 문명의 추세가 어떠한지 알게 되었다고 기록했다.[6] 이때가 10세 전후였으니 육당에게 근대 매체를 통해 접한 국민국가담론은 『격몽요결(擊蒙要訣)』만큼이나 익숙한 것으로 의식의 기층을 형성하게 된다. 이 외에도 성서와 「천로역정」을 비롯한 한글 번역서들, 「심청전」·「춘향전」·「조웅전」·「홍길동전」과 같은 30여 권의 한글소설, 이궁의 중국책 가게에서 구입한 청나라 소설들이 어린 시절의 주요 독서 목록이다.[7]

그렇다면 근대식 학제의 경험은 어떠한가? 육당이 거친 교육기관은

4 최남선, 「십년」, 『청춘』 14호, 1918.6, 4면. 물론 집에 서적이 없었다는 말을 액면 그대로 받아들이기는 어렵다.

5 최남선, 「『소년』의 기왕과 장래」, 『소년』 18호, 1910.6, 25면.

6 최남선, 「십년」, 『청춘』 14호, 1918.6, 4면.

7 최남선, 「書齋閑談」, 『새벽』, 1954.12, 재인용 : 육당전집편찬위원회 편, 『육당최남선전집』 5권, 1974, 439면; 조용만, 앞의 책, 50~51면 참고.

경성학당, 동경부립제일중학, 와세다 고등사범 역사지리과 세 곳이다. 서당을 그만두고 13세 되던 1902년 입학한 경성학당은 1896년 4월 대일본해외교육회가 한국인을 대상으로 세운 학교로 1906년 3월 통감부로 이관될 때까지 10년간 운영되었다. 1902년 당시의 학제는 소학부, 보통부, 전문부로 구성되어 있었는데 초기에는 '일본어를 통한 보통학의 보급'을 지향했으나 1902년에 이르러 '일본어를 통한 전문학'의 교습으로 교육목표를 확장시키고 있었다.[8] 최남선은 경성학당을 단 3개월만 다니면서 일본어를 집중적으로 배우고 그만둔다. 이때부터 상해에서 발간된 『만국공보(萬國公報)』와 『중서교회보(中西教會報)』, 일본에서 간행된 것으로는 철 지난 『大阪朝日新聞』·『萬朝報』·『太陽』·『早稻田文學』를 읽기 시작한다.[9]

장응진이 광무정권에 쫓겨 유학을 떠날 수밖에 없었다면, 최남선은 황실의 수혜를 받고 도일한다. 최남선은 양반자제 50명을 선발하여 내장원(內藏院)의 재정으로 학자금을 지원한 황실특파유학생 단장이었다. 학부참서관 최헌규의 차남으로 경성학당에 입학한 때가 열세 살이 되던 1902년, 황실특파유학생으로 동경부립제일중학교에 들어간 것이 1904년이었다.[10] 최린의 회고에 따르면 특파유학생에 대한 대우는 상당히 좋았으나 최남선은 부친의 신병으로 인해 1904년 12월 중퇴하

---

8 경성학당에 관해서는 다음의 연구가 상세하다. 한용진, 「경성학당에 관한 연구」, 『한국교육사학』 26권 2호, 한국교육사학회, 2004; 한용진, 「개화기 일본 민간단체 설립 학교 고찰」, 『동양학』 38집, 2005.

9 최남선, 「『소년』의 기왕과 장래」, 『소년』 18호, 1910.6, 23면.

10 부립제일중의 유학생에 대한 교육은 일본어를 주로 한 보통학과로서 수업연한은 3년으로 졸업생은 가능한 한 농공상업 또는 의학방면에 진출하게끔 교육시켰다. 하지만 당시 유학생의 경우 전통적으로 관료생활을 이상으로 생각하여 다수가 법학을 공부하려 했다. 그 외 여러 가지 이유로 입학 후 13개월이 되기 전에 19명이 퇴학하는데, 최남선은 입학 후 3개월 만에 귀국했다. 황실특파유학생에 대한 상세한 연구로는 武井一, 『皇室特派留學生 : 大韓帝國からの50人』, 白帝社, 2006.

고 1905년 1월 단독 귀국한다.[11] 유학단의 다른 학생들이 보인 추태를 견디기 어려웠기 때문이었다.[12] 물론 한 달 동안 수신, 일본어, 일한비교문법, 산술, 창가, 체조와 같은 교과과정을 온전히 공부할 수도 없었다.[13] 단 1차 유학 체험은 일본 출판계의 성대함에 놀라고 향후의 계획을 세우는 중요한 계기가 되었다. 1905년 1월 한국으로 돌아온 뒤로는 『황성신문』과 『대한매일신보』에 시국을 분개하는 글을 게재하기도 했는데, 러일전쟁의 종결과 을사늑약 체결을 지켜보며 신학문을 본격적으로 공부하리라 결심한다.[14]

정리하자면 와세다에 입학하기 전 육당의 앎은 가계 환경, 개인적 기질, 시대의 우연 등이 겹치면서 거의 독학(獨學)에 의존한 것이었다. 글방의 공부는 수신의 기초를 마련해주었으며 서사적 상상력의 원천에 각종 이야기책들이 자리한다. 근대 미디어 및 각종 신사(新史)와 신론(新論)들이 지식과 글쓰기의 바탕을 형성하고 있으며, 이로부터 '나기를 국민으로 태어났고 살기를 국민으로 하여야 한다'는 식의 국민국가담론을 내면화하고 있다. 학문하는 길이 '타력으로 지혜를 연마하는 방법과 자력으로 자신의 덕성을 연마하는 방법이 있지만 결국 전자가 가능하기 위해서는 후자가 전제되어야 한다'[15]고 밝혔듯이, 독학의 경

11 최린, 「자화상, 파란중첩오십년간(波瀾重疊五十年間)」, 『삼천리』 2호, 1929.9. 동경부립제일중의 학적부에 대한 확인은 김윤식, 『개정증보 이광수와 그의 시대』, 솔출판사, 1999, 151면.

12 유학단에서 최남선이 15세로 가장 어렸는데, 대개 20~30세가량이었던 특파유학생들이 사건을 저지를 때마다 학교당국은 유일하게 일본어를 구사할 수 있었던 최남선을 호출했다. 유곽에 갈 때도 최남선을 통역으로 삼았으니 그 심정을 짐작할 만하다.

13 조용만, 앞의 책. 동경부립제일중학교 교과과정에 대해서는 김윤식, 『개정 증보 이광수와 그의 시대』 1, 솔출판사, 1999, 151면 참고.

14 입국 시기와 입국 후 활동에 대해서는 최린, 「자화상, 파란중첩오십년간(波瀾重疊五十年間)」, 『삼천리』 2호, 1929.9; 조용만, 앞의 책, 참고.

15 「자수공부」, 『소년』 10호, 1909.9, 10면.

험은 학문의 방법론으로까지 고양되었다. 그 결과 박학이라 할 수 있는 지식의 전체성에 대한 추구가 가능했던 것으로 보인다. 독학에 의존하던 최남선은 러일전쟁 이후 2차 유학을 떠나 와세다 역사지리과에서 본격적으로 신학문을 학습한다.

2. 역사지리학, 지식의 세계성과 전체성

[1] 와세다대학[早稻田大學]의 전신은 1882년 오쿠마 시게노부[大隈重信]가 정치로부터 학문의 독립을 표방하여 창립한 동경전문학교이다. 초기에는 정치경제학과 · 법률학과 · 영어학과 · 이학과(理學科)를 두고 '수학(修學)의 속성(速成)'과 '모국어에 의한 수업'을 목표로 삼음으로써 당시 모든 수업을 영어로 실시하던 동경제국대학에 반하여 자주성을 확립코자 했다. 이후 수차례에 걸친 학사개정으로 1889년 문학과(文學科)가 개설되었으며 쓰보우치 쇼요[坪內逍遙]가 강의를 시작한다.

최남선이 유학하던 당시 와세다대학의 전경

「문부성고시 제149호」에 의해 '사립와세다대학'으로 명칭이 바뀐 시기는 개교 20주년을 맞은 1902년이었는데, 9월부터 학제를 대학부・전문부・고등예과(高等豫科)・연구과로 대폭 개편했다. 1903년에는 고등사범부를 신설하여 종래 문학과에 속하던 국어한문과・역사지리과・법제경제과(法制經濟科)・영어과를 고등사범부에 귀속시켰고 1906년까지 이와 같은 학제는 이어졌다. 1909년에는 학제가 다시 바뀌어 최남선이 입학한 사범과는 대학부에 속하게 되었다. 1903년에서 1906년까지, 1907년에서 1909년까지 교과과정이 바뀌었다는 기록은 없으므로 [표4]를 소급 적용하여 최남선이 수학했던 역사지리과의 교과과정을 살펴볼 수 있다.[16]

표4. 와세다대학 역사지리과 교과과정

과목/학년	1학년	2학년	3학년
윤리	실천윤리강요	윤리학	좌동
교육학	교육사	교육학	교육학, 특수교육학, 교육법령

16 吉田東伍(국사・일본지리), 橫山又次郎(지문학), 田中阿歌(지리), 浮田和民(서양사, 사회학) 등이 역사지리과 강의를 맡고 있었다. 『早稲田大學一覽』, 早稲田大學出判部, 1914; 『早稲田大學百年史』 第二卷, 早稲田大學出判部, 1984. 참고. 1906년과 1909년 학제를 표로 나타내면 다음과 같다.

표5. 와세다대학의 학제

1906년

部門	대학부	고등사범부	전문부
學科	정치경제학과, 법학과, 문학과, 상과	국어한문과, 역사지리과, 법제경제과, 영어과	정치경제과, 법률과

1909년

部門	대학부	전문부	청국유학생부
學科	정치경제과, 법학과, 상과, 문학과(철학과, 영문학과), 사범과(국어한문과, 역사지리과, 영어과)	정치경제과 법률과	사범과와 동일

사학	국사, 동양사, 서양사	국사, 동양사, 서양사, 고고학	국사, 동양사, 서양사, 법제사, 역사연구법, 고문서연구
사회학	–	–	사회학
지리학	日本地支, 지문학(地文學)	아세아 구라파지리, 지문학	오세아니아 아프리카 아메리카 지리, 지문학, 제도법대의(製圖法大意)
영어	강독, 윤강(輪講)	좌동	강독, 윤강, 영문학
국어한문	증경(增鏡), 사기(史記), 작문	대경(大鏡), 좌전(左伝),	고사기(古事記), 동경(東鏡)

세계 각국의 지리와 역사를 두루 포괄하고 있는 역사지리과의 교과 과정은 1900년대 후반의 최남선이 '선배 세대들이 고투한 국가의 문제로부터 훨씬 자유로운 입장을 보이며, 우주와 세계의 보편성과 접속하는 가운데 국가와 민족의 경계를 넘어서는 특이성'[17]을 드러내는 이유를 짐작케 한다.[18] 여기서 주목하고 싶은 문제는 두 가지인데, 하나는 역사지리학적 지식이 학문연구의 방법론으로 전유되는 방식이며, 다른 하나는 와세다에 형성되어 있던 '순문학(純文學)'의 영향이다.

장응진에게서 볼 수 있었던 근대 지식의 일반적 요건, 즉 관찰 · 분류 · 설명의 방법론의 내면화는 최남선에 이르러 훨씬 정교화 · 일상화된다. 『소년』 전체에서 찾아볼 수 있는 과학적 방법론에 대한 집착은 특히 「봉길이 지리공부」나 「화학교실(花學敎室)」에서 극단적으로 나타난다. 최남선이 원한 것은 무엇, 어떻게, 왜라는 질문을 철저히 밀고나

17 류준필, 「1910~1920년대 초 한국에서 자국학 이념의 형성 과정」, 『대동문화연구』 제52집, 성균관대 대동문화연구원, 2005, 40면.

18 와세다 유학체험과의 연관성을 직접 비교하고 있지는 않지만, 지리학적 지식이 최남선의 네이션과 세계에 대한 인식에 미친 영향을 논한 최근의 연구로는 다음의 논문을 참고할 수 있다. 윤영실, 「경험적 글쓰기를 통한 지식의 균열과 식민지 근대성의 풍경 – 최남선의 지리담론과 『소년』지 기행문을 중심으로」, 『현대소설연구』 제28집, 한국현대소설학회, 2008.

가 사물을 완전히 이해하는 것이었다.[19] 지리학적 지식을 알기 쉽게 전달하기 위해 연재한 「봉길이 지리공부」는 비교와 분류, 그에 따른 설명으로 일관하고 있다. 예컨대 동남서(東南西) 삼해안(三海岸) 비교를 하면서 그 특성을 '가'로부터 '콰'항까지 만들어 분류하고 설명하는 방식은 거의 강박적인 수준이다.[20]

「화학교실」은 과학적 방법론을 원리로 삼는 데서 나아가 근대 교육 시스템을 잡지의 편집방식에 구현하는 전략을 사용한다. 꽃에 대한 지식을 전하더라도 보통과 · 고등과 · 전문과로 수준을 나누어 편성하고, 그것도 부족해 '보습과(補習科)'와 '꽃에 관한 동화'를 실어 아동부터 성인에 이르기까지 근대 지식을 재생산할 수 있는 구조를 마련하고자 한 것이 미디어 『소년』이다.[21] 천문과학이 확립되기 이전의 혜성에 관한 기록들을 미신으로 치부하며 케플러의 이론을 통해 탈마법화를 수행하고 있는 최남선은 확실히 이성과 과학을 신봉한 전형적인 계몽주의자였다.[22]

② 『소년』에 실린 글들은 학제로 따지자면 보통 혹은 중학 수준의 것으로 당대에 발간된 학회지 및 잡지와 견줄 때 전문적이라 할 수 없다. 형성 단계인 '소년'에게 필요한 모든 지식을 전하는 것이 발간목적이기도 했으며, 「편집통기」나 회고 등을 통해 밝혔듯이 육당 개인의 지적 한계도 원인이 되었다. 그런데 당대 논자들과 차별화되는 지점은

---

19 최남선, 「사물을 완전히 이해하난 법」, 『소년』 2년 7권, 1909.8.

20 최남선, 「봉길이 지리공부」, 『소년』 1년 2권, 1908.12.

21 이 외에도 아메리카는 왜 독립하였는가에 관한 이유를 18가지로 나누어 설명하거나, 플랭클린의 좌우명을 13가지로 나누고 이에 따라 자기규율의 점검을 일주일 단위로 13덕을 실행할 수 있는 도표까지 만들 정도였다. 최남선, 「신시대청년의 신호흡(3)」, 『소년』 2년 4권, 1909.4.

22 최남선, 「혜성설」, 『대한유학생회학보』 1호, 1907.3.

동서고금의 지식을 관계 맺고 배치하는 방식에 있다.[23] 독학의 상상력이 구축하는 지식의 지형에는 수많은 균열이 산재함에도 불구하고 어떤 원리가 관통한다. 하나는 지식을 세계성과 지역성의 관점에서 사고하는 것이고, 다른 하나는 분할된 학지가 아니라 전체적 지식을 추구한다는 점이다. 지식의 세계성과 전체성에 대한 지향은 인간과 세계를 이해하는 보편적 관점을 발견하고자 하며, 인격의 형성을 위한 일반적 지식을 추구한다는 점에서 근대적 교양의 이념과 맞닿는다.

주지하다시피 잡지 『소년』은 창간호부터 '자국 역사에 광채를 더하고 세계문화에 크게 공헌할 것'을 선언했다. 물론 이 책임을 감당하기 위해서는 '소년'의 지식을 함양하여 '활동적 진취적 발명적 대국민(大國民)'으로 주체화할 필요가 있었다.[24] 국민 창출은 당대의 모든 지식인들이 모두 지향하던 바였으나, 보호국 상황에서 세계 문화에 공헌하겠다는 포부는 낯설다. 물론 어린 시절부터 읽어 온 신문과 잡지, 『태서신사』나 『중동전기』같은 책들이 한국의 상황을 세계의 추세 속에서 이해하는 데 많은 영향을 미쳤을 것이다. 그럼에도 '세계 문화' · '우주' · '인류'와 같은 말들은 1900년대 미디어의 국민국가담론과 신사 및 신론에서 찾아보기 어려운 용어들이다.

『소년』을 창간하기 이전 육당이 강조했던 것은 국민사행(國民思行)과 관련된 정신론이었다. 유학생들이 집단적으로 갖추어야 할 일관된 주의(主義)로 헌신적 정신과 희생적 관념을 꼽고, 고상한 목적과 심장

23 예컨대 최남선은 『격몽요결』의 입지편, 나폴레옹 · 유방(劉邦) · 워싱턴 · 하니발의 사례를 소년의 입지(立志)를 요청하는 차원에서 관련짓는다. 자연과학의 상식을 설명하는 가운데 율곡의 시로 교훈을 전달하고, 톨스토이 · 율곡 · 스마일스 · 에픽테투스가 정신론의 차원에서 병렬한다. 『소년』 1호, 「소년시언」 · 「갑동이와 을남이의 상종」 · 「신시대 청년의 신호흡」(연재) 등.

24 『소년』 1~2호, 1908.11~12, '표지'참고.

한 학식보다 고난에 굴하지 않는 의지와 궁행실천을 우선시했다. 이때만 해도 해외에 유학을 하는 이유는 신문명을 흡수하여 국가에 공헌하기 위한 것으로, 다시 세계 문화의 발전에 공헌해야 한다는 식의 논리는 찾아볼 수 없다.[25] 인문지리의 목표도 '지구상의 제국민, 인위의 구분, 각국의 인정풍속, 개화의 정도, 사회의 조직 등'을 서술하는 것 정도로 규정하고 있다. 지리학이 세계 속에서 대한의 지위를 포착하고 세계문명의 발달에 기여하기 위한 것이라는 인식은 보이지 않는 것이다.[26] 그런데 와세다대학 역사지리과에서 수학하고 『소년』을 창간한 후 더 넓은 독학으로 나아가면서 '세계'를 사고하는 방식에 변화가 나타난다.

육당은 세계적 지식이 필요한 이유에 대해 '세계'를 알기 위함이 아니라 자신과 대한의 처지를 파악하기 위함이라고 밝혔다.[27] 이때 최남선이 생각한 '세계'는 근대 초기의 다른 지식인들과 구별된다. 세계 각국의 지리와 역사를 두루 포괄하고 있는 와세다 고등사범부 역사지리과의 교과과정을 체험한 육당에 의하면, 세계의 국면은 이미 거부할 수 없는 현실로 눈앞에 펼쳐져 있다. 제물포의 파도에는 지중해의 물이 섞여 있고 백두산 주변의 구름은 시베리아풍의 영향으로 만들어진 세계, 사하라 사막의 흑인과 유럽의 백인이 같은 공기를 마시는 세계, 하와이 이주민이 늘어감에 따라 인천항 미곡의 수출이 증가하는 세계이니 대한은 이미 순수하게 대한의 하늘, 대한의 땅일 수 없다.[28] 이때 세계는 국민국가가 각축하는 공간이 아니다. 그것은 근대 지리학이 발

---

25 최남선, 「헌신적 정신」, 『태극학보』 1호, 1906.8; 「분기하라 청년제자」, 『태극학보』 3호, 1906.10; 「현시대의 요구하는 인물」, 『대한유학생회학보』 1호, 1907.3.

26 최남선, 「지리학잡기」, 『대한유학생회학보』 2호, 1907.4.

27 최남선, 「세계적 지식의 필요」, 『소년』 7호, 1909.5.

28 위의 글, 4면.

견한 세계이자, 제국과 식민지의 관계가 소거되어 있는 자본주의화된 세계이다.

이와 같은 세계 관념은 우치무라 간조[內村鑑三]의 『지리학고(地理學考)』를 번역한 「지리학 연구의 목적」[29]에서 더욱 선명하게 드러난다. 「지리학 연구의 목적」에 따르면 지리학은 가장 강건한 세계 관념을 길러준다. 국가가 일개 독립된 개인이 모인 사회를 넘어서 하나의 유기체인 것처럼 지구도 하나의 유기체이다. 지방이 한 나라의 부분인 것처럼 한 나라도 지구의 일부분이다. 따라서 우리는 '아국인(我國人)'일 뿐만 아니라 '세계인'이 되어야 한다. 이러한 세계 관념의 양성은 인식 지평을 세계로 넓혀주고 개인의 한계를 깨닫게 하기 때문에 겸손·관용·박애·자중·애국의 마음을 길러주는 효과가 있다. 따라서 세계관념이나 박애주의가 애국심을 해친다는 것은 어리석은 소리다. 애국은 제 나라만 좋다고 하는 것이 아니라 '우주(宇宙)'를 위해 나라를 사랑하는 것이다. 우주를 위한 애국심은 세계만큼 크고 지구만큼 중한 것이니 나의 책임이 세계를 포괄할 때 비로소 자신의 존재가치를 알게 된다는 것이 핵심 논지이다.

우치무라 간조는 미국 근대지리학의 제국주의에 대해 '식민지적 무의식'과 '식민주의적 의식'을 동시에 드러내며, 육당은 다시 우치무라 간조를 모방했다. 만주가 일본인의 식민지가 된 이후로 온갖 방면의 진보가 이루어졌다는 판단, 제국을 건설한 사람들의 사상 정도로 이해하고 식민지 개척을 문화의 발전으로 보는 시각의 근저에는 제국의 지

29 번역일지라도 최남선 스스로가 이 책을 읽고 자신의 지리학에 대한 지식이 적음을 깨달아 역재한다고 밝혔으니 책의 요지에 상당부분 동조했다고 판단할 수 있다. 실제 이 글의 영향은 「초등대한지리고본」을 비롯한 여러 텍스트에서 나타난다. 최남선 역재(譯載), 「지리학 연구의 목적」, 『소년』 12호, 1909.11.

리학이 발명한 세계 관념이 작동하고 있다.[30] '제국주의'라기보다 '제국적'이라 할 수 있는 육당의 인식은 1900년대 당시 조선을 세계성과 지역성의 차원에서 사고한 드문 사례라 할 만하다.[31] 그런 가운데 일본을 '가장 구의(舊誼)를 가진 친구(親舊)이자 가장 거치적거리는 경쟁자'[32]로 여기고, 임진왜란을 한일 양국 간의 발전과 경쟁과정으로 이해하는 관점을 드러내기도 한다.[33]

3 육당이 추구한 지식의 세계성은 다른 한편에서 인간 정신의 내부에서 개인과 우주의 접점을 발견하는 논리를 내장하고 있다. 「에머슨을 읽음」은 1910년대 『학지광』에서 빈번하게 등장하는 에머슨(Ralph Waldo Emerson)을 최초로 소개한 글이다. 육당은 '혼자만 알고 있기에는 염치가 없는 이 좋은 글'[34]을 역시 독학의 과정에서 접했다. 영(靈)을 매개로 개인과 우주를 이어줄 가능성을 보여준다는 점에서 에머슨은 최남선에게 매혹적이었다.

육당이 독해한 에머슨에 의하면 사람은 자신 속에 혹은 자신의 뒤에 '일대보편(一大普遍)한 심령(心靈)'을 간직하고 있다. 따라서 우주의 보편원리인 정의 · 진리애(眞理愛) · 자유의 성질이 인간 내부에 이미 존재하며, 사람들은 이러한 일대보편의 심령을 '리(理)'라 부른다. 이 단계에서 세계 관념은 지리학적 설명을 넘어 개체와 우주의 상관성을 정신의 차원에서 구현함으로써 철학적이고 존재론적인 논리를 획득한다. 그리

30 최남선, 「해상대한사」, 『소년』 5호, 1909.3; 『소년』 12호, 1909.11.
31 안토니오 네그리 · 마이클 하트, 윤종수 역, 『제국』, 이학사, 2001. 제국주의가 국민국가의 확장된 형태로서 개별 민족의 자율성을 근본적으로 인정하지 않는다면 제국적 성격은 각 민족의 아이덴터티를 용인하면서 느슨한 통일을 지향한다.
32 최남선, 「해상대한사」, 『소년』 3호, 1909.1.
33 최남선, 「임진왜란에 관한 古文書三渡」, 『낙동친목회회보』 3호~4호, 1907.12 · 1908.1.
34 최남선, 「에머어쏜을 닐금」, 『소년』 14호, 1910.2, 49면.

고 민족의 흥망, 국민의 계몽을 초월하는 보편적 관점을 확보한다.

「초등대한지리고본」[35]에서 추인하고 있듯이 최남선이 말한 '세계적 지식'이란 이와 같은 세계 관념 자체에 관한 학습, 이를 가능하게 하는 역사지리학 및 정신론, 그리고 자국과 세계에 관한 전체적 앎이라고 할 수 있다. 『소년』은 '자기 지위에 대한 대자각(大自覺)을 환기하는 동시에 일반지식의 정도를 향상'[36]시키고자 했고, 이를 위해 자연으로서의 세계에 관한 과학적 학문인 이학(理學)과 인류의 활동 산물 모두를 아우르는 지식의 전체성을 지향한다. 따라서 최남선에게 지식의 세계성은 곧 지식의 전체성과 표리의 관계인 것이다. 「화학교실」이나 「봉길이 지리공부」에서 단적으로 드러나듯이, 육당은 '지식의 나무'를 그리듯 모으고 분류하고 구분하는 백과전서의 방법으로 전체적 지식을 추구했다. 그리고 이러한 방법은 『청춘』을 발간할 무렵 '학(學, Science, wissenschaft)'으로 고양된다.[37]

『소년』을 발행할 당시 육당이 추구한 지식은 학의 형식을 취하는 조직된 지식(Partially unified knowledge)이라기보다 조선의 소년들이 자신을 형성하는 데 자양분이 될 적절한 수준의 폭넓은 지식이었다. 『소년』은 형성기의 소년들에게 세계와 우주라는 지평에서 대한의 처지와 자신의 위치를 깨달을 것, 자각을 통해 각각의 소년들이 세계 문화에 공헌할 주체로 성장할 것, 그리고 이를 위해 일반적 지식을 갖출 것을 요구

---

35 최남선, 「초등대한지리고본」, 『소년』 16호, 1910.4.

36 최남선, 「『소년』의 기왕과 장래」, 『소년』 18호, 1910.6, 18면.

37 최남선, 「百學名解」, 『청춘』 1~2호, 1914.9~10. "학은 조직된 지식(Partially unified knowledge)이란 뜻이니, 자세히 말하자면 : 제1은 널리 관찰하야 많은 재료를 한 대 뭉쳐 그 전반에 관통되는 말만 '개괄적 지식'이오, 제2는 그 재료를 수집배열하는 데 일정한 방법을 좇아 계통을 明正하게 하여 분류를 한 체계적 지식이오, 제3은 정돈된 재료사실의 관계를 밝혀 그 사이에 있는 이법(理法)을 정확하게 단정하여 그 사실을 설명할 수 있는 합리적 지식이라야 하는 것이다." 『청춘』 제1호, 76면.

한다. 이때 지식의 세계성과 전체성에 관한 추구는 1900년대 계몽담론과 변별되는 근대의 교양주의를 내포한다.

최남선은 근대 지식을 세계적 차원에서 요청했고, 일상의 차원으로 삼투시켰다. 역사지리학과 같이 일국 차원을 넘어설 수 있는 세계적 지식의 필요성을 강조한 이유는 세계를 아는 것이 곧 대한을 이해하는 길이라고 믿었기 때문이다.[38] 그리고 이와 같은 세계적 지식의 교육, 소년의 교양 함양을 일상의 수준에서 실현하기 위해 그 시기 다른 매체에서는 보기 힘든 다양한 전략을 구사한다. 예컨대 구어체 어미를 활용한 설명, 허구적으로 설정한 상황 속에서 문답을 통한 지식 전달, 친절한 도해(圖解)와 주석 달기 등의 방법을 개발한다.[39] 이러한 최남선에게 문학이란 무엇이었는가? 그는 문학도 여러 가지로 나뉠 수 있고, 그 가운데 '순문학(純文學)'이 있음을 밝히고 있다.

3. 순문학과 교양으로서의 소설

1 최남선에게 '순문학'이라는 말은 학문을 분류하는 과정에서 등장한다. 지금 세상은 전업시대(專業時代)이므로 옛날과 달리 학문의 종류와 그 방법이 다르다. 학자라 하여도 모든 과학과 온갖 학문을 익히고

38 최남선, 「세계적 지식의 필요성」, 『소년』 2년 7권, 1909.5.

39 비슷한 사례를 『소년한반도』의 「심리문답」에서 볼 수 있다. 「소년한반도」 역시 유학생이었던 이인직이 중심이 되었다는 점을 상기하면 을사조약 이후 근대 지식을 수용하는 언어횡단적 실천의 방향성에 제국–식민지의 관계가 얼마나 큰 영향을 미치고 있는지 알 수 있다.

연구하는 것이 아니라 문학은 문학가, 이학은 이학가 각각의 전문가가 있다. 또한 날로 정밀해지는 학문을 익히는 데 문학과 이학을 나누는 것만으로는 만족할 수 없으므로, 가령 문학 한 과라도 혹 사학을 전공하고 철학을 전수한다. 또한 혹 언어학을 주로하고 혹 순문학을 주로 하여 일부(一部) 일분(一分)을 각각 나누어 궁구하되, 철학 내부에도 순정철학 · 심리학 · 논리학 · 생리학 · 윤리학 · 종교학 · 사회학 등을 나누어 연구하고, 심리학은 다시 아동심리와 병적심리로, 논리학은 연역과 귀납 등으로 세분한다.[40] 이것이 최남선이 그리고 있었던 학문의 분류였고, 사범학교에서 개론적인 지식을 습득한 장응진과 달리 와세다 대학부의 세분화된 학제를 경험했기에 도달할 수 있었던 지식의 체계였다.

최남선은 광의의 문학과 협의의 문학 개념을 동시에 활용하고 있다. 사학 · 철학 · 언어학 · 순문학을 아우르는 것이 광의의 문학이라면, 협의의 문학은 순문학에 해당한다고 볼 수 있다. 순문학이란 무엇인가? 1890년대부터 일본에서는 이학(理學)에 대응하여 인문학 일반을 광의의 문학으로 지칭한 것에 대해 시가와 소설 등의 하위 장르를 지칭하는 말로 '미문학(美文學)' · '순문학(純文學)'이라는 말이 등장하기 시작했다. 모리 오가이[森鷗外]나 후타바테이 시메이[二葉亭四迷]가 사용한 미문학이라는 용어는 지금의 문학개념과 거의 유사한 것으로, 문학 개념이 분명하지 않았던 상황에서 시가 · 소설 · 희곡을 하나로 묶어 부를 수 있는 적절한 명칭을 찾는 과정에서 발명된다.

쓰보우치 쇼요[坪內逍遙]가 '미문학'이라는 용어를 사용하기 시작한 것은 『와세다문학』이 창간되어 얼마 지나지 않은 무렵부터였다. 이광

40 최남선(崔生), 「지리학 잡기」, 『대한유학생회회보』 제2호, 1907.4.

수와 관련하여 후술하겠지만 쓰보우치 쇼요는 당시의 문학을 '문장'의 수준에서 분류하는 작업을 시도했고, 이 과정에서 정(情)의 문(文)에 해당하는 것을 '미문(美文)'이라 규정했다.[41] 스즈키 사다미에 의하면 쓰보우치 쇼요가 『태양』에 「전쟁과 문학」[42]을 게재하면서 미문학 대신 순문학이라는 용어를 사용하는 경향이 나타난다. 미문학이라는 말이 미문을 지향하는 문장 전체를 연상시키는 반면, 언어예술을 '광의의 문학'에 대비해 '협의의 문학', 즉 장르의 의미로 사용할 때에는 '순문학'이라는 용어가 더 적당하다고 보았기 때문이다.[43]

1889년부터 와세다대학 문학과에서 강의를 시작했고 『와세다문학』을 창간 · 주재했던 쓰보우치 쇼요의 논의는 시마무라 호케츠[島村抱月] 의해 이어졌고 흔히 '와세다 미사학[美辭學]'이라 부르는 전통을 형성했다. 그 결과 '미문학' · '순문학' · '미사학'의 담론은 『와세다문학』뿐만 아니라 교과과정 및 학제의 분화에도 일정한 영향을 미쳤다. 잘 알려져 있다시피 최남선은 스스로를 신문잡지광이라고 평하고, 읽은 잡지 가운데 일본에서 발간된 것으로는 오래 전의 『와세다문학』과 『태양』을 들고 있다.[44] 최남선은 와세다의 학제 및 교과과정을 경험하고 이들 잡지의 독서를 통해 '순문학'에 대한 개념을 수용했을 것이다. 실제 최남선은 순문학 개념과 연동해 있는 장르에 대한 인식이 어느 정도 분명했던 것으로 보인다. 의식적으로 시가의 개량을 기획한 점이나 「북극탐색사적」과 같은 글에서는 다음의 기록이 '소설적 수식(修飾)'을

---

41 坪內逍遙, 「外國語學と外國文學」, 「文學と安心」, 『早稻田文學』 二号. 여기서는 坪內逍遙, 『文學 其の斥斥』(春陽堂, 1896)의 앞의 글 참고.

42 坪內逍遙, 「戰爭と文學」, 『太陽』 一号, 1895.2.

43 스즈키 사다미, 앞의 책, 320면.

44 최남선, 「『소년』의 旣往과 밋 將來」, 『소년』 3년 6권, 1910.6. 舊舊紙라 한 것으로 보아 상당히 오래된 잡지를 본 것이 아닌가 생각된다.

결코 더하지 않은 실담(實談)이라 서두에 명시한 점 등에서 그러한 근거를 찾아볼 수 있다.

그런데 최남선이 순문학을 이해하고 있었다 하더라도 문학의 현실적 가치를 순문학을 내부로부터 지탱하는 '정(情)－미(美)'와의 관계 속에서 찾았는지는 의문이다. 『소년』의 편집원칙을 설명하면서 '미적 사상'에 도움이 된다면 게재하겠다는 말을 하고 있지만[45] 실제 최남선은 근대 지식을 소개하고 학습시키는 미디어로서 문학을 활용하는 입장을 취하고 있기 때문이다. 천문학적 지식을 전달하기 위해 「星辰」[46]에서 허구적 서사를 활용한 것처럼, 육당은 순문학에 해당하는 작품들을 통해 소년의 교양을 육성하고자 했다.

2 독일어 'Bildung'이 교양이라는 의미로 쓰이기 시작한 것은 18세기 고전주의 시대부터이다. '형성하다'의 뜻을 기본으로 하는 이 말이 '교양'을 가리킬 때는 보통 지와 정신의 수양을 뜻했다. 유교적 수양과 서양 근대의 교양은 다르다. "유교적 자아 수양이 그 자체가 하나의 도덕적 질서라고 이해된 자연과의 조화를 지향하는 반면에 휴머니즘적 교양은 자연의 강제에서 자유로운 개인의 내면적 자기완성을 목표"[47]로 하기 때문이다. 그러한 교양의 의미는 넓다. 교양은 전문적 지식에는 미치지 못하지만 박학과 문화적 취미 혹은 인성론의 영역을 포괄하다.[48] 전문적 지식이 기능성을 강조하는 데 반해, 교양은 인격을 배양하기 위해 필요한 일반적 지식을 가리킨다. 한편 가다머에 의하면 교양

---

45 최남선, 「편집실통기」, 『소년』 1년 1권, 1908.11.
46 최남선, 「성진」, 『소년』, 1년 1권부터 연재.
47 허병식, 「한국 근대소설과 교양의 이념」, 동국대 박사논문, 2005, 3면.
48 고미숙, 「근대적 앎의 배치와 국민교양의 탄생」, 『인문연구』 49집, 영남대 인문과학연구소, 2005, 108면 참고.

의 이념은 인간으로 하여금 자기 자신의 개인적인 좁은 지평을 벗어나도록 요구한다. 교양을 쌓는 목적은 자신과 다른 것을 허용하고 이해관계를 떠나 사물을 파악할 수 있는 보편적 관점을 발견하는 데 있다.[49]

한국에서 교양을 'Bildung'이나 'Culture'의 번역어로 이해한 사례는 1920년대에 접어들어야 확인할 수 있다.[50] 역어로서의 교양을 고안한 일본의 경우, 괴테를 정점으로 하는 독일 교양주의의 영향을 받아 형성되었다. 대정기의 교양은 전문학교 수준의 학생들이 중심이 된 엘리트 지식인들의 문화로, 명치 30년대부터 싹튼 수양주의와 접목되면서 만들어졌다. 명치기의 수양주의는 부국강병과 입신출세주의를 대신할 새로운 가치관을 모색하는 가운데 탄생했는데, 개인의 인격 향상을 요체로 하는 수양주의는 청년들의 입지(立志)를 강조하는 논의와 결합되기도 했다.[51] 1900년대 일본 유학생들은 육당을 포함하여 명치기 수양주의의 영향 하에 있었다. 하지만 더러 '교양'이라는 용어를 직접 사용했으며, '수양'이나 '교화'와는 차별화되는 용법을 구사했다. 즉 근대적 앎으로서 교양이 갖는 특성을 분별하기도 했던 것이다.

예컨대 「학문의 목적」에서 연구생은 미국의 한 농아 청년에게 특별한 선생이 있어 보통과에 해당하는 일반지식을 가르친 사례를 든다. 이어 농아라 할지라도 기초적인 지식이 필요하니, 학문의 목적이 입신출세만이 아님을 강조한다. 즉 '교양'을 누구나 갖추어야 할 무목적적인 앎으로 이해한다.[52] 「수양의 시대」에서 포우생은 인격의 조성을 선천적 요소와 후천적 요소로 나누고, 교양을 쌓지 않으면 후천적 요소

49 한스 게오르그 가다머, 이길우 외역, 『진리와 방법』, 문학동네, 2000, 10~24면 참고.
50 허병식, 앞의 글, 6~7면.
51 신인섭, 「교양개념의 변용을 통해 본 일본 근대문학의 전개양상연구」, 『일본어문학』 23호, 2004, 참고.
52 연구생, 「학문의 목적」, 『태극학보』 17호, 1908.1.

는 변할 수 없다고 하여 교양을 후천적 인격 형성(bildung)과 관련짓는다.[53] 또한 법률·경제·의학·문학 등 제반 전문학 외에는 학문이 없다는 자와 학교 밖에서는 배울 것이 없다는 자들은 학문의 진의를 이해하지 못하는 자라 전제한 뒤, 전문적 지식과 대비되는 의미로 '일반교양'이라는 용어를 활용한 사례도 있다.[54] 교양이 수신이나 수양과 혼용되기도 했지만, 도구적 지식이 아닌 인격 배양과 관련된 앎, 전문적 학문에 대비된 일반적 지식으로서의 교양에 대한 이해가 유학생들 사이에 어느 정도 통용되고 있음을 알 수 있다.

『소년』에는 비동시적일 것으로 여겨지는 유가적 전통의 수신담론, 입지와 관련된 수양주의, 근대적 교양주의가 동시에 공존한다. 초기 교양주의의 복합성은 다시 불균등한 지식들(격언과 한시, 위인과 역사, 천문과 지리, 자연과학과 수리 등)의 모자이크로 구현되었다. 그런 가운데 육당은 순문학을 교양의 한 범주로 이해하고 배치하는 시도를 보여준다. 형식적 범주로서 순문학에 속하는 소설은 세계적이고 전체적인 지식, 즉 교양을 주체화하는 통로의 하나로 기능한다.

3 1900년대 후반 최남선은 작품을 쓰거나 소설을 논한 글을 남긴 바가 없다. 하지만 서양소설을 번역함으로써 소설에 관한 관점을 드러낸다. 『소년』에 게재된 소설은 모두 11편이다. 이광수의 「어린희생」(14~17호)과 「헌신자」(20호)를 제외하면 9편은 번역소설이다. 톨스토이의 작품이 6편으로 가장 많고 나머지 3편은 「거인국 표류기－걸리버 여행기 하권」(1~2호)·「로빈슨 무인절도 표류기」(4~10호)·「ABC계」(19호)이다. 먼저 주목할 것은 이 모든 작품들이 '순문학'의 범주에 해당한다

53 포우생, 「수양의 시대」, 『태극학보』 21호, 1908.5.
54 포우생, 「스사로 교육할지어다」, 『태극학보』 23호, 1908.7.

는 사실이다.

최남선은 순문학에 해당하지 않는 것, 예를 들어 이솝우화 등은 분명 소설이 아닌 '이야기'로 분류한다.[55] '순문학'은 『소년』에서 게재할 소설을 선택하는 기준이 되고 있는 셈이다. 하지만 이 소설들은 순문학의 핵심이라 할 수 있는 미감이나 정육과는 거리가 먼 의도에서 게재되었다. 취미를 기르고 정신을 발육하며 자신의 위치를 세계 속에서 포착할 수 있도록 하는 것, 그것이 『소년』에 게재된 소설들의 공통적인 특성이다. 각각의 작품들이 어떠한 취지에서 번역, 게재되었는지 살펴보면 다음과 같다.[56]

「거인국 표류기」를 게재한 이유는 다음과 같은 세 가지이다. 첫째, 『소년』 1호가 강조해 마지않았던 진취적이고 활발한 정신을 고취하는 '해사소설(海事小說)'이라는 점. 둘째, 이 소설의 작가는 '세계적'으로 유명한 작가이며 영국과 미국에서는 이 책을 학교 교재로 사용하고 있다는 점. 셋째, 원작이 조지1세 시절의 풍속을 풍자하고 있기 때문에 당시 영국의 상황을 이해하는 데 도움을 준다는 점. 하지만 소년에게는 그러한 역사적 맥락이 다소 어려울 수 있으므로 소설적 '취미'로만 보아도 큰 재미가 있다고 부언한다.[57] 다시 말해 「거인국 표류기」는 소년들의 각성을 이끌만한 에너지를 가지고 있을 뿐만 아니라 정신의 형성에 도움이 된다는 점에서 주목받았다. 또한 이미 문명한 국가의 국민들은 누구나 알고 있는 일반 지식에 속하며, 이 소설을 읽었을 때 영국에 관한 역사적 지식을 쉽고 재미있게 얻을 수 있다는 점이 주요했다. 유

---

55 「이솝이약」, 『소년』 제1호.

56 육당의 번역소설에 대해서는 박진영의 다음 책이 상세하다. 『번역과 번안의 시대』, 소명출판, 2011.

57 「걸리버 여행기 광고」, 『소년』 7호, 1909.5.

럽사회에 대한 스위프트의 날카로운 비판은 육당에게 의미가 없었다.

「로빈슨 무인절도 표류기」 역시 비슷한 이유로 게재되었다. 광고가 따로 없는 이 소설의 마지막 회에서 작중 화자인 로빈슨은 직접 '신대한소년'에게 두 가지 당부를 한다. 하나는 삼면으로 둘러싸인 바다가 재미의 주머니요, 보배의 곳간이므로 이를 심상한 일로 생각하지 말고 항상 바다를 벗하기를 바란다는 것. 다른 하나는 사리(私利)를 탐할 목적으로 바다를 대하지 말고 인문과 국익을 위하여 진정한 마음과 정성스러운 뜻으로 학리연구, 부원개발 등 좋은 소유를 잡기를 바란다는 당부이다.[58] 역시 육당은 로빈슨의 목소리를 빌어 진취적인 기상을 기르고 개인이 아닌 공공의 이익을 위한 지식을 익히기에 힘쓰라고 당부한다. 육당에게 바다는 가능성의 공간 그 자체로, 모든 아름다움을 구비한 자연물이요, '가장 진실한 수양비결'이었다.[59] 또한 소설 곳곳에 등장하는 도시 이름들에 주석을 달아 유럽의 지리를 처음 대하는 이들도 쉽게 읽을 수 있도록 배려하기도 했다.

『레미제라블』을 번역한 「ABC계」는 태서의 문예를 알리기 위해서가 아니라 유럽의 역사에 관한 지식을 전하기 위해 번역 게재했다. 19세기 최대문학가 가운데 한 명인 빅토르 위고가 썼음을 강조하고, 성신(聖神)의 뜻을 행하는 미리엘 신부의 고상한 덕행과 장발장의 용기 있는 행동이 굳센 인상을 주므로 '그 책을 문예적 작품으로 보기보다는 무슨 한 가지 교훈서로 읽기'를 당부한다.[60] 특히 공화주의와 관련된 대목을 의식해서 급진이 아닌 비스듬한 진보를 바란다는 말로서 육당이 볼 때 건강한 소년의 인격형성에 저해되는 요소를 제거했다. 톨스

58 「로빈손 무인절도 표류기」6, 『소년』 10호, 1909.9, 43~44면.
59 「바다를 보라」, 『소년』 10호, 1909.9.
60 「역사소설 ABC계」, 『소년』 19호, 1910.7, 32면.

토이의 번역에서도 근대문명과 국가제도에 대한 비판적인 대목들은 배제되었다.[61] 최남선이 구상한 교양은 지식의 분화과정에서 보편성과 세계성을 표방하는 근대적 앎의 한 형식이지만, 다른 한편 훈육을 통해 공동체에 질서를 부여하려는 시도라는 점에서 자본주의 세계체제의 내셔널리즘과 공조한다.

육당이 톨스토이에 주목한 이유는 현시대 최대의 위인, 그리스도 이후 최대 인격이기 때문이었다. 육당은 톨스토이가 이미 문학가로 알려졌던 시기를 지나서 대선지자의 반열에 들어섰다고 서술한다. 문학가로서의 톨스토이보다 사상가로서의 톨스토이에 더 주목했던 것이다. 노동역작(勞動力作)의 복음을 전파한 톨스토이의 사상과 일생을 알리는 과정에서 소설은 부수적으로 번역된 성격이 강하다.[62] 톨스토이는 '최대의 문학가'로서보다 소년들의 모델이 될 완성된 인격의 전범으로서 선택되었다. 순문학에 해당하면서 심미적 가치를 넘어서 인류가 추구해야 할 보편적 진리를 보존하는 텍스트야말로 향후 고전과 정전으로 제도화 될 교양의 다른 모습일 터이다.

최남선의 의도가 직접 반영된 번역소설에 비해서 이광수의 작품은 『소년』의 편집원칙과 교양주의의 문맥에서 조금 벗어나리라고 예상해 볼 수 있다. 육당은 이광수와 홍명희의 문학적 재능을 높이 평가했고, 이들이 『소년』에 동참했다는 사실을 따로 알릴 정도였다. 이런 사실들을 감안할 때 육당은 이광수가 실을 작품의 경향에 대해 어떤 자율성을 보장해 줄 수도 있었을 것이기 때문이다. 하지만 『소년』에 게

61 위의 글, 60면.

62 톨스토이 번역의 맥락에 대해서는 다음의 연구가 상세하므로 짧게 다룬다. 권보드래, 「『소년』과 톨스토이 번역」, 『한국근대문학연구』 6권 2호, 태학사, 2005; 소영현, 「지(知)의 근대적 전환 –톨스토이 수용을 통해 본 근대지의 편성과 유통」, 『동방학지』 154, 연세대 국학연구원, 2011.

재한 「헌신자」와 「어린희생」은 육당이 지향한 인류애와 교양의 도덕률을 담고 있다. 이는 비슷한 시기 이광수가 쓴 단편 「사랑인가」 및 「무정」과 구별된다.

『소년』에 실린 소설들은 세계적이고 전체적인 지식을 추구하는 경로로 기능하며, 소년들의 교양을 함양하는 역할을 했다. 이후 육당은 『소년』에 연재한 소설들이 당시 일본에서 유행하던 도쿠토미 로카[德富蘆花]나 오자키 고요[尾崎紅葉] 등의 대중소설에 대한 대응이었다고 밝혔다.[63] 교양의 이념은 누구에게나 필요하다고 스스로 정당화하는 일반적 지식을 지향하지만, 동시에 인격의 배양에 도움이 되지 않는다고 판단되는 대중문화를 배제한다는 사실을 최남선은 다시 한 번 환기시킨다.

4 갓 스물에 이른 육당은 스스로도 '형성'의 과정에 있었으며, 뚜렷한 자의식을 가지고 근대적 교양을 지향했다고 보기 어렵다. 그럼에도 독학에 기초한 육당의 공부는 당대의 지식장에서 특별했다. 국내의 다른 지식인들은 국민(민족)국가 건설이라는 뚜렷한 목적 아래 근대의 학지와 사상을 수용한 반면, 최남선은 당대 계몽담론의 목적성을 공유하면서도 자기 경험에 기대어 소년의 인격 형성에 도움을 줄 세계적이고 전체적인 지식을 교양의 문맥에서 편집했다. 한편 일본의 교양주의가 전문학교 및 대학과 같은 고등교육기구를 중심으로 한 아카데미즘의 영역에서 구축되었다면, 『소년』에서는 아카데미즘의 흔적을 역사지리담론에서 일부 찾아볼 수 있을 뿐이다. 이러한 다층성은 독학의 방법이 빚어낸 특성이자, 보호국 조선의 특수한 상황을 반영한다.

63 최남선, 「한국문단의 초창기를 말함」, 『현대문학』 창간호, 1955.1.

『소년』에 나타난 교양주의에는 시공간적으로 불연속적인 유학의 수신담론, 일본의 수양주의, 근대적 교양주의가 공존한다. 1900년대 후반 전통적 문(文)관념, 자연과학에 대비되는 규범과학을 의미하는 광의의 문학개념, 순문학에 해당하는 협의의 문학개념이 동시에 통용되었듯이, 근대적 교양의 기원적 양상에도 한국이 경험한 압축적인 근대화의 과정이 각인되어 있다.

수신과 수양, 근대 지식의 교육은 소년을 신대한의 국민으로 주체화하기 위한 방편이었다. 따라서 『소년』에 나타난 초기 교양주의의 양상은 근대 초기의 계몽담론과 교집합을 형성한다. 하지만 육당은 다시 인류나 우주와 같이 국민국가담론의 틀을 넘어선 보편자를 상정하며, 소년들에게 세계시민으로서의 자질을 요구했다. 이 과정에서 추구된 지식의 세계성과 전체성은 당대의 계몽담론과 차이를 형성하면서 인격 배양을 위한 일반지식, 개인의 지평을 넘어선 보편적 관점의 확보라는 서구적 근대 교양이념과 맞닿는다.

이인직이나 이해조처럼 국가와 사회를 사실적으로 재현한다는 입장을 취하든, 신채호처럼 민족사 복원을 위한 전략적 글쓰기로 활용하든, 1900년대 조선에서 소설은 국민(민족)정신의 감발을 목표로 삼아 가치를 인정받을 수 있었다. 그러나 육당이 『소년』에 게재한 소설들은 교양의 영역에 위치함으로써 당대의 다른 소설들과 차별화된다. 최남선은 순문학의 범주에 속하는 텍스트만 『소년』에 게재하여 통속소설에 대응했다. 또한 소설을 세계적이고 전체적인 지식에 도달하는 여러 경로 가운데 하나로 여겼으며, 교양의 함양에 도움이 되는 읽을거리로 위상을 전위시켰다. 물론 초기 육당이 구상한 교양은 「레미제라블」이나 톨스토이 번역에서 확인할 수 있듯이 근대문명과 국가제도에 부합하는 것이어야 했다. 그 과정에서 획득한 세계문학의 감각은 조선의 고전을 고민하게 되는 계기 가운데 하나였다. 세계성의 지평에서 발견되는 민족문화의 지역성은, 1910년대 이해조의 고전개작과 대척점에 있는 신문관의 번역소설과 고소설 발간사업을 통해 구체화된다.

제3장
수사학과 영문학, 소설의 심미성

1. 정육(情育)에 이르는 길 – 교과과정 외부에 위치한 문학

1 이광수가 일진회 파견 유학생으로 떠난 것은 1905년, 14세 되던 해였다. 동해의숙(東海義塾)에서 일본어·영어·역사 등을 배우고 4개월 정도 준비하여 1906년 3월 대성중학교(大成中學教) 1학년에 입학한다. 홍명희(1888, 당시 19세)도 이 학교 동급생이었다.[1] 이광수의 회고에 따르면 옥진관이라는 하숙에 묶고 있다가 하루는 근처 목욕탕에 갔는데 이마에 허연 망건자국이 있는 청년을 보고 조선사람 같아 통성명을

1 이광수에 대한 전기적 고찰은 기존의 연구가 상세하여 원본비교를 거쳐 그에 따른다. 김윤식, 앞의 책; 하타노 세츠코, 최주한 역, 『무정을 읽는다』, 소명출판, 2008.

하니 홍명희였다고 한다.[2] 이후부터 4년간 이들의 만남은 끊이지 않았고 강제병합 이후에도 간간이 이어진다.[3] 춘원은 학비 중단으로 1906년 12월 잠시 귀국했다가 1907년 2월 학부의 국비 유학생으로 일종의 예비학교인 백산학사(白山學舍)를 거쳐 1907년 9월 명치학원 보통부 3학년으로 편입한다. 1910년 3월에 5학년으로 졸업하고 오산학교 교사생활을 시작할 때까지 만 3년 반 동안 명치학원에서 유학생활을 했다.

명치학원은 미국 장로교 선교사 제임스 커티스 헵번(James Curtis Hepbern, 1815～1911)이 1895년, 일본에 도착하여 펼친 선교활동에서 출발했다. 최초의 일본 파견 선교사였던 햅번의 아내 클라라 리드는 일본인들의 요청으로 요코하마에 헵번숙(塾)을 열었는데, 츠키지로 옮겨 츠키지대학교[築地大學校]로 개칭했다가 동경일치신학교(東京一致神學校), 영화학교(英和學校) 예비학교 등을 통합하여 1886년 명치학원으로 개편한다. 명치학원은 신학교육에 중심을 두고 기독교교사를 양성하는 것을 교육목적으로 삼았는데, 상당수의 교사가 외국인이었으며 영어로 진행하는 수업이 많았다.

1902년 학제를 보통부(5년)・고등부(3년)・신학부(4년)로 재편하였는데, 보통부를 마치고 반드시 고등부나 신학부로 진학할 의무는 없었다. 보통부가 중학교와 동등한 자격을 얻은 것은 1904년 1월이었고, 이러한 학제는 이광수가 졸업할 때까지 유지되었다.[4] 대표적인 졸업생 가운데 시마자키 도손[島崎藤村]을 꼽을 수 있는 명치학원은 당시 문예

---

2 이광수 외, 「춘원문단생활 20년을 기회로 한 문단회고 좌담회」, 『삼천리』 제6권 11호, 1934.11.

3 이광수, 「그의 자서전」, 『삼천리』 제2호, 1929.9.

4 鷲山弟三郎, 『明治學院五十年史』, 1927; 金井信一郎, 『明治學院百年史』, 明治學院, 1999 참고. 좀 더 상세한 명치학원의 치혁 및 학풍 등에 대해서는 김윤식과 하타노 세츠코의 앞의 책이 소상히 다루고 있다.

의 전통이 강한 학교였다. 무시험으로 입학이 수월했을 뿐만 아니라 저렴한 기숙사비 등의 장점을 구비하고 있었으며, 보통부 전원이 50명 정도에 불과한 작은 규모였다.

이광수가 유학하던 당시 명치학원 보통부의 교과과정에 대한 정확한 기록은 남아있지 않다. 하지만 『명치학원 90년사』[5]의 일부 회고와 김윤식이 확인한 교지 『시로가네학보[百金學報]』[6]에 실려 있는 직원명단 및 담당교과목에 대한 기록에서 그 대강을 살펴볼 수 있다.

표6. 1910년 명치학원 보통부 교과목(재구성)

분류	문과 관련 과목	이과 관련 과목	역사지리 관련 과목	기타
과목	국어, 한문 영어, 회화, 문법 작문, 습작	산술, 대수, 기하, 삼각 물리, 화학 동물, 식물, 광물	지리, 역사 국사, 지문(地文)	윤리, 영어성서 도화(圖畵), 습자 체조

'영어'·'회화'·'국어 및 한문'·'윤리'·'지리'·'역사'를 담당한 교사가 둘 이상이었던 것으로 보아 이 과목들이 여러 학년에 공통으로 개설되었을 것이다. 상기한 과목 외에 1904년 명치학원 보통부를 졸업한 오치아이 다로[落合太郎]가 쓴 회고에 따르면 1910년 이전에는 수신(修身)·서양사·박물(博物) 강의가 있었다고 한다.[7] 이와 같은 교과편성은 당시 꽤 큰 규모를 유지했던 경응의숙(慶応義塾) 보통부의 교과과정과 비교해도 유사하다.[8] 특이하다면 ①'작문'과 '습작' 수업이 있었다는

5 『明治學院九十年史』, 明治學院, 1967.

6 연 3회(약 70~90면) 발간되던 명치학원의 교지로서 학원 전체의 대내외적인 홍보지 성격을 가진다. 총장과 행정담당자들의 글, 내외의 인사이동 고지, 학생들의 문예 동아리 활동, 교사들의 동정 등을 담고 있다고 한다. 여기서는 『百金學報』(제21호, 1910)의 교직원 명단과 관련된 정보를 김윤식 앞의 책 209~210면에서 재인용.

7 『明治學院九十年史』, 明治學院, 1967, 114~116면.

8 『慶応義塾總覽』, 慶応義塾, 1908, 42~48면.

점, ② 외국인 교사가 많은 관계로 영어회화가 정식 수업 가운데 하나였다는 점, ③ 미션스쿨이었기 때문에 채플이 있었다는 점 정도이다.

각 학교의 편람 및 동경제학교일람 등을 참조할 때 특수학교를 제외하고 당시 일본의 보통부(중학부)의 교과과정은 대개 비슷했다. 중학부를 나와야 고등부에 입학할 수 있고 고등부에서 전문부 혹은 대학 본과로 진학하는 것이 일반적이었던 당시의 일본 학제를 생각할 때, 1900년대 후반 이광수가 수업을 통해 체험한 근대 지(知)의 수준이란 장응진이나 최남선과 비교할 때 초보적인 수준이었다. 무엇보다 중등부 교과과정에는 광의든, 협의든 아직 문학이 교과의 하나로 분류되지 않고 있음을 볼 수 있다.

[2] 명치학원 재학시절 이광수는 학교 수업내용으로는 만족할 수 없었다. 이는 이광수가 자신의 심정을 투영하여 '그도 오아시스를 구하는 모양'[9]이라고 기록한 홍명희 역시 마찬가지였다. 홍명희는 일본 유학 이전 서울 중교의숙(中橋義塾) 일문과에서 초보적인 근대학문을 경험했다. 다른 유학생들이 가능하면 전문학교나 대학에 진학하여 속성으로 학업을 마치려 한 데 반해, 홍명희는 기초부터 제대로 시작하려는 마음

1908년 경응의숙 보통부 교과과정을 보면 다음과 같다.

표7. 경응의숙 보통부 교육과정

학년	과목
1학년	수신, 국문, 한문, 영어, 산술, 일본역사, 습자, 도화, 체조
2학년	수신, 국문, 한문, 영어, 산술, 동양사, 외국지리, 식물, 습자, 도화, 체조
3학년	수신, 국문, 한문, 영어, 대수, 기하, 동물, 서양사, 체조
4학년	수신, 국문, 한문, 영어, 대수, 기하, 물리, 화학, 생리, 투영화법, 체조
5학년	수신, 국문, 한문, 서양사, 영어, 기하, 삼각법, 물리, 화학, 지문, 체조

9 이광수, 「일기」, 『이광수전집』 19, 삼중당, 1962, 18면.

으로 대성중학에 입학했다. 대성중학을 선택한 이유는 단지 당시 묵고 있던 하숙집 주인과 학교경영자가 동향관계에 있었기 때문이었다. 그러나 중학과정은 만족스럽지 않았다. 보결 시험을 보는 동안과 입학 후 한 학기까지는 열심히 교과에 전념했으나 이는 곧 시들해진다.

학교 공부로는 새로운 지식에 대한 기갈을 해소할 수 없었다. 외국어와 자연과학에 대한 개인교습을 받던 홍명희가 우연히 도달한 곳은 고서점이었다. 이때부터 집착에 가깝도록 대개 자연주의 문예서류를 중심으로 폭넓은 독서를 시작한다.[10] 이광수는 '벽초가 주는 책을 받아 읽거나 그의 지시를 받고 서점에서 책을 사 열중하여 읽었다'[11]고 회고한다. 명치학원의 교과 수준과 제국 일본의 군국주의가 무의식적로 표출되는 수업에 대해 비판적 거리를 두고 있었던 이광수는, 홍명희와 함께 바이런・러시아 작품들・자연주의 작품들에 빠져든다. 동시에 교과 외의 문예반 활동을 하며 아마추어적이지만 문단의 감각을 익혀간다.[12]

상기한 전기적 사실은 생각보다 중요하다. 문학의 자율적 존재기반에 대한 인식을 기원적으로 보여준다고 평가받는 「금일 아한 청년과 정육」[13]이나 「문학의 가치」[14]와 같은 글에서 이광수가 문학을 왜 교육제도 바깥에 위치시키고 있는지를 이해하는 단서가 되기 때문이다. 1900년대 후반 장응진과 최남선이 각각 제국 일본의 고등교육을 체험하면서 근대의 학지들을 투명하고 자명한 진리로 받아들이고 있었던 반면, 이광수는 자신을 압도할 만한 지식체계를 중학부 교과과정을 통

10 홍명희, 「자서전」, 『삼천리』 제2호, 1929.9.
11 이광수 외, 「춘원문단생활 20년을 기회로 한 문단회고 좌담회」, 『삼천리』 제6권 11호, 1934.11.
12 이광수, 「일기」, 『이광수전집』 19, 삼중당, 1962.
13 이광수, 「금일 아한 청년과 정육」, 『대한흥학보』 제10호, 1910.2.
14 이광수, 「문학의 가치」, 『대한흥학보』 제11호, 1910.3.

해 접할 기회를 얻지 못하는 가운데 학제의 외부에 형성되어 있던 문학(제도)과 접속했다. 또한 홍명희, 명치중학교 동학들과 읽었던 문학 작품들은 과학적 합리성을 표방하는 근대 지식과 교육제도에 대한 문제의식을 심화시키는 계기가 되었다. 즉, 1900년대 후반의 이광수는 문학을 분과학문이 아닌 비판적 지성의 한 영역으로 경험했고, 문학이라는 렌즈를 통해 도구적 합리성을 추구하는 근대 학지 일반에 대해 거리를 둘 수 있었다.

이런 과정을 거쳐 이광수는 당시의 나이와 학력을 감안할 때 도발적인 다음과 같은 비평을 개진한다. ①'오늘날 교육제도를 보면 정에 투자하는 과목이 없다.'[15] ②'학교에서는 다만 지식이나 배울 뿐 그 외는 얻을 수 없다.'[16] ③'대한유학생의 문제 가운데 하나는 학교교육 만능주의니 학교에서 배우는 대로만 행하면 만사가 막힘이 없고 학교에서 배우는 지식이 인류 지식의 총수인 줄 알아 교과서 이외의 서적은 읽을 가치가 없다 하고, 이를 읽는 자는 한가한 자라 타락한 자라 칭하니 이는 협견 편식에서 나온 것이다. (…중략…) 다른 사람의 새롭지 않은 것만 흡수함을 상승으로 삼고 스스로 나아가 사색하여 연구하는 심력이 결핍하여 다만 모방만 하고자 하니 이는 자아를 몰각하고 자기를 하나의 기계로 되게 하는 것이다.'[17] 그 결과 '우리 주변에는 우리를 계도할 부모와 스승이 거의 없음'[18]을 탄식하고, 스스로 '자각한 인생'[19]이라고 선언할 수 있었다. 생각을 바꾸어 이 시절 자신이 미숙했고 '심리, 논리, 윤리, 철학과 같은 규범과학을 연구함이 학문연구의 초보'라는

15 이광수, 「금일 아한 청년과 정육」, 『대한흥학보』 10호, 1910.2.
16 이광수, 「문학의 가치」, 『대한흥학보』 제11호, 1910, 3.
17 이광수, 「일본에 재혼 아한유학생을 논홈」, 『대한흥학보』 제12호, 1910.4.
18 이광수, 「금일아한청년의 경우」, 『소년』 3년 6권, 1910.6.
19 이광수, 「여의 자각한 인생」, 『소년』 3년 8권, 1910.8.

결론을 얻게 된 때는, 1915년 오산학교의 교사생활을 정리하며 와세다로 두 번째 유학을 결심할 즈음이다.[20]

③ 한 달 간격으로 발표된 「금일 아한 청년과 정육」과 「문학의 가치」는 서로를 비추면서 온전한 의미를 형성한다.[21] 「금일 아한 청년과 정육」이 인간 본연에 잠재해 있으나 현금의 교육제도에 결여되어 있는 '정육'의 가치를 부각시킨다면, 「문학의 가치」는 모호하고 추상적인 '정'을 탐구하고 구현할 문학의 의미를 다룸으로써 다시 정육의 가치를 강조하기 때문이다. 「금일 아한 청년과 정육」은 교육학의 지덕체론(智德體)에 문제를 제기하면서 정육의 필요성을 정당화한다.

이광수가 말하듯이 교육학의 근본목표가 지덕체의 함양이라는 것은 국내외에서 이미 일반적으로 통용되던 상식에 속했는데, 이는 교육학·심리학·윤리학을 전문 이상의 과정에서 공통이수과목으로 편성했던 근대 초기 학제의 특성에 기인한다. 교육학을 수용한 여러 글들은 대개 지덕체에 관한 논의로부터 출발한다. 특히 중국을 번역의 통로로 삼던 개신유학자들은 주로 양계초에 의해 전유된 형태의 지덕체론을 접했고, 문약(文弱)에 대비해 상무(尙武)를 강조하는 맥락에서 지덕체의 중요성을 반복하여 강조한 바 있다.[22]

당시 유학생들이 번역한 교육학 담론에서 지덕체론과 지정의(知情

20 이광수, 「김경」, 『전집』 1권, 삼중당, 1962.

21 1900년대 후반 이광수에게 문학이란 무엇이었는가의 문제는 최남선과 마찬가지로 그가 만난 다양한 사람들, 섭렵한 다양한 서적들만큼 중층적인 맥락이 얽혀 있다. 여기서는 앞선 논의가 그랬던 것처럼 이광수의 이론적 언술 속에서 '문학'의 용법에 대한 질문으로 한정한다.

22 지덕체론의 추이에 관해서는 권보드래의 『한국 근대소설의 기원』(소명출판, 2000)이 상세하게 정리하고 있다. 중국에서 교육학담론과 근대 초기문학의 상관성에 대해서는 차태근, 「근대 지식, 교육과 문학」, 『중국현대문학』 제42집, 2007 참고.

意)론은 서로 대립하는 것이 아니라 상보적인 관계이다. 교육학은 일종의 혼합과학(混合科學)이어서 윤리학과 사회학으로 교육목적을 삼고, 심리학과 생리학으로 교육방법을 삼아야 비로소 완전해지는 것으로 이해했기 때문이다.[23] 잘 알려져 있듯이 지정의론은 심리학의 인간정신에 대한 분류법으로 출발했고, 인간 정신을 대상화하는 과학 일반에 이론적 기반을 제공했다. 장응진이 '양심은 심(心)의 일방면이고, 심(心)에는 지정의 세 작용이 있는 것과 같이 양심에도 지정의 세 작용이 있다'고 말할 때, 윤리학과 심리학이 교섭하는 모습 또한 볼 수 있다. 교육학은 심리학의 보조를 받는 가운데 지정의론을 수용했으며, 교육학에서도 정육의 문제가 고려되고 있었던 것이다.

교육학에 관한 글 가운데 정육의 문제를 다룬 경우는 일본유학생들이 역술한 글에서 찾아볼 수 있다. 류근이 역술한 「교육학원리」가 가장 상세하며, 김수철이 역술한 「가정교육법」은 아동심리학에 기초하여 정신교육을 지육・덕육・정육으로 나눈다.[24] 문제는 정육을 선택하는 자와 배제하는 자, 다시 말해 근대 지식에 대한 주체의 전유화 전략에 있었다. 이광수가 교육학에서 정육에 관한 논의와 교수방법을 다루고 있다는 사실을 알면서도 「금일아한청년과 정육」을 썼는지는 확인할 수 없다. '정육'을 다룬 교육학 담론은 중학부 수준을 넘어선 것이기는 했으나, 유학생 학회지에 더러 나오던 정육론을 이광수가 접하지 못했다고 보기도 어렵다. 주목할 점은 이광수가 '지(知)'를 대표하는 이성과 과학 중심의 교육시스템에 문제를 제기하기 위해 정육을 부각시

23 류근, 앞의 글.

24 김수철 역술, 「가정교육법」, 『태극학보』 23호, 1908.7. 이 외에도 「학문의 목적」은 교육에서 지육(智育)・정육(情育)・의육(意育)・덕육(德育)을 목적으로 함이 보통임을 명시한다. 연구생의 다른 글들처럼 이 글도 번안에 가깝다. 연구생(硏究生), 「학문의 목적」, 『태극학보』 제17호, 1908.1.

켰다는 사실이다.

이광수는 지덕체론 자체를 부정하지는 않았다. 단 그것이 형식적인 '앎'으로만 존재할 때 발생할 수 있는 '실천'의 문제를 제기한다. 이광수에 따르면 지식과 도덕과 건강의 필요성은 누구나 알고 있다. 하지만 '정적(情的) 관념'이 부족하기 때문에 정작 이를 현실에서 실행하는 사람이 많지 않다. 대한의 경우도 상하귀천을 막론하고 모두가 법과 도덕을 외치지만 명분에 좌우되어 표면적으로 행동하는 자가 많으니, 사회 국가와 법률 도덕이 오히려 사람에게 고통을 주는 원인이 되고 있다. 따라서 '눈먼 이성의 지도'가 없더라도 각 개인의 '의무의 원동력이며 각 활동의 근거'가 되는 '정'에 힘쓸 것을 당부한다.

「문학의 가치」를 교차하는 지식의 맥락은 다양하다.[25] 협의의 문학에 대한 지식뿐만 아니라 지리학이나 서양사의 흔적도 보인다. 서양은 기후가 고르고 토지가 비옥하여 지(智)나 의(意)뿐만 아니라 정(情)을 중요하게 여기게 되었지만 동양은 그렇지 않다고 하는 대목은, 우치무라 간조[内村鑑三]의 『지리학고(地理學考)』(1894)를 최남선이 번역한 「지리학 연구의 목적」[26] 가운데 '지리학과 미술・문학'을 떠올리게 한다. 또한 이광수는 근대 서양문명의 기원을 르네상스에서 찾으며 결국 문학이 세상을 바꾸어왔음을 지적하고, 이런 내용이 서양사를 읽어본 이들은 다 알 것이라 부언하고 있다. 명치학원은 문학 관련 강좌를 따로 두지는 않았지만 지리와 세계사 수업을 개설하고 있었다. 핵심은 여기에 등장하는 협의의 문학개념, 즉 '문학은 시가, 소설 등 정의 분자를 포함

---

25 「문학의 가치」에 나타나는 세 가지 정의 양상에 대해 「문학이란 하오」와 연관하여 분석한 연구로는 김재영, 「이광수 초기문학론의 구조와 와세다 미사학」, 『한국문학연구』 제35집, 동국대 한국문학연구소, 2008.

26 「지리학 연구의 목적」, 『소년』 2년 10호, 1909.11

한 문장'이라는 규정이다. 바로 이 연결고리 덕분에 인류에게 '정'이 존재하는 한 문학의 가치 또한 보장되며, '정'의 특권화가 '문학'의 특권화로 치환될 수 있기 때문이다.

4 「문학의 가치」에서 '정'은 인간이 본원적으로 가지고 있는 '감정', 문학 텍스트에 등장하는 인물의 '심리', 인간을 움직이는 힘의 원천으로서의 '열정' 등 다층적인 의미를 가진다고 해석할 수 있다.[27] 나아가 초기 작품 및 1910년대의 이광수를 고려하면 '정'이 닿는 지점은 더욱 복잡하게 확장된다.[28] 강제병합 이전의 이광수에게 '정'은 다양한 분기의 가능성을 갖추고 있었다. 그런데 「문학의 가치」에서 '정'은 여러 가지로 해석될 수 있을지언정, 텍스트 안에서 명확히 규정되고 있지는 않다. 또한 일본에서 통용되던 지정의론, 혹은 그에 바탕한 쓰보우치 쇼요의 문장 분류와도 차이가 있다.

지정의론에서 지·정·의는 어느 한 쪽이 높거나 다른 쪽을 통제하는 관계가 아니며, 서로 균형을 이루는 것이 가장 선미(善美)한 상태이다. 하지만 이광수가 수행하고 있는 정의 특권화는 이성과 과학 쪽으로 휘어진 막대를 바로 펴는 것 이상이다. 이광수가 체험한 교육제도 속에서 정육이 이루어지지 않고 있던 현실을 감안하더라도, '사람은 실로 정적 동물'이라든지 '오호라 정의 위엄이여 정의 힘이여. 인류의 최상권력을 쥐었도다'는 식의 서술은 지정의론 원래의 의미를 훼손할

27 하타노 세츠코, 하타노 세츠코[波田野節子], 『무정을 읽는다』, 소명출판, 2008, 134~136면.

28 1910년대까지 포괄하여 이광수의 글에서 '정'으로부터 파생되는, 혹은 '정'으로 귀착되는 문제적인 맥락들을 제시한다면 다음과 같다. ① 기타무라 도코쿠[北村透谷]와 시마자키 도손[島崎藤村]의 낭만적 문학관과 연관되는 '내적 인간' 혹은 '속사람', ② 타카야마 쵸규[高山樗牛]와 관련지어 생각해 볼 수 있는 '본능'과 '욕구', ③ 'sympathy'가 유교적 언어로 번역된 '人道의 가장 아름다운 行爲'로서의 '同情', ④ 동양적인 전근대와 서구적 근대에 대한 표상으로서의 무정과 유정.

수 있는 주장이다.

뿐만 아니라 심리학의 지정의론을 바탕으로 문장의 종류를 분류하여 '협의의 문학'의 범주를 설정하려고 한 쓰보우치 쇼요의 논의와도 거리가 있다. 쓰보우치 쇼요에 의하면 문장은 지정의의 구분에 따라 지의 문, 정의 문, 의의 문으로 나뉜다. 제1종은 학리(學理)의 문이요, 제2종은 정취(情趣)의 문이요, 제3종은 유설(誘說)의 문'이라는 문장 분류를 통해 쓰보우치 쇼요가 도달하고자 했던 것은 각 문장들의 차이에 대한 설명, 즉 그 차이를 통해 미문(美文)의 성격을 설명하는 데 있었지 '정의 문'을 특권화하려 했던 것은 아니다.[29] 이광수가 지정의론에 바탕해서 문학의 특성을 규정하고 있다는 점은 분명하다. 그러나 '정'을 특권화한다는 점에서 쓰보우치 쇼요의 지정의론과 일정한 간극이 있다.[30]

「문학의 가치」를 쓸 시점에 일본에서는 쓰보우치 식의 문장분류법이 중학의 수사학이나 문장학 교재에도 적용될 정도로 일반화되고 있었다. 예를 들어 명치중학회에서 간행한 중학교 교재 『미사학강의』[31]

29 坪內逍遙, 「飜譯すべき外國文學」, 『文學其の斥斥』, 春陽堂, 1896, 29~30면. 일기나 회고에는 이광수가 쓰보우치 쇼요를 읽었다는 기록이 없지만 접했을 가능성은 있다. 홍명희는 쓰보우치 쇼요의 책 『文學其の斥斥』을 부분 번역하여 「서적에 대하여 고인의 찬미한 말」(『소년』 제3년 3권, 1909.3)을 게재한 바가 있다. 앞서 언급했듯이 명치학원 시절 이광수는 주로 홍명희를 통해 문학작품과 관련서적을 탐독했고, 같은 시기에 『소년』의 주요 필진으로 활약하기 시작했으니 쓰보우치 쇼요의 문학론을 접했을 가능성도 배제할 수 없다. 중요한 것은 '무엇을 읽었는가?'가 아니라 '어떻게 읽었는가?'라는 수용방식의 문제일 것이다.

30 이에 관해서 정병호는 다음과 같이 판단하고 있다. "이광수의 문학론에서 적어도 '지, 정, 의'라는 틀, 그리고 문학은 인간 심리 중 '정'의 작용으로 '미'를 추구한다는 개념만은 많은 선행연구에서 지적하고 있듯이 쓰보우치 쇼요의 『소설신수』나 나쓰메 소세키의 『문학론』, 아니면 자연주의 사상가들의 평론 등 거대작품의 영향을 통해 이루어진 것이 아니다. 그것은 일본 문단에 있어서 심리학적 개념에서 수사학으로, 다시 문학론으로 횡단하는 일련의 과정을 통해 일반화, 상식화된 논리로, 한국의 젊은 유학생들은 그러한 문학환경과 접촉함으로써 얻게 된 개념인 것이다." 정병호, 「한일 근대문예론에 있어서 정(情)의 위치」, 『아세아문화연구』 8집, 경원대 아시아문화연구소, 2004, 282~283면.

31 明治中學會, 『言文一致 美辭學講義』, 1911, 41~43면.

에서는 '사상의 특질은 지와 정 두 가지로 대별되는 바, 지의 문은 실용문이요, 정의 문은 미문이다'는 식의 규정을 사용하고 있고, 『문장학강의』[32]에서는 '문장을 분류하는 것은 심리학 상 마음을 지정의 세 가지로 나누는 것과 같으니 지의 문, 정의 문, 의의 문으로 그 목적은 진선미에 있다'고 서술하고 있다. 쓰보우치 쇼요와 시마무라 호케츠[島村抱月]가 중심이 되어 구축한 와세다의 미사학(美辭學)은 1900년대 후반 일본에서 중등부의 수사학 교재에 응용될 정도로 대중적이었다.[33]

상술한 사실들을 감안할 때 '문학은 정의 분자를 포함한 문장'이라는 규정은 쓰보우치 쇼요나 시마무라 호케츠의 글에 직접 기대고 있다기보다 당시 일본에서 일반화되어 있던 수사학의 논의를 따른 것으로 보인다. 동시에 춘원은 다양한 독서와 습작을 거치며 '정'에 대한 생각을 심화시켰던 것이다. 1900년대 말 이광수는 과학적이고 이성적인 학지를 추구하는 교육제도 밖에서 문학이라는 오아시스를 만났고, 이때 문학은 시와 소설을 하위 장르로 삼는 미문학(美文學)인 '협의의 문학'이었다. 그리고 문학이 기능적 지식에 대해 반성적인 기능을 수행한다는 의미를 부여했다. 진선미(眞善美)라는 가치와 연결되는 지정의론의 맥락에서 정육을 강조하고, 도구화된 이성과 학문에 대해 비판적 거리감을 확보하려는 지점에서 문학의 가치에 주목하는 순간, 문학은 심미성을 지향한다. 소설 또한 문학의 지평에서 인생의 진실을 포착하는 심미적 서사양식으로서 새로운 위상을 획득한다.

---

32 明治中學會, 『言文一致 文章學講義』, 1911, 95~97면.

33 와세다 미사학의 전통에 대해서는 다음의 연구를 참고할 수 있다. 김재영, 「이광수 초기문학론의 구조와 와세다 미사학(美辭學)」, 『한국문학연구』 35집, 동국대, 한국문학연구소, 2008.

2. 정과 사랑, 소설의 심미성

1 초기 이광수의 작품을 관통하는 코드는 정이다. 그런데 앞서 언급했듯이 '정'에 내포된 의미는 단순하지 않으며, 정을 둘러싼 문맥의 다층성은 독서체험과 연관되어 있었다. 춘원은 일본 작가로 토쿠토미 로카[德富蘆花]・쿠니키타 돗포[國木田獨步]・시마자키 토손[島崎藤村]・기노시타 나오에[木下尙江]・나츠메 소세키[夏目漱石], 서양 작가로 톨스토이・고리키・모파상・투르게네프・워즈워드・바이런・밀턴・입센 등을 중학시절에 읽었다고 회고한 바 있다.[34] 이러한 작가들을 읽고 토론하며 다시 작품 쓰는 과정을 거치면서, '정'은 사랑으로 포착되고 동정(同情)으로 확산된다.

이광수가 소설을 처음 발표하던 명치 후반 일본문학계는 '자연파와 반자연파(耽美派 혹은 白樺波)의 병립과 공존 상태'[35]에 있었다. 중학 시절 이광수의 독서는 자연주의 작품을 먼저 섭렵하고 낭만주의 문학을 접하는 등 체계적이지 않았다. 홍명희의 표현을 빌자면 하나의 텍스트로부터 출발하여 그 책의 광고를 읽고 '그것이 새끼 쳐서 소경 파밭매기로 읽어나간'[36] 것이었다. 이광수는 분과학문으로서의 문학을 학습하지는 않았지만 다양한 작품과 문학관을 접하면서 독자적으로 문학과 소설에 대한 상을 형성해갔다.

이광수의 소설에서 '정'은 쓰보우치 쇼요의 인정(人情)이나 심리학의

---

34 하타노 세츠코, 앞의 책, 153~154면 참고. 이광수가 중학시절 읽은 책의 목록을 작성한 기초자료는 「김경」, 「일기」, 「다난한 반생의 도정」, 「그의 자서전」, 「나」, 「나의 고백」이다.

35 나카무라 미쓰오, 앞의 책, 233면.

36 「홍벽파・현기당 대담」, 임형택・강영주 편, 『벽초 홍명희 『임꺽정』의 재조명』, 사계절, 1988, 262면.

지평을 넘어서는 의미를 갖는다.[37] 이광수의 첫 소설 「사랑인가(愛か)」[38]는 정신적인 사랑, 신성한 연애를 다룬다. 주인공 분키치[文吉]는 어려운 환경에서 자란 소년으로 타인의 애정을 갈망하는 중학생이다. 분키치는 미사오[操]라는 소년을 사랑하지만 미사오의 마음을 확인할 수 없어 번민하는 나날을 보낸다. 여름방학이 되어 귀국하기 전날 밤 분키치는 미사오의 방을 방문한다. 하지만 방에 있으면서도 자신의 부름에 답하지 않았다고 생각한 분키치는 심한 좌절과 분노를 느끼고 철도 레일 위에 누워 죽음을 기다린다. 「사랑인가」에서 분키치의 정신성은 자신의 존재 가치에 대해 끊임없이 회의(懷疑)하는 주체의 심리, 사랑의 도정에서 일어나는 갖가지 감정으로 표상된다. 그리고 사랑은 '정'의 구체적인 실현이자 신앙이 존재하지 않는 개인의 정신적 결핍을 보완해줄 것으로써 희구된다. 뿐만 아니라 사랑은 '생(生)'까지 포기하게 하는 낭만적 열정을 동반한다.

1900년대 조선의 소설을 상기할 때 너무나 낯선 분키치의 사랑을 이해하기 위해서는 정육과 문학의 가치에 대한 글과 더불어 명치학원 시

---

37 쓰보우치 쇼요는 다층적인 성격을 갖던 일본의 허구적 산문 일반을 소설의 범주로 묶고, '패사(稗史)로서의 소설'과 '진짜 소설(眞の小說 = novel)' 사이의 관계를 진화론적 발전 단계로 접합했다. '패사를 점차 수정 개량하여 서양소설을 능가하는 완전무결한 것으로 만들어 국가의 꽃으로 칭송할 수 있는 일대 미술로 만드는 것'이 그의 목표였다. 이때 가장 진보된 문예인 '진짜 소설'로 나아가기 위한 방법을 '인정(人情)의 모사(模寫)'에서 찾았다. 인정은 '인간의 정욕(情慾)으로서 이른바 백팔번뇌'로, 소설의 주안점은 인정이 첫째고 다음이 세태풍속이다. 문화가 발달해 인지의 단계가 진보하면 인정도 복잡하게 변하기 때문에 진짜 소설만이 고상한 감정을 모사할 수 있고 진보한 인정을 독자에게 계발시킬 수 있다는 것이 쇼요의 생각이었다. 한국이나 중국뿐만 아니라 일본에서도 소설의 특성은 '인정'를 재현 · 감발한다는 데 있는 것으로 이해되었고, 쇼요는 성정론(性情論)의 칠정(七情)과도 닿아 있는 '인정'의 문제를 심리학 및 미술과 관련지어 재배치함으로써 소설의 근대화를 꾀했다. 쓰보우치 쇼요, 정병호 역, 『소설신수』, 고려대 출판부, 2007, 102면.

38 이보경, 「愛か」, 『白金學報』 19호, 1909.12. 이하 「사랑인가」로 표기. 여기서는 다음의 텍스트를 원본으로 삼았다. 김윤식 역, 「사랑인가」, 『문학사상』, 1981, 2; 사에쿠사 도시카쓰, 『이광수 작품선』, 이룸, 2003.

절 독서목록의 행간을 읽을 필요가 있다. 일본 낭만주의 문학은 기타무라 도코쿠[北村透谷]로부터 시작되었다고 볼 수 있다. 이광수가 1909년 읽었다고 회고한 시마자키 토손의 장편 『봄(春)』은 작가의 청춘시절과 친구 기타무라 도코쿠를 회고하는 자전적 소설이다. 기타무라 도코쿠는, 『소년』에서 처음 소개하기 시작하여 『학지광』에 이르러서는 빈번하게 등장하는 낭만주의 사상가 에머슨(Ralph Waldo Emerson)을 적극적으로 수용한 대표적 인물이기도 하다.[39]

기타무라는 시마자키 토손 등과 함께 『문학계(文學界)』(1893)를 창간하면서 문학의 역할이 '내부의 생명'을 이야기하는 것이라는 모토를 내걸었다. 에머슨의 대령(大靈) 개념을 변용한 '내부의 생명'은 '소우주로서의 인간정신' 그 자체를 의미하며, 우주의 정신과 조응한다. 문학은 인성(人性)과 인정(人情)의 다양한 현시를 살피고 우주정신에 다다름으로써 불가시의 '내부 생명'을 전하는 데 그 사명이 있다는 것이 기타무라 도코쿠의 생각이었다. 에머슨의 '대령'이나 도코쿠의 '내부의 생명'은 모두 일신론인 기독교를 벗어나는 지점에서 형성된 관념들로, 장편 「무정」에서 서사의 비약을 가져오는 '속사람'과 유사하다.

기타무라는 정신의 자유와 진정한 자기실현을 위한 열쇠로 '신성한 연애'를 내세웠다. 인간을 둘러싼 세계는 이상적이고 천진한 '상세계(想世界)'와 속세를 의미하는 '실세계(實世界)'로 나뉜다. 이 두 세계의 투쟁은 피할 수 없는데, 실세계와의 싸움에서 패한 자가 최후의 보루로 삼는 것을 '연애'이다. 단지 육욕의 반영일 뿐으로 여겨졌던 연애를 '인

39 「에머슨을 읽음」, 『소년』 3년 2권, 1910.2. 우치무라 간조와 같은 명치기 기독교 지도자들은 성서뿐만 아니라 바이런, 워즈워드, 에머슨과 같은 서양 낭만주의 작가들의 문학도 함께 소개했다. 기타무라 도코쿠가 에머슨의 범신론을 수용하는 방식에 대해서는 허배관, 「기타무라 도코쿠와 에머슨의 사상」, 『일본문화연구』 5집, 동아시아 일본학회, 2001 참고.

생의 열쇠'라고 한 도코쿠의 선언은 충격적인 것이었고 이후 세대에게 큰 영향을 미쳤다.[40] 기타무라 도코쿠로부터 촉발된 흐름은 진정한 자기를 실현하는 궁극적인 수단으로 '연애'와 '예술'을 추구하는 경향으로 이어진다. 또한 다카야마 쵸규[高山樗牛]는 기독교를 개인의 진정한 자유를 달성하기 위해 극복해야 할 제도로 규정하고 인생 본연의 요구(본능)를 만족시키는 것을 '미적 생활'이라고 주장하는 데 이른다. '미적 생활'을 추구하는 활동은 연애와 예술이었다.[41]

이광수는 『문학계』 작가의 글을 읽고 있었다. 이광수의 주요 독서목록에 올라있는 기노시타 나오에는 기타무라 도코쿠로부터 '연애의 순미(純味)'[42]를 배웠다고 회고한 바 있으며, 기타무라의 '신성한 연애'에 관한 논의에 많은 영향을 받았던 인물이다. 그리고 「금일 아한 청년과 정육」에서는 다카야마 쵸규의 「미적생활을 논함(美的生活を論ず)」을 부분적으로 활용하고 있음을 확인할 수 있다.[43] 이광수가 「사랑인가」에서 사랑, 그것도 당대 일본 문단에서조차 드물었던 '소년애'를 처녀작의 소재로 삼은 데에는 단지 사춘기 청년의 감수성이나 명치학원 동급생 야마자키 도시오[山崎俊夫]와의 관계만으로는 설명할 수 없다.

특정 작가와의 영향관계는 비교문학적인 차원에서 중요한 사안이겠으나 여기서 주목하고 싶은 것은 10대 후반 이광수의 독서와 사유를 견인하던 흐름이다. 심리학과 기독교가 장응진에게 정신(심리)을 대상화하는 길을 열어주었다면, 이광수가 탐독한 작가들의 작품과 사상은 인간의

40 北村透谷, 「厭世詩歌と女性」, 『透谷全集第一巻』, 岩波書店, 1950. 허배관, 「기타무라 도코쿠의 연애관 분석」, 『일본문화연구』 9집, 동아시아 일본학회, 2003, 280~281면.

41 스즈키 토미(鈴木登美), 한일문학연구회 역, 『이야기된 자기』, 생각의나무, 2004, 72~82면 참고.

42 이광수, 「김경」, 『이광수전집』, 삼중당, 1962, 540면.

43 하타노 세츠코, 앞의 책, 117~119면.

독립된 정신세계가 우주적 보편에 대응하는 하나의 소우주라는 인식을 제공했다. 이러한 생각을 근거로 정신적 자유를 추구하는 일이 인생의 진리에 근접하는 방법이 되었고, '자아' · '연애' · '문학'이 무엇보다 중요해졌다. 분키치의 사랑은 1900년대를 전후하여 일본 문단에서 '자아'와 '연애', '본능'과 '미(美)'가 부각되던 상황과 중첩되어 있었던 것이다.

10대 후반의 이광수는 '내부 생명', '신성한 연애', '인생 본연의 요구로서의 본능', '미(美)와 예술' 등의 복잡다단한 사안을 '정(情)'으로 묶는다. 이광수에게 정은 자아의 독립과 자유, 인생의 진실에 도달할 수 있는 열쇠이자 문학을 다른 글쓰기와 변별해주는 자질이기도 하다. 「사랑인가」는 이유를 알 수 없는 '본능으로서의 사랑'을 서사화한다. 분키치는 왜 그를 사랑하는지, 왜 그에게 사랑받는지를 끊임없이 자문하면서 자아의 실현을 사랑에서 찾고 기쁨 · 슬픔 · 분노 · 실망과 같은 다양한 감정을 경험한다. '신성한 연애'가 미사오에 의해 외면당했을 때 자살까지 결심하는 분키치의 행위는, 현실에서 있을 법한 일이라기보다 '정'에 관한 이광수의 입장을 상징한다. 그런 점에서 고아의식이나 동성애 등과 관련하여 논의되기도 한 「사랑인가」는, '정'이라는 테마를 의식적으로 다루고자 한 단편소설로 볼 수 있다.[44]

2 한편 '정'의 의미는 '자아', 즉 개인의 정신세계라는 지평에만 국한되지 않는다. 일본 문학계에서 '자아'나 '자기'에 대한 강조가 청일전쟁을 전후한 내셔널리즘의 대두와 긴밀한 관계가 있듯이 이광수의 '정' 또한 공공영역과 관련된 의미망을 형성한다.[45] 이광수에게 정은 '여러

44 「사랑인가」를 고아의식이나 동성애의 측면에서 접근한 연구로는 김윤식, 앞의 책; 이승신, 「이광수 「사랑인가」와 소년애」, 『일본학보』 67집, 한국일본학회, 2006.

45 1900년을 전후하여 '자아'와 '문학'이 특권화될 수 있었던 역사적 배경에 관해서는 스즈

의무의 원동력이며 각 활동의 근거지'이기도 하다. '정'이 이웃, 사회, 국가, 인류의 차원으로 확장될 때 '능히 스스로 움직이고 스스로 나아감으로 자유자존하여 자기 심리를 속이지 않고 도덕 범위 내에 활동하는' 동정(同情)이 된다.

「어린 희생」[46]은 동정의 문제를 다룬 초기 작품이다. 하타노 세츠코는 「어린희생」이 영화를 원작으로 하는 번안 작품일 가능성을 설득력 있게 제시했다.[47] 같은 시기 김낙영이 영화를 보고 게재한 「단심일편(丹心一片)」[48]의 줄거리가 「어린희생」과 동일하다는 사실을 근거로 한 주장이다. 무성영화를 소설화하는 방식이나 영화기법을 소설에 적용하는 방식 또한 흥미롭지만 '정'과 관련하여 보자면 원작의 내용을 변형한 방식에 주목해 볼 수 있다. 김낙영의 글과 비교한다면 이광수의 「어린희생」은 인류애라고도 할 수 있는 동정의 정신을 담고 있다. 김낙영의 글에서 손자를 잃은 선량한 노인은 오로지 복수심에 사로잡혀 살인을 범하게 되는 반면, 「어린희생」의 노인은 러시아 병사의 입장을 이해하고 비극적인 상황이 발생할 수밖에 없었던 운명을 탄식한다.

원작과 「어린희생」의 차이는 기노시타 나오에나 톨스토이의 박애주의와 반전사상이 미친 영향에 기인한다고 볼 수도 있겠으나, 이광수가 일관되게 탐구하던 '정'의 문제를 '동정'의 차원에서 풀어가는 가운데 발생했다고 생각된다. 즉 '나의 몸과 마음을 그 사람의 처지와 경우에 주어 그 사람의 심사와 행위를 생각해주는 인도(人道)의 기초, 인도의 가장 아름다운 행위'[49]로서의 동정이 원작에 변화를 줄 정도로 중요

키 토미, 앞의 책 참고.

46 孤舟, 「어린희생」, 『소년』 3년 2~5권, 1910.2~5.

47 하타노 세츠코, 앞의 책, 107~113면.

48 김낙영, 「단심일편」, 『대한흥학보』 9호, 1910.1.

49 이광수, 「동정」, 『청춘』 3호, 1914.12, 57면.

한 테마가 되고 있음을 확인할 수 있다. 이광수에게 개인과 개인 혹은 개인과 공동체는 '동정'으로 연결되는 바, 김현주의 지적처럼 '감정의 윤리적 측면인 동정은 개인의 자유로운 행위를 정향하는 원칙으로 존재하는 동시에 공동체의 결합과 연대의 기초'가 되기도 하는 것이다.[50] '인(仁)'과 'sympathy'의 결합처럼 보이는 '동정'은 자아의 내부로부터 발동하여 사회와 국가, 인류에 대한 사랑으로 확장된다.

일국(一國) 문명의 동력이 될 정(동정)은 심법(心法)의 일종으로 '지덕체'의 원천이 된다는 점에서 더 근본적이다. 따라서 '정적 관념의 깊고 얕음과 후박 여하'는 정신과 문명의 단계를 가늠하는 저울이다.[51] 단편 「무정」[52]은 정이 없는 전근대적인 결혼제도의 폐해를 다룬다. 춘원에게 결혼은 고독을 싫어하는 인간이 진정한 동무를 만나 이루는 관계이다. 동무의 조건은 정다운 자, 사랑스러운 자로서 이 조건을 충족시키는 사람을 만난다면 세상은 미(美)와 애(愛) 아님이 없으니 제왕과 부귀조차 부럽지 않다.[53] 그런데 단편 「무정」의 주인공 한명준의 부인은 조혼을 하여 정이 없는 부부생활을 한다. 7년 만에 동침하여 임신을 하지만 점쟁이가 딸이라고 하는 말을 듣고 실망하던 차에 한명준이 첩까지 얻자 부인은 자살을 결심한다. 실제 이런 부인들이 무수히 존재하는 곳이 조선이며, 무정한 조선은 정신과 문명의 단계가 결코 높을 수 없

---

50 김현주, 「1910년대 '개인' '민족'의 구성과 감정의 정치학」, 『현대문학의 연구』 22호, 한국문학연구학회, 2004, 263~264면. 김현주는 '동정'과 도덕감정으로서의 'sympathy'의 상동성에 대해 다음과 같이 서술한다. "「무정」에서 동정은 지금 우리가 사용하는 연민이나 자애 같은 협소하고 일방적이고 시혜적인 의미에 머물지 않고 상대방의 행위와 그 동기인 감정에 대한 도덕적 판단과 시인의 능력 혹은 그러한 능력의 원천을 가리키는 'sympathy' 개념으로 심화된다." 같은 글, 274면.

51 이광수, 「금일 아한 청년과 정육」, 『대한흥학보』 10호, 1910.2.

52 孤舟, 「무정」, 『대한흥학보』 12호, 1910.4.

53 위의 글, 42면.

다. 단편 「무정」을 통해 이광수가 대비하고 있는 '유정－무정'은 그래서 '근대－전근대', '문명－야만'을 표상한다.

이론적 언설을 작품과 연관하여 살펴본다면 이광수가 왜 소설에서 정의 문제에 집착했는지 이해할 수 있다. 이광수에게 정은 '속사람'에 도달할 수 있는 통로이자 자아의 정신적 자율성을 바탕으로 공동체와 개인을 연결하는 매개이다. 또한 도덕적 행위의 원천으로 정신과 문명의 발달 정도를 보여주는 지표이다. 문학은 정의 발현, 재현, 만족을 추구하기 때문에 '인생과 우주의 진리를 열어 알리며 인생의 행로를 연구하며 인생의 정적(情的), 즉 심리상(心理上) 상태 및 변화를 공공이 연구'할 수 있다. 그래서 '사상과 이상을 지배하는 주권자가 되며, 인생문제 해결의 담임자'에 오르는 것이다. 이에 따라 당연히 '문학의 일부분'인 소설도 문학과 동등한 가치를 갖는다.[54] 소설은 정의 발현・재현・만족을 추구함으로써 심미적 가치를 획득하며, 소설의 위상은 문학 그 자체를 탐구의 대상으로 삼는 학지로서의 언술체계인 문학지(文學知) 속에서 설명된다.

3. 와세다대학의 영문학과 문학지(文學知)의 번역

[1] 「문학의 가치」와 「문학이란 하오」[55]는 유사성도 있지만 큰 간극 또한 존재한다. 우선 학제와의 관계에서 문학의 위치와 의미를 포착하

54 이광수, 「문학의 가치」, 『대한흥학보』 11호, 1910.3.
55 이광수, 「문학이란 何오」, 『매일신보』, 1916.11.10~23.

는 방식이 다르다는 점을 지적할 수 있다. 앞서 언급했듯이 「문학의 가치」는 문학을 학제 바깥에 위치시킨다. 이에 반해 「문학이란 하오」를 포함한 이후의 글에서는 문학을 학제 내부에 존재하는 것으로 기술한다.[56] 또한 여타의 과학과 문학이 대치하기만 하는 것이 아니라 문학 내부에도 어떠한 사물의 구조, 성질, 기원, 발전을 탐구하는 문학연구의 영역이 있음을 밝힌다. 「문학의 가치」에서는 문학을 단순히 리터러처(literature)의 역어로 시가·소설 등 정의 분자를 포함한 문장으로 기술했다. 하지만 「문학이란 하오」를 기점으로 이광수는 문학의 복합성을 시사하며 학지로서의 문학, 즉 문학개론과 문학사를 중심으로 삼는 문학지(文學知)를 분리시킨다. 그럼으로써 「문학의 가치」와 「금일 아한 청년과 정육」에 나타났던 급진적 기획은 소거되었다고 할 수 있다. 심미성의 추구가 근대 학지 일반이 가진 도구성과 합리성을 비판하는 기반을 제공할 수 있다는 기대는 「문학이란 하오」 이후 오히려 학지의 체계를 익혀야 한다는 강박으로 전도되기 때문이다.

다음으로 글을 쓴 목적, 텍스트 구성의 차이를 지적할 수 있다. 「문학의 가치」는 문학의 의미를 정당화하기 위해서 쓴 글이다. 문(文)과 문학의 구별이 부재하던 1900년대에 문학과 정육의 중요성을 조선 사람들에게 알리는 것이 취지였다. 애국계몽운동의 마지막 열정이 분출되는 가운데 조선의 청년들이 실용적 지식을 추구하는 경향에 반하여 문학의 가치를 부각시키는 것이 「문학의 가치」를 쓴 목적이었다. 그런데 「문학이란 하오」를 연재한 데에는 불평등할 수밖에 없는 '식민지－제국 체제'의 교육현실에 대한 문제의식이 이면에 깔려있다.

---

56 「문학이란 하오」에서는 다소 혼란스러운 모습을 보여주지만 와세다를 마친 이후에 쓴 글은 명확하게 그러한 성격을 갖는다. 「문사와 수양」(1921), 「문학에 뜻을 두는 이에게」(1922), 「문학강화」(1924) 등.

불평등한 식민지 교육에 대한 비판은 최근 하타노 세츠코가 발굴한 이광수의 글 「조선인 교육에 대한 연구」[57]에 잘 드러난다. 이 글에서 춘원은 '식민지－제국 체제'의 가장 큰 문제가 교육의 불평등에 있다고 본다. 여기서 춘원은 '주인과 노예의 변증법'에 근사한 논리를 구사한다. '문명은 노예로 하여금 영원히 노예가 되는 것을 감수케 하지 않을 것'이므로 조선인들의 의심과 원망을 잠재우고 진정한 동화(同化)를 실현하기 위해서라도 '문화 향상의 유일한 길'인 교육을 동등하게 실시하기를 요구한다. 『매일신보』에 연재한 「동경잡신」, 「농촌계발」 등과 함께 읽을 때, 춘원은 「문학이란 하오」를 통해 고등교육의 영역인 '문학'에 대한 대중적 이해를 도우려는 취지가 있었다고 판단된다.[58]

이러한 목적에 따라 글의 구성에도 큰 차이가 나타난다. 「문학의 가치」는 ① 용어의 유래 ② 정의 만족과 관련된 문학의 가치 ③ 서양사를 통해 본 문학의 힘을 짧고 간략하게 기술한다. 하지만 「문학이란 하오」는 온전한 문학개론의 체제를 취하고 있는 소논문이다. 시대에 따른 용어의 차이, 문학의 개념・특성・내용・종류・효용, 문학과 도덕성 및 민족성, 문학의 종류, 신문학의 언어, 문학사(조선문학) 등 문학지가 다루는 요소들을 두루 포괄하고 있다. 장별 서술 분량은 많지 않지만 그만하면 '문학'이라는 용어 자체가 생소한 신문독자를 대상으로 한 개론으로서는 적절한 체제를 갖추었다. 「문학이란 하오」를 「무정」에 한 달 정도 앞서 연재했으니 독자들의 입장에서는 근대의 문학지에 관

---

57 孤舟生, 「朝鮮人教育に對する要求」, 『洪水以後』 8號, 1916.3, 재수록 : 하타노 세츠코, 『일본 유학생 작가 연구』, 소명출판, 2011, 171~177면.

58 2차 유학시절 이광수의 사상적 궤적이 체제 순응적 타협이 아니라 조선의 문명화에 제국의 식민지배 정책을 역할용하고자 했던 전략적 타협의 산물이라는 시각에 대해서는 다음의 글을 참고할 수 있다. 최주한, 「제국의 근대와 식민지, 그리고 이광수」, 『어문연구』 제36권 제4호, 한국어문교육연구회, 2008.

한 이해를 먼저 얻은 후 「무정」을 접한 셈이다.

변화의 계기는 분명해 보인다. 「문학의 가치」와 「문학이란 하오」 사이에 상술한 차이가 나타난 데에는 와세다 대학부의 학제를 경험하고 고등 지식의 편제와 내용을 학습한 것이 주요했다. 명치중학 보통부에 진학할 때에는 문학이 교과의 일부라는 사실을 체득하기 어려웠다. 「문학의 가치」에 바탕이 된 것은 당시의 독서체험, 서양사와 작문수업, 문예반 활동 및 유학생(홍명희, 최남선)들과의 교우관계였다. 문학을 학지의 하나로 인식하고 소개하게 된 직접적인 계기가 2차 유학체험에 있다면, 와세다대학의 문학지 편제를 확인할 필요가 있다.

2 1910년, 스스로 '자각한 인생'[59]이라 외치며 조선으로 돌아갔던 이광수는 왜 포기했던 대학 진학을 위해 다시 일본으로 갔던가? 자전적 기록인 「김경」[60]은 당시 심경의 변화를 가장 잘 보여주는 자료이다. 이광수는 오산학교 생활에 만족할 수가 없었다. 대학은 다닐 필요도 없고 독학이 최고라고 여겼던 이광수는 스스로 '의의(意義)있고 자각 있는 생활'을 하리라 결심했다. 하지만 싱거운 어학, 수학 교사로 귀중한 시간과 노력을 허비하는 것이 괴로워 주말이면 각지로 떠났고, 조선 안에서는 '별 시원한 데'가 없어 매번 오산으로 '기어들고 하였다'.

오산(벗어나기 위해 떠났다가 다시 돌아온 조선 각지)은 '욕망의 대상이 되기에는 너무 작고 무의미'했다. 일생을 바쳐도 후회 없는 사업을 이루겠다는 성공욕(成功慾)을 채워주지도 못하며, 차후에 성공할 실력을 키워주지도 못한다는 것이 당시 춘원의 생각이었다. 그래서 떠날 때마다 계획을 세우고 돌아오면 다시 계획을 세우다가 한번은 영남지방에 다

---

59 이광수, 「여의 자각한 인생」, 『소년』 제3년 제8호, 1910.8.
60 이광수, 「김경」, 『전집』 1권, 삼중당, 1962.

녀온 이후 '난독(亂讀)을 하지 않고 규범과학을 읽으리라'는 결심을 한다.[61] 그 이유와 생각의 전환이 흥미롭다.

> 벨그손의 철학을 외우다가 이해하지 못할 학리(學理)와 술어(術語) 많음을 보고, 비로소 규범과학을 연구함이 연학(硏學)의 초보임을 깨달아 심리, 논리, 윤리, 철학, 수학 등을 연구하려 함이니, 그의 일기를 보건데 — 〈나는 「벨그손의 철학」이라는 책을 한 사십 번 읽었다 — 한 마디도 모르겠다. 나는 여태껏 무엇을 배웠는고 하였다. 옳다, 여태껏 보았다는 서적 뜻도 십 분지 일도 모르고 지냈구나. 과연 「파우스트」니 하는 대걸작도 어찌해서 재미가 없는고 하였더니, 그럴 것이로다. 볼 줄을 모르니, 무슨 재미가 나리오. 나는 배우지를 못하였다. 혹은 독서를 하였다는 것도 다 엽등(躐等)이로다. 우선 지식의 기초되는 과학으로부터 들어가자〉[62]

유학을 떠나기 전의 심경에 대한 고백이다. 19세에 이미 자각한 인생임을 선언했던 춘원은 조선에서 아무런 가능성을 발견하지 못한 채 '규범과학'의 지식으로부터 성공욕의 충족과 실력 양성의 답을 찾기로 했다. 5년 전에 이런 깨달음을 얻지 못했음을 후회하며 오산과의 인연을 정리하고 선택한 곳은 와세다대학[早稲田大學]이었다. 이광수가 유학하던 시절 문학과는 철학과와 영문학과로 나뉘어 있었는데, 1913년에 사학 및 사회학과 학생을 모집하여 1914년부터 철학・문학・사학 삼분체제를 유지하게 된다.[63] 대학부의 수업연한은 3년, 고등예과는 1년 반이었다.[64]

---

61 규범과학은 자연과학에 대비되는 학지들을 포괄하는 용어로 지금의 인문과학과 사회과학을 뜻한다.

62 위의 책, 544면.

63 동경제국대학이 1904년 대대적인 조직개편을 통해 문과대학의 편제를 文/史/哲 삼분체제로 확립한 지 10년 후의 일이다.

학적부에는 이광수가 와세다 고등예과 문학과(제3고등예과)에 1915년 9월 30일 입학하여 1916년 7월 5일 수료했고, 동년 9월 11일 대학부 문학과 철학과에 입학하여 1919년 2월 18일 퇴학한 것으로 기록되어 있다.[65] 당시 이광수 외에도 유학생학우회 기관지 『학지광』의 주요 필진이었던 최두선(철학과), 현상윤(사학과), 이병도(사학과), 김여제(영문학과) 등이 와세다 문학과에 재학 중이었다. 와세다 문학부의 교수진들은 와세다파라고 불릴 정도로 일본 평단과 문예이론을 주도하고 있었다. 대정 초기부터 1919년까지 와세다의 학제는 계속 변했는데, 대학부에는 문학과를 포함하여 5개의 학과가 있었다.[66] 1915~1916년 사이 예과의 교과과정과 교수자에 관한 기록은 찾을 수 없지만, 1914년과 1917년 예과의 교과과정에 대한 기록과 성적표를 통해 이광수가 학습한 내용을 파악해볼 수 있다.

표8. 1915~1918년도 와세다대학 학제

학부	학과
대학부	제1 정치경제학과, 제2 법학과, 제3 문학과(철학과, 영문학과, 사학 및 사회학과), 제4 상과, 제5 이공과 (대학부의 순서에 따라 제1~5예과)
전문부	제1 정치경제과, 제2 법률과
고등 사범부	제1부 국어한문과, 영어부 제2부 수학과, 이화학과

표9. 제3예과(문학과, 철학과)의 교과과정

연도	교과내용
1914	윤리, 한문, 작문, 영어, 상업학, 수학, 부기, 지리, 체조

64 대학부 입학 시기는 9월. 예과는 1학기가 4~9월, 2학기가 9~2월, 3학기가 3~7월이었다. 춘원은 1915년 9월 30일 2학기로 편입해 1916년 7월 예과를 수료한다. 이광수가 예과를 수료한 이후인 1917년 고등예과의 연한이 2년으로 연장되었다.

65 하타노 세츠코의 책 『일본유학생 작가 연구』 부록에 이광수의 학적부와 성적표 원본이 실려 있다.

66 학제, 교과과정, 교수진 등에 대해서는 『早稲田大學一覽』, 早稲田大學出判部, 1914; 『早稲田大學百年史』 第二卷, 早稲田大學出判部, 1984 참고.

1917	국민과(國民科), 국문, 작문, 한문, 영어(논강, 작문, 회화), 동양사, 문학개론 윤리학, 생물학, 체조

1917년에는 관립학교의 입학시기와 수업 연한에 맞추어 고등예과를 2년으로 연장했기 때문에 교과내용도 늘어났고, 문학개론 등이 새로 개설되었다. 예과졸업 성적표를 보면 춘원 역시 문학론을 수강했는데, 1915년부터 문학이 예과의 교과에 포함되어 있음을 알 수 있다.[67]

예과 시절 이광수에게 문학론을 가르친 담당교수가 누구인지는 확인할 수 없다. 1917년 예과의 문학개론을 담당한 강사는 핫토리 요시카[服部嘉香]였다. 와세다대학 영문과를 졸업했으며, 와세다 시사(詩社)의 중심인물로 구어자유시론을 전개한 인물이다.[68] 문학론 수업이 없던 1914년 예과 담당교수로는 국문학 담당 이가라시 치카라[五十嵐力], 영어 담당 카타카미 노부루[片上伸], 서양사 담당 우키다 가즈타미[浮田和民] 등이 눈에 띈다. 예과 수업은 문학과 교수들이 주로 맡았고, 영문학과 교수로 쓰보우치 쇼요[坪內雄藏]와 그의 제자 시마무라 호게츠[島村抱月] 등이 포진하고 있었다. 지금까지 알려진 바 없는 춘원의 대학부 문학과 철학과 시절 교과과정과 담당강사는 다음과 같다.

표10. 와세다대학 대학부 문학과 철학과 교과과정(1917~1918년)

학년	課目		時數	講師
제1학년	교육학	보통심리학	2	金子馬治
	철학	철학개론	2	北昤吉
		서양철학사	3	波多野精一
		지나철학사	2	遠藤隆吉

67 성적표의 글씨가 희미하여 모든 과정을 명확히 확인하기는 어렵다. 모두 13과목으로 1917년도와 유사하며, 국문, 한문, 작문, 역사, 체조, 문학론, 윤리는 확인할 수 있다. 문학론 성적은 제1기 45점, 제2기 70점으로 향상되고 있지만 평균점(86.50)에 비해 낮다.

68 구인모는 황석우와 김억의 시론에 시마무라 호게츠와 핫토리 요시카가 결정적인 영향을 미쳤다고 본다. 구인모, 『한국 근대시의 이상과 허상』, 소명출판, 2008, 211~213면.

		근세과학	2	一戸直藏
		심리학연습	2	金子馬治
	영문학/영어	영문학(英文典)	2	横山有策
		영문학(英文典)	2	勝俣銓吉郎
		영문학(영어강독)	2	會律八一
	和漢文學	국문학	2	五十嵐力
	제2외국어	독어(別紙ノ通)	—	—
	특수연구	二科選擇(別紙ノ通)	—	—
	隨意科	러시아어(別紙ノ通)	—	—
제2학년	교육학	실험심리학	2	中島半次郎
		교육사	2	中島半次郎
	철학	일본철학사	2	遠藤隆吉
		서양철학연구	2	金子馬治
		서양철학사	2	波多野精一
		인도철학사	2	武田禮四郎
		불교사	2	馬田行啓
	영문학/영어	영문학	2	內ヶ崎作三郎
		영문학(강독)	2	中桐確太郎
		영문학(강독)	2	横山有策
	화한문학	한문학(莊子, 增補白詩選)	2	牧野菊之助
	제2외국어	독어(別紙ノ通)	—	—
	특수연구	二科選擇(別紙ノ通)	—	—
	隨意科	서양철학연구	2	桑木嚴翼
		러시아어(別紙ノ通)	—	—
		특별강의	2	—
제3학년	교육학	교육학	2	大瀨甚太郎
		교수법	1	中島半次郎
	철학	윤리학	2	金子馬治
		서양철학사	2	波多野精一
		서양철학연구(설명)	2	波多野精一
		사회학	2	遠藤隆吉
		미학	2	金子馬治
		미학사	1	紀淑雄
		종교학	2	原口竹次郎
	영문학/영어	영문학(설명)	2	五十嵐力
		영문학(설명)	2	田中穂積
	논문	졸업논문	—	—
	제2외국어	독어, 불어(한 과 선택)(別紙ノ通)	—	—
	특수연구	두 과 선택(別紙ノ通)	—	—
	수의과	특별강의	2	—

진하게 표시한 교과는 학적부를 통해 이광수가 수강한 것으로 확인되는 과목들이다. 철학과와 영문학과는 철학(사와 개론), 영문학, 미학, 교육학, 심리학 등의 교과를 공유하고 있었고 담당교수도 두 과를 오가며 강의하는 경우가 많았다. 이광수가 재학 중일 당시, 와세다 문학과에는 국문학 전공을 두지 않았다. 국문학 전공을 따로 세분화한 것은 1919년이었는데, 국문학보다 영문학을 중심에 두는 체제가 와세다 문학과의 특성이었다.[69] 도쿄제국대학[東京帝國大學] 문학과는 국문학과 지나문학을 중심에 두고 유럽문학들을 함께 교과에 편성했으며, 특히 안확(安廓)이 수학한 니혼대학[日本大學]의 경우 문과학과에 문학예술전공 외에도 국학전공과 한학전공을 두어 국학을 강화시켰다. 이에 반해 와세다 문학과는 전통적으로 영문학 연구가 발달해 있었고, 서구 문학이론을 활발하게 수용하는 가운데 구축되었다. 와세다대학 출신인 최두선과 이광수는 영문학에 기반한 개론적 지식과 와세다 문학과의 미사학(美辭學) 전통에 기대어 역어로서의 문학을 강조했다. 이와 달리 안자산이 문학을 역어로서 이해하되 국학을 모색하는 가운데 조선문학의 역사를 주된 연구대상으로 삼았다는 사실은 '식민지-제국 체제' 내에서 문학지가 성립되는 불균등한 과정과 관련하여 생각해 볼 문제이다.[70]

'지식의 기초되는 규범과학'의 세계에 발을 들여 놓은 이광수는 1919

69

표11. 와세다대학 대학부 문학부 학제(1919)

학과	전공
철학전공과	동양철학전공, 서양철학전공, 사회철학전공
문학전공과	국문학전공, 지나문학전공, 영문학전공,
사학전공과	국사전공, 동양사전공, 서양사전공

70 최두선 「문학의 의의에 관하야」, 『학지광』 3호, 1914.12; 안확, 「조선의 문학」, 『학지광』 6호, 1915.7.

년 2월 학교를 그만둘 때까지 우수한 성적을 유지했고, 이 소식은 유학생 사회에서도 화제가 되었다.[71] '품행이 방정하고 학술 등에서 우수한 자를 선발'[72]하는 특대생으로 학비도 보조받았으니 그만큼 충실하게 와세다의 학지를 내면화했을 터이다. '문학은 정의 분자를 포함한 문장'이라며 중학교 수사학 교과서에도 나오는 정도의 간명한 진술을 하던 이광수가 어떻게 문학을 구성하는 다양한 요소들을 10가지 이상 분할하고 설명할 수 있었던가?[73] '문학지'의 번역은 지(知)의 제국이 구축되는 과정을 보여준다.

3 춘원은 1924년 문학개론을 표방하여 「문학강화」를 『조선문단』에 연재한다. 문학을 연구하는 사람은 물론이거니와 작품을 창작하거나 감상하려는 이들도 문학에 관한 기초 지식이 반드시 필요한데, 문학이 무엇인가에 답하는 개론서가 조선에 단 하나도 없다는 것이 집필 이유였다. 그리고 자신이 앞서 쓴 세 편의 글 「문학이란 하오」, 「문사와 수양」, 「문학에 뜻을 두는 이에게」을 회고하면서 온전한 개론이라 하기 어렵다고 자평했다.[74]

물론 이 글들은 발표시기와 지면, 문화정치적 맥락을 달리한다. 그럼에도 개론을 쓰기 위해 세 편의 글을 호출한다는 것은 그 글들이 춘원의 글쓰기 역사에서 같은 계열로 묶일 수 있다는 의미이기도 하며, 실제로 문학의 성격을 기술하는 대목에서는 논리적 상동성이 강하다.

---

71 「소식」, 『학지광』 6호, 1915.7; 「소식」, 『학지광』 10호, 1916.9.

72 『早稲田大學一覽』, 早稲田大學出判部, 1914, 141면.

73 지정의론에 기반한 쓰보우치 쇼요의 문장 분류법은 이미 중학교 작문교과서에도 응용되고 있었다. 明治中學會, 『言文一致 美辭學講義』, 1911, 41~43면; 明治中學會, 『言文一致 文章學講義』, 1911, 95~97면.

74 이광수, 「문학강화」, 『조선문단』 1~5호, 1924.10~1925.2. 여기서는 『이광수전집』 16권, 삼중당, 1962, 58면. 이하 1962년판 삼중당 『이광수전집』은 『전집』으로 표기.

이광수의 진술은 「문학강화」를 포함한 네 편의 글이 문학에 대한 탐구와 연구 활동이 구축하는 언술체계, 다시 말해 문학지를 조선에서 구성하고 확산시키려한 의식적 시도였음을 드러낸다.

이광수는 문학론과 문학사가 문학지의 핵심 축임을 여러 번 강조했다. '문학이란 무엇인가 하는 것은 큰 문제니, 이는 횡으로는 문학론, 종으로는 문학사를 연구한 뒤에야 해결될 문제'[75]라거나, '어떤 학(學)에 들어가든지 통로는 개론과 사(史)'[76]임을 글의 서두에 내세웠다. 하지만 춘원이 본격적으로 조선문학의 역사를 기술한 적은 없다. 문학사의 영역은 개론들 속에 하나의 '요소'로서 다루어지고 있을 뿐인데, '과연 조선에 문학이라 할 만한 것이 있을까'라고 자문했던 춘원에게 문학사 기술은 불가능한 일이었을 것이다. 뿐만 아니라 춘원은 조선문학에 대한 통시적 안목과 필로로기도 부족했다. 하지만 개론의 영역은 달랐다. 개론은 특수성을 사고해야 하는 개별 문학사에 비해 보편적인 이론의 영역을 다루며, 춘원이 학습하고 사유한 범위 내에서 충분히 기술할 수 있는 문학지의 영역이었다.

「문학에 뜻을 두는 이에게」에서 이광수는 자신이 읽은 개론서와 문학사를 소개한다. 나쓰메 소세키[夏目漱石]의 『문학론』, 혼마 히사오[本間久雄]의 『문학개론』, 쓰보우치 쇼요의 『영문학사』, 이가라시 치카라[五十嵐力]의 『일본문학사』가 그것이다.[77] 그밖에 「문사와 수양」에서는 조선에 문예가 없음을 지적하는 시마무라 호게츠의 글을 기억하여 인용하기도 한다.[78] 이미 명치중학 시절에 읽은 바 있지만[79] '영문학의 소

75 「문학에 뜻을 두는 이에게」, 『개벽』 21호, 1922.3. 여기서는 『전집』 16권, 45면.

76 「문학강화」, 위의 책, 58면.

77 위의 책, 46면.

78 위의 책, 17면.

79 이광수, 「다난한 반생의 도정」, 『전집』 8권, 452면.

양이 없이는 좀 어려운'[80] 소세키의 문학론을 제외하면 모두 와세다 문학과 교수들이 쓴 텍스트이다. 〈표4〉에 기재된 담당강사들의 개론서 및 문학사를 분석해보면 실제 이광수의 문학론과 연관성이 큰 경우는 쓰보우치 쇼요, 시마무라 호게츠, 이가라시 치카라, 혼마 히사오임을 확인할 수 있다.[81]

혼마 히사오, 『문학개론』

시마무라 호게츠, 『문학개론』

이가라시 치카라, 『신국문학사』

80 『전집』 16권, 47면.
81 확인할 수 있었던 자료는 다음과 같다. 철학관련 자료는 따라 명기하지 않는다.

저자명	저서명
坪內逍遙	『英文學史』, 東京專門學校, 1901(東京專門學校文學科第四回第一部講義錄). 『文學入門』, 早稻田大學出版部, 1907(早稻田大學三十九年度 文學教育科第一學年講義錄).
島村抱月	『泰西美學史』, 東京專門學校, 1900(東京專門學校文學科第四回第三部講義錄); 『近代文芸之硏究』, 早稻田大學出版部, 1909; 『美學概論』, 早稻田大學出版部, 1909(早稻田大學四十二年度文學科第二學年講義錄); 『文學概論』, 稻田大學出版部, 1909(早稻田大學四十二年度文學科第一學年講義錄); 『人生と芸術』, 進文館, 1919.
五十嵐力	『新國文學史』, 早稻田大學出版部, 1912. 『新文章講話』 7版, 早稻田大學出版部, 1916.
本間久雄	『文學概論』, 東京堂書店, 19××(년도 불명, 1917년 이전 판본으로 추정). 1917년에 나온 『新文學概論』(新朝社)은 목차가 좀 더 세분화되어 있다. 전편이 선언 격인 문학통론을 제외하고 다음과 같은 10장으로 구성되어 있다. ① 문학의 정의, ② 문학의 특질, ③ 문학의 기원, ④ 문학의 요소, ⑤ 문학의 형식, ⑥ 문학과 언어, ⑦ 문학과 개인성, ⑧ 문학과 국민성, ⑨ 문학과 시대, ⑩ 문학과 도덕. 후편은 문학비평론으로 ① 문학비평의 의의, 종류, 목적. ② 객관적 비평과 주관적 비평, ③ 과학적 비평, ④ 윤리적 비평, ⑤ 감상비평과 쾌락비평을 설명하고 부록과 결론으로 마무리된다. 1926년 판본인 『文學概論』은 총 4편 16장으로 구성되어 있다.
片上伸	『生の要求と文學』, 南北社, 1913.

그렇다고 이들과 이광수의 텍스트가 번역의 등가성 차원에서 일대일로 대응하는 것은 아니다. 와세다 문학과의 교수들이 수많은 서구 문예이론가들의 텍스트를 인용하되 '일본문학'이라는 대상을 사고하는 과정에서 재구성했듯이, 춘원 역시 식민지 조선과 문단의 정황을 고려하면서 와세다 문학지를 전유했다. 따라서 중역의 과정에 나타나는 복잡한 양상과 의미를 따지려면 개별 텍스트 사이의 상관성을 각각 섬세하게 분석해야겠지만, 여기서는 번역되는 문학지의 구조적 상동성에 주목하고자 한다.[82]

첫째, 이광수는 문학지와 관계되는 '지식의 체계'를 번역했다. 예과를 마치고 본과에 막 진학했을 당시 신문독자를 대상으로 쓴 「문학이란 하오」에는 이런 면모가 잘 드러나지 않는다. 하지만 졸업 이후 쓴 글에서 춘원은 문학을 근대 학지의 전체 체계에 대한 지식을 갖출 때에만 온전히 이해할 수 있는 것으로 기술하고 있다. 춘원에 의하면 문학작품을 쓰거나 감상을 하든, 비평이나 연구를 하든, 문학뿐만 아니라 인접학문에 관한 전체적인 지식이 기초이다. 의사가 되려면 해부학·병리학·내과학·외과학 등에 관한 지식이 필요한 것과 마찬가지로, 문사가 되기 위해서는 '인류 사고의 법칙인 논리학, 정신작용의 법칙인 심리학, 대표작품 연구에 대한 지식, 사상의 기록인 철학사, 대표적 사상의 해설인 철학개론, 민족과 국가의 역사, 경제학과 사회학, 문학사와 고전문학연구'에 대한 지식이 필요하다. 각국 대학의 문과들이

82 이미 비교문학적 관점에서 이광수와 일본문학의 영향관계에 관한 연구가 진전된 바 있다. 김윤식의 앞의 책 및 「초창기의 문학론과 비평의 양상」, 『근대한국문학연구』, 일지사, 1973; 송명희, 「이광수의 문학비평 연구」, 고려대 박사논문, 1985; 정병호, 「한일근대 문예론에 있어서 정의 위치」, 『아시아문화연구』, 경원대 아시아문화연구소, 2004; 「이광수의 초기문학론과 일본문학사의 편제」, 『일본학보』 59, 한국일본학회, 2004; 김재영과 하타노 세츠코의 앞의 연구 등.

이러한 학과를 괜히 설치하는 것이 아니며, 대학이나 문과를 마치지 않는 자도 문학을 하려면 반드시 익혀야 할 '밥과 국' 같은 학과들이다. 기초 지식 없이 문사가 되는 나라는 현대에서 조선 밖에 없다.[83]

문학이 무엇인지 규정할 때도 학지의 체계는 연동한다. 춘원에 의하면 문학이 너무 광범위하여 이해하기 어려울 때 '현금 대학의 문과에서 배우는 것을 분석'하는 것이 오늘날 통용되는 문학의 어의(語義)를 알 수 있는 좋은 방법이 된다. 미주와 일본의 대학은 문과와 이과로 구분되는데, 문과에는 문학 · 철학 · 심리학 · 사회학 · 사학 · 법학 · 정치학 · 경제학 · 지리학 등이 속한다. 하지만 이 가운데서도 순정문학(純正文學)만을 현대의 문학이라고 할 수 있다. 순정문학에서는 문학개론 · 문예비평론 · 문학사가 절대적 기초 지식이다. 다음으로 각국의 문학사와 개별 장르에 관한 지식이 중요하다.[84] 조선에서 문학이 혼란스럽게 이해되는 문제 역시 문학과 다른 지식체계와의 연관성을 앎으로써 해결할 수 있다.[85] 교과의 편제를 통해 문학과 비문학의 형식적 차이를 설명하는 방법을 취함으로써 동시에 학지들의 체계를 번역하고 있는 것이다.

둘째, 문학지의 '구성 요소들'을 번역했다. 편제, 구성, 요소들은 표나 목차를 통해 가장 가시적으로 드러날 터이다. 한 가지 사례로 이광수의 문학론과 유사성을 보여주는 시마무라 호게츠, 혼마 히사오의 『문학개론』(와세다 문학과 강의록)과 「문학이란 하오」의 목차를 비교해 보도록 한다.

---

83 이광수, 「문사와 수양」, 『창조』 8호, 1921.1. 여기서는 『전집』 16권, 26~27면.
84 「문학에 뜻을 두는 이에게」, 『전집』 16권, 47~48면.
85 「문학강화」, 『전집』 16권, 58~59면.

표12. 『문학개론』과 「문학이란 하오」 목차

	『문학개론』(시마무라 호게츠)	『문학개론』(혼마히사오)	「문학이란 하오」
목차	1. 서언 2. 문학의 어의(語義) 3. 서양에서 문학의 정의 4. 문학과 언어문사 5. 문학과 그 내용 6. 문학과 정(情) 7. 문학의 목적－生 8. 문학과 실생활 9. 문학의 종류 10. 시 11. 율격 12. 산문 13. 문학의 기원 14. 문예사조	서언 제1장 문학의 정의 제2장 문학의 기원 제3장 문학의 종류 제1절 율문－시 제2절 시가의 분류 제3절 소설과 희곡 제4장 문학과 시대 제5장 문학과 국민성 제6장 문학과 개성 제7장 문학비평론 －문학비평의 정의, 종류, 목적 －객관적 비평과 주관적 비평 －근대비평의 의의	1. 신구의의의 상이(相異) 2. 문학의 정의 3. 문학의 감정 4. 문학의 재료 5. 문학과 도덕 6. 문학의 실효 7. 문학과 민족성 8. 문학의 종류 9. 문학과 문(文) 10. 문학과 문학자 11. 조선문학

문학지로서의 개론을 구성하는 요소들이 세 텍스트에 모두 잘 드러난다. 우선 공통적인 요소는 ① 신구－동서 문학의 어의의 차이, ② 문학에 대한 정의, ③ 문학의 고유한 성격(정), ④ 문학의 의의(목적, 실생활, 실효), ⑤ 문학의 종류, ⑥ 현대 문학 언어의 특성(언어문사, 文), ⑦ 문학과 국민성(민족성)이다. 현재에도 각종 문학개론서와 입문서에 여전히 빠지지 않는 항목들이다. 이광수의 글에서 문학의 기원에 관한 논의는 대개 동서양 문학개념의 차이를 설명하는 대목 혹은 르네상스와 프랑스혁명에 따른 문예혁명을 설명하는 대목에서 요약적으로 제시된다. 또한 혼마 히사오가 심리기원설을 바탕으로 문학의 기원을 설명한 대목은 「예술과 인생」[86] 등에서 예술의 기원을 유희본능설을 바탕으로 짧게 논하는 방식으로 변주된다. 문예사조 항목은 이광수의 글에서 찾아보기 어렵다. 사조사를 포함하는 문예사상사는 영문학과에만 개설되어 있었고, 여타의 항목들에 비해 다소 난해한 사조사를 따로 학습할 기회가 없었기 때문이 아닌지 추측해 볼 수 있다.

86 이광수, 「예술과 인생」, 『개벽』 19호, 1922.1.

「문학이란 하오」에서 '문학과 민족성'·'조선문학'에 관한 항목들은 '국문학'과 관련이 있다. '문학과 민족성'은 근대문학이 일국문학이자 국민문학으로 존재하게 되는 내적 근거를 밝히고 있으며, '조선문학'은 자국어로 쓰여진 국민문학의 역사를 짧게 기술한다. 근대 이전과 이후로 분할하여 근대의 국민문학을 특권화하는 방식은 '일본문학사를 독(讀)'한 경험을 바탕으로 하며, 이가라시 치카라의 『신국문학사』와 겹친다. 미카미 산지[三上參次]와 다카츠 쿠와사부로[高律鍬三郎]의 『일본문학사』[87] 이래 국문학사는 메이지 30년대에 이미 자국어-국문학-국민문학의 연결고리를 만들어냈고, 이가라시는 여기에 덧붙여 명치 이전과 대비하여 명치 이후의 근대문학을 특권화했다.[88] 한편 혼마 히사오는 텐느(Hippoiyte A. Taine)와 르봉(Gustave Le Bon) 등의 논의를 활용하면서 문학과 시대, 국민성의 관계를 논리화했다. 그리고 일본문학과 국민성의 관계를 설명할 때 원용되는 텍스트가 이가라시 치카라의 『신국문학사』이니 와세다 문학지를 구축한 이들은 서로가 서로를 참조하고 있었다. 이광수가 「문학강화」에서 국가가 국문학을 존숭하는 이유·문학과 국민정신과의 상관성을 서술하는 논리는 이들의 책에 기댄 바 크다.

'문학의 종류'는 시마무라보다 혼마 히사오의 『문학개론』[89]을 주로 참조한 것으로 보인다. 시마무라는 다양한 분류법(운문과 산문, 힘의 문학과 지식의 문학, 물어적(物語的) / 주관적 / 희곡적 / 기술적 문학)을 사용한다. 이에 반해 혼마 히사오의 『문학개론』은 시 / 소설 / 희곡 / 비평의 4분법을 제시하며, 춘원 또한 「문학이란 하오」에서 같은 4분법을 통해 각

87 三上參次, 高律鍬三郎, 『日本文學史』, 金港堂, 1890.

88 『新國文學史』(早稻田大學出版部, 1912) 1장 「明治の文學と明治以前の文學」.

89 『文學槪論』, 東京堂書店, 19××. 이광수가 읽었을 판본과 차이를 고려할 필요가 있다.

장르의 특성을 간명히 규정했다. 비평의 종류를 객관적 비평과 주관적 비평으로 구분하는 분류 역시 혼마 히사오와 같다. 「문학강화」에서 '작가의 인격'을 논하는 항목은 혼마 히사오의 '문학과 개성'과 겹친다. 문학지를 구성하는 각 요소들을 번역함에 따라 각 항목에서 문학을 설명하는 핵심 논리도 함께 번역된 것은 물론이다.

셋째, 내러티브, 수사, 용어 및 개념을 번역했다. 문학지를 구성하는 각각의 요소들에 대한 설명이 분석이나 분류, 논증만으로 일관되는 것은 아니다. '문학'의 기의가 시공간에 따라 변천해 온 과정, 근대와 근대 이전을 가르는 역사적 사건들, 지정의의 만족에 따라 쾌감을 느끼는 사례 등에 관한 네러티브 또한 문학지에서 필수적이다. 문학개론 자체도 '문학이란 무엇인가?'를 묻고 답하는 특정한 내러티브를 가진다. 이광수가 참조한 와세다 영문학자들은 스승과 제자이자 선후배 관계였다. 이들은 광의의 문학으로부터 협의의 문학개념인 순문학을 분리시키고 자연주의 문예론을 주도하는 가운데 문학개론에서 다음과 같은 논리 전개의 이야기 구조를 공유했다.

① 문학이란 무엇인가? '문학'이라는 말이 범위가 넓어 간단히 정의하기 힘들고 현재 일본에서 '문학'이라는 말은 혼란스럽게 사용된다. →② 왜 이런 문제가 발생하는가? 개념 정의의 어려움과 혼란이 발생하는 이유는 신 / 구, 동 / 서에 따라 문학의 어의(語義)가 다르기 때문이며 그 차이를 살펴볼 필요가 있다. →③ 문학을 과거와 같이 넓은 의미로 사용한다면 다른 학문이나 문장과 구별되지 않으므로 순문학으로 한정할 필요가 있고, 순문학은 서양의 'literature'에 해당한다. →④ 그렇다면 현금의 문학은 무엇을 본령으로 삼는가? 다른 학문, 서적, 문장과 달리 심미성을 위주로 하며 '정의 만족'을 추구한다. →⑤ 이러한 규정만으로 현재의 문학을 온전히 설명할 수 있는가? 문학의 목적, 시대

및 국민성과의 관계, 문학의 내용 / 형식 / 종류 / 언어 등에 관한 설명이 필요하다. 이러한 내러티브를 공유하는 가운데 쓰보우치 쇼요는 인정과 현실을 묘사하는 문학의 특성을, 시마무라 호게츠는 미학과 문예사상을, 혼마 히사오는 장르분류와 비평론을 각각 특화시켰다. 춘원의 글 또한 상술한 내러티브를 공유하면서 조선의 현실과 역사를 반영한 이야기를 덧붙였다.

춘원은 와세다 문학과 교수들의 문학개론에 빈번하게 나타나는 관습적인 수사와 용어 역시 절취(截取)했다. '문학은 그 어의가 너무 넓고 내용이 많아 간단히 정의하기 불가능하다' · '문학이라는 것은 리터러처의 역어이다' · '경제서 법률서 등의 문장을 문학이라 할 수는 없다' · '문학은 정의 만족과 쾌락을 추구한다' · '정을 만족시키는 문학의 효용은 종교만이 유사하며 문학은 인생의 대 지도자 선지자이다' · '문학은 특정한 형식 하에 사람의 사상과 감정을 표현하는 것이다' 등의 관습적 수사들은 춘원을 통해 조선에서도 클리셰(cliche)가 되어간다. 더불어 천재, 쾌감, 상상력, 인생의 眞, 진리가치감정(진리감), 도덕가치감정(도덕감), 심미가치감정(심미감) 등의 용어와 개념도 문학지의 번역과정에서 유입되었다.

④ 이광수가 실천한 '문학지'의 번역에도 원본과의 관계에서 '어긋남'과 '재맥락화'는 몇 가지 방식으로 난다. 먼저 와세다 문학지에서는 특별히 다루지 않는 '주체'의 문제를 이광수가 주목한다는 점이다. 춘원은 '개론'의 보편성에 의문을 제기하지 않았지만, 조선의 현실을 고려하여 '문사'가 갖추어야 할 덕목을 강조했다. 와세다 영문학자들은 문학생산주체를 작가, 비평가, 문학자(연구자)로 분류했고 춘원 역시 이를 수용했다. 그런데 이광수는 다시 이들을 아울러 '문사(文士)'라고 호명

하고, 문사에게 문학가 이상의 역할을 요구한다.

이광수가 참조했던 이들 가운데 문학가의 사회적 역할을 개론에서 따로 다룬 이는 없으며, 혼마 히사오 정도가 작가의 문제를 개성을 중심으로 논했던 것과 비교된다. 혼마 히사오는 작가의 인격을 개인의 인격과 미적 인격으로 구분하고, 개성의 시대인 근대사회에서 퍼스낼리티가 문학에 미치는 영향을 서술했다.[90] 이에 비해 춘원은 민족의 운명에 큰 영향을 미치는 문사가 사상가, 사회의 지도자, 사회개량가, 청년의 모범이 되어야 하며 이를 위해서 인격과 학식을 수양해야 함을 주장한다. 특히 문사에게는 다른 전문가보다 '덕성'이 요구되는 바, 문사의 덕목을 논의하는 과정에서 '정'을 중심으로 한 문학관은 지정의와 지덕체의 균형을 지향하는 쪽으로, 천재보다는 수양과 덕성을 강조하는 방향으로 무게중심이 이동한다.[91] 또한 예수와 타고르를 좇아 예술과 도덕의 변증법을 지향한다.[92]

주체의 문제는 민족현실, 문학사의 특수성을 사고하는 과정에서 근대 지식의 과학성에 대한 의구심으로 이어지기도 한다. 춘원에 의하면 한정된 재화를 놓고 민족과 개인이 쟁투하는 현대의 인생은 미로에 처했으며, 국가주의와 제국주의의 토대 위에 공업·과학·군대·형법이 만들어졌으나 방향을 찾지 못하고 있다.[93] 불행한 조선에 문학사가 없음을 개탄하면서 '민족적 차별이 없을 듯한 순수한 과학에도 민족에 따라 다소간의 차별이 있다'[94]고 진술한 대목 역시 적극적으로 해석할 때

90 「6장 : 문학과 개성」, 『문학개론』.
91 이광수, 「문사와 수양」, 『창조』 8호, 1921.1.
92 이광수, 「예술과 인생」, 『개벽』 19호, 1922.1. 이러한 변화는 「문학이란 하오」와 1920년대 초반에 쓴 글들 사이의 차이점이자, 1920년대 초반의 유미주의적 경향에 대한 대응이기도 하다.
93 위의 책, 29면.
94 「문학에 뜻을 두는 이에게」, 『전집』 16권, 46면.

근대 지식이 표방하는 보편성이나 자명함이 내셔널리티와 공조한다는 인식을 드러낸다고 볼 수 있다.

이광수는 조선에 필요한 문학개론을 구성하면서 아카데미즘을 관철하지 않았다. 「문학이란 하오」에서부터 문학지의 대중적 파급을 의도했고, 「문학강화」에 이르기까지 대학에서 문학을 전공하지 않은 지식인들이 이해할 수 있는 수준에서 개론을 구성했다. 와세다 영문학자들의 『문학개론』은 전문적이며 학술적이다. 수많은 서구 이론가들과 작가들의 글을 인용하고 있으며, 용어의 사용과 논리의 전개에서 일정한 지식과 독해력을 요한다. 예컨데 혼마 히사오의 『문학개론』은 이 시기 서구 문예이론이 일본에 수용되는 과정을 전체적으로 확인할 수 있을 만큼 다양한 이론서들을 활용하고 있다. 시마무라 호케츠의 『문학개론』을 이해하기 위해서는 칸트와 서구 근대미학에 대한 지식이 필요한데, 특히 6장 「문학과 정」은 논리전개의 밀도가 일반 독자의 수준을 한참 상회한다. 이에 비해 이광수의 문학개론에서는 서구 이론가들에 대한 인용 내지 주석을 거의 찾아볼 수 없고, 학의 형식을 취하고 있지만 대중지(大衆知)를 지향한다. 이광수 개인의 학문적인 한계에 기인한 바가 없지 않겠으나, 고등교육이 부재하는 조선의 현실을 감안한 의식적인 변용으로 이해할 수도 있다.

상술한 차이에도 불구하고 개론 수준에서 이루어진 이광수의 문학지 번역은 지(知)의 제국이 구축되는 데 일조했다. 영문학은 '이류 교양'이었지만 19세기 식민지 확대에 따른 영어 수요의 증대와 국민교육의 필요성에 의해 급부상했고, 20세기에는 가장 고급스러운 학문 가운데 하나로 대학에 자리 잡았다. 특수한 국민문학이 제국의 확장에 따라 세계문학으로서의 보편성을 확보할 수 있었던 것이다.[95] 이광수가 유학하던 당시 영문학이 와세다의 문학지에서 주축이 되었으며, 담당교

수들은 영문학 지식을 수용하여 일본 문학지의 성립을 견인했던 인물들이다.[96]

춘원은 이따금 근대 지식의 보편성에 대해 의문을 표시하기도 했지만, '문학개론은 세계를 통해 한 가지가 있을 수도 있다'[97]고 믿었다. 학지 전체 체계와의 관계에서 문학지를 설명하는 것은 엄밀학이 되기 어려운 문학지가 과학의 존재방식을 취해야 한다는 이데올로기를 무의식중에 일반화한다. 문학개론의 구성요소, 내러티브, 수사를 공유하는 것은 영문학에 기초한 문학지, 좁혀 말해 와세다의 문학개론과 문학사에 내재된 내셔널리티를 보편적인 것으로 승인하는 효과를 갖는다. 문학지의 세부 항목들, 내러티브, 수사와 용어를 번역하는 과정에서 이는 더욱 기술적으로 정당화된다. 제국의 언어로 문학을 사유하는 이상, 제국의 학지를 과학이라는 이름 아래 보편타당한 것으로 받아들이는 한, 피식민인의 상상력은 근본적으로 제약될 수밖에 없다.

김재영은 「문학의 가치」와 「문학이란 하오」가 문학에 대한 접근법에서 다음과 같은 세 가지의 유사성이 있다고 지적했다. ① 지정의론을 바탕으로 문학의 가치를 정의 만족과 배타적으로 연관 짓고 있다는 점, ② '정의 만족'을 '현실적인 삶의 여실한 묘사'와 연관지음으로써 문학이 단지 정의 만족에 국한하지 않고 '진리'를 추구한다는 점, ③ '조선문학'의 과거와 미래에 대해 관심을 갖는 국민문학적 접근법이라는 점이다.[98] 「문학이란 하오」에 나타나는 특성을 「문학의 가치」에 대입하

95 송무, 『영문학에 대한 반성』, 민음사, 1997.

96 일본 내에서도 문학사와 문학개론은 서로가 서로를 모방하면서 문학지의 균질성을 형성해가고 있었다. 이에 관해서는 스즈키 사다미가 쓴 앞의 책과 다음의 글을 참고할 수 있다. 나카야마 아키히코[中山昭彦], 연구공간 수유+너머 '일본근대와 젠더 세미나팀' 역, 『근대 知의 성립』, 소명출판, 2011.

97 이광수, 앞의 글.

98 김재영, 앞의 글.

여 연역한다면 타당한 분석이다. 이 세 가지 유사성은 근대 초기 문학과 소설의 핵심을 이루는 자질들로 ①은 심미성, ②는 사실성, ③은 민족성(내지 국민성)과 관련된다.

이광수가 문학론과 작품을 통해 보여준 사실성이나 민족성은 이인직이나 신채호가 지향했던 것과 다르다. 이인직과 신채호는 소설에 대한 전통적 인식으로부터 출발해서 신지식을 수용하는 가운데 각각 소설의 사실성과 민족성을 주조했다. 이때 사실성은 실사(實事)를 재현하는 방식으로 구현되었고, 민족성은 제국주의에 맞서는 가운데 발견되었다. 하지만 이광수의 경우 처음부터 '문학'이라는 지평에서 출발했으며, 번역된 문학지의 수준에서 사실성・민족성・심미성을 매개한다.

정을 통해 심미성이라는 자율적 존재의미를 확보한 '문학'에서, 소설의 사실성은 '인생의 일 방면을 정밀하게 묘사하여 독자의 눈앞에 작자의 상상 내에 있는 세계를 여실하게 전개'함으로써 인생의 진리에 도달한다는 인식적 기능과 연관된다. 그리고 민족성은 '각 민족이 연구・조탁・수련한 결과인 사상과 감정과 생활방식'으로서 조선문학의 특수성을 형성하는 요인으로 이해되고 반제국주의적 성격이 탈각된다. 이광수를 기점으로 소설의 위상은 문학이라는 학지 내에서 설명되며, '실로 현대문학의 대부분을 점하는 자(者)'인 소설은 문학의 핵심으로 부상한다.[99]

99 「문학이란 하오」의 '문학의 종류'와 '문학과 민족성' 참고.

제6부
결론과 제언, 문학지의 문제로

1 이 책에서는 지식과 소설이 연대하는 가운데 소설의 위상 전위가 어떻게 이루어졌는지 재구성하고자 했다. 또한 소설이라는 지표를 통해 한국에서 지식체계의 근대적 재편 과정을 포착하고자 했다. 지금까지 소설의 근대화를 추동한 요인으로 국민국가나 민족어의 성립, 문학 생산양식으로서의 근대 미디어가 주목받아왔다. 이 책에서는 근대 지식의 수용과 생산이 소설에 대한 인식과 소설 자체의 변화를 초래한 직접적 동인이었다는 관점을 취했다. 소설은 근대 지식과 결합함으로써 새로운 가치를 획득할 수 있었고, 근대 지식은 소설을 통해 근대에 대한 구성력을 대중적이고 문화적인 차원에서 확장할 수 있었다.

소설은 탄생부터 지금까지 혼종적이며 개방적인 글쓰기이다. 소설에는 서로 다른 주체들의 발화가 대화적 관계를 이루며, 이질적인 지식이 교차한다. 소설에 관한 인식의 전환 과정은 '문(文)'의 전체성이 '문학'으로 분화되는 과정에서 발생할 수밖에 없었던 불안정성의 흔적을 내포한다. 그런 점에서 소설이 근대 지식의 특징적인 국면을 코드화할 수 있는 통로가 될 수 있다고 보았다. 소설의 위상과 가치의 조정에 관여한 지식담론을 '근대 국가사회학 담론'·'반제국주의 역사담론'·'근대 지식으로서의 문학담론'으로 계열화했고, 소설은 각각의 지식계열들과 결합하면서 '사실성'·'민족성'·'심미성'이라는 새로운 가치를 획득한 것으로 분석했다. 물론 이러한 지식담론의 계열화와 근대소설의 가치에 대한 구분이 명료한 것은 아니다. 오히려 서로 삼투하는 인간의 관계 속에서, 그리고 담론 사이의 대화적 관계 속에서 각각의 계열화와 정체성 형성이 이루어졌다.

흔히 '과도기'로 불리는 근대 초기는 옛것과 새것·서구적인 것과 동양적인 것이 격렬하게 조우하던 시기인 것은 분명하다. 그러나 러일전쟁 이후부터는 '과도기'라는 말이 무색할 정도로 한국 모더니티의 중추를 이루는 요소들이 자리 잡은 때이기도 하다. 지식체계의 변화는 세계인식과 인간관의 변화를 함축한다. 또한 지식의 생산과 재생산을 담당하는 다양한 제도 및 정치경제적 권력이동의 양상을 포괄한다. 근대 초기 지식체계의 변동은 '과학'으로서의 학문을 지향했다. 특히 러일전쟁 이후 한반도를 둘러싼 열강들의 각축에서 일본이 승리함과 동시에 과학을 지향하는 근대 분과학문이 본격적으로 유입됨으로써 지식체계의 구조적인 변동이 일어났다.

이 책에서 특히 중점을 두어 분석한 시기는 러일전쟁에서 강제병합에 이르는 1900년대 후반이다. 1900년대 후반은 지식의 성격, 지식생산의 주체, 수용경로, 제도화의 방식 등에서 전과 큰 차이를 보인다. 특히 1890년대 후반에 징후적으로 볼 수 있었던 학문에 대한 인식의 전환과 과학을 지향하는 서구 근대 분과학문의 내면화가 뚜렷한 흐름을 형성하며 광범위하게 나타난다. 소설 인식의 근대적 전환이 본격적으로 나타나는 시기 또한 이 때이다. 이 책에서는 1900년대 후반을 주요 분석 대상으로 삼되, 그 역사적 의미를 전통시기 및 1910년대와의 연관성 속에서 파악하고자 했다. '애국계몽기'라 불리는 1900년대 후반 역시 '제국－식민지'의 관계 속에서 기억해야 함도 강조했다.

소설 인식의 근대적 전환은 전통적 소설관을 바탕으로 이루어졌다는 사실 역시 중요하다. 새로운 지식체계는 유가적 사유와 분절점을 형성하면서도 결합하며 소설의 배치를 변화시켰다. 전통적인 앎으로서의 유학(특히 실학)은 새로운 지식을 구성하기 위한 인식의 틀과 언어적 규약을 제공했고, 지식생산의 주체들은 이를 바탕으로 근대 지식을 전유했다. 변화를 설명하기 위해서는 변화 이전에 관한 논의가 전제될 필요가 있다. 그러나 문학연구의 전문화로 인해 근대와 전근대의 관계에 관한 문제는 항상 약한 연결고리로 남아있었다. 전통시기의 소설관이 근대 지식의 수용을 통해 전환되는 과정을 살핌으로써, 그 사이에 존재하는 절합의 양상을 드러내고자 했다. 조선 후기 소설의 위상을 관계론적 세계관 및 문체론의 관습과 연관하여 분석했고, '허구성'・'인정과 물태의 재현'이라는 가치가 근대 이후까지 다양한 방식으로 변주되며 이어진 것으로 보았다.

서구에서도 인문(Humanities)이 자연과학의 탄생으로 촉발된 지식의 재편 속에서 생존하기 위해 과학성을 표방하는 문학・역사・철학 등의 근대 학지로 분화되었듯이, 동아시아에서도 '문(文)'의 전체성은 서구의 분과학문을 수용・전유하는 과정에서 해체되었다. 나누어진 인문과학 내 학지들은 그 경계가 모호할 뿐만 아니라 상호의존적이다. 전근대와 근대의 소설 인식을 둘러싼 세계관과 담론의 추이를 분석함으로써, 다른 학문과의 관계 속에서 상대적인 자율성을 확보했다고 여겨지는 근대 학지로서의 문학이 얼마나 불안정한 지반 위에 서 있는지에 관한 문제도 제기하고 싶었다.

1900년대 후반 지식인 가운데 소설 인식의 재편을 주도한 인물은 소수였다. 본 연구에서는 러일전쟁 이후 신지식의 수용을 통해 소설의 근대적 전환을 견인했던 주체가 크게 세 그룹으로 나뉜다고 보았다. 이인직과 이해조를 중심으로 한 신문소설기자그룹, 박은식・장지연・신채호를 중심으로 한 개신유학자그룹, 장응진・최남선・이광수가 중심이 되는 일본유학생그룹은 사상적 기반뿐만 아니라 소설의 근대성을 구상하는 방식에서 차이와 유사성을 동시에 보여준다. 따라서 지식과 소설의 연대를 살핀다는 방법은 일관되게 관철하되, 소설 인식 재편의 양상을 다루는 방식에는 각각 차이를 두었다.

이인직과 이해조의 경우 소설에 관한 생각을 직접 드러낸 텍스트가 드물다. 뿐만 아니라 1900년대 이전의 문필활동을 확인할 수 있는 자료가 없다. 정치와 저널리즘 활동에서도 실증하기 어려운 불투명한 부분이 많다. 그래서 이들이 어떤 처지에서 어떤 생각으로 신학문을 향해 창황히 달려갔는지 이해하기 위해 근대 초기의 정황을 부각시켰다. 또한 작품과 여타의 글들을 통해 이들의 소설 인식을 재구성하는 방식을 취했다. 정황의 문제를 다소 길게 다루었던 까닭은 개신유학자나 유학생 그룹들의 지정학적 위치까지 포착하기 위해서였다. 처음부터 일본의 아시아연대론에 동조했던 이들이 1910년을 전후로 하여 어떤 변모를 보여주는지에 대해서도 주목했다.

개신유학자들의 경우는 실학의 흐름을 계승하면서 근대 지식을 전유한다. 이들에게는 학지 그 자체보다 학지를 통합적으로 사유할 수 있는 주체의 사상과 윤리성이 중요했다. 그런 점에서 지식과 소설을 사유할 때 메타담론이 되었던 유가적 사유와 사관(史觀)을 규명하는 데 중점을 두었다. 또한 역사와 소설을 분할하는 과정에서 피식민인이 네이션을 어떻게 번역할 것인가에 관한 문제가 결정적이었음을 강조했다. 박은식과 신채호는 일국사의 관점을 벗어나 1910년 이후 중국으로 이산된 지식인들의 활동을 복원하는 작업이 필요함을 환기한다. 아(我)의 상대성에 입각해서 모든 학문과 주의(主義)의 임계점을 사고했던 신채호가 신구학의 접점에서 보여준 탈근대적 지향도 기억할 필요가 있다.

1900년대 후반의 일본 유학생들은 어린 나이에 도일하여 본격적으로 제국의 학지와 문학제도를 접했다는 점에서 국내의 논자들과는 출발점 자체가 다르다. 국내의 논자들이 아직 '문'의 관념과 전통적 소설관에 익숙했다면, 1900년대 후반 유학생들은 문학을 근대 지식으로서 경험했다. 따라서 이들이 수학한 지식체계와 문학담론, 소설인식의 상관성을 분석하는 데 초점을 두었다. 또한 근대 초기의 유학생들은 수학한 교육기구와 독서 경험에 따라 문학과 소설에 대한 인식의 차이를 보여주므로, 그 불균등성을 있는 그대로 드러내고자 했다. 특히 중역된 문학개론과 문학사가 어떤 효과를 발휘했는지에 대해서는 지속적인 관심이 요구된다.

[2] 지식과 소설의 연대는 다음과 같이 이루어졌다. 이인직은 근대 국가사회학 담론을 재현의 사상적 기초로 삼고, 사실성을 중심으로 소설에 대한 인식 변화를 주도했다. 이인직은 한국에 최초로 사회학을 소개했으며, 소설의 근대적 가치를 의식적으로 추구한 최초의 인물이기도 하다. 이인직은 러일전쟁 이후 귀국하여 일본 유학 시절 학습한 근대 사회과학계열의 학지들, 즉 국가학 · 사회학 · 신문학(新聞學)을

적극적으로 활용하여 국민국가와 그 내부에 존재하는 다양한 사회들을 사실적으로 재현하고자 했다. 국가학과 사회학은 재현의 사상적 기초를 제공했고, 번역된 사실주의를 기반으로 하는 신문학의 신문소설 이론은 재현의 근대적 형식을 발견하는 계기가 되었다. 이인직은 실사(實事)로 당대를 재현한다는 '사실성'을 구현했고, 그 결과 소설이 '황탄무계'하다는 전통적 비판을 넘어설 수 있었다. 한편 소설은 재현을 통한 인식적 기능 외에도 국가나 사회와 같은 근대적 공동체의 이념을 제시한다는 점에서 도덕적 정당성 또한 획득할 수 있었다.

이인직이 학습한 지식은 제국주의 이데올로기에 의해 이중번역된 서구의 근대 학지였다. 아리가 나가오와 우키다 가즈타미는 명치 중반 일본의 식민지정책을 옹호하고 정당화한 인물들이다. 이인직은 이들이 생산한 지식을 자명한 과학으로 받아들였다. 이인직의 사례는 인식의 담지자이자 과학을 자임하는 근대 지식이 얼마나 이데올로기적인지 잘 보여주며, 친일의 문제를 지식담론 수준에서 실현된 제국주의의 이데올로기와 연관하여 사고할 필요성을 제기한다. 특히 마쓰모토 쿤페이를 통해 변용된 리얼리즘의 번역이 이인직에게 중요한 영향을 미쳤다는 사실을 기억할 필요가 있다. 리얼리즘은 이미 1900년대에 중역의 과정을 거쳐 국내에 유입되고 있었다. 그런 이유로 이 책에서는 이인직과 이해조의 소설을 사실주의의 초기 양상으로 분석했다.

이인직이 구상한 사실주의 소설은 이해조 등에 의해 공유·확산된다. 기존의 연구에서 민족주의적 관점에서 이인직과 이해조를 대비시키는 경우가 많았으나, 두 사람은 소설 인식뿐만 아니라 공론장의 활동에서 겹치는 대목이 많다. 도쿠토미 소호가 지향한 경세(警世)의 문학은 「조선통치의 요의」와 결합했고, 강제병합 이전부터 조선어신문을 검열하던 나카무라 겐타로가 『매일신보』의 운영과 편집 실권을 행사하면서 도쿠토미의 구상을 실현했다. 『매일신보』에 연재된 이해조의 소설은 총독부의 식민지 문화전략과 공명하는 가운데 지식과 사상이 소거되는 모습을 보여준다. 이해조가 구현한 센티멘털리즘은 현실의 문제가 조선인의 성정 내부에 기인한다는 감각을 주조하며, 복고주의는 충군애국의 신민(臣民)의식을 내장한다. 그런 점에서 식민지 신민 만들기를 위한 부지불식간의 계도를 수행하는 효과를 산출했다.

박은식・장지연・신채호와 같은 개신유학자들은 전통시기의 소설관, 특히 유가적 소설부정론의 입장으로부터 출발했다. 그러나 러일전쟁 이후 국민 교육을 실현하고 근대적 역사담론을 구축하는 과정에서 소설의 교육적 기능에 주목하게 된다. 이들은 이기론이나 인물성동이론과 같은 성리학의 형이상학적 측면을 '허학'으로 여겨 극복해야 할 대상으로 삼았고, 변통(變通)의 논리에 입각하여 신지식을 수용했다. 그런데 현실에서 주체가 처한 위치, 세계정세 속에서 한국이 처한 위치를 파악하게 해 주는 사(史)는 여전히 긴요한 것이었다. 소설에 대한 주자학적 효용론의 시각은 1906~1907년 사이에 국외 신사(新史)와 교육학의 영향을 받아 국성과 민성을 계발(啓發)하려는 교육적 효용론으로 전화(轉化)된다.

기존의 연구들은 1900년대 후반 개신유학자들의 민족주의 소설관이 형성되는 계기에 대해서 간단히 정리하는 경향이 있으나 사정은 복잡하다. 1908년에 접어들면서 '제국주의'에 관한 비판적 논의를 수용한 것은 개신유학자들에게 사상적 전환과 소설에 대한 구상 변화의 분기점이 되었다. 신채호와 변영만은 다양한 지식 가운데 반제국주의 역사담론을 선택적으로 번역했다. 특히 제국주의의 기원을 'nationalism'으로 설명하는 라인슈의 글을 번역하는 과정에서 흥미로운 착종이 일어난다. 내셔널리즘은 '국민주의' 혹은 '민족주의'로 번역되다가 점차 그 용법이 굳어진다. 제국주의가 발흥하는 원인으로서 내셔널리즘을 설명할 때는 국민주의와 민족주의 두 가지 모두 역어로서 사용되었다. 그러나 보호국 상황에 있던 한국의 존립 방법을 고민하던 가운데 보종론의 맥락에서 '민족주의'가 제국주의에 저항할 유일한 방법으로 규정된다.

신채호는 민족은 역사·문화·언어 등을 공유하는 공동체로, 국민은 군대와 같이 국민정신으로 통일된 집단으로 구별한다. 그렇다고 신채호가 국민주의를 포기한 것은 아니었다. 1900년대 전반에 걸쳐 국민정신의 양성을 강조했고, 민족과 국민의 변별이 이루어진 후에도 여전히 국민주의의 가치를 고수했다. 1900년대의 신채호는 민족주의 역시 국민주의와 마찬가지로 제국주의로 발전할 수 있는 가능성을 묵인함으로써, 민족주의를 저항적 의미로 테제화할 수 있었다. 이러한 착종, 1900년대에 구성된 민족—국민에 대한 구별과 그로 인해 발생하는 모순은 지금까지도 이어지고 있다.

현실의 주요 모순을 '제국—식민지'의 문제로 코드화하고 저항의 거점으로서 '민족'을 발견한 결과, 소설은 반제국주의 역사담론을 구성하는 과정에서 교육적 효능을 넘어서 민족사를 복원하기 위한 전략적 글쓰기의 하나로 주목받았다. 신채호는 제국의 지식을 무비판적으로 수용하던 번역상황과 이인직의 소설을 비판하는 과정에서 역사와 소설이 각기 결핍하고 있는 것을 자각하고, 허구의 가치를 조정함으로써 역사와 소설의 위계를 바꾸었다.

중국으로 망명한 신채호는 디아스포라의 처지에서 1900년대 자신의 사유에 대한 반성과 극복을 시도한다. 망명 이후에도 단재는 조선문단과 연결고리를 갖고 있었으며, 때로는 적극적으로 개입하기도 했음을 주목할 필요가 있다. 조선의 외부 혹은 경계에서 단재는 문학을 둘러싼 '아와 비아의 투쟁', 다시 말해 심미주의 문학관에 대응해 정명론(正名論)에 입각한 문예관을 전개했다. 단재는 지(知)의 근대적 분류에 따라 문학을 예술의 한 형식으로 이해하되, 상대적이고 역사적인 아(我)의 사상을 바탕으로 문학의 '존재론적 가치'와 '윤리적 당위'를 상보적인 것으로 정립한다. 또한 「꿈하늘」에서 반(反)규범적 글쓰기로서 소설이 가지고 있는 해방적 가치를 모색했다.

상술한 국내에서의 변화는 소설에 대한 전통적 이해를 바탕으로 전개되었다. 젊은 시절 유학과 한학을 수학한 이들에게 문학은 여전히 학문 일반을 뜻하는 전통적 의미가 지배적이었다. 문학을 근대 학지의 하나로 사고한 경우는 1900년대 후반 일본 유학생들에게서 찾아볼 수 있다. 이들은 소설을 문학의 틀 속에서 이해했다. 소설뿐만 아니라 문학에 대한 근대적 구상들도 비동시성의 동시성 속에서, 보호국에 편입되는 역사적 과정 속에서 시간적으로 압축되어 나타났다. 그렇기 때문에 같은 시기라도 논자마다 편차를 보인다.

장응진은 교육학의 학문분류를 통해 문학을 넓게는 규범과학, 좁게는 언어학의 연구대상으로 이해하는 과도기적 모습을 보여준다. 장응진은 당대의 실존인물과 사건을 소설화하고 사실적 묘사를 추구했다는 점에서는 이인직과 접점을 형성한다. 그러나 장응진은 근대국민국가의 정치적 이념을 전파하기 위해서가 아니라 개인 혹은 자아의 기록과 성찰을 위해 실사를 활용했다는 차이가 있다. 장응진은 교육학과 연계된 심리학, 기독교적 세계관의 영향을 받아 정신의 세계를 소설의 대상으로 삼았다. 심리학과 기독교는 내면공간을 발견하고 독백의 서사를 가능하게 한 중요한 요인이었다. 장응진의 소설은 『학지광』에서 빈번하게 나타나는 내성(內省)의 글쓰기가 어디에서부터 시작되었는지를 보여준다.

최남선은 지식의 전체성과 세계성을 추구했다. 형성기에 있는 소년에게 필요한 세계적이고 전체적인 지식은 근대적 '교양'의 이념을 내포하며, 『소년』의 소설 또한 교양의 맥락에서 배치되었다. 최남선은 와세다대학에서 유학하며 순문학(純文學)의 개념을 알았지만 미적 자율성을 기저로 하는 문학의 가치에 주목하지 않았다. 『소년』에 실린 소설들은 협의의 문학, 즉 순문학이라는 형식적인 범주를 벗어나지는 않으면서 소년의 교양 형성이라는 목적에 부합하는 것들이었다. 그런 점에서 『소년』은 근대 초기 소설의 전개가 다층적이었음을 드러냄과 동시에, 계몽담론과 교양담론이 결합된 사례를 보여준다. 우리는 육당의 전방위적인 활동을 통해 교양이 보편성과 세계성을 표방하는 근대적 앎의 한 형식인 동시에, 훈육을 통해 공동체에 질서를 부여하려는 기획임을 확인할 수 있다.

이광수는 전통적 문관념과 소설관으로부터 벗어난 새로운 세대였다. 1차 유학시절 이광수는 교과과정 외부에서 문학을 접했고, 명치 후반 일본 문단에 형성되어 있던 다양한 문학관과 작품을 체험했다. 이광수에게 문학은 정육을 위한 심미적 지식이자 근대 학지의 도구적 합리성을 비판적으로 사유할 수 있게 해주는 준거였다. 그리고 '정'은 문학의 자율성을 보증하는 자질이자 식민지 현실과 문학의 존재가치를 연결해주는 고리였다. 이광수는 정을 구도하는 과정을 소설의 내적 형식으로 삼았다. 또한 국민성이나 민족정신이 아닌 개별자의 정적 쇄신을 촉구했다.

이광수는 식민지 지식인으로서의 희망을 과학에서 찾았고, 2차 유학을 떠나 와세다 문학과에 입학한다. 그리고 전문화된 학지의 체계와 영문학에 기초한 문학개론을 수용한 후, 「문학이란 하오」로부터 「문학강화」에 이르기까지 고등교육이 부재하던 식민지 조선에 학지로서의 문학을 짧은 개론의 형태로나마 확산시켰다. 이 과정에서 이광수는 와세다대학 문학과 교수들의 텍스트를 참조했으며, 문학과 연계된 학지 전체의 체계, 문학지를 구성하는 요소들, 문학개론과 문학사의 내러티브 · 수사 · 용어를 번역했다. 춘원의 번역은 지(知)의 제국이 경계를 넓히는 데 일조하는 작업인 동시에 영문학에 기초한 문학지의 균질성을 구현하는 실천이기도 했다. 이로부터 소설은 '문학'이라는 지식담론 내에서 그 위상이 규정된다.

3 우리는 근대소설 자체가 역사적 시효를 다함에 따라, 소설을 핵심적인 동력으로 삼았던 근대문학 또한 현실적 유효성을 상실했다는 주장에 대해 잘 알고 있다. 이와 같은 주장에 따르면 소설은 리얼리즘을 통해 철학이나 역사와 다른 인식적 기능을 획득했고, 민족과 국가를 재현한다는 윤리적 정당성을 확보함으로써 근대사회의 핵심적인 서사양식이 될 수 있었다. 그러나 새로운 매체의 등장은 소설이 가진 인식적 기능을 대체하고 있으며, 민족주의 및 국민국가의 전체주의적 성격이 비판받게 되면서 소설의 근대적 가치는 유효성을 상실했다는 생각이다. 하지만 사실성, 민족성, 심미성은 지금까지도 현실에서 작가와 독자가 새로운 해석을 시도하고 있는 문학과 소설의 가치이다. 1990년대 이후 한국소설이 어떻게 과거의 리얼리즘, 민족주의, 심미주의와 거리를 두는 동시에 새롭게 재구축하고 있는지에 관해서는 별도의 논의가 필요할 것이다.

한국 소설은 지정학적인 변화와 더불어서 앎의 내용과 인식의 회로, 언어적 규약의 틀이 근본적으로 바뀌는 경험을 거치며 근대적 전환을 이루었다. 따라서 근대소설이 역사적 시효를 다 했다면, 소설의 근대성을 지탱하는 가치관과 인식의 틀이 근본에서 흔들림을 의미할 것이다. 그러나 현실은 여전히 미완의 근대를 거쳐 가고 있는 것으로 보인다. 탈근대의 징후를 곳곳에서 포착할 수 있지만 현실 세계에서 '국가와 민족', '제국과 식민지', '도구적 이성과 과학적 합리성' 같은 문제들은 단계와 사태를 달리 하며 여전히 핵심적일 뿐만 아니라 심화되고 있다. 새로운 삶의 지혜와 윤리가 여러 방면에서 모색되고 있음에도 근대적 인식틀을 대신할 방법으로 현시하고 있는 것으로도 보이지 않는다. 중층적인 근대화의 과정은 더욱 가속화되고 있어서 다성적인 근대(Multiple Modernities)가 존재할 수 있다는 논리로는 설명하기 어려운 지구적 네트워크를 구축해가고 있다.

근대문학 혹은 근대소설의 가치를 논하려면 그와 연동하는 인식틀의 이론적, 실천적 유효성에 관한 질문을 회피할 수 없다. 국민국가를 넘어서고 식민성으로부터 벗어나며 도구적 이성을 비판하고자 한다면, 근대 지식의 성격에 대한 근본적인 성찰로 나아갈 필요가 있다. 하지만 우리는 아직도 자기 학문의 역사에 대해서조차 잘 알지 못한다. 과거를 이해하지 않고서는 미래로 나아갈 수 없는 것이 미완의 근대를 살아가는 이들의 숙명이다. 현실에서 소설 혹은 문학의 위치를 정확히 이해하기 위해서는 근대 학문의 계보에 대한 객관적인 성찰이 전제되어야 할 것이다. 문학지(文學知)에 관한 연구가 필요한 까닭이다.

참고문헌

□ 자료

1. 국내 자료

1) 신문

『관보』, 『한성순보』, 『한성주보』, 『한성신보』, 『독립신문』, 『죠션크리스도인회보』, 『대한크리스도인회보』, 『그리스도신문』, 『협성회회보』, 『미일신문』, 『제국신문』, 『황성신문』, 『시사총보』, 『국민신보』, 『대한매일신보』, 『만세보』, 『공립신보』, 『경향신문』, 『해조신문』, 『신한민보』, 『대한민보』, 『경남일보』, 『신한국보』, 『매일신보』.

2) 잡지 및 학회지

『대조선인일본유학생친목회보』, 『대조선독립협회회보』, 『공수학보』, 『가뎡잡지』, 『대한자강회월보』, 『태극학보』, 『조양보』, 『소년한반도』, 『서우』, 『서북학회월보』, 『야뢰』, 『대한유학생회학보』, 『대한구락』, 『대동월보』, 『대동보』, 『법정학계』, 『한양보』, 『장학월보』, 『낙동친목회학보』, 『대한학회월보』, 『대한흥학보』, 『대동학회월보』, 『대한협회월보』, 『녀자지남』, 『교육월보』, 『호남학보』, 『서북학회월보』, 『자선부인회잡지』, 『대도』, 『기호흥학회월보』, 『소년』, 『교남교육회잡지』, 『천도교회월보』, 『학지광』, 『청춘』, 『여자계』, 『근대사조』, 『기독청년』, 『개벽』, 『삼천리』, 『별건곤』, 『조선문단』, 『현대문학』.

3) 전집 · 문집 · 자료집

김만중, 『서포집 · 서포만필』, 통문관, 1971.

김병민 편, 『신채호문학유고선집』, 한국문화사, 1994.

김영민 · 구장률 · 이유미 공편, 『근대계몽기 단형 서사문학 자료전집』, 소명출판, 2003.

단재신채호전집편찬위원회, 『단재신채호전집』, 독립기념관 한국독립운동사연구소, 2007.
무악고소설자료연구회, 『한국고소설관련자료집』 1, 태학사, 2001.
무악고소설자료연구회 편, 『한국고소설관련자료집』 2, 이회문화사, 2005.
민족문학사연구소 편역, 『근대계몽기의 학술문예사상』, 소명출판, 2000.
박소동 외역, 『국역 홍제전서』, 민족문화추진위원회, 2000.
송병기 역, 『국역 윤치호일기』, 연세대 출판부, 2001.
실시학사고전문학연구회 역주, 『변영만전집』, 성균관대 대동문화연구소, 2006.
유만주, 『흠영(欽英)』, 규장각, 1997,
이덕무, 민족문화추진위원회 역, 『국역 창천관전서』, 솔출판사, 1978,
이의현, 『도곡집(陶谷集)』, 경인문화사, 1985.
정교, 조광 편, 『대한계년사』, 소명출판, 2004.
홍만종, 『홍만종전집』 상권, 태학사, 1980.
황현, 임형택 외역, 『매천야록』, 문학과지성사, 2005.
『개화기 문학 신소설 전집』, 계명문화사, 1987.
단재신채호전집편찬위원회 편, 『단재신채호전집』, 독립기념관 한국독립운동사연구소, 2008.
『박은식전서』, 단국대학교 동양학연구소, 1975.
『순성진학문추모문집』, 순성추모문집발간위원회, 1975.
『신소설 · 번안(역)소설 전집』, 아세아문화사, 1978.
『역사 · 전기소설 전집』, 아세아문화사, 1979.
『옥파 이종일선생 논설집』, 교학사, 1984.
『유길준전서』, 일조각, 1971.
『이가원전집』, 정음사, 1986.
『이광수전집』, 삼중당, 1962.
『장지연전서』, 단국대 동양학연구소, 1989.
『필사본고전소설전집』, 아세아문화사, 1980.
『한국개화기 교과서총서』, 아세아문화사, 1977.

4) 단행본

『고종시대사』, 국사편찬위원회, 1970.
『대한제국관원이력서』, 국사편찬위원회, 1972.
장효현 외 교감, 『영웅소설』, 고려대 민족문화연구소, 2007.

김소행, 최창록 역해, 『삼한습유』, 태학사, 1998.
성현경 역, 『광한루기』, 박이정, 2001.
서거정, 박경신 역주, 『태평한화골계전』, 국학자료원, 1998.
장효현 외 교감, 『가정가문소설』, 고려대 민족문화연구소, 2007.
성백효 역주, 『논어집주』, 전통문화연구회, 1990.
장효현 외 교감, 『애정세태소설』, 고려대 민족문화연구원, 2007.
이옥, 실시학사고전문학연구회 역, 「俚言, 一難」, 『역주 이옥전집』 2, 소명출판, 2001.
유길준, 허경진 역, 『서유견문』, 서해문집, 2004.

2. 국외 자료

1) 신문 및 잡지

『清議報』(成文出版社, 1966). 『都新聞』. 『新小說』(春陽堂).

2) 자료집 및 단행본

Paul S. Reinsch, 高田早苗 譯述, 『帝國主義論』, 東京專門學校出版部, 1901.
金井信一郎, 『明治學院百年史』, 明治學院, 1999.
德富蘆花, 「德富家兄」, 『黑潮』 1, 黑潮社, 1903.
德富蘇峰, 『文學斷片』, 民友社, 1894.
________, 『文學漫筆』, 民友社, 1898.
________, 『兩京去留誌』, 民友社, 1915.
島村抱月, 『文學概論』, 稻田大學出版部, 1909.
________, 『人生と芸術』, 進文館, 1919.
東京高等師範學校, 『東京高等師範學校一覽』, 1906.
明治中學會, 『言文一致 文章學講義』, 1911.
尾崎紅葉, 『多情多恨』, 春陽堂, 1909
本間久雄, 『文學概論』, 東京堂書店, 19××.
浮田和民, 『社會學講義』, 開發社, 1901.
________, 『倫理的帝國主義』, 隆文館, 1909.
________, 『帝國主義と教育』, 民友社, 1901.

________,『帝國主義と日本』, 民友社, 1901.
北村透谷,「厭世詩歌と女性」,『透谷全集第一卷』, 岩波書店, 1950.
山田三良 述,『法學通論』, 明治大學出版部, 1912.
石川源三郎 講述,『獨占及ツラスト, 國家學史』, 東京政治學校出版部, 1902.
小松綠,『明治外交秘話』, 千倉書房, 1936.
______,『朝鮮併合の裏面』, 中外新論社, 1920.
松本君平,『新聞學』, 博文館, 1899.
崇文書局編輯所 編纂,『日本留學指掌』, 崇文書局, 1905.
梁啓超,『飮氷室文集』, 上海 ; 廣智書局, 1905.
五十嵐力,『新國文學史』, 早稻田大學出版部, 1912.
有賀長雄,『國家學』, 牧野書房, 1889.
________,『國法學』上・下, 東京專門學校出版部, 1901－1903.
________,『保護國論』, 早稻田大學出版部, 1906.
中島半次郎 講述,『敎育學原理』, 東京專門學校出版部, 1901.
中村健太郎,『朝鮮生活五十年』, 靑潮社, 1969.
陳平原・夏曉虹 編,『二十世紀中國小說理念資料』, 北京大學出版社, 1989.
鷲山弟三郎,『明治學院五十年史』, 1927.
片上伸,『生の要求と文學』, 南北社, 1913.
坪內逍遙,『文學入門』, 早稻田大學出版部, 1907.
幸德秋水,『二十世紀之怪物帝國主義』(1901),『幸德秋水全集』3卷, 明治文獻, 1968.
幸德秋水,『帝國主義』, 警醒社書店, 1901.
『慶応義塾總覽』, 慶応義塾, 1908.
『明治學院九十年史』, 明治學院, 1967.
『早稻田大學百年史』第二卷, 早稻田大學出判部, 1984.
『早稻田大學一覽』, 早稻田大學出判部, 1914.

□ 국내 논저

간호윤,「조선시대 소설비평 연구」, 인하대 박사논문, 2001.

강만길 외, 『한국의 역사인식』, 창작과비평사, 1976.
강명관, 「문체와 국가장치」, 『문학과 경계』 가을, 2001.
______, 「한 지식인의 독서체험과 조선 후기문학」, 『대동한문학』 13집, 대동한문학회, 2000.
강영안, 「근대 지식의 이념과 인문학」, 『철학』 57집, 한국철학회, 1998.
강영주, 『한국역사소설의 재인식』, 창작과비평사, 1991.
강영주, 『벽초 홍명희 연구』, 창작과비평사, 1999.
강창일, 『근대일본의 조선침략과 대아시아주의』, 역사비평사, 2002.
고미숙, 「근대계몽기, 그 생성과 변이의 공간에 대한 몇 가지 단상」, 『민족문학사연구』 14호, 민족문학사연구소, 1999.
______, 「천기론의 수사학적 배치와 그 담론적 특이성」, 『민족문학사연구』 19호, 민족문학사연구소, 2001.
구인모, 『한국 근대시의 이상과 허상』, 소명출판, 2008.
구자혁, 「장지연 사상 연구」, 단국대 박사논문, 1990.
구장률, 「근대계몽기 소설과 검열제도의 상관성」, 『현대문학의 연구』 26집, 한국문학연구학회, 2005.
______, 「신소설 출현의 배경」, 『동방학지』 135집, 연세대 국학연구원, 2006.
______, 「사관에서 작가로」, 『현대문학의 연구』 39호, 한국문학연구학회, 2009.
______, 「근대 지식의 수용과 문학의 위치」, 『대동문화연구』 67, 성균관대 대동문화연구원, 2009.
______, 「낭객 신채호와 정명의 문학」, 『민족문학사연구』 44, 민족문학사연구소, 2010.
______, 「문학지의 번역」, 『민족문학사연구』 47, 민족문학사연구소, 2011.
______, 「근대 초기 지식편제와 교양으로서의 소설」, 『한국문학연구』 41, 동국대 한국문학연구소, 2011.
구희진, 「한국 근대개혁기의 교육론과 교육개편」, 서울대 박사논문, 2004.
권두연, 「신문관의 문화운동 연구」, 연세대 박사논문, 2011.
권보드래, 『한국 근대소설의 기원』, 소명출판, 2000.
______, 「『소년』과 톨스토이 번역」, 『한국근대문학연구』 6권 2호, 태학사, 2005.
______, 「죄, 눈물, 회개 - 1910년대 번안소설의 감성구조와 서사형식」, 『한국근대문학연구』 16, 태학사, 2007.
______, 「근대 초기 민족 개념의 변화」, 『민족문학사연구』 33호, 민족문학사연구소,

2007.
권영민, 「한국근대소설론연구」, 서울대 박사논문, 1984.
______, 『서사양식과 담론의 근대성』, 서울대 출판부, 1997.
권용선, 「번역과 반안사이 혹은 이야기에서 소설로 가는 길」, 『한국근대문학연구』 9호, 태학사, 2004.
근대한국학연구소 기초학문연구팀, 『한국 근대 서사양식의 발생 및 전개와 매체의 역할』, 소명출판, 2005.
금동현, 「18세기 후반－19세기 전반기 문학이론 연구」, 고려대 박사논문, 2001.
김경미, 「조선 후기 소설론 연구」, 이화여대 박사논문, 1994.
______, 『소설의 매혹』, 월인, 2003.
김교봉, 설성경, 『근대전환기 소설연구』, 국학자료원, 1991.
김동식, 「한국에서 근대적 문학 개념의 형성과정 연구」, 서울대 박사논문, 1999.
김동택, 「19세기 말 근대국가 건설과정에서 나타난 정치적 균열」, 『한국정치학회보』 34집 4호, 한국정치학회, 2000.
김동협, 「홍무왕연의에 대하여」, 『국어교육연구』 25권, 경북대 국어교육연구회, 1993.
김병민, 『신채호 문학연구』, 아침, 1989.
김병철, 『한국근대번역문학사연구』, 을유문화사, 1975.
김복순, 「1890～1910년대 문학비평연구」, 연세대 석사논문, 1981.
김상준, 「중층근대성」, 『한국사회학』 41집, 한국사회학회, 2007.
김성학, 「서구 교육학 도입과정 연구」, 연세대 박사논문, 1995.
김양수, 「조선전환기의 중인집안활동」, 『동방학지』 102호, 연세대 국학연구원, 1998.
김영경, 「한말 서울지역 중인층의 근대화운동과 현실인식」, 『학림』 20호, 연세대 사학연구회, 1999.
김영모, 『한말지배층 연구』, 한국문화연구소, 1972.
김영민, 「이인직과 안국선의 생애와 문학」, 『동방학지』 70, 연세대 국학연구원, 1991.
______, 『한국근대소설사』, 솔출판사, 1997.
______, 『한국 근대소설의 형성과정』, 소명출판, 2005.
______, 『한국의 근대신문과 근대소설－대한매일신보』, 소명출판, 2006.
______, 「근대계몽기 문학연구의 성과와 과제－신소설에 대한 논의를 중심으로」, 『인문연구』 50집, 영남대 인문과학연구소, 2006.
______, 「『만세보』와 부속국문체 연구」, 『대동문화연구』 64집, 성균관대 대동문화연

구원, 2008.
______, 『한국의 근대신문과 근대소설－한성신보』, 소명출판, 2008.
______, 「이광수 초기문학의 변모과정」, 『현대문학의 연구』 34집, 한국문학연구학회, 2008.
김영자, 「한말의 사립학교에 관한 연구(1)」, 『교육연구』 11, 공주대 교육연구소, 1984.
김원중, 『중국문학이론의 세계』, 을유문화사, 2000.
김응교, 「이방인, 자이니치 디아스포라 문학」, 『한국근대문학연구』 21호, 태학사, 2010.
김윤식, 『개정증보 이광수와 그의 시대』, 솔출판사, 1999.
김윤식, 『근대 한국문학 연구』, 일지사, 1973.
김윤재, 「백악춘사 장응진 연구」, 『민족문학사연구』 12호, 민족문학사연구소, 1998.
______, 『한국 근대 초기 문학론과 소설 창작의 관련 양상』, 보고사, 2002.
김재영, 「이광수 초기문학론의 구조와 와세다 미사학」, 『한국문학연구』 35집, 동국대 한국문학연구소, 2008.
김재용, 「비민족주의적 반식민주의자로서의 신채호」, 『근대계몽기 문학의 재인식』, 소명출판, 2007.
김주현, 「단재 신채호의 자료 발굴 및 원전 확정 연구」, 『한국현대문학연구』 20호, 한국현대문학회, 2006.
김찬기, 『한국 근대소설의 형성과 전』, 소명출판, 2004.
김창환, 「칸트와 헤르바르트의 교육인간학 비교연구」, 『교육철학』 12-1호, 한국교육철학학회, 1994.
김태준, 『조선소설사』, 청진서관, 1933.
김풍기, 「수산광한루기의 평비에 나타난 비평의식」, 『어문논집』 31집, 민족어문학회, 1992.
김현주, 『한국 근대 산문의 계보학』, 소명출판, 2004.
______, 「1910년대 '개인' '민족'의 구성과 감정의 정치학」, 『현대문학의 연구』 22호, 한국문학연구학회, 2004.
______, 『이광수와 문화의 기획』, 태학사, 2005.
______, 「1910년대 『매일신보』의 사회담론과 공공성」, 『현대문학의 연구』 29, 한국문학연구학회, 2009.
김현철, 「제1차 일본망명시기 박영효의 활동과 갑신정변 가담 개화파」, 『한국정치외교사논총』 21집, 한국정치외교사학회, 2000.

김형찬, 「理氣論의 一元論化 연구」, 고려대 박사논문, 1996.
김흥규, 「조선 후기와 애국계몽기 비평의 인정물태론」, 『한국문학연구』 13집, 동국대 한국문학연구소, 1990.
노대환, 『동도서기론 형성 과정 연구』, 일지사, 2005.
노인화, 「대한제국 시기 관립학교 교육의 성격 연구」, 이화여대 박사논문, 1989.
다지리 히로유키(田尻浩幸), 「이인직 연구」, 고려대 박사논문, 2000년.
______, 「李人直과 浮田和民의 『倫理的 帝國主義』」, 『어문연구』 제32권 1호, 한국어문교육연구회, 2004.
大谷森繁, 『조선 후기 소설독자연구』, 고려대 민족문화연구소, 1985.
류방란, 「한국근대교육의 등장과 발달」, 서울대 박사논문, 1994.
류시현, 『최남선 연구』, 역사비평사, 2009.
류준필, 「1910~1920년대 초 한국에서 자국학 이념의 형성 과정」, 『대동문화연구』 52집, 성균관대 대동문화연구원, 2005.
______, 「변영만의 문예론과 그 사상적 기저」, 『대동문화연구』 55집, 성균관대 대동문화연구원, 2006.
______, 「『논어』 경학에서의 학 개념과 그 인식 층위」, 『한국한문학연구』 45집, 한국한문학연구회, 2010.
문성숙, 「한국 근대소설론 연구」, 동국대 박사논문, 1992.
문성환, 『최남선의 에크리튀르와 근대 언어 민족』, 한국학술정보, 2009.
문정진, 「청말 신소설 연구」, 고려대 박사논문, 1999.
민관동, 『중국고전소설사료총고-한국편』, 아세아문화사, 2001.
박광현, 「식민지 제국대학의 설립을 둘러싼 경합의 양상과 교수진의 유형」, 『일본학』 28집, 동국대 일본학연구소, 2009.
박영미, 「최영년 문학론 고찰」, 『한문학논집』 제22집, 근역한문학회, 2004.
박인식, 『日製の朝鮮支配における言論・政治相互關係』, 모든북, 2009.
박진영, 『번역과 번안의 시대』, 소명출판, 2011.
박찬승, 『한국근대정치사상사연구』, 역사비평사, 1991.
박찬승 외, 『한국의 역사가와 역사학』, 창작과비평사, 1994.
박태호 외, 『근대주체와 식민지 규율권력』, 문화과학사, 1997.
박헌호, 『식민지 근대성과 소설의 양식』, 소명출판, 2004.
박헌호 외, 『작가의 탄생과 근대문학의 재생산 제도』, 소명출판, 2008.

박혜경, 「신소설에 나타난 계몽성과 통속성의 관계에 대한 고찰」, 한국문학이론과 비평학회, 『한국문학이론과 비평』 28집, 예림기획, 2005.
박혜경, 「신소설의 통속화 문제를 바라보는 하나의 시각」, 『한국현대문학연구』 19, 한국현대문학회, 2006.
배수찬, 『근대적 글쓰기의 형성과정 연구』, 소명출판, 2008.
배용일, 「박은식과 신채호 사상의 비교연구」, 경인문화사, 2002.
배정상, 「『제국신문』 소재 이해조 소설 연구」, 『동양학』 47, 단국대 동양학연구소, 2011.
백동현, 「러일전쟁 전후 민족용어의 등장과 민족인식」, 『한국사학보』 10, 고려사학회, 2001.
白川豊, 「한국근대문학초창기의 일본적 영향」, 동국대 석사논문, 1982.
서경식, 김혜신 역, 『디아스포라 기행』, 돌베개, 2006.
서경희, 「「옥선몽」 연구」, 이화여대 박사논문, 2004.
서여명, 「한 중 『서사건국지』에 대한 비교 고찰」, 『민족문학사연구』 35호, 민족문학사연구소, 2007.
서영희, 「광무정권의 형성과 개혁정책 추진」, 『역사와 현실』 26, 한국역사연구회, 1997.
성현경, 『한국옛소설론』, 새문사, 1995.
성현자, 『신소설에 미친 만청소설의 영향』, 정음사, 1985.
소영현, 「지(知)의 근대적 전환—톨스토이 수용을 통해 본 근대지의 편성과 유통」, 『동방학지』 154, 연세대 국학연구원, 2011년.
송 무, 『영문학에 대한 반성』, 민음사, 1997.
송현호, 「한국근대소설론연구」, 서울대 박사논문, 1987.
신양선, 『조선 후기 서지사 연구』, 혜안, 1997.
신용하, 『박은식의 사회사상연구』, 서울대 출판부, 1982.
______, 『신채호의 사회사상 연구』, 한길사, 1984.
______, 『한국근대지성사 연구』, 서울대 출판부, 2004.
______, 『신채호의 사회사상연구』, 한길사, 1984.
신형기, 「지방에서 중심으로」, 『사이』 4집, 국제한국문학문화학회, 2008.
심원섭, 「주요한의 초기문학과 사상의 형성과정 연구」, 연세대 박사논문, 1993.
안대회 편, 『조선 후기 소품문의 실체』, 태학사, 2003.
안 확, 『조선문학사』, 한일서점, 1922.
양문규, 『한국 근대 소설사 연구』, 국학자료원, 1994.

______, 『한국 근대소설과 현실인식의 역사』, 소명출판, 2002.
______, 「신소설에 나타난 전대소설의 계승 양상」, 『현대문학의 연구』 20집, 한국문학연구학회, 2003.
______, 「1900년대 신문 잡지 미디어와 근대소설의 탄생」, 『한국 근대 서사양식의 발생 및 전개와 매체의 역할』, 소명출판, 2005.
연세대학교 국학연구원 편, 『근대학문의 형성과 연희전문』, 연세대 출판부, 2005.
엽건곤, 「양계초와 구한말문학」, 고려대 박사논문, 1979.
오종호, 「개화기 소설의 대중화과정 연구」, 대구효성카톨릭대 박사논문, 1999.
오춘택, 「한국 고소설비평사 연구」, 고려대 박사논문, 1990.
왕현종, 「대한제국기 입헌논의와 근대국가론」, 『한국근대사회와 문화』 1, 서울대 출판부, 2003.
우림걸, 『한국 개화기 문학과 양계초』, 박이정, 2002.
우정권, 『한국 근대 고백소설의 형성과 서사양식』, 소명출판, 2004.
육당학회, 『최남선 다시 읽기』, 현실문화, 2009.
윤병희, 「일보망명시절 유길준의 쿠데타음모사건」, 『한국근현대사연구』 3집, 한국역사연구회, 1995.
윤영실, 「최남선의 근대적 글쓰기와 민족담론 연구」, 서울대 박사논문, 2009.
윤인진, 『코리안 디아스포라』, 고려대 출판부, 2004.
윤종혁, 『근대 이후 한국과 일본의 학제 변천 과정 비교 연구』, 한국학술정보, 2008.
윤해동, 「연대와 배제」, 『역사문제연구』 10, 한국역사연구회, 2003.
이가원, 『조선문학사』 하, 태학사, 1997.
______, 『韓文學研究』, 탐구당, 1969.
이강엽, 『토의문학의 전통과 우리소설』, 태학사, 1997.
이경훈, 『이광수의 친일문학』, 태학사, 1998.
______, 『오빠의 탄생』, 문학과지성사, 2003.
이병직, 「19세기 한문장편소설 연구」, 부산대 박사논문, 2001.
이보경, 『문과 노벨의 결혼』, 문학과지성사, 2002.
이상익, 『한중소설의 비교문학적 연구』, 삼영사, 1983.
이상택, 『한국고전소설의 이론』 1, 새문사, 2003.
이선영, 『한국근대문학비평사연구』, 세계, 1989.
______, 「단재 신채호의 사상과 문학」, 『리얼리즘을 넘어서』, 민음사, 1995.

이성무, 『한국 과거제도사』, 민음사, 1997.
이승윤, 「한국 근대 역사소설의 형성과 전개」, 연세대 박사논문, 2005.
이원호, 「개화기 교육정책의 사적 연구」, 동아대 박사논문, 1982.
이연숙, 「디아스포라와 국문학」, 『민족문학사연구』 19호, 민족문화연구소, 2001.
______, 『국어라는 사상』, 소명출판, 2006.
이영아, 「1910년대 『매일신보』 연재소설의 대중성 획득 과정 연구」, 『한국현대문학연구』 23, 한국문학연구학회, 2007.
이유미, 「1900년대 근대적 잡지의 출현과 문명 담론」, 『현대소설연구』 26집, 한국현대소설학회, 2005.
______, 「구한말 일본외무성의 신문조종과 신문연재서사의 관련양상」, 『식민지시기 검열과 한국문화』, 동국대 출판부, 2010.
______, 「근대 단편소설의 전개 과정과 제도화 양상 연구」, 연세대 박사논문, 2010.
이재선, 「개화기소설관의 형성과정과 양계초」, 『한국개화기소설연구』, 일조각, 1972.
이재선 외, 『개화기의 우국문학』, 신구문화사, 1974.
이종민, 『근대 중국의 문학적 사유 읽기』, 소명출판, 2004.
이진경, 『철학의 외부』, 그린비, 2006.
이철호, 「한국근대문학의 형성과 종교적 자아 담론」, 동국대 박사논문, 2006.
______, 「근대적 자아의 비의」, 『상허학보』 19집, 상허학회, 2007.
이해명, 『개화기 교육개혁 연구』, 을유문화사, 1991.
이화여대 한국문화연구원, 『근대계몽기 지식개념의 수용과 그 변용』, 소명출판, 2004.
______, 『근대계몽기 지식의 굴절과 현실적 심화』, 소명출판, 2007.
______, 『근대계몽기 지식의 발견과 사유지평의 확대』, 소명출판, 2006.
이희정, 『한국 근대소설의 형성과 매일신보』, 소명출판, 2008.
임규찬・한진일 편, 『임화 신문학사』, 한길사, 1993.
임상석, 『20세기 국한문체의 형성과정』, 지식산업사, 2008.
임성래, 『조선 후기의 대중소설』, 보고사, 2008.
임성래 외, 『신문소설이란 무엇인가』, 국학자료원, 1996.
임형택, 「20세기 초 신구학의 교체와 실학」, 『민족문학사연구』 9호, 민족문학사연구소, 1996.
임형택 외, 『흔들리는 언어들』, 성균관대 대동문화연구원, 2008.
임형택・강영주 편, 『벽초 홍명희 『임꺽정』의 재조명』, 사계절, 1988.

전은경, 『근대계몽기 문학과 독자의 발견』, 역락, 2009.
정병호, 「이광수의 초기문학론과 일본문학사의 편제」, 『일본학보』 59, 한국일본학회, 2004.
장석만 외, 『한국 근대성 연구의 길을 묻다』, 돌베개, 2006.
장원석, 「夜雷 이돈환의 유신론과 진화론의 융합체로서의 천도교 해석」, 『종교연구』 38집, 한국종교학회, 2005.
장효현, 「애국계몽기 고전장편소설의 역사현실대응」, 『어문논집』 33집, 민족어문학회, 1994.
______, 『한국고전소설사연구』, 고려대 출판부, 2004.
전성운, 『조선 후기 장편국문소설의 전망』, 보고사, 2002.
정구복, 『한국근세사학사』, 경인문화사, 2008.
정명기 편, 『야담문학연구의 현단계』 1-3, 보고사, 2001.
정　민, 「조선 후기 고문론 연구」, 한양대 박사논문, 1989.
정백수, 「「愛か」와 한국어 근대소설언설의 성립」, 『한국 근대의 식민지체험과 이중언어 문학』, 아세아문화사, 2000.
정병설, 「조선 후기 한글소설의 성장과 유통」, 『진단학보』 100집, 진단학회, 2005.
정병호, 『실용주의 문화사조와 일본 근대문예론의 탄생』, 보고사, 2003.
______, 「한일 근대문예론에 있어서 정(情)의 위치」, 『아시아문화연구』 8집, 경원대 아시아문화연구소, 2004.
정선이, 『경성제국대학 연구』, 문음사, 2002.
정선태, 『개화기 신문 논설의 서사 수용 양상』, 소명출판, 1999.
______, 『심연을 탐사하는 고래의 눈』, 소명출판, 2003.
정선희, 「조선 후기 문인들의 김성탄 평비본에 대한 독서 담화 연구」, 『동방학지』, 연세대 국학연구원, 2005.
정진석, 『한국언론사』, 나남, 1990.
______, 『언론조선총독부』, 커뮤니케이션북스, 2005.
정은경, 「개화기 현채가의 저역술 및 발간서에 관한 연구」, 『서지학회』 14호, 서지학회, 1997.
정일성, 『도쿠토미 소호』, 지식산업사, 2005.
정현기, 『포위관념과 멀미』, 연세대 출판부, 2005.
정혜린, 「김정희 예술론의 연구」, 서울대 박사논문, 2005.

조강석, 「관계론적 사유의 문학적 전개」, 『현대문학의 연구』 20집, 한국문학연구학회, 2003.
조용만, 『육당 최남선』, 삼중당, 1964.
조좌호, 『한국과거제도사연구』, 범우사, 1996.
조태영, 「조선 전기 문학관의 역동과 소설비평의 진전」, 『고전문학연구』 제26집, 한국고전문학회, 2004.
조현우, 『고전서사의 허구성과 유가적 사유』, 보고사, 2007.
차배근, 『개화기 일본 유학생들의 언론출판활동 연구』 1, 서울대 출판부, 2000.
차선혜, 「대한제국기 경찰제도의 변화와 성격」, 『역사와 현실』 16, 한국역사연구회, 1996.
차승기, 『반근대적 상상력의 임계들』, 푸른역사, 2009.
______, 「문학이라는 장치」, 『현대문학의 연구』 44, 한국문학연구학회, 2011.
차태근, 「근대 지식, 교육과 문학」, 『중국현대문학』 42호, 2007.
천정환, 『근대의 책읽기』, 푸른역사, 2003.
______, 『대중지성의 시대』, 푸른역사, 2008.
최기영, 『대한제국기 신문연구』, 일조각, 1991.
______, 『1900년대의 애국계몽운동연구』, 아세아문화사, 1993.
______, 『한국 근대 계몽사상 연구』, 일조각, 2003.
최원식, 「이해조문학연구」, 서울대 박사논문, 1986.
______, 『한국계몽주의문학사론』, 소명출판, 2002.
최옥산, 「문학자 단재 신채호론」, 인하대 박사논문, 2003.
최주한, 「제국의 근대와 식민지, 그리고 이광수」, 『어문연구』 제36권 제4호, 한국어문교육연구회, 2008.
최홍규, 『신채호의 민족주의사상』, 단재 신채호선생 기념사업회, 1983.
하정일, 「후기 신채호의 아나키즘과 최종심급으로서의 민족주의」, 『민족문학사연구』 41호, 민족문학사연구소, 2009.
하정일, 『탈식민의 미학』, 소명출판, 2008.
한국사상연구회 편, 『조선유학의 개념들』, 예문서원, 2002.
한국철학사상연구회, 『한국철학』, 예문서원, 1995.
한기형, 『한국 근대소설사의 시각』, 소명출판, 1999.
______, 「근대잡지와 근대문학 형성의 제도적 연관」, 『대동문화연구』 48집, 성균관대

대동문화연구원, 2004.
______, 「최남선의 잡지 발간과 초기 근대문학의 재편」, 『대동문화연구』 45집, 성균관대 대동문화연구원, 2004.
한기형 외, 『근대어 근대매체 근대문학』, 성균관대 대동문화연구원, 2006.
한　매, 「조선 후기 김성탄 문학비평의 수용양상 연구」, 성균관대 박사논문, 2002.
한상일, 『아시아연대와 일본제국주의』, 오름, 2002.
한원영, 『한국 개화기 신문연재소설 연구』, 일조각, 1990.
한용진, 「경성학당에 관한 연구」, 『한국교육사학』 26권 2호, 한국교육사학회, 2004.
함종규, 『한국교육과정개혁사』, 교육과학사, 2003.
함태영, 「이인직의 현실인식과 그 모순」, 『현대소설연구』 30집, 한국현대소설학회, 2006.
______, 「1910년대 『매일신보』 소설 연구」, 연세대 박사논문, 2009.
허경진, 『조선의 르네상스인 중인』, 랜덤하우스, 2008.
허배관, 「기타무라 도코쿠와 에머슨의 사상」, 『일본문화연구』 5집, 동아시아 일본학회, 2001.
______, 「기타무라 도코쿠의 연애관 분석」, 『일본문화연구』 9집, 동아시아 일본학회, 2003.
허병식, 「한국 근대소설과 교양의 이념」, 동국대 박사논문, 2005.
현광호, 「대한제국기 망명자문제의 정치 외교적 성격」, 『사학연구』 58·59호, 한국사학회, 1999.
______, 『대한제국의 대외정책』, 신서원, 2002.
홍상훈, 『전통시기 중국의 서사론』, 소명출판, 2004.
홍신선, 「한국 근대문학이론 형성과정에 관한 연구」, 동국대 박사논문, 1987.
황선희, 『한국근대사상과 민족운동』 1, 혜안, 1995.
홍일식, 『육당연구』, 일신사, 1959.
황재문, 「장지연·신채호·이광수의 문학사상 비교연구」, 서울대 박사논문, 2004.
황종연, 「문학이라는 역어」, 『한국어문학연구』 32, 한국어문학연구학회, 1997.
______, 「노블, 청년, 제국－한국 근대소설의 통국가간 시작」, 『상허학보』 14, 상허학회, 2005.
______, 「문학의 묵시록 이후」, 『현대문학』 620호, 현대문학, 2006.
황호덕, 『근대네이션과 그 표상들』, 소명출판, 2005.

□ 국외 논저

岡眞理, 김병구 역, 『기억, 서사』, 소명출판, 2004.

龜井秀雄, 신인섭 역, 『『소설신수』와 근대』, 건국대 출판부, 2006.

______, 『明治文學史』, 東京 : 岩波書店, 2000.

魯曉鵬, 조미원 외역, 『역사에서 허구로』, 길, 2001.

鹿野政直, 서정완 역, 『근대 일본의 학문』, 소화, 2008.

______, 이애숙·하종문 역, 『근대 일본의 사상가들』, 삼천리, 2009.

大岡信, 신유미 역, 『이야기 일본 문학사』, 경인, 2005.

大村益夫, 布袋敏博 編, 『朝鮮文學關係日本語文獻目錄 : 1882.4～1945.8』, 綠陰書房, 1997.

杉本邦子, 『明治の文藝雜誌』, 明治書院, 1999.

梁啓超, 전인영 역, 『중국 근대의 지식인』, 혜안, 2005.

鈴木貞美, 김채수 역, 『일본이 문학개념』, 보고사, 2001.

______, 『「日本文學」の成立』, 作品社

魯迅, 조관희 역주, 『중국소설사략』, 살림, 1998.

馬越徹, 한용진 역, 『한국 근대 대학의 성립과 전개』, 교육과학사, 1997.

武井一, 『皇室特派留學生 : 大韓帝國からの50人』, 白帝社, 2006.

方正耀, 홍상훈 역, 『중국소설비평사략』, 을유문화사, 1994.

柄谷善男, 박유하 역, 『일본근대문학의 기원』, 민음사, 2005.

______, 조영일 역, 『근대문학의 종언』, 도서출판비, 2006.

福澤諭吉, 남상영 역, 『학문의 권장』, 소화, 2003.

______, 정명환 역, 『문명론의 개략』, 광일문화사, 1987.

山本武利 外, 『帝國日本の學知』 1-6, 岩波書店, 2006.

山本文緒 외, 김재홍 역, 『일본매스커뮤니케이션사』, 커뮤니케이션북스, 2000.

徐復觀, 윤호진 역, 『한문문체론 연구』, 태학사, 2000.

西川長夫, 윤대석 역, 『국민이라는 괴물』, 소명출판, 1998.

小森陽一, 송태욱 역, 『포스트 콜로니얼』, 삼인, 2002.

小田切進 編, 『日本近代文學年表』, 小學館, 1993.

升味準之輔, 『日本政党史論』 2, 東京大學出版會, 1994.

野口武彦, 『小說』, 東京 : 三省堂, 1996.

劉勰, 최동호 역, 『문심조룡』, 민음사, 1994.
李章佑·魯辰時, 『중국문화통론』, 중문출판사, 1993.
日本文學研究資料刊行委員會, 『日本文學の書誌』, 有精堂, 1988.
前田愛, 유은경·이원희 역, 『일본 근대독자의 성립』, 이룸, 2003.
酒井直樹, 藤井武 역, 『번역과 주체』, 이산, 2005.
中山昭彦, 연구공간 수유+너머 '일본근대와 젠더 세미나팀' 역, 『근대 知의 성립』, 소명출판, 2011.
中村光夫, 고재석·김환기 역, 『일본 메이지 문학사』, 동국대 출판부, 2001.
陳平原, 이종민 역, 『중국소설 서사학』, 살림, 1987.
陳必祥, 심경호 역, 『한문문체론』, 이회, 1995,
天野郁夫, 『日本の教育システム』, 東京大學出版部, 1996.
湯本豪一, 연구공간 수유+너머 역, 『일본 근대의 풍경』, 그린비, 2004.
波田野節子, 최주한 역, 『무정을 읽는다』, 소명출판, 2008.
______, 최주한 역, 『일본 유학생 작가 연구』, 소명출판, 2011.
坪內逍遙, 정병호 역, 『소설신수』, 고려대 출판부, 2007.
丸山眞男, 김석근 역, 『일본정치사상사연구』, 통나무, 1995.
______, 박충석·김석근 역, 『충성과 반역』, 나남, 1998.
______, 임성모 역, 『번역과 일본의 근대』, 이산, 2002.
Alex Callinicos, 박형신·박선권 역, 『이론과 서사』, 일신사, 2000.
Antonio Negri· Michael Hardt, 윤수종 역, 『제국』, 이학사, 2001.
Benedict Anderson, 윤형숙 역, 『상상의 공동체』, 나남출판, 2002.
Bruno Latour, 홍철기 역, 『우리는 결코 근대인이었던 적이 없다』, 갈무리, 2009.
Diane Macdonell, 임상훈 역, 『담론이란 무엇인가』, 한울, 1992.
Dominique Lecourt 외, 이성훈 편역, 『유물론, 반영론, 리얼리즘』, 백의, 1995.
__________, 박기순 역, 『프랑스 인식론의 계보』, 새길, 1996.
Douglas Robinson, 정혜욱 역, 『번역과 제국』, 동문선, 2002.
Earnest Geller, *Nations and Nationalism*, Basil Blackwell, 1983.
Edward Osborne Wilson, 최재천 장대익 역, 『통섭』, 사이언스북스, 2005.
Edward Wadie Said, 김성곤·정정호 역, 『문화와 제국주의』, 창, 1995.
Gayatri Spivak, 태혜숙 역, 『포스트 식민이성 비판』, 갈무리, 2005.
Hans Georg Gadamer, 이길우 역, 『진리와 방법』, 문학동네, 2000.

Hans Robert Iauss, 김경식 역, 『미적 현대와 그 이후』, 문학동네, 1999.
Henri Lefebvre, 박정자 역, 『현대세계의 일상성』, 주류 · 일념, 1995.
Horst Steinmetz, 서정일 역, 『문학과 역사』, 예림기획, 2000.
Ian F. McNeely, 채세진 역, 『지식의 재탄생』, 살림, 2009.
Immanuel Kant, 백종현 역, 『순수이성비판』 1-2, 아카넷, 2006.
Immanuel Wallerstein, 김수영 역, 「민족적인 것과 보편적인 것」, 『문화과학』 6호, 1994.
_________, 나종일 백영경 역, 『역사적 자본주의, 자본주의 문명』, 창작과비평사, 1993.
_________, 성백용 역, 『사회과학으로부터의 탈피』, 창작과비평, 1994.
_________, 유희석 역, 『지식의 불확실성』, 창작과비평, 2004.
Jeremy Hawthorn, *Studying the novel*, New York : Arnold, 2001.
John Broomfield, 박영준 역, 『지식의 다른 길』, 양문, 2002.
Jurgen Habermas, 이진우 역, 『현대성의 철학적 담론』, 문예출판사, 1995.
_________, 『공론장의 구조변동』, 나남, 2001.
Klaus-Michael Bogdal, 문학이론연구회 역, 『새로운 문학이론의 흐름』, 문학과지성, 1994.
Leopoldina Fortunati, 윤수종 역, 『재생산의 비밀』, 박종철출판사, 1997.
Louis Althusser, 『레닌과 철학』, 백의, 1991.
_________, 『맑스를 위하여』, 백의, 1997.
Lydia H. Liu, 민정기 역, 『언어횡단적 실천』, 소명출판, 2005.
Marc Jimenez, 김웅권 역, 『미학이란 무엇인가』, 동문선, 2003.
Marx Scheler, 정영도 · 이을상 역, 『지식의 형태와 사회』 1 · 2, 한길사, 2011.
Mark Edmundson, 윤호병 역, 『문학과 철학의 논쟁』, 문예출판사, 2000.
Maurice courant, 김수경 역, 『조선문화사 서설』, 범장각, 1946.
_________, 김수경 역,『한국서지』, 일조각, 1994.
Michel Foucauit, 이광래 역, 『말과 사물』, 민음사, 1986.
_________, 홍성민 역, 『권력과 지식』, 나남, 1991.
_________, 이정우 역, 『지식의 고고학』, 민음사, 1992.
_________, 이정우 역, 『담론의 질서』, 새길, 1993.
Mikhail bakhtin, 전승희 외 역, 『장편소설과 민중언어』, 창작과비평사, 1988.
Paul Ricoeur, 김한식 역, 『시간과 이야기』 1－3, 문학과지성사, 1999.
Peter Bruke, 박광식 역, 『지식－그 탄생과 유통에 관한 모든 지식』, 현실문화연구, 2006.

Peter Duus, 김용덕 역, 『일본근대사』, 지식산업사, 1983.
Pierre Macherey, 서민원 역, 『문학은 무슨 생각을 하는가』, 동문선, 2007.
Reinhart Koselleck, 한철 역, 『지나간 미래』, 문학동네, 1998.
Richard E. Nisbett, 최인철 역, 『생각의 지도』, 김영사, 2003.
Sara Mills, 김부용 역, 『담론』, 인간사랑, 2001.
Terrence Doody, *Confession and Community in the Novel*, Louisiana State Univ. Press, 1980.
Th.w.Adorno · Max Horkheimer, 김유동 외역, 『계몽의 변증법』, 문예출판사, 1995.
__________, 홍승용 역, 『부정적 변증법』, 한길사, 1999.
Walter Benjamin, 반성완 역, 『발터 벤야민의 문예이론』, 민음사, 1983.
__________, 이태동 역, 『문예비평과 이론』, 문예출판사, 1987.